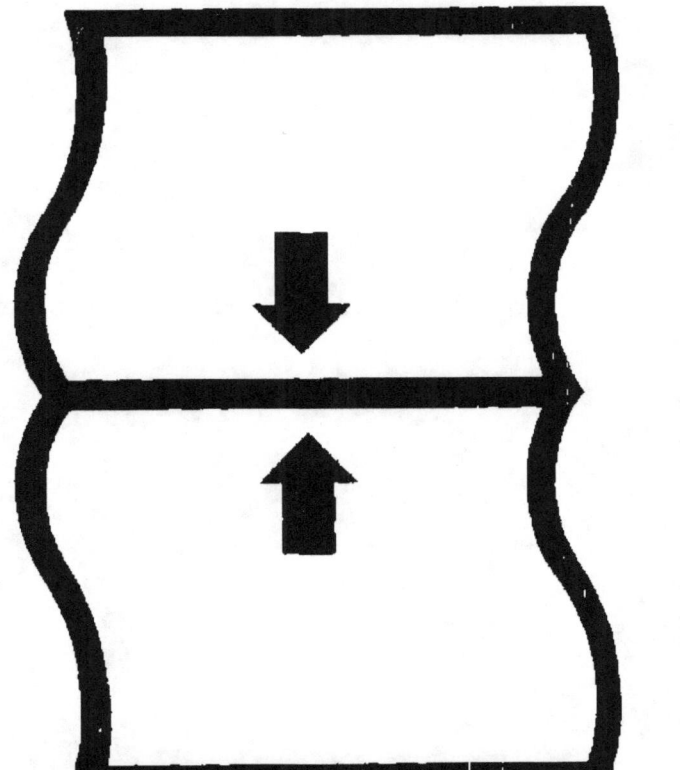

Reliure trop serrée

yy: 44. c.

Remplaçant

41214

AUTEURS DEGUISEZ.

SOUS DES NOMS ETRANGERS;
Empruntez, Supposez, Feints à plaisir, Chiffrez, Renversez, Retournez, ou Changez d'une Langue en une autre.

A PARIS,
Chez ANTOINE DEZALLIER, ruë
S. Jacques, à la Couronne d'or.

M. DC. XC.
AVEC PRIVILEGE DU ROI.

AU LECTEUR.

LA nature de l'Ouvrage que je vous présente demandoit que vous fussiez averti dans le titre qu'il s'agit non seulement du Déguisement, mais encore de la *Découverte* des Auteurs cachez. Cette persuasion m'avoit porté d'abord à luy donner pour titre, *Découverte d'Auteurs déguisez*. Mais craignant que ce qui ne me plaisoit pas ne vinst à vous déplaire, & souhaitant que vous fussiez content de moi jusqu'aux moindres choses, j'ay fait prier quelques per

AU LECTEUR.

sonnes intelligentes de vouloir me changer mon mot de *Découverte*, & de m'en fournir un qui fust de meilleur usage pour exprimer ma pensée. On comprit aisément ce que je demandois, mais on ne put me l'accorder, & on s'excusa sur la disette de nostre Langue, qui ne s'accommode ni de *découvrement* comme au siecle passé; ni de *révelation*, ni d'*apocalypse*, termes qu'elle a empruntez des Latins & des Grecs pour d'autres usages. J'ay donc retranché le mot de *Découverte*, mais je ne luy en ai point substitué d'autre, parce qu'il ne me restoit que des expressions figurées, qui ne valent rien pour les personnes de

v. g. Pseudonymes Démasquez, &c.

AU LECTEUR.

bon goust. Ce scrupule ne regarde que le Titre qui a coûtume de frapper d'abord l'imagination de vos semblables, & qui les prévient souvent pour ou contre un Auteur. Mais j'ay crû que vous souffririez plus volontiers le mot de *découverte* dans le corps de l'Ouvrage où il s'est glissé, quoy que rarement : soit parce qu'il y sauve les periphrases, soit parce qu'il y forme un sens moins impropre. Monsieur Placcius au merite duquel je feray justice en toute rencontre, ayant jugé à propos de rendre publique une conversation secrete que j'avois euë avec Monsieur Lipstorpius qui m'avoit engagé

Invit. amic ad Magliabecch. & alios p 27. 29.

AU LECTEUR.

de sa part à luy faire voir ce que j'avois sur les Auteurs déguisez, a exposé au jour le titre d'*Elenchus Apocalypticus Script. Cryptonym. &c.* que j'avois mis à la teste d'un Ouvrage composé en Latin depuis environ douze ans. Quoy que ce titre fust plus tolerable en Latin qu'il ne seroit en François, j'aurois maintenant quelque confusion de le reconnoître, quand mesme il seroit question de publier cet Ouvrage que je prétens anéantir tant pour ses imperfections, que parce que je l'ay écrit en une Langue qui semble devenir de plus en plus étrangere en France.

Je reserve à vous informer

AU LECTEUR.

plus au long de ma conduite dans une Préface que j'espere mettre à la teste du Recueil François des Auteurs déguisez. Quant au Traité que je vous donne presentement, il n'a pas besoin d'autre Preface que la Table des Chapitres. Je prens seulement la liberté de vous dire que si j'ay parlé quelquefois du changement des noms dans des personnes qui n'ont pas été Auteurs, ç'a été par la necessité de prouver le particulier par le general. Je n'en excepte pas même les Chapitres XIII. & XIV. de la troisiéme Partie de ce Traité, où j'ay été obligé d'entrer dans un assez ample détail des noms vulgaires défigurez par

AU LECTEUR.

des terminaisons Latines, & par la suppression ou la mauvaise expression des Articles. C'est ce qu'il a fallu donner aux instances de quelques amis qui ont demandé quelque remede au desordre que les *Latinistes* ont introduit dans la connoissance des noms propres. Si dans ces deux Chapitres on rencontre M. de Thou un peu plus souvent que les autres Ecrivains, il faut s'en prendre à la haute réputation de cet incomparable Historien, dont les taches, quoy que petites, meritent d'autant plus d'être remarquées, que son ouvrage sera de plus longue durée.

TABLE
DES CHAPITRES
du Discours préliminaire des Auteurs déguisez.

PREMIERE PARTIE.

Contenant quelques Reflexions sur le changement des noms en general, & sur l'usage qui s'est observé dans cette pratique parmi le monde.

CHAP. I. *Les noms sont sujets à la vicissitude commune des choses de ce monde. Exemple de cette vicissitude dans les noms differens du premier de tous les Ecrivains.* page 1

CHAP. II. *L'usage de changer les noms est fort ancien. Exemples di-*

vers de cette pratique en general. 16

CHAP. III. *Usage particulier des Auteurs dans la pratique de changer leurs noms. De la mode de mettre son nom au commencement du texte ou dans le titre du livre. Difference des Anonymes, des Plagiaires, & des Imposteurs, d'avec les Pseudonymes.* 23

CHAP. IV. *L'usage de changer son nom devenu trop frequent dans les derniers temps; cause & occasion d'une partie des abus qui s'y sont glissez. Dans quelles Personnes, & dans quelles Professions ces abus ont esté tolerez plus volontiers.* 37

CHAP. V. *Des rencontres où l'usage de changer son nom estant indifferent de luy-même peut devenir innocent ou criminel dans ses circonstances.* 45

CHAP. VI. *Ce qu'il y a de permis, & ce qu'il y a de défendu par les Loix seculieres & les Ordonnances des Princes touchant le changemnt*

des noms. 53
CHAP. VII. *Le changement ou la supposition des noms défenduë aux Auteurs des livres en particulier par les Loix Ecclesiastiques & Seculieres. Reglement ou Decret du Concile de Trente sur ce sujet. Edits de nos Rois sur le même sujet. Du peu d'execution de ces Edits & du Decret du Concile.* 61

SECONDE PARTIE.

Des Motifs que les Auteurs ont eus, ou pu avoir, pour changer leurs noms, & pour se déguiser.

CHAP. I. *Des motifs ou raisons de changer son nom en general.* 86

CHAP. II. Premier Motif. *L'Amour de l'Antiquité profane qui a porté divers Auteurs Pseudonymes à quitter leur nom pour en*

ã vj

prendre selon l'usage de l'ancienne Grece & de l'ancienne Rome. 89

CHAP. III. Second Motif. La Prudence qui a porté les Auteurs à se cacher, & qui leur a fait chercher les moyens d'arriver à leurs fins sans estre reconnus. 107

CHAP. IV. Troisiéme Motif. La crainte de tomber dans quelque disgrace, ou d'encourir des peines de la part des Adversaires qui ont le credit & l'autorité en main. 116

CHAP. V. Quatriéme Motif. La Honte que l'on a de produire ou de publier quelque chose qui ne seroit pas digne du rang que l'on tient dans le monde, ou de la profession qu'on exerce : & la Confusion qui pourroit revenir des écrits, du succés desquels on a quelque raison de se défier. 126

CHAP. VI. Cinquiéme Motif. La fantaisie de cacher la bassesse de sa naissance ou de sa condition : & celle de rehausser quelquefois sa qualité. 138

Table des Chapitres. xiij

CHAP. VII. Sixiéme Motif. *Le desir d'oster l'idée que pourroit donner un nom qui ne seroit pas d'une signification heureuse, ou qui n'auroit pas un son assez agreable à l'oreille.* 152

CHAP. VIII. Septiéme Motif. *Le dessein de sonder les esprits sur quelque chose qui pourroit paroistre nouveau, ou dont le succés seroit incertain.* 171

CHAP. IX. Huitiéme Motif. *La Modestie dans ceux qui ne cherchent pas à paroistre par leurs livres ; qui se soucient peu de la gloire imaginaire qu'on peut acquerir par la plume ; & qui negligent de recueillir les fruits passagers de leurs travaux. Exemple particulier de Salvien de Marseille.* 177

CHAP. X. Neuviéme Motif. *La Pieté de ceux qui veulent laisser des marques exterieures de leur changement de vie, ou de leur renoncement au monde.* 201

CHAP. XI. Dixiéme Motif. *La*

Table des Chapitres.

Fourbe & l'Imposture pour seduire les simples qui ne peuvent juger du fonds que par la surface; & pour abuser de la bonne foy des autres. 204

CHAP. XII. Onziéme Motif. *La Vanité qui donne quelquefois le change à la Modestie, lors qu'il s'agit du mépris qu'on peut faire de la gloire à laquelle les autres aspirent par le moyen de leurs écrits.* 215

Douziéme Motif. *La Médisance ou l'Envie de médire avec impunité, & d'injurier à son aise.* 217

Treiziéme Motif. *L'Impieté & le Libertinage.* ibid.

Quatorziéme Motif. *Le mouvement d'une pure gayeté de cœur.* 218

Table des Chapitres.

TROISIE'ME PARTIE.

Contenant les Manieres differentes dont les Auteurs ont usé dans ce changement.

CHAP. I. *PRemiere Maniere. Changer son nom de famille en celuy de quelque lieu. 1. En celuy du Pays natal. 2. En celuy du lieu de la Demeure. 3. En celuy d'un Fief ou Seigneurie. 4. En celuy du lieu du Benefice qu'on possede.* 219

CHAP. II. *Seconde Maniere. Prendre le nom d'Autruy pour se déguiser sans faire injure à la personne dont on l'emprunte. 2. Défense de cette pratique contre un Auteur déguisé sous le nom de P. Aurelius. 3. Emprunter des noms heureux, des noms de credit & d'autorité. 4. Prester son nom aux Auteurs pour de l'argent.* 234

CHAP. III. *Suite de la maniere de prendre le nom d'Autruy pour se déguiser. Usage de cette maniere entre les Parens, les Alliez, & les autres personnes unies ensemble par des engagemens & des relations particulieres.* 246

1. *Des Peres qui prennent le nom de leurs Enfans.* ibid.

2. *Des Freres qui prennent le nom de leurs Freres; & des Sœurs qui prennent le nom de leurs Freres.* 250

3. *Des Femmes qui prennent le nom de leurs Maris, & des Maris qui prennent le nom de leurs Femmes.* 254

4. *Des Maîtres ou Seigneurs qui prennent le nom de leurs Domestiques; & des Domestiques qui prennent celuy de leurs Maîtres.* 258

5. *Des Maîtres ou Precepteurs qui prennent le nom de leurs Eco-*

liers; & des Ecoliers qui prennent celuy de leurs Maistres. 262

CHAP. IV. Troisiéme Maniere. *Se former des noms Patronymiques à la façon des Anciens, sur le nom du Pere, de la Mere, des Grand-Peres, des Oncles, ou de quelqu'autre d'entre les Ayeux. Usage des Auteurs pour ce point parmi les Peuples de differens lieux.* 166

CHAP. V. Quatriéme Maniere. *Prendre des noms Appellatifs pour estre substituez aux noms Propres. Des Appellatifs de diverses sortes; de dignitez, de professions, de conditions, de pays, de dispositions d'esprit ou de cœur.* 276

CHAP. VI. Cinquiéme Maniere. *Prendre des noms de Communautez ou de Societez, tels que sont ceux de Colleges; d'Academies; de Facultez; de Corps ou Assemblées; de Maisons Regulieres; & même d'Associations passageres.* 281

Table des Chapitres

CHAP. VII. Sixiéme Maniere. *Prendre des noms de guerre. Des Religieux qui se travestissent en Cavaliers ou Gens d'épée, pour se déguiser dans leurs Ouvrages.* 293

CHAP. VIII. Septiéme Maniere. *Prendre ou donner des surnoms burlesques que le petit peuple appelle ordinairement Sobriquets. Masques injurieux & passifs, que les Auteurs jettent sur le visage de ceux dont ils entreprennent de parler.* 298

CHAP. IX. Huitiéme Maniere. *Prendre des noms tirez du fonds de son sujet, ou formez sur la matiere que l'on traite, sur les intentions qu'on a en la traitant, sur la fin qu'on s'y propose, ou même sur la maniere dont on a entrepris de la traiter.* 308

CHAP. X. Neuviéme Maniere. *Se cacher sous les Personnages de Dialogues, lors que les Dialogues sont anonymes.* 317

Table des Chapitres. xix

Dixiéme Maniere. Prendre des noms formez sur les titres des livres : des noms de Livres qui deviennent des noms d'Auteurs. 320

Onziéme Maniere. Affecter l'Antiphrase; former des Antitheses par rapport à d'autres noms d'Auteurs. 323

Douziéme Maniere. Prendre des Synonimes, ou des noms dont la signification approche de celle du nom que l'on supprime. 325

CHAP. XI. *Treiziéme Maniere. Changer son nom d'une Langue en une autre contre un nom de signification semblable ou approchante. Noms tournez du Vulgaire en Hebreu, & de l'Hebreu en Latin & en Vulgaire. Noms tournez du Vulgaire en Grec. Noms tournez du Vulgaire en Latin. Noms tournez en Langues Vulgaires. Reflexion sur ceux qui tournent mal à propos les noms des Auteurs étrangers en nostre Lan-*

gue. Exemples d'une semblable conduite parmi les Allemans & les Italiens. 327

CHAP. XII. Suite de la maniere de changer les noms d'une Langue en une autre, sans changer la signification. Difference entre les Auteurs qui ne disposent que de leur nom, & les Historiens qui se donnent la liberté de changer les noms des autres. Que les Historiens sont moins excusables que les Auteurs particuliers, à qui dans le fond l'on ne peut contester le pouvoir de se transnommer selon leur caprice dans des choses de nulle importance. Que l'exemple des anciens Historiens Grecs & Latins ne peut justifier au plus que ceux des Historiens modernes, qui se contentent de mettre aux noms propres des Etrangers les terminaisons de la Langue en laquelle ils écrivent leur Histoire. Que l'exemple même de Moyse qui a

Table des Chapitres. xxj

changé plusieurs noms propres en Hebreu, ne doit point autoriser la licence des Modernes. 344

CHAP. XIII. Ceux qui condamnent le changement des noms propres en d'autres Langues, ne doivent pas des-approuver l'usage des Terminaisons de la Langue en laquelle on écrit. Exemples des Anciens Ecrivains qui en ont usé de la sorte. Bizarrerie de ceux qui se mêlent de donner des Terminaisons Latines à des noms François, ausquels elles ne sont pas propres. Combien une Terminaison Latine qui est presque toûjours la même, confond & défigure la plûpart des noms François, à cause de la varieté de leurs Terminaisons. 355

CHAP. XIV. De l'expression & de la suppression des Articles des Langues Vulgaires dans les noms latinisez. Embarras causez par cette pratique. Plaintes de quelques Auteurs sur ce sujet. 405

Table des Chapitres.

CHAP. XV. *Quatorziéme Maniere. Changer le Prénom que nous appellons le nom de Baptême, sans toucher au surnom. De la transposition du Prénom & du Surnom.* 418

CHAP. XVI. *Quinziéme Maniere. De la pluralité des Surnoms qui donne lieu aux Auteurs de varier dans l'expression de leur nom. De l'embarras que causent les Auteurs que nous appellons* Polyonymes, *quand il est question de les citer.* 426

CHAP. XVII. Seiziéme Maniere. *Retourner ou renverser son nom dans une Anagramme. Des Anagrammes parfaites & imparfaites ; des Anagrammes retrogrades, de celles qui se font malicieusement sur le nom d'un Adversaire.* 435

Dix-septiéme Maniere. *Renfermer son nom dans une Acrostiche.* 442

Table des Chapitres. xxiij

Dix-huitiéme Maniére. *Enveloper son nom dans une Devise en forme d'Anagramme. Des Devises que les Auteurs mettent à des Ecrits Anonymes à la place de leur nom.* 446

CHAP. XVIII. Dix-neuviéme Maniere. *Designer son nom par les lettres capitales qui le commencent. Des noms formez de lettres capitales. Usage des Auteurs Juifs en ce point. Des lettres finales, des notes literales, & autres monogrammes qui ont servi à marquer les noms des Auteurs cachez.* 450

CHAP. XIX. Vingtiéme Maniere. *Allonger son nom pour le déguiser; & de l'usage d'allonger son nom sans déguisement.* 463

Vingt-uniéme Maniere. *Abreger son nom pour le déguiser: & de l'usage de cette abbreviation parmi ceux même qui ne font pas profession des Lettres.* 467

CHAP. XX. *De la corruption des noms des Auteurs venuë de ces manieres de les abreger ou de les allonger, ou de la maniere de les transformer d'une Langue en une autre. Cette corruption a produit beaucoup d'Auteurs chimeriques qui n'on jamais esté. Diverses especes de cette corruption d'où sont nez tant de faux Auteurs.* 471

QUATRIÉME PARTIE.

Des Inconveniens que le changement de nom dans les Auteurs a causez dans le monde, dans l'Eglise, mais particulierement dans ce qui s'appelle Republique des Lettres.

CHAP. I. *LE tort que peut faire l'insinuation d'une doctrine dangereuse à la faveur d'un nom qui n'est pas suspect.* 486

1. *Dans*

Table des Chapitres. xxv

1. *Dans les matieres de Religion. Des surprises qui ont fait prendre pour Catholiques des Heretiques déguisez sous de faux noms.*

CHAP. II. *De l'Inconvenient que le changement des noms jette dans les Familles. Etrangers intrus dans les Familles en prenant le nom de ces Familles. Naturels & Légitimes censez déchûs ou sortis de la Famille pour en avoir quitté le nom.* 493

CHAP. III. *Des Erreurs qui naissent tous les jours du changement des noms touchant la connoissance des Auteurs. Inconveniens de l'ambiguité ou de l'équivoque d'un nom changé, lors qu'il sert à plusieurs Auteurs. Inconveniens de la diversité des noms qui ne marquent qu'un même Auteur.* 501

CHAP. IV. *Inconveniens survenus à la reputation, à la fortune, & à la vie de quelques Particuliers*

ẽ

par le changement des noms. Des Innocens que ce déguisement a fait prendre par erreur pour les coupables, & des maux qu'ils ont souffert injustement. 510

Fin de la Table des Chapitres.

Correction de quelques fautes d'impression.

Page	Ligne	Faute.	Corr.
301	19	*Copianus*	*Coprianus*
324	22	point	point mal
338	15	resarcimento	risarcimento
379	3	qu'il	qui
429	9	la	sa
432	26	*Rutilus*	*Rutilius*
453	9	Grace	Grasse
454	30	mar-	marquent
523	13	Chabid	Chabib
547	23	Dentalus	Dentatus
552	13 & 15	Eusebüs	Eusebiis.

Il pourra s'en trouver encore d'autres que le Lecteur est prié de corriger.

Extrait du Privilege du Roy.

PAR Lettres Patentes du Roy, données à Paris le 20. de Février 1688. signées LE COMTE, & scellées du grand Sceau de cire jaune, il est permis au Sieur A. B. de faire imprimer un Livre intitulé, *Découverte des Auteurs déguisez sous des Noms*, &c. & ce pendant le cours de douze années consecutives, à commencer du jour qu'il sera achevé d'imprimer ; avec deffenses tres-expresses à toutes personnes, de l'imprimer, vendre & debiter, mesme d'impression étrangere, sans le consentement dudit Exposant : sur les peines portées par lesdites Lettres de Privilege.

Regîstré suivant & conformement l'Arrest du Parlement du 8. Avril 1673. & celuy du Conseil de Sa Majesté donné au mois d'Aoust 1686. Signé J. B. COIGNARD.

Achevé d'imprimer pour la premiere fois le 14. d'Aoust 1690.

AUTEURS

AUTEURS DÉGUISEZ

Sous des noms étrangers; empruntez, supposez, feints à plaisir, abregez, chiffrez, renversez, retournez, ou changez d'une langue en une autre.

TOME PREMIER.

Contenant un Traité préliminaire sur le changement & la supposition des noms parmi les Auteurs.

A M. de Lamoignon, Marquis de Bâville.

UNE des raisons, Monsieur, qui vous ont fait concevoir de l'amitié pour les Auteurs & de l'amour pour leurs livres, a été la bonne opinion qu'on vous avoit donnée de leur ingenuité dés vôtre enfance. On avoit tâché de profiter des petits déplaisirs que vous témoigniez dés lors de voir que le déguisement & la dissimulation fussent de toutes les bonnes compagnies, & que la sincerité se trouvât rarement dans les discours ordinaires des vivans. On vous avoit laissé croire que cette belle vertu pourroit s'être refugiée dans les Livres comme dans des lieux de sureté. Avec une préoccupation si favorable vous aviez déja fait quelques démarches dans la lecture des livres que l'on vous avoit mis entre les mains pour vos premieres études. L'esprit de reconnoissance vous avoit porté ensuite à vouloir connoître ceux à qui vous étiez redevable de ce que vous appreniez, afin de payer au moins de vôtre estime des gens, qui étant morts depuis plusieurs siecles, n'étoient plus en état de recevoir aucun autre bien de vous. La chose ne réüssit point mal d'abord au gré de ceux qui avoient interêt de conserver en vous la bonne opinion que vous aviez de la sincerité & de la franchise de ces Auteurs, & de vous les faire considerer comme des Maîtres incapables d'abuser de vôtre confiance.

Lors qu'on en vint à Térence, on avoit heureusement pris le devant, pour vous ôter la pensée que cet Africain eût voulu vous tromper, en s'attribuant sous de faux titres les ouvrages de quelques illustres Romains, & qu'il eût entrepris sans fondement de substituer son nom à ceux de Lélius & de Scipion à la tête de ses Comedies. Lors qu'il fut question de vous faire voir les vies des grands Capitaines de la Gréce par Cornelius Nepos, & les hommes illustres de l'ancienne Rome par Aurelius Victor, on n'avoit pas eu de peine à vous faire comprendre que les faux noms d'Emilius Probus & de Plinius Secundus ne donnoient aucune atteinte à l'ingenuité de Nepos & de Victor; & qu'il n'y avoit eu que la negligence des siecles suivans, qui eût pû donner occasion à l'imposture.

Vous ne rencontrâtes rien dans la suite des démarches que vous faisiez parmi les anciens Auteurs, qui fût capable de vous faire perdre ou de diminuer la disposition où vous vous étiez trouvé jusques alors à leur égard. Rien ne troubloit encore la bonne foy avec laquelle vous rendiez vos respects & vos reconnoissances à ceux que vous croyïez Auteurs de l'Eneïde, de l'Iliade, de certaines Odes, de certaines Oraisons, de certaines Decades, de certaines Annales. Vous étiez persuadé que Virgile, Homere, Horace, Ciceron, Tite-Live, Tacite n'étoient pas des noms de chimeres, ni des titres de Faussaires.

Les Auteurs des livres seroient peut-être encore en reputation de candeur & de sincerité chez vous, si vous aviez voulu vous borner à la lecture des Anciens, & sur tout de ceux qui portent le nom de Classiques. Mais ils n'ont pas tous également trouvé leur compte au desir que vous avez témoigné de vouloir passer aux Modernes.

Lors qu'aprés Sannazar, Vida, Buchanan, & quelques autres de ce rang, il fallut vous mettre sur vôtre bureau la foule des Poëtes Latins d'Italie, de France & des Pays-bas, pour vous en faire faire le choix, on crut les avoir assez bien ramassez en vous presentant les volumes du gros Recuëil de Ranutius Gherus. La premiere question que vous fîtes à la vuë de tant de Poëtes recuëillis ensemble, fut de sçavoir quel étoit ce Ranutius Gherus, parce que sur la reputation que cet Auteur auroit acquise d'ailleurs, vous pretendiez juger du bon ou du mauvais difcernement qu'il auroit apporté dans le triage de tant de Poëfies. On fut obligé de vous avoüer que ce Gherus n'étoit pas connu dans la Republique des Lettres: mais que vous connoifliez affez d'ailleurs un Janus Gruterus, parce que c'étoit un Humanifte qui avoit fait des corrections & des notes fur des Auteurs Claffiques que vous aviez lûs, & qui avoit ramaffé les Infcriptions anciennes en un corps que vous aviez parcouru depuis peu de temps. Je me fouviens que vous ne fçûtes pas alors fort bon gré à cet Auteur d'avoir voulu effayer de vous furprendre fous le faux nom de Gherus, & que vous ne jugeâtes point fa diffimulation du goût & du caractere des Anciens, avec lefquels vous aviez eu tant d'habitudes jufques alors.

La curiofité vous ayant porté depuis à lire les Poëfies du Pape Urbain VIII. on crut par une fuite de convenance pouvoir vous prefenter enfuite celles de *Philomathus*. Vous fûtes en peine de fçavoir qui étoit ce Philomathus. On vous répondit que c'étoit un Pape auffi-bien qu'Urbain VIII. Vous vous récriâtes là-deffus, & vous repliquâtes que dans la liste des successeurs de saint Pierre, que vous aviez apprise par cœur, vous n'aviez vû ni Pape ni Antipape du nom de Philomathus.

Quand on vous parla des Poësies du Comte d'Alsinois, vous cherchâtes en vain le Comté d'Alsinois dans la Geographie, ne sçachant pas que cette Seigneurie ne subsistoit que dans l'anagramme du nom de l'Auteur.

Enfin lors qu'on vous dit un jour qu'entre ceux qui avoient traité le plus au long de l'art d'écrire par chiffres, les plus connus étoient Tritthême, Caramuël, J. B. à Porta, G. Schott, Heidel & Gustavus Selenus, vous répondîtes qu'il n'y avoit que le dernier qu'on ne vous eût pas encore fait connoître. On vous repliqua que c'étoit neanmoins le plus celebre & le plus qualifié de tous ; que c'étoit un Prince d'Allemagne de la maison de Brunswick, un Duc de Lunebourg. Vous fûtes curieux de consulter plus d'une Genealogie des Brunswick-Lunebourg, mais vous ne trouvâtes nulle part ce *Gustavus Selenus*.

Ces petits traits de dissimulation joints à une espece de contestation que vous aviez euë sur l'orthographe de

Phyllarque, que vous pretendiez alors corriger & changer en *Philarque*, parce que vous n'étiez pas obligé de sçavoir qu'un Pere Goulu s'étoit appellé *Prince des Feuilles*, pour dire *General des Feuillans* ; ces petits traits, dis-je, commencerent à vous mettre en précaution contre les Modernes. Ils servirent aussi à vous faire rehausser le prix de ceux d'entre eux qui ont conservé ou fait revivre la simplicité des Anciens.

Le déguisement, disiez-vous, passera chez moy tant qu'on voudra pour bagatelle & pour puerilité dans des Poëtes, des Grammairiens & des Humanistes. Mais à quoy en serons-nous réduits, si cette licence se communique aux autres ? Que penserons-nous de la sincerité d'un Historien qui entreprendra de nous tromper d'abord par de faux noms ? Comment traite-t'on au Parlement un Jurisconsulte qui produit de faux titres ?

Vous n'aviez pas mauvaise raison, Monsieur, de tout apprehender dés lors d'une semblable licence. Vous en auriez dit encore autre chose, si vous aviez sçu en ce temps-là que les Heretiques avoient eu recours à cet artifice, pour surprendre les Catholiques ; que les Fauſſaires employoient ces moyens pour troubler l'ordre de la vie civile, & que la plûpart des gens de Lettres ſans vertu, n'avoient pas trouvé d'expedient plus commode pour ſe traiter en loups, pour ſe déchirer impunément, & ſe manger les uns les autres ſans ſcrupule.

Mais ſans ſçavoir tous ces deſordres produits par le déguiſement des Auteurs, vous ne laiſſiez pas d'aller droit à leur condamnation en general. Qui voudra me répondre, diſiez-vous, qu'un Auteur qui ſe donne la liberté de cacher ſon viſage, n'aura point eu deſſein de cacher encore autre choſe ? Comment ſçaurons-nous que le changement du nom de celuy que l'on croit honnête homme, ne ſera pas une marque ou un préjugé du changement de mœurs ou de ſentimens dans la même perſonne ?

C'étoit donc déja fait de la reputation des Auteurs déguiſez dans vôtre eſprit, lorſque je me mis en devoir de me rendre leur Avocat auprés de vous. J'abandonnay d'abord à vôtre indignation les Heretiques, les Fauſſaires & les mal-honnêtes gens de Lettres, dont je viens de vous parler. Je ne voulus point parler non plus ni pour les Plagiaires, ni pour les Imposteurs, ni pour aucun de ceux dont la conduite n'étoit pas innocente. Je vous passay même les inconveniens que vous apprehendiez, & qui sont effectivement arrivez, de l'indiscretion de ceux dont l'intention n'avoit pas été d'ailleurs criminelle. Mais je plaidai pour ceux dont le déguisement étoit indifferent à tout le monde, & pour ceux aussi qui avoient eu des motifs legitimes & honnêtes pour changer de nom & pour se dérober à la connoissance de ceux à qui ils avoient eu interêt de ne se pas faire connoître.

Ce fut en faveur de ces derniers que je vous promis une Dissertation sur la conduite des uns & des autres dans le changement ou la supposition de leurs noms, avec le Recüeil de ceux de ma connoissance qui s'étoient déguisez de quelque maniere que ce fût. Vous verrez par le Recüeil de quelle importance il est que tous les masques soient levez, afin que l'on connoisse les Auteurs à découvert, & que l'on puisse juger de leurs ouvrages, & en sçavoir l'histoire avec plus de facilité. Mais vous allez voir par la Dissertation, 1. quel a été l'usage des changemens de nom dans le monde; 2. les motifs que les

Auteurs ont eu ou pû avoir pour changer leurs noms & pour se déguiser; 3. les manieres differentes dont ils ont usé dans ces changemens; 4. les inconveniens que ces changemens de noms d'Auteurs ont causez dans le monde, & quelquefois dans l'Eglise, mais particulierement dans ce qui s'appelle Republique des Lettres.

PREMIERE PARTIE.

Contenant quelques reflexions sur le changement des noms en general, & sur l'usage qui s'est observé dans cette pratique parmi le monde.

CHAPITRE I.

Les noms sont sujets à la vicissitude commune des choses de ce monde. Exemple de cette vicissitude dans les noms differens du premier de tous les Ecrivains.

JE veux croire, Monsieur, qu'il ne s'est encore trouvé personne qui ait eu la temerité de trouver à redire à la sagesse avec laquelle le premier Homme donna des noms à toutes les creatures que Dieu presenta à sa veuë. Mais toute infuse que cette sagesse étoit immediatement du Createur, elle n'a point garanti ces noms des effets de la vicissitude, à laquelle il semble que les choses de ce monde se trouvent assujetties. Loin de leur avoir communiqué un état immuable, il semble que ce soit par son ordre & par sa disposition qu'ils sont toujours prêts au changement.

Les noms n'ayant été employez que pour marquer les choses, il semble que dès que les choses sont venuës à changer de nature ou de qualitez, il ait fallu par une suite necessaire que les noms suivissent leur sort.

Malgré cette necessité, il faut avoüer que cette permutation de noms auroit toujours pû passer pour une rareté, si elle n'avoit été attachée qu'à la nature ou aux qualitez principales des choses. Elle ne se seroit peut-être pas étenduë au-delà de leurs formes : de sorte que la variation de ces formes auroit pû en estre la reglé ou la mesure.

Mais pour ne parler icy que des hommes dont la nature semble estre immuable, & qui changent assez rarement de qualitez ; l'on sçait assez qu'un simple changement de condition, de demeure, d'habitude, d'occupation, d'action, de quelque autre accident ou de quelque autre caprice, leur a paru suffisant pour les porter à changer de nom.

Sur une consideration si generale, ceux qui font profession de tout réduire à leur examen, se donneront peut-être la liberté d'accuser le genre humain d'inconstance & de legereté, & ils seront ravis de trouver cette occasion d'augmenter nos scrupules & de nous faire de nouveaux cas de conscience. Mais il est à propos de prévenir leur jugement de bonne heure, & de les avertir que celuy qui a fait la nature de l'homme, ne s'est pas contenté de permettre ces changemens de noms dans diverses personnes qui s'étoient mises avec une soumission toute particuliere sous la conduite de sa providence : mais qu'il les a autorisez luy-même dans quelques Patriarches & quelques justes de l'ancien Testament, & dans quelques Apôtres de l'Evangile.

Ce n'est pas toujours l'instabilité ou la variation d'une personne qui fait celle de son nom. Ce sont souvent les idées & les notions differentes sous lesquelles on se represente la personne sans sa participation. De sorte qu'une même personne, sans changer d'état, d'habitude, de lieu & de profession, ne laisse pas d'estre quelquefois nommée fort differemment, je ne dis pas seulement par des peuples differens qui sont obligez de s'exprimer suivant la diversité de leur langue, mais encore par des gens d'un même pays, vivans sous le même gouvernement & les mêmes coutumes, & demeurans quelquefois ensemble.

Ceux qui se piquent de sçavoir un peu l'état de l'Antiquité la plus reculée, ne s'étonneroient peut-être pas d'aprendre que le premier de tous les Auteurs, que nous ne connoissons proprement que sous le nom de *Moyse*, eût été appellé *Shemaja* par les Israëlites; *Taaut*, *Adonis*, *Thammuz* par les Pheniciens de divers endroits; *Marnas* par ceux de Gaze en Palestine, ou par les Philistins; *Azizus* & *Monimus* par ceux d'Emese en Syrie; *Theut* & *Thoyt*, *Osiris*, *Osarsiph* ou *Arsaphes*, *Serapis* & *Apis*, *Mnevis* ou *Mneües*, *Orus* & *Anubis*, *Phthas* ou *Aphthas* par les Egyptiens, selon la diversité de leurs cantons; *Admosis* ou *Tetmosis*, *Tisithes*, &c. par quelques peuples de l'Arabie & de la côte voisine de l'Egypte; *Typhon*, *Zoroastre*, *Pan*, *Apollon*, *Bacchus*, *Vulcain*, *Priape*, *Promethée*, *Minos*, *Orphée*, *Esculape*, *Protée*, *Tiresias*, *Janus*, *Evandre*, & tout ce qu'on voudra, par les peuples differens de l'Asie Mineure, de la Grece & de l'Italie. Mais

il seroit difficile de ne point faire pa- I. Part.
roître quelque surprise, de voir que cet Ch. 1.
homme ait porté au-dedans des quatre
murailles de sa maison presque autant
de noms differens, qu'il y avoit de personnes dans sa famille : qu'il ait été
nommé *Chabar* par son pere Amram,
Jechotiel par sa mere Jochabed, *Jared*
par sa sœur Marie, *Abizannach* par son
frere Aaron, *Abigedur* par son grand-
pere Caath, & *Abizuc* par sa nour-
risse.

Cet exemple que je vous produis des
differentes dénominations de celuy que
nous considerons comme l'Auteur des
Auteurs, le chef & le modele des Theologiens, des Politiques, des Jurisco̅n-
sultes, des Philosophes, des Historiens,
& des Poëtes mêmes, pourra vous persuader que la fixation des noms n'a
point été receuë au nombre des établis-
semens de la societé humaine. Mais la
crainte de trouver des censeurs qui
n'auroient pas autant de déference que
nous pour l'autorité des sçavans hommes qui ont avancé ce que je viens d'alleguer sur les noms differens de Moyse,
m'oblige à chercher encore ailleurs des
marques de ce peu de stabilité. Vous me
permettrez de vous faire faire une re-

veuë succincte par le monde, pour vous montrer par l'usage des nations les plus anciennes & les plus celebres de la terre, que les noms n'ont rien eu de fixe; & qu'encore qu'ils ayent été appliquez ordinairement comme des caracteres qui devoient servir à distinguer les hommes, ils n'ont pas laissé de contribuer souvent à les faire confondre.

CHAPITRE II.

L'usage de changer les noms est fort ancien. Exemples divers de cette pratique en general.

S'Il est vray que Moyse n'ait pas été le premier des hommes à qui l'on ait changé le nom, les Auteurs qui ne font qu'une fort petite portion du genre humain, n'auront pas sujet de se vanter d'avoir introduit l'usage de ce changement des noms parmi le reste des hommes. Les exemples que nous avons de ce changement dans la personne d'Abraham & de Sara, doivent leur faire connoître qu'il faut remonter jusqu'à Dieu comme au premier auteur de ce changement, & comme à celuy qui par la souveraineté de sa domination sur les hommes auroit pû se reserver le droit de leur distribuer & de leur changer les noms. S'il se trouvoit quelqu'un qui voulût chercher encore quelque origine plus haute de ce changement, on pourroit le conduire peut-être jusqu'à la fameuse entreprise des hommes à la Tour de Babel, & y fixer l'époque de ce changement. Il n'est pas probable qu'il se soit fait alors une revolution generale dans la dénomination des creatures & des choses destinées à l'usage des hommes, & que cette revolution ne se soit point étenduë jusques aux noms des mêmes hommes. Ceux qui ne voudront pas y faire d'exception, seront au moins obligez de reconnoître que Dieu aura encore été l'auteur de ce changement, en jettant la confusion sur les langues des particuliers, & que la volonté des hommes y aura eu moins de part que n'y en eut celle d'Abram, de Saraï & de Jacob, lorsqu'il fut question de les faire appeller *Abraham, Sara* & *Israël*.

Mais il n'est pas croyable que Dieu aïant si liberalement abandonné à l'homme son droit de nommer les creatures, ait voulu retenir celuy de changer les noms. Et nous ne voyons pas que lorsque les hommes se sont mis en posses-sion de ce droit, ils en ayent été repris comme des usurpateurs par les Prophetes, ou par aucun autre Ministre du Seigneur.

Les Hebreux qui se sont toujours vantez d'estre son Peuple choisi, n'ont donc jamais eu de scrupule sur le changement des noms, sur tout lors qu'il n'a point été question de déguisement ou d'imposture. Mais ils ont rarement usé de cette liberté sans quelque raison honnête ou legitime, ou du moins sans autorité ; souvent aussi la raison & l'autorité se sont-elles trouvées unies ensemble pour faire ces changemens, comme il est aisé de le remarquer dans la personne de Benjamin le Patriarche, & comme on peut raisonnablement le conclure de la varieté des noms de l'ancien Testament jusqu'au temps des Maccabées.

V. Ierobaal, Isaï, &c.

L'usage en estoit encore assez commun parmi les Juifs du temps de Jesus-Christ. Quelques-uns de ses Apôtres avoient déja changé de nom avant que de se mettre à sa suite ; & ce divin Sauveur voulut bien luy-même ajoûter son autorité à la raison, lors qu'il changea les noms de saint Pierre & des enfans

de Zebedée. Il y auroit presque toujours 1. Part.
dequoy traitter un point de morale sur Ch. 2.
les raisons differentes de ces changemens, parce qu'il n'y avoit point de
nom qui n'eût son sens particulier.
Mais je me contente de vous renvoyer
au livre que Philon le Juif a fait sur ce
sujet.

Nous avons encore des preuves de
cette ancienne pratique touchant le
changement des noms parmi les nations
étrangeres, où nous voyons que l'on a
presque toujours joint l'autorité à la raison. Parmi les Egyptiens je vous allegue l'exemple du Patriarche Joseph, à
qui Pharaon donna le nom de Pson-
thomphanech, ou plutôt de Sophompa- Zaphot
nea. Je ne vous parle pas des Philistins panoahd
& des Cananéens, parmi lesquels Esaü
n'étoit connu que sous le nom d'Edom;
ni des Arabes, de la pratique desquels
le beaupere de Moyse pourroit estre le
témoin pour la diversité des noms qu'il
portoit. Les Assyriens & les Babylo-
niens n'étoient pas moins dans cet usage, comme il paroist par les noms de
plusieurs de leurs Rois. Ils l'étendoient
même jusqu'aux étrangers, soit par un
droit de conquête, soit pour leur bon
plaisir, autant qu'on peut le conjectu-

rer par le changement des noms de Daniel, d'Ananie, d'Azarie & de Misaël. Il seroit inutile de vouloir attribuer cela au changement de pays ou à la difference des langues, parce qu'on ne s'assujettissoit pas pour l'ordinaire à conserver dans le nom substitué la signification de celuy que l'on faisoit quitter.

Le changement des noms n'étoit pas moins frequent parmi les Pheniciens, les Arcadiens, les Perses; & il ne regardoit pas moins les femmes que les hommes, autant qu'il a paru par l'exemple des Reines Esther, Didon, Tanaquil, & par celuy de Nicostrate mere du Roy Evandre. Au moins seroit-on mal reçu des Sçavans, si l'on osoit avancer qu'Edisse & Elise, Cæcilia & Carmenta ne sont pour la signification qu'une même chose avec Esther & Didon, avec Tanaquil & Nicostrate dans des langues differentes. Le commerce des Perses avec les Grecs nous a appris la coutume qu'avoient les premiers de faire changer de nom aux personnes qu'ils élevoient à la Royauté. Le nom qu'on leur donnoit ne passoit pas moins pour une marque de leur nouvelle dignité, que le sceptre & le diadéme.

I. Part. Ch. 2.

Cresias ap. Herod. Justin. l. 10.

Il seroit assez inutile de passer aux Grecs & aux Romains, pour donner une suite continuée de cette liberté de changer les noms. Personne n'a plus fait valoir cette pratique que ces peuples: mais il est assez rare de trouver parmi eux aucun changement de nom qui n'ait été la marque ou la suite de quelque changement precedent dans la personne, soit pour la condition, soit pour le lieu d'un nouvel établissement. La chose seroit infinie, s'il falloit la déduire par un détail. Souvenez-vous, Monsieur, qu'une apotheose pour faire passer les gens à l'immortalité, qu'une adoption pour faire changer de famille, qu'un affranchissement, une reception aux droits de citoyen ou aux Charges, enfin qu'une simple transmigration de lieu, un testament fait en faveur de quelqu'un, une succession pure & simple, étoit un pretexte ordinaire pour le changement des noms. Je souhaiterois que l'on pût retrouver le livre qu'un Grammairien d'Alexandrie, nommé Nicanor, avoit composé sur ces divers changemens de noms parmi les Grecs. Ce seroit avec plaisir que je pourrois vous y renvoyer, comme j'ay fait au sujet de Philon pour ce qui re-

1. Part. Ch. 2.

Iup. Ind. dig. Quirinus, Archias, Antipater, Demetrius. Lucum. Tarquin.

garde l'usage des Hebreux.

Les Chretiens n'ont rien retranché de la liberté des Grecs & des Romains sur ce sujet, si l'on en excepte peut-être le cas de l'apotheose, dont ils n'ont pas jugé à propos de suivre la methode dans la canonization des Saints pour des raisons tres-importantes. Il faut avoüer neanmoins que l'on n'a point fait difficulté de changer les noms à divers Africains, Persans, & autres Saints des pays où les langues Grecque & Latine n'étoient point en usage. Mais on n'a point eu d'autre vuë en cela, que d'ôter l'air de la barbarie qui se trouvoit dans leurs noms & qui embarrassoit la prononciation des Fidéles. Il se trouvera sans doute d'autres Saints encore, à qui les noms ont été changez dans les derniers siecles: mais cela n'est gueres arrivé qu'à des Martyrs dont les noms s'étoient perdus dans les Catacombes ou dans d'autres sepulcres communs, où la confusion étoit presque inévitable.

Si les Chretiens paroissent avoir usé de cette liberté avec encore plus d'étenduë que ces Anciens, dans leur baptême ou leur adoption divine qui comprend aussi l'usage de la Confirmation, dans leurs Professions Religieuses, dans leur élevation à l'Episcopat & au souverain Pontificat; on peut dire qu'ils en ont reçu les premiers exemples des Romains, des Grecs, ou des Juifs dans quelqu'un des cas que je vous ay rapportez.

CHAPITRE III.

Usage particulier des Auteurs dans la pratique de changer leurs noms. De la mode de mettre son nom au commencement du texte ou dans le titre du livre. Difference des Anonymes, des Plagiaires & des Imposteurs d'avec les Pseudonymes.

Jusques icy nous n'avons rien remarqué qui puisse regarder en particulier les Auteurs à l'exclusion du reste des hommes dans l'usage de changer son nom. On ne peut point nier qu'il n'y en ait eu plusieurs de leur nombre dont les noms n'ayent éprouvé les effets de la vicissitude & de l'instabilité commune. Mais il faut avoüer que ce n'a point été en qualité d'Auteurs qu'ils ont souffert du changement, ou qu'ils ont adopté de nouveaux noms.

Melesigenes passoit déja dans le monde pour un excellent Poëte, pour un grand Theologien parmi les siens, avant qu'on se fût avisé de luy donner le nom d'*Homere*. Ce n'est point par aucune relation à ses Ecrits qu'il s'est trouvé qualifié de ce nouveau nom. Sans la perte ou l'affoiblissement de sa vuë, ou même sans l'aventure qui le fit prendre en ôtage à la guerre qui se fit de son temps entre ceux de Smyrne & de Colophon; ou enfin sans la confiance avec laquelle il fit le Prophete & se rendit caution de l'Oracle pour cette guerre, nous l'appellerions peut-être encore aujourd'huy Melesigene.

Aristocles ne songeoit à rien moins qu'à se faire connoître sous un autre nom que le sien. L'équivoque du nom de *Platon*, qui tombe pour le moins autant sur la dimension de certaines parties du corps, que sur l'étenduë de l'esprit, ne doit pas nous determiner legerement à croire qu'on ne luy a ôté le nom d'Aristocles pour celuy de Platon, qu'afin de nous prevenir d'abord sur la grandeur de son courage & la majesté de son discours.

J'ajoûteray qu'Aristote n'a point eu intention de se departir de l'usage commun

commun à toute la terre, lorsque l'affection & l'estime qu'il avoit pour son cher Disciple Tyrtamus le porterent à luy changer son nom en celuy d'*Euphraste*, & ensuite en celuy de *Theophraste*. J'avouë que la grace qu'il avoit à parler & que la beauté de stile qui paroissoit dans ses écrits, ont servi de pretexte à ce changement. Mais Aristote ne pretendoit pas le déguiser sous ces nouveaux noms. Loin de vouloir le dérober à la connoissance du Public, son dessein étoit de le faire connoître plus qu'il ne l'avoit été sous son vray nom, & de renfermer dans un mot toute l'idée qu'il prétendoit nous donner de son mérite.

Si Caton l'ancien que l'on n'avoit connu que sous le nom de *Priscus* tant qu'il étoit demeuré dans son Païs, étoit redevable à sa prudence & à son expérience dans les affaires du nom nouveau qu'il porta toûjours depuis son établissement dans la Ville de Rome, on ne dira point qu'il faille attribuer la chose à sa qualité d'Auteur. Ce n'étoit point dans la composition de ses Livres, mais dans sa conduite particuliere, & dans le maniement des affaires publiques qu'il avoit fait principalement remarquer

B

cette capacité & cette prudence qui luy valut le nom de *Caton*.

Enfin, Monsieur, je suis persuadé que quand le Philosophe Malchus ne se seroit jamais fait Auteur il n'auroit pas été moins tenté de se faire connoître aux Grecs & à toute la Postérité sous le nom de *Porphyre*. L'on trouvera quelques Auteurs qui l'ont appellé *Basile* dans l'intention peut-être d'approcher le nom de ce Philosophe plus prés de la signification naturelle du mot original de son Païs. Mais la prédilection qu'il a fait paroître pour le nom de Porphyre n'a jamais persuadé personne qu'il eût songé à demeurer caché sous ce nouveau nom.

Ces exemples pris dans des siécles differens sont tres-capables de nous faire comprendre que les changemens arrivez dans les anciens Auteurs n'avoient rien pour l'ordinaire soit dans leur motif, soit dans leur maniere qui fust destiné à les distinguer d'avec ceux des Personnes qui n'estoient pas Auteurs. Si le déguisement & l'imposture étoient en usage, on cherchoit souvent autre chose que des noms pour les faire valoir.

Les Anciens persuadez encore plusque nous qu'il y a de l'illusion dans la pensée de ceux qui pretendent qu'il suffit de sçavoir ce que l'on écrit sans se soucier de connoître celuy qui écrit, avoient soin avant toutes choses de mettre leur nom à la tête de leurs Ouvrages. C'étoit une espece de caution pour ce qu'ils vouloient débiter. Dans ceux dont on n'avoit pas encore oüy parler, c'étoit un moyen de les faire connoître : dans ceux qui étoient déja connus, c'étoit le fondement du préjugé dans lequel on devoit lire l'Ouvrage, & l'indice de ce qu'on pouvoit esperer de sa lecture.

Nous aurions une infinité d'exemples de cette pratique des Anciens, & en même-temps plus de preuves de leur ingénuité & de leurs précautions, si nous n'avions point tant perdû de leurs livres. Mais parmy le peu de monumens qu'il nous est resté de l'Antiquité sçavante, l'on trouvera toûjours dequoy se persuader suffisamment de cette conduite dans les exemples que nous voyons d'Herodote, de Thucydide, de Timée, &c. L'Histoire d'Herodote commence independemment de son titre par les termes de Ἡροδότου Ἁλικαρνησσέος ἱστορίης ἀπόδεξις ἥδε. Celle de Thucydide par ceux de Θουκυδίδης Ἀθη-

1. Part. Ch. 3.

B ij

1. Part. ταῦτα ξυνέγραψε τὸν πόλεμον, &c. Le livre
Ch. 3. que Timée l'un des Maîtres de Platon
avoit composé sur la Nature commen-
çoit par les mots de Τιμαῖος ὁ Λοκρὸς
τάδε ἔφα, sans qu'on pût dire que ce fût
le titre de son Ouvrage.

Fr. Port. Je sçay qu'il s'est trouvé quelques Cri-
comm. in tiques dans nôtre siécle & dans le pré-
Thuc. cedent qui jugeant du genie & du goût
&c. de ces Anciens par celuy de leur temps
n'ont pas fait difficulté de les soupçonner d'un peu de vanité & de trop de
complaisance pour leurs Ouvrages. Sur
ces sortes de debut, ils les ont crûs susceptibles de la crainte de tomber dans
l'oubli, ou de donner lieu aux Plagiaires de s'attribuer des Ouvrages sans
nom dans la suite des tems, parce qu'ils
n'auroient été reclamez de personne.
Mais ces Critiques auroient eu des pensées plus favorables touchant la pratique de ces Anciens s'ils avoient été
mieux informez du caractére de leur
esprit. On n'étoit pas encore entierement déchû de cette simplicité ancienne que l'on avoit vû regner dans les é-
crits des premiers âges; & cet usage
pouvoit trouver son apologie dans la
conduite même des Auteurs sacrez,
comme il seroit aisé de vous le faire te-

marquer par les exemples de Salomon, d'Isaïe, de Jeremie, des petits Prophetes, & de Nehemie qui ont commencé leurs Livres par la declaration de leurs noms & de leurs qualitez.

1. Part. Ch. 3.

Ce caractere d'ingenuité ne s'estoit point mal conservé dans le siecle où la Philosophie humaine sembloit avoir passé des Barbares ou des Orientaux chez les Grecs, je veux dire depuis la captivité de Babylone jusqu'à la guerre du Peloponese, depuis les Prophetes jusqu'à Socrate. Les Philosophes vivoient encore alors sans affectation, ils parloient & écrivoient encore sans artifice. Quand nous accorderions à Ciceron, que c'est le desir de vivre après la mort qui a porté les Philosophes posterieurs à mettre leur nom à la teste des livres même qu'ils composoient pour inspirer le mépris de la gloire, nous serions toûjours obligez de reconnoître dans l'expression de leur nom cette franchise qui ne se trouve pas dans l'expression de leurs sentimens.

Tusc. lib. 1.

Cette pratique de commencer son Ouvrage par son nom independemment du titre est devenuë plus rare dans la suite, quoy qu'on en trouve encore des exemples dans les Grecs du bas Empire &c.

Niceph. Callist.

Constantinople. Il semble qu'elle ait été laissée aux Princes, pour commencer les Ordonnances à leurs Peuples, aux Peres pour commencer les Instructions à leurs Enfans, aux Papes & aux Evêques pour leurs Bulles & leurs Mandemens; en un mot, à tous ceux qui ne pouvoient devenir suspects de cette vanité dont on a commencé de taxer les Auteurs depuis le siecle d'Alexandre ou celuy des Ptolemées. C'est peut-estre par la même raison que les Particuliers se sont maintenus encore dans cet usage pour les Lettres qu'ils adressoient à leurs amis, où ils ont toûjours esté en droit de mettre leur nom devant celuy de la personne à laquelle ils écrivoient à la teste de leurs Lettres sur tout dans les langues Grecque & Latine. On a toûjours esté si éloigné du soupçon de la vanité pour ce point, que les Inferieurs n'avoient rien à craindre de ce côté-là en se nommant les premiers lorsqu'ils écrivoient à leurs Superieurs.

On peut dire que la mode de commencer la premiere periode de son texte par son nom, est devenuë odieuse par l'abus de quelques particuliers, avant que d'avoir eu le temps de vieillir. C'est pour cela sans doute que les Auteurs n'ont point attendu qu'elle fust cessée pour introduire celle de joindre leurs noms aux titres de leurs livres. Il n'y a jusqu'ici point eu de prétexte de vanité, point d'usurpation de Plagiaires, point de suppositions d'Imposteurs qui ait été capable de faire abolir cette derniere mode.

Si le mépris de la gloire, ou la fuite de la vanité qu'on peut tirer de la composition d'un livre a porté quelques Auteurs parmi les Anciens à retrancher leur nom de leur Ouvrage, on peut dire qu'ils n'ont jamais prétendu nous donner le change, puisque cette suppression n'a jamais passé pour un déguisement, & qu'ils ont mieux aimé ne se point faire connoître du tout, que de se faire connoître mal, ou d'une autre maniere qu'ils n'auroient dû.

Si l'amour de cette même gloire a fait commettre aux Plagiaires l'injustice de supprimer les noms des vrais Auteurs pour y substituer les leurs & se saisir des fruits des travaux d'autruy; on ne peut pas dire qu'il soit question dans leur conduite du changement des noms de la maniere que nous l'entendons. Leur intention n'a point été de déguiser les veritables Auteurs, mais de les détruire ou d'empecher au moins qu'ils ne viennent bien ou mal à nôtre connoissance.

Enfin si l'esprit de fourbe a inspiré aux Imposteurs la malice de supposer à d'autres leurs propres ouvrages, ou de les munir des noms specieux de quelques personnes connuës & autorisées, afin de donner du cours & de l'autorité à leurs compositions ; ce n'a point été pour nous persuader que ces noms ne fussent pas ceux des vrais Auteurs des ouvrages qu'ils produisoient.

Aucune de ces trois especes, ny les Anonymes, ny les Plagiaires, ny les Imposteurs n'ont eu dessein d'abolir la mode de joindre le vray nom du veritable Auteur au titre de son ouvrage, quoy qu'ils ayent gardé une conduite fort contraire à cette pratique. Les premiers, je veux dire les Anonymes, n'ont pas pretendu se proposer pour des exemples : s'ils ont fait faire une exception à la regle, ils ont eu la prudence de juger qu'elle n'étoit que pour eux. Les autres soit Plagiaires, soit Imposteurs n'ont eu en vûë que le plaisir secret de nous faire croire qu'ils avoient religieusement suivi cette mode de publier son nom, & de traiter avec nous comme s'ils nous avoient persuadé que les ouvrages qu'ils nous proposoient étoient effectivement des Auteurs dont les noms étoient à la teste.

La chose est incontestable du côté des Plagiaires & des Imposteurs: & si quelqu'un venoit à bout de nous prouver le contraire, il nous prouveroit en même-temps qu'il n'y auroit point de Plagiaires ny d'Imposteurs. Mais s'il faut une caution pour les Anonymes, je n'en ay point d'autre à donner qu'un homme de bien & de créance, un Auteur Ecclesiastique qui a eu l'honneur d'être assez long-temps confondu avec saint Cyprien pour son merite. Arnaud de Bonneval (c'est le nom de cet Auteur) convient avec le Public de la mode de mettre son nom à la tête de son Ouvrage. Il n'en blame point la coûtume parce qu'il la trouve appuyée non seulement sur un usage inveteré de plusieurs siécles, mais aussi sur la raison, en ce que le nom d'un Auteur à la tête de son Livre fait que le Livre donne de la reputation à l'Auteur dont on void le nom; que d'une autre part le nom donne du poids & du credit au Livre lorsque l'Auteur est déja conu; & qu'enfin le nom & le Livre se soutiennent mutuellement par cette communication de gloire. Si l'Abbé de Bonneval se departit d'une mode si generale & si autorisée, ce n'est qu'avec des excuses treshumbles que le Public semble n'avoir reçûës que sur les titres de la modestie & de l'humilité de cet Auteur. Je veus que vous l'entendiez parler en sa langue afin que vous puissiez être vous-même le juge de sa pensée. *In capite libri sui quisque auctorem se posuit, ut & stilus Auctori, & stilo Auctor famularetur, & auctoritate altrinsecâ communis gloria muniretur. Hæc virorum illustrium præclara meruerunt ingenia, & per hæc vivax eorum fama & gloria indelebilis perseverat. Nos verò qui vix intelligimus quæ ab eis dicta sunt, sensu & eloquentia omnino iis impares, si quid aliquando scribimus, indignum Titulo judicamus, ne forte nobilis materia cujus explanationi studium adhibemus, decoloratam se potiùs quàm ornatam nostrâ præsumtione queratur.*

De operib. Christi Cardin.

Il n'y a donc que les *Pseudonymes* qui soient venus de sang froid dans la Republique des Lettres pour y troubler l'ordre établi dans la coutume de mettre le vrai nom d'un Auteur à la tête de son Livre. Nous appellons *Pseudonymes* ceux que vous trouverez quelquefois qualifiez ailleurs d'*Allonymes* ou d'*Heteronymes*, ou même de *Cryptonymes* selon la fantaisie des Ecrivains qui ont eu

occasion d'en parler. Vous m'objecte- 1. Part.
rez sans doute que les *Plagiaires* & les Ch. 3.
Imposteurs à qui je viens de donner l'exclusion semblent se trouver aussi com-
pris sous le nom de *Pseudonymes*; puisque les uns & les autres commettent de
la fausseté dans les noms des Livres.
Mais je vous répondray qu'entre Gens
de Lettres on est convenu depuis ces
derniers temps de restreindre le terme
generique de *Pseudonymes* à une seule
espece, & de ne plus donner ce nom
qu'à ceux qui n'imposent à personne, en
quoy les Pseudonymes sont distinguez
des *Imposteurs*; & qu'à ceux qui ne vo-
lent & ne pillent personne, ce qui fait
la difference des mêmes Pseudonymes
d'avec les *Plagiaires*.

L'espece des Pseudonymes de la maniere que nous la comprenons, c'est
à dire, des Auteurs qui changent de nom
purement pour se déguiser semble être
la plus recente de toutes. Les Anonymes contre lesquels Tertullien a decla- Lib. 4.
mé, & dont Salvien de Marseille a vou- contr.
lu prendre la protection peuvent faire c. 3.
remonter leur origine jusqu'à Moyse, & V. tom.1.
se renforcer de l'exemple des Evange- des jug.
listes. Les Plagiaires s'étoient déja ren- pag.471.
dus formidables au siecle de Ptolemée 482.

Philadelphe ; & les Imposteurs s'étoient déja multipliez dans le monde lors qu'on s'est apperçû de la fiction des Pseudonymes. A peine trouvons-nous un de leurs masques outre celuy de *Conchlax* avant le siécle d'Auguste. A peine en trouvons-nous depuis ce temps-là jusqu'à celuy de Charlemagne si on excepte un *Peregrin*, un *Timothée*, & quelque autre nom de fiction que l'industrie de quelques Auteurs Ecclesiastiques a inventez pour satisfaire leur humilité.

Le déguisement étant devenu une espece de vertu sur la fin du VIII. siécle, les beaux esprits, je veux dire les Studieux, qui se trouvoient animez à écrire par l'exemple & les liberalitez de Charlemagne, crûrent que rien n'estoit plus à leur bienseance. Chacun se travestir de gaieté de cœur pour paroître en public : rarement vid-on monter quelqu'un sur le theatre sans son masque. Alcuin, les Prelats, le Prince suymême ne voulurent pas s'en dispenser : de sorte qu'on peut dire que toute la face de l'Empire en ce qui regarde les Lettres étoit double sous Charlemagne, lors qu'on la vouloit envisager dans les Livres, aprés l'avoir consideree au natutel dans le commerce ordinaire de la vie.

Ce caprice de l'imagination des Gens de plume joüa encore pendant quelque-temps sous les deux regnes suivans, mais sans concert. On l'a vû cesser peu à peu & disparoître presque entierement jusqu'au temps du Pape Paul second, sous lequel on le vid renaître avec tant d'éclat & de mouvement parmi les Sçavans de ce temps-là que ce Pape en conçût de la jalousie, & que ce changement de noms assez innocent en soy, & fort indifferent d'ailleurs à l'Etat pensa être fatal à ceux qui s'étoient travestis à la Grecque ou à la Romaine dans leurs noms.

CHAPITRE IV.

L'usage de changer son nom devenu trop frequent dans les derniers temps. Cause & occasion d'une partie des abus qui s'y sont glissez. Dans quelles personnes & dans quelles professions ces abus ont été tolerez plus volontiers.

LA rigueur avec laquelle le Pape Paul II. fit traiter les Gens de

Lettres qui avoient changé leur nom de son temps, & les tourmens qu'il fit souffrir à quelques-uns d'entre eux sous pretexte que ce changement auroit pû être quelque effet de cabale & de conspiration contre son Etat ou sa personne purent bien dissiper l'union ou la societé qui avoit formé parmi eux une espece d'Academie de beaux Esprits dans Rome. Mais ces moyens ne furent point capables de détruire parmi ceux qui se sauverent de ses mains cette maniere de déguisement que les Grecs nouvel'ement venus de Constantinople qualifioient de *Metonomasie*. Quelques-uns s'étant refugiez en Lombardie, en France, en Allemagne, & même en Pologne y porterent avec eux la fantaisie qu'ils avoient euë de se déguiser ou de tourner leur nom de leur langue vulgaire en celles des Sçavans, & ils la communiquerent à tout ce qu'ils purent gagner de disciples. Elle se répandit en peu de temps dans toutes les Ecoles où l'on introduisit le Grec & la belle Latinité, & elle a passé jusqu'à nôtre siécle avec tant de licence & d'impetuosité, que la *Metonomasie* a merité de se voir comptée parmi les choses les plus communes de la Republique des Lettres.

C'est peut-être par cette vûë que vous pourriez réüssir à sauver ou à adoucir l'hyperbole qu'un inconnu écrivant contre un autre inconnu sur les Commendes & les Abbez Commendataires a avancée à ce sujet. Je m'étonne, dit cet Auteur, qu'on ne s'apperçoive pas que dans ce temps où l'on se plaît à emprunter des noms étrangers ou à s'en faire de nouveaux, les plus sages ne se croient pas mieux cachez que chez eux, & ne paroissent jamais moins qu'avec leur nom & leurs qualitez, tant l'on est fait au déguisement !

I. Part. Ch. 4. Réponse au Livre intitulé l'Abbé Commendat. page 314.

Personne n'auroit peut-être trouvé à redire à la licence de feindre les noms & de travestir les personnes, si elle étoit demeurée dans ses bornes anciennes. Elle avoit presque toûjours été renfermée dans la Poësie, & rarement l'avoit-on vû passer le theatre. Les Poëtes & les Comédiens avoient reçû le privilege de se déguiser, & de déguiser les autres sans que personne eût parû leur porter envie. Il n'y avoit point d'abus ou de désordres à craindre de leur part dans ces sortes de fictions, parce qu'on étoit persuadé qu'ils ne pretendoient abuser de la bonne foy de qui que ce fût, & qu'ils n'imposoient à personne. On a toûjours été tellement preparé au déguisement lorsqu'il a été question de les voir ou de les entendre, qu'on auroit pris pour une fourbe & pour une veritable tromperie, la liberté que ces sortes de Personnes se feroient donnée de découvrir la verité à nud, de representer les visages le masque levé, & d'appeller les Gens par leur nom.

On n'a jamais crié contre les Poëtes & les Comédiens pour avoir associé les Auteurs de Romans à leur privilege. Les liaisons étroites & les rapports merveilleux qui se trouvent entre leur profession & celle de ces derniers, demandoient qu'ils les laissassent entrer en communication d'un droit dont l'usage leur est indispensable. La fiction des personnes ne leur est pas moins necessaire que celle des choses pour faire regner le Vray-semblable & le Merveilleux dans leurs compositions. Ceux même qui ont eu dessein de renfermer l'histoire des choses veritables dans leurs Romans, auroient infailliblement esté blamez du Public, s'ils n'avoient eu recours à la fiction des noms pour envelopper leurs veritez.

Il semble qu'on ne puisse nier qu'on n'ait encore laissé étendre le privilege

de changer les noms par voye de dé- | 1. Part
guisement jusqu'aux Auteurs satyriques. | Ch. 4
J'entens seulement ceux qui ont connu
l'usage legitime de la satyre, & qui ne
s'en sont pas écartez; ceux qui se sont
contentez d'exposer les défauts au jour
pour leur donner un tour ridicule plûtôt que pour déchirer ou détruire ceux
qui en étoient coupables; & ceux qui
ont eu la discretion de cacher les personnes en découvrant leurs vices.

Enfin, la petite figure que les fai-
seurs d'Almanachs & de Prognostics ont
toûjours faite dans le monde n'a peut-
être pas peu contribué à l'indulgence
dont on a toûjours usé à leur égard touchant la liberté qu'ils se sont donnée
pour la supposition des noms comme
pour celle des choses. Les Poëtes ne
leur ayant jamais intenté de procez
pour avoir usurpé leur privilege, le Public n'a pas crû s'y devoir interesser plus
qu'eux. Ils ont eu lieu de feindre impunément tout ce qu'il leur a plû. Personne n'ayant formé d'obstacle à leur ma-
nie, on peut dire sur la maniere dont
du Verdier de Vauprivas en a parlé, | Page 27.
qu'elle a inondé le siécle passé, & que | de la
la liberté qu'on luy a donnée de passer | Præf. de
sans l'arrester a été cause qu'elle s'est | sa Bibl.

dissipée dans la suite, & qu'il ne s'en trouve plus que des restes peu considerables dans nôtre siécle.

Tant que la licence de feindre ou de changer les noms n'a point passé au delà des Poëtes, des Comédiens, des Romanciers, des Trouverres, des Satyriques, & des Astrologues, le Public n'a point formé de plaintes sur l'abus de cet usage. Les actions & les discours de ces personnes ont presque toûjours esté jugez de nulle consequence dans la vie civile.

Mais soit que leur exemple ait fait esperer l'impunité aux autres, soit que l'on se soit laissé emporter à l'inclination particuliere que les hommes ont toûjours fait paroître pour la fiction & & pour la dissimulation, il est certain qu'il n'a plus esté question de scrupule & de reserve parmi les autres Auteurs sur le changement des noms, & qu'ils y ont eu recours dans la suite avec autant de licence que les Poëtes & les Comédiens.

Il n'y a point de profession parmi les Lettres où l'on ne voye des legions entieres de ces sortes de *Pseudonymes*, qui ont mieux aimé porter de faux noms que de n'en point avoir du tout.

S'ils en ont usé de la sorte aux dépens de la verité, s'ils ont blessé les regles de la sincerité, c'est ce qu'il vous sera aisé de reconnoître par le Recueil de ces Pseudonymes en particulier. Voyons maintenant comment leur changement de nom a pû devenir innocent ou criminel dans les circonstances de leur déguisement.

CHAPITRE V.

Des rencontres ou l'usage de changer son nom estant indifferent de luy-même peut devenir innocent ou criminel dans ses circonstances.

JE suis un peu surpris que Tertullien qui mettoit tout en usage sans beaucoup de scrupule lors qu'il estoit question d'attaquer quelqu'un, ou de défendre quelque chose, n'ait pas fait valoir le changement des noms pour justifier le changement qu'il avoit fait de la robe au manteau. Il a oublié à mon sens l'un des plus beaux exemples qu'il eût a pû alleguer pour montrer que le changement d'habit n'estant certainement pas moins indifferent en soy que le changement de nom, pourroit devenir aussi innocent & aussi honnête dans l'usage. Je me persuade volontiers que sur le raisonnement qu'il en auroit pû faire, il auroit sçû tirer une consequence plus juste que la plûpart de celles qu'il a voulu tirer de la vicissitude de ce monde par des argumens cornus, & par de vrais sophismes. Nous n'aurions pas le même avantage si nous prétendions employer ses raisonnemens ou son autorité en faveur du changement des noms. Comme il est moins ordinaire de changer de nom que d'habit il seroit aussi plus aisé de conclure contre nous que la chose est moins utile & moins necessaire, & de-là il n'y auroit plus qu'un pas à faire pour prouver contre nous qu'elle est souvent ou qu'elle doit être moins innocente.

Un Orateur du siécle passé nommé Marc-Antoine Majoragius ayant esté accusé juridiquement, du moins a-t-il voulu le faire croire, par Fabius Lupus, & par Macrinus Niger pour avoir changé son nom d'Antonio Maria Conti, & ayant esté cité au criminel, soit par feinte, soit tout serieusement devant les Juges de Milan, entreprit de se défendre par un grand Plaidoyer Latin qui a passé par une des belles Pieces d'éloquence de son temps. Il avoit entrepris d'abord de se purger du crime prétendu dont on chargeoit ce changement par un detail des actions innocentes de sa vie. Cela ne tendoit, ce semble, qu'à porter les Juges à faire une exception en sa faveur, ou à ne juger que du fait. Mais il entreprit ensuite de traiter la chose par le droit, & de faire voir qu'il n'y a rien dans le changement des noms qui soit contraire ny à la loy divine ou humaine, ni à la coûtume ou à l'usage ordinaire, sur tout des gens de Lettres, ny enfin à l'honnesteté ou à la bienséance.

1. Part.
Ch. 5.

En effet, il n'est plus difficile de faire voir qu'une chose est conforme à l'honnesteté & à la bienséance, lors qu'on a montré qu'elle ne blesse point la loy, & qu'elle n'innove rien contre la coûtume. Il est aisé de nous faire comprendre qu'elle est innocente lors qu'elle n'est point opposée à la droite raison, ny à l'autorité legitime. La loy & la coûtume se trouvent heureusement unies avec la raison & l'autorité en faveur de la verité pour condamner ensemble tout ce qu'il y a de faux & de trompeur dans nos actions & nos sentimens. De sorte que de tous les changemens qui peuvent arriver aux noms des Auteurs, il n'y aura d'innocens que ceux où la fourbe & le déguisement n'ont point de part, pourvû que l'on veuille s'en tenir à la droiture de la raison, & à l'équité de la loy.

Les autres changemens n'ayant aucuns titres de justification qui puissent leur meriter une entiere absolution, seront toûjours à la verité fort éloignez de participer à la loüange qui n'est dûë qu'à la sincerité : mais au moins se trouvera-t-on disposé à les excuser & à les souffrir selon que le déguisement y paroîtra moins important, & que les raisons de se déguiser seront jugées plus recevables.

Il n'y a point de motif aussi specieux, aussi juste, aussi honneste qu'il puisse être, qui soit capable de leur meriter autre chose que le pardon ; point de modestie, point de prudence, point de necessité qui puisse en rectifier le fond jusqu'à leur communiquer l'innocence, & jusqu'à faire une veritable vertu de ce déguisement. C'est en quoy consiste la principale difference que nous devons établir entre les Auteurs que nous appellons Anonymes, & les Pseudonymes dont nous traitons. Un Auteur veut-il n'être pas connu, veut-il tout serieusement de-

meurer caché? Qu'il prenne le party de   1. Part.
se faire Anonyme: il n'y a rien dans   Ch. 5.
cette conduite que de fort indifferent,
je dis plus, rien que de fort innocent
tant que sa conscience ou ses devoirs
ne l'obligeront pas de se produire & de
comparoître. Mais qu'un Auteur qui
aura les mêmes vûës, les mêmes intentions, veuille se rendre Pseudonyme,
c'est vouloir au moins se faire connoître d'une certaine maniere en se cachant
de l'autre; c'est se joüer de la bonne foy
de son Lecteur & luy donner le change.
C'est se montrer mal & se cacher mal
tout à la fois, & par consequent pécher
doublement contre la sincerité du cœur.

    Il me semble que Monsieur Cujas   Tom. 3.
n'est point mal entré dans cet esprit de   operum
discernement lors qu'il a voulu se distin-   col.
guer d'un Pseudonyme du nombre de   1260,
ses Adversaires, en se rendant simple-   &c.
ment Anonyme dans l'écrit qu'il a fait
contre le prétendu Zacharie Furnester
pour la défense de Monluc Evêque de
Valence. On ne sçait ce que c'est, dit- «
il, qu'un *Zacharie Furnester*. C'est quel- «
qu'un sans doute qui s'est adopté luy- «
même pour passer sous un nouveau «
nom à une licence plus grande de dire «
des injures. C'est un masque que l'Ad- «

Part.
Ch. 5.

» versaire a pris pour faire impuné-
» ment ce qu'il n'auroit osé faire à dé-
» couvert. Puisque ce n'est point son
» nom qu'il a mis à sa piéce, je ne me
» crois pas obligé de mettre le mien à
» ma réponse. Je n'ay pas jugé à pro-
» pos d'opposer imposture à imposture,
» & j'ai mieux aimé ne me point
» donner de nom que de m'en donner
» un qui soit faux à l'imitation de cet
» Adversaire. C'est une étrange indis-
» cretion à un Auteur d'user de suppo-
» sition dans son nom s'il a quelque
» chose de bon à debiter dans son Li-
» vre. C'est le moyen de luy faire per-
» dre créance, & de faire douter au
» Lecteur si la fiction regne moins
» dans l'ouvrage que dans son titre &
» dans le nom de son Auteur. Tel
étoit le sentiment de M. Cujas lors
qu'il se possedoit, & qu'il avoit le sens
frais, parce qu'il avoit à combattre un
Pseudonyme. Mais ceux qui sçavent
qu'il a eu luy-même recours aux moyens
qu'il estimoit si criminels dans son Adversaire, & qu'il s'est rendu à son tour
Pseudonyme sous le nom de Mercator,
pourroient se divertir des embarras où
il se seroit jetté par ses raisonnemens,
s'il avoit trouvé dans Robert un homme

me en humeur d'objecter au pretendu Mercator, ce qu'il avoit allegué contre le masque de Furnester.

J'avouë avec quelques Auteurs, que la representation d'un objet sous une image étrangere, est capable de flater nôtre esprit. Mais cela doit supposer qu'il n'en soit pas la duppe. Je conviens que nous aimons volontiers à voir une chose dans un autre. Mais il faut pour cet effet que nous l'y reconnoissions. Enfin je ne nie pas que ce qui ne frappe pas de soy-même ni à face découverte, ne surprenne quelquefois assez agreablement dans un habit emprunté, & sous un masque. Mais cette surprise ne peut dépendre que d'une prévention ou d'une connoissance anterieure au déguisement. En un mot on n'est point surpris tant qu'on est trompé ou qu'on est dans l'erreur, ce n'est en ces occasions que la découverte de la tromperie qui doit produire la surprise.

Il n'y a donc pas d'Auteur Pseudonyme de quelque espece que soit son déguisement, dont la conduite puisse estre absolument innocente, quoiqu'elle soit souvent excusable. S'il y avoit une exception à la regle, elle seroit sans doute en faveur de ceux qui s'étant porsuadé de la necessité de mettre son nom à la teste d'un livre, conformément à l'esprit d'un Concile Oecumenique, & à la pratique de la plufpart des Anciens, ont pris des termes appellatifs pour tenir la place de leurs propres noms. Mais on peut dire qu'en ces rencontres ils ne font plus veritablement Pseudonymes, & qu'ils n'imposent point à ceux de qui ils ne veulent estre connus que fort generalement, & seulement par quelque qualité qui leur est commune avec beaucoup d'autres personnes. Nous avons une infinité de livres dont les Auteurs n'ont pas d'autres noms à leur teste, que les appellatifs d'*Abbé*, d'*Academicien*, d'*Avocat*, de *Chanoine*, de *Conseiller*, de *Docteur*, de *Gentil-homme*, d'*Officier*, de *Philosophe*, de *Prestre* ou de *Theologien*. Ces appellations ne peuvent estre que tres-innocentes lorsqu'elles font veritables, quoiqu'elles ne contribuent pas beaucoup plus à faire connoître les Auteurs, que de faux noms. Rien ne nous empêche d'étendre le mesme privilege sur ceux qui peuvent passer pour des termes appellatifs de modestie, d'humilité, ou de quelque autre vertu que ce soit, tels que feroient les noms d'*Hamartolus*, d'*Idiota*, d'*Incognitus*, de *Peregrinus*, d'*Asceta*, de *Dacrianus*, de *Christodulus*, de *Pecheur Penitent*, de *Fidelis subditus*, de *Discipulus*, &c. On pourroit y ajoûter mesme ceux de *Philadelphe*, de *Timothée*, de *Christ. Sincerus*, de *Simplicius*, de *Verus*, de *Modestus*, &c. si la lecture des Ouvrages qui les portent persuadoit qu'il n'y a point de présomption dans l'usurpation de ces titres.

Part. 1. Chap. 5.

Enfin l'inclination que nous devons avoir pour diminuer toûjours le nombre des coupables, & d'avoir des pensées favorables de la conduite d'autruy, me porte à ne considerer le changement des noms comme criminel, que lorsqu'on prend des noms destinez à mentir ou à nuire. Si les noms feints ou supposez ne sont pas faits pour rendre aucun de ces mauvais offices soit à la verité, soit à la charité, je ne puis approuver la severité de ceux qui veulent qu'on les laisse enveloppez dans la condition des autres. Quelque plausible que paroisse le raisonnement de Richard de Montaigu, Evêque protestant d'Angleterre, qui pretend qu'on ne peut quitter son nom de Baptesme, sans donner lieu de croire

Montac. orig. Ecclef. tom 1. part. 1. page 109.

qu'on renonce à son Baptesme, de même qu'un Chrêtien ne peut quitter le nom de Chrêtien, qu'il ne soit censé avoir renoncé au Christianisme ; Quelque raison qu'ait euë M. de Marolles de blâmer ceux qui n'ont pas assez de veneration pour le nom qu'ils ont receu au Baptême ; je ne consentirois pas legerement à la censure que ce dernier fait de la pratique de certains Convens où l'on fait changer le nom du Baptême au tems de la Profession Religieuse.

Je serois encore plus éloigné du sentiment de Thomasius & de Spizelius, qui voulant bien confondre les Pseudonymes de la maniere que nous les entendons, avec les Plagiaires & les Imposteurs, ne font pas difficulté de les rendre tous capables d'un même crime sans discernement. En un mot je voudrois m'en raporter aux termes de la Loy, dont la sagesse & la moderation paroist nous tenir lieu de regle dans toutes les especes, & dans toutes les rencontres où il s'agit de changer de nom.

C'est suivant la maxime établie dans cette Loy, qu'Erasme a raisonné contre le Lutherien Leon de Jude, & qu'il l'a mis hors d'état de justifier ou d'excuser la supercherie qui se trouve dans ces sortes de déguisemens.

C'est d'un autre côté par la même maxime que Papyre Masson a sçû se défendre contre Hotman, qui pretendoit luy faire un crime de la liberté qu'il avoit prise de changer son nom.

Thuan. in vie P. Mass.

CHAPITRE VI.

Ce qu'il y a de permis & de défendu par les Loix seculieres & les Ordonnances des Princes touchant le changement des noms.

LA Loy que nous venons d'alleguer concernant le changement des noms, a eu pour Auteurs les Empereurs Diocletien & Maximien, qui nonobstant la cruauté avec laquelle ils ont tourmenté les Chrêtiens, n'ont pas laissé de faire quantité de Réglemens tres-utiles à l'Etat. Cette Loy porte que comme l'imposition des noms est libre aux particuliers lors qu'il s'agit de nommer quelqu'un pour la premiere fois : de même le changement de ces noms n'a rien de dangereux ni rien de fâcheux à craindre, lors qu'il se fait innocemment, c'est-à-dire, dans la bonne foy. Elle ajoûte qu'il est permis à un homme libre qui est maître de soy-même, de changer de nom lors qu'il luy plaît, pourvu que cela se fasse sans fraude. Ce n'étoit point la consideration seule des Auteurs qui avoit donné lieu à la Loy, leur corps n'étoit pas assez considerable alors pour se distinguer jusqu'au point de se faire donner des Statuts & des Privileges à part. Mais on peut dire à leur avantage, pour la confusion de ceux des derniers siecles, que s'il s'en est trouvé quelqu'un dans ces tems-là qui ait usé de la liberté commune & de la permission donnée à toutes les personnes libres de l'Empire, ce n'a point été pour se déguiser ou pour imposer au Public qu'ils ont changé de nom.

Les Auteurs auroient d'ailleurs quelque raison de pretendre que l'exception que les Empereurs ont mise à la Loy, n'a point été faite pour eux, puis qu'ils n'ont point d'Esclaves dans leur société, & que la qualité d'Auteur nous donne ordinairement la notion d'un homme libre, à tout le moins pour la liberté d'écrire ou de ne pas écrire. En un mot la République des Lettres est un Etat où l'on ne doit point souffrir de domination ni d'esclavage, pourvû qu'il n'y ait point d'abus ou d'illusion dans le nom qu'on luy donne de République.

 L'ancien usage de la France touchant le changement des noms, nous fait assez connoître que la liberté n'y étoit pas moins entiere que dans l'Empire Romain. Nos Histoires particulieres nous presentent une infinité d'exemples de ceux qui ont usé de cette liberté. Les Chartes & les Titres Genealogiques des Familles sont pleins de noms nouveaux substituez aux Anciens, & l'on y trouve aussi des noms anciens restituez par la suppression des nouveaux. Ces changemens se sont pratiquez long-tems sans solemnité & sans Acte public, jusqu'à ce que l'abus qui s'y est glissé, a obligé nos Rois d'y remedier.

 Les desordres survenus dans les Familles, & particulierement parmi la Noblesse, ont fait juger aisément qu'il ne suffisoit pas de renfermer cette licence dans les bornes que les Empereurs Romains luy avoient prescrites. C'est dans cette consideration qu'on doit moins s'étonner des termes de l'Ordonnance donnée sur ce sujet par le Roy Henry II. à Amboise, le 26 de Mars

1. Part. Ch. 6.

1. Part Chap 5

art. 9. de l'Ordonnance de 1555.

avant Pâques, de l'an 1555. selon la maniere de compter de ce tems-là. L'Ordonnance porte que, *pour éviter la supposition des noms, défenses sont faites à toutes personnes de changer leurs noms, sans avoir obtenu des Lettres de dispense & permission, à peine de mil livres d'amande, d'être punis comme faussaires, & d'être exauthorez & privez de tout degré & privilege de Noblesse.* A juger du fonds de la chose par son écorce, il semble que cet Edit seroit venu pour vanger les personnes reduites en roture ou en servitude des personnes libres & qualifiées, à qui il paroît que l'Edit des Empereurs avoit laissé uniquement la liberté de changer de nom à l'exclusion des autres. Mais à l'examiner selon l'esprit & l'intention du Prince, on remarque aisément qu'encore que la défense de changer son nom ne tombe que sur la Noblesse, les autres n'en sont pas plus libres touchant la fraude & la supposition dans les noms, & que la Noblesse n'en est pas plus à l'étroit pour les changemens qui sont indifferens.

Nous connoissons diverses personnes, & particulierement des gens destinez par la Providence à être chefs de Famille, qui ont eu toute la soûmission nécessaire pour l'Ordonnance, & qui ont eu soin de prendre des Lettres du Prince portant permission expresse de *commutation de nom*. Mais nous ne voions pas qu'aucun Auteur de ceux qui se sont déguisez sous des noms étrangers depuis l'an 1555. ait pris l'Ordonnance pour luy. C'est un assujettissement dont ils ne paroissent pas avoir voulu s'accommoder, dans la pensée que rien n'étoit plus diametralement opposé au dessein de se cacher & d'imposer au Public, que l'obligation de prendre des Lettres Patentes pour autoriser leur changement ; ce qui auroit été la même chose que le rendre public, & par consequent mettre leur supposition à découvert contre leur intention.

Il est vray que parmi les *Boireaux*, les *Paulins*, les *Beauharnois*, & quelques autres qui ont changé de nom, plusieurs se sont trouvez gens de Lettres, & mis au rang des Autheurs : mais ce n'est pas en qualité d'Auteurs ni de gens de Lettres qu'ils ont pris des Lettres du Prince. Ils n'ont eu en vuë que les devoirs des bons & fideles sujets parfaitement soûmis à la volonté du Roy ; & ils n'y ont point entendu d'autre finesse que la bonne foy sur laquelle ils ont souhaité se faire connoître sous un nouveau nom qu'ils croioient plus honneste ou plus avantageux, ou enfin plus glorieux que celuy dont ils desiroient de se défaire par la permission & sous le bon plaisir de leur Souverain.

Il y a donc cette difference entre ceux qui ne se trouvant Auteurs que par hazard, se munissent des Lettres du Prince pour changer de nom, & les autres Auteurs que nous appellons Pseudonymes, que les premiers renoncent sincerement & pour toûjours à leur ancien nom, & retiennent le nouveau sans qu'on puisse dire qu'ils en soient déguisez ou moins connus qu'auparavant : & que les derniers n'adoptent un nom nouveau que pour un livre, conservant toûjours leur nom ordinaire pour le reste du commerce de la vie, où il n'est point question de déguisement.

M. Men. præfat. ad Dion. Cathar. pag. 7.

Un Jurisconsulte de ces derniers tems, touché également du bon ordre que la vie civile reçoit de l'Ordonnance de nos Rois sur le changement des noms, & du desordre que la licence de ce changement causé parmi les Lettres pour la connoissance des Auteurs, n'a pû dissimuler son déplaisir sur ce dernier point. Il n'est « pas content que les mêmes Loix qui « défendent la supposition de nom en « general, n'ayent pas été étenduës à « la supposition particuliere en matiere « de livres, & même à la suppression « du nom des Auteurs, qu'il n'estime « pas beaucoup plus innocente que la sup- « position.

Il faut avoüer que la plainte de nôtre Jurisconsulte n'est pas entierement injuste. Mais peut-estre auroit il fait un peu trop de cas de ce que la Loy semble avoir estimé méprisable, ou indigne de faire un article à part dans l'Ordonnance, qui défend en general le changement des noms où il entre de la fraude & de la supposition. Peut-être aussi le desordre que les Pseudonymes ont causé dans le commerce des Lettres, n'étoit-il pas monté jusqu'au degré où ils l'ont porté depuis.

Mais si l'obligation que nos Rois ont imposée par leurs Edits aux Auteurs & aux Imprimeurs, de mettre leurs noms aux livres, ne regarde pas moins les Pseudonymes que les Anonymes, comme j'ay dessein de vous le faire voir dans le chapitre suivant : nous ne douterons plus que des plaintes de cette nature ne soient inutiles, à moins qu'elles ne tombent sur le peu de soin qu'on a toûjours eu d'executer ces Edits.

En tout cas, ceux qui trouvent à redire à la douceur des Loix civiles & à l'indulgence des Puissances seculieres pour les Auteurs qui trompent le Public par leurs déguisemens, pourront recevoir satisfaction du côté des Puissances spirituelles & des Loix Ecclesiastiques. Leur severité s'est étenduë également sur les Anonymes & sur les Pseudonymes, qui ont voulu porter le déguisement dans les matieres de Religion ; & ceux qui comptent les Inquisiteurs & les Compilateurs d'Indices pour une Puissance spirituelle, pourront voir qu'ils ont tâché en quelques rencontres de suppléer au défaut des Puissances seculieres, pour des livres qui n'étoient pas du ressort de leur Jurisdiction, & qui ne regardoient pas les matieres Ecclesiastiques.

CHAPITRE VII.

Le changement ou la supposition des noms défenduë aux Auteurs des livres en particulier par les loix Ecclesiastiques & seculieres. Reglement ou Decret du Concile de Trente sur ce sujet. Edits de nos Rois sur ce même sujet. Du peu d'execution de ces Edits & du Decret du Concile.

IL semble que ce soit à l'industrie ou à l'artifice des Heretiques anciens, que nous sommes redevables des reglemens que l'Eglise a esté obligée de faire contre la supposition & la suppression des noms des Auteurs dans les livres, si toutefois on peut faire passer pour un vray reglement un simple projet, à l'execution duquel on n'a jamais tenu la main avec exactitude ni avec uniformité. Les Heretiques, qui avoient interest de s'insinuer dans les esprits pour faire recevoir la nouveauté de leurs dogmes, avoient besoin de surprendre la simplicité des uns & d'éluder la bonne foy des autres. Ils ne pouvoient esperer d'en venir à bout en paroissant le visage découvert, & se montrant au Public tels qu'ils estoient. C'est pourquoy ils ont eu recours aux deux moyens ordinaires que les Ecrivains ont mis en usage, lors qu'ils ont eu dessein de se soustraire à la connoissance du Public, c'est à dire, qu'ils ont supprimé leur nom à leurs Ouvrages, ou qu'ils y en ont mis de faux.

Cet abus estoit plus que suffisant pour fournir la matiere d'un Reglement, auquel il n'y auroit pas eu un Ecrivain Catholique qui n'eût voulu se soumettre, pour ôter cette ressource d'imposture aux Heretiques. Quelques Peres de l'Eglise, & particulierement ceux qui dans leurs Ecrits Polemiques s'étoient avisez de découvrir la fourbe, avoient facilité les moyens de le faire. Cependant nous ne voyons pas ni que le Concile de Laodicée, ni le Pape Gelase, ni aucune autre Puissance Ecclesiastique en ait fait un article dans aucun de ses Decrets, jusqu'à ce que l'invention de l'Imprimerie ayant multiplié l'engeance des Anonymes & des Pseudonymes, sur tout depuis la naissance des nouvelles Heresies, le Concile de Trente en voulut faire un Reglement dans les formes, pour tâcher d'arrêter le cours de ce mal.

Le Reglement fut inseré dans le Decret qui fut donné le treiziéme jour d'Avril 1546. touchant l'édition & l'usage des livres saints. Il porte, que pour arrêter la passion demesurée que les Libraires ont d'imprimer toutes sortes de livres indifferemment, sans se soucier d'en demander la permission aux Puissances, sans s'assujettir à mettre le veritable nom de l'Auteur ou de l'Imprimeur ; le Concile ordonne qu'il ne s'imprimera plus d'oresnavant aucun livre concernant la Religion ou les choses sacrées, sans le nom de l'Auteur, sous peine d'anathême & d'une amende pecuniaire, telle qu'elle a esté prescrite dans le Canon du dernier Concile de Latran sous Leon X.

I. Part. C. 7. Sess. 4.

Sess. 10.

Le Decret du Concile ne fut pas plutôt dressé à Trente, qu'on en envoya une copie à Paris. La nouvelle ne put qu'elle ne causât quelque mouvement dans la Faculté de Theologie, dont les membres eurent quelque interest de faire voir que ce Decret ne devoit pas tomber sur eux, & que le Concile ne trouveroit rien à reformer dans la discipline qui se pratiquoit en France sur le nom des Auteurs dont on imprimoit les livres. Ces petits mouvemens n'aboutirent qu'à faire solliciter un Edit auprés du Roy Henry II. pour autoriser la pratique qui s'obfervoit fur ce point dans l'Univerfité de Paris, ou pour l'établir dans les lieux de fon obéïffance, où elle n'étoit point encore en ufage.

Ce Prince fit donc une Ordonnance à Fontainebleau, dattée du XI de Decembre, & publiée le dix-neuviéme du même mois de l'an 1547. par laquelle il défend d'imprimer aucun livre concernant l'Ecriture fainte, & autres matieres de Theologie, qui n'ait efté examiné & approuvé par la Faculté de Theologie de Paris, & d'en debiter aucuns *commentez & fcholiez, que le nom & le furnom de celuy qui l'aura fait, ne foit exprimé & appofé au commencement du livre, & auffi celuy de l'Imprimeur avec l'Enfeigne de fon domicile.*

L'Edit de Chafteaubriant, donné par le même Prince le vingt-feptiéme Juin & publié le troifiéme Septembre de l'an 1551. reïtere les mêmes défenfes dans fon article huitiéme, & ajoûte encore celle de fupprimer l'année de l'impreffion, ou de la falfifier; ce qui eft un genre de fuppofition qui accompagne affez ordinairement la fuppofition des noms de l'Auteur & de l'Imprimeur. L'article suivant de la même Declaration soumet à la peine duë aux Faussaires les Imprimeurs qui supposeront le nom d'autruy: mais il paroît que l'article ne tombe pas sur les Auteurs, & qu'il n'a esté fait que pour prevenir la fourbe des Imprimeurs & Libraires qui supposent les noms & les marques les uns des autres.

Part. I.
C. VII.
Art. 9.

L'an 1572. le dixiéme jour de Septembre le Roy Charles IX. donna une nouvelle Declaration à Paris sur l'Edit de la Reformation de l'Imprimerie qu'il avoit fait l'année precedente. Cette Declaration, qui ne fut enregistrée au Parlement & publiée que le dix-septiéme Avril de l'an 1573. porte une défense *de déguiser le nom, ou le lieu auquel les livres seront imprimez.* Mais on peut remarquer à travers l'obscurité & l'équivoque des termes, que le sens de l'Ordonnance ne regarde que le déguisement du nom de l'Imprimeur. De sorte que si cette Ordonnance s'étend generalement à des Auteurs & à des Livres de toute profession & de tout sujet, sacré & profane; les Pseudonymes qui n'ont pas porté leur déguisement sur l'Ecriture sainte, ou sur d'autres matie-

Art. 19.

res de Religion, ont pû nier qu'il y eût encore eu jusqu'alors aucune loy, tant Ecclesiastique, que seculiere, qui condamnât leur conduite, & qui leur défendît d'user de supposition, ou de se masquer.

Mais il n'y a point d'Auteur que l'on puisse excepter de l'Edit du Roy Loüis XIII. qui fut donné au mois de Janvier de l'an 1626. si l'on s'en tient aux termes de cette Ordonnance, qui semble n'avoir esté faite que pour renouveller l'Edit de Charles IX. de l'an 1563. Cette Ordonnance de Loüis XIII. porte défense expresse à toutes sortes de personnes *d'imprimer ou de faire imprimer aucuns livres, lettres, harangues, ni autres Ecrits, soit en rime, soit en prose, traitant de la Foy, des Mœurs, ou de quelque autre chose que ce soit, que premierement telle composition n'ait esté vuë & consideréé par le Rey en son Conseil, & qu'il n'ait accordé Lettres de permission, &c..... de laquelle, ensemble du nom de l'Auteur il sera fait mention au commencement & à la fin de chaque livre, &c.* Elle estoit conçuë en des termes universels, & comprenoit tous les sujets qu'on peut traiter dans les livres. Mais lors qu'il fut question de la publier & de l'enregistrer au Parlement, elle fut restreinte à ce qui concerne seulement *la Religion & les affaires de l'Etat.*

1. Part. Ch. 7.

Il ne manquoit rien à tous ces Edits de nos Rois pour estre mis en execution, soit dans le fond, soit dans les formalitez dont ils devoient estre revêtus. Le dernier même a esté qualifié d'*Edit perpetuel & irrevocable* par Loüis XIII. qui l'avoit porté. Cependant nous ne voyons pas qu'on en ait jamais pressé l'execution pour le point qui regarde l'obligation de mettre le nom & le surnom des Auteurs. Une pratique contraire souvent reïterée à la vuë & & par la connivence de ceux qui estoient en droit de tenir la main à l'execution des Edits, semble avoir formé une coutume capable de leur estre opposée pour ce point. Cette coutume de ne point mettre de noms d'Auteurs, ou d'en mettre de supposez, est aujourd'huy toute constante & toute notoire ; elle peut estre marquée par la suite de plus d'un siecle, & prouvée par une infinité d'exemples dans tous les genres d'écrire. En un mot, l'on ne trouvera pas aujourd'huy quatre personnes qui voulussent douter serieusement que cette coutume ait prescrit contre un point qui n'est dans le fond qu'un simple reglement de Police.

L'on ne peut pas dire que nos Rois n'y ayent pas consenti, puis qu'il n'y a rien de plus ordinaire dans les derniers regnes que des Privileges donnez à des livres sans nom, ou sous des noms qui sont visiblement feints & supposez, sans qu'on ait encore consideré cet usage comme une infraction des Ordonnances, ou un abus; ou que personne le trouve mauvais.

Vous voyez, Monsieur, que la juste severité des Edits de nos Rois, qui a toûjours subsisté touchant l'examen & l'approbation des livres, où la Religion & l'Etat peuvent estre interessez, n'a point formé d'obstacle à leur indulgence, qui a porté les interpretes de leur volonté à se relâcher pour le point qui regarde le nom & le surnom des Auteurs. Les Loix Ecclesiastiques, où les Constitutions Canoniques, qui, comme je vous l'ai fait remarquer ailleurs, se trouvent presque toutes réduites à l'unique Decret du Concile de Trente, n'ont pas esté beaucoup mieux exécutées.

Premierement, pour ce qui regarde

l'usage où l'on a esté en France sur ce sujet, il suffit de vous dire que ce Decret n'a jamais esté reçu, & que les Compagnies souveraines, qui representent le Roy, ont toujours eu grand soin que les Decrets de ce Concile, qui ne sont que de police & de discipline, n'y fussent pas reconnus ni executez comme tels au préjudice de la puissance Royale & des Libertez de l'Eglise Gallicane. On ne peut point nier que ce Decret n'ait esté allegué de temps en temps en France par quelques particuliers contre des Ouvrages anonymes ou pseudonymes. Mais ces sortes d'allegations n'ont esté considerées que comme des ornemens de leur discours & de simples témoignages de leur zele. L'on a vû même quelques Prelats de l'Eglise Gallicane recourir à l'autorité de ce Decret du Concile pour condamner des livres dont ils n'étoient pas satisfaits d'ailleurs : mais cette autorité ne se trouve ordinairement alleguée que sous les termes generaux de *Constitutions canoniques*.

A dire le vray, nous ne voyons pas que ce Decret ait jamais épouventé ni détourné les Auteurs en France, qui ont jugé à propos de ne se point donner de nom, ou d'en supposer par fiction. Lorsque l'Evêque de Bazas Arnaud de Pontac écrivit contre du Plessis Mornay, il prit un faux nom, sans que personne luy en ait jamais fait un crime, quoiqu'il se fût mis dans le cas specifié par les Peres du Concile de Trente dans leur Decret.

1. Part. Ch. 7.

Le Concile de Sens tenu à Paris l'an 1612 sous la direction du Cardinal du Perron, fut assemblé uniquement pour condamner un livre anonyme qui avoit le Docteur Richer pour Auteur, & pour titre *de Ecclesiasticâ. & Politicâ Potestate*. Les Prelats assemblez disent positivement que c'est un livre *sans nom d'Auteur & d'Imprimeur*, & ils le caracterisent par cette marque & par son titre, afin qu'on n'y soit pas trompé en prenant un livre pour un autre. Mais ils n'ont point remarqué la suppression du nom comme un défaut qui dût contribuer à sa censure. Le Concile d'Aix en Provence assemblé la même année pour le même sujet, n'a point oublié de marquer que le livre en question avoit été imprimé l'an 1611 sans *nom d'Auteur & d'Imprimeur*, comme le Concile de Sens : mais ce n'a été que pour indiquer aux Fideles de leur

le 9 de Mars 1612.

le 24 de May 1612.

Province un livre qu'ils avoient dessein de condamner sur d'autres chefs.

I. Part. Ch. 7.

L'an 1615. l'Assemblée du Clergé fit de grandes instances auprés du Roy, pour la reception & la publication du Concile de Trente en France, & luy presenta pour cet effet une Requête signée de trois Cardinaux François, & de cinquante autres Prelats. Ces instances ne firent pas grande impression sur les esprits, sur tout pour l'article qui concerne le Decret du Concile contre les Anonymes & les Pseudonymes. Les Prelats qui se trouverent à Paris l'an 1631. au nombre de trente-quatre, ne jugerent point à propos d'employer ces moyens dans la Lettre circulaire qu'ils envoyerent le 10. de Février à tous les autres Prelats de l'Eglise Gallicane, touchant la condamnation de quelques écrits d'Auteurs Pseudonymes, dont la censure ne fut pas fondée sur la supposition de leurs noms. L'Assemblée du Clergé de l'an 1635., & celle de l'an 1646. voulant reconnoître les services que les Evêques croyoient avoir esté rendus à leur corps par un Auteur Pseudonyme qu'ils ne connoissoient pas, n'estimerent point que la supposition de son

le 7 de Juillet.

nom, toute visible & toute incommode qu'elle étoit, dût former un obstacle aux témoignages qu'ils vouloient luy donner de leur reconnoissance.

Ce seroit une chose infinie de rechercher les exemples des bons & des méchans livres anonymes & pseudonymes qui ont esté approuvez & condamnez en France, sans qu'on ait jamais fait l'honneur à ce Decret du Concile de Trente de se souvenir de luy & de sa disposition, soit pour s'y conformer, soit pour s'en écarter exprés. Mais afin qu'on ne croye pas que ce soit en vertu de quelque privilege ou de quelqu'une des libertez de l'Eglise Gallicane qu'on auroit affecté en France de n'avoir aucun égard à ce Decret, il n'est pas hors de propos de vous faire remarquer que les Pays où le Concile de Trente semble avoir esté receu sans reserve, ne se sont pas distinguez de la France par cet endroit. Les personnes les plus soûmises à l'autorité de ce Concile, ont esté souvent celles qui se sont soucié le moins de luy obeïr en ce point.

Il n'y avoit que huit ans que le Decret avoit esté donné par les Peres du Concile, lors qu'on vit paroître le premier

...mier de tous les ouvrages de la Compagnie de Jesus (après les Exercices de S. Ignace). Son Auteur Canisius aiant preferé ce que luy dictoit son humilité à ce que luy prescrivoit le Decret, ne crût pas devoir y mettre son nom. Cette suppression n'empêcha pas Saint Ignace son Superieur, de luy donner son approbation dans les formes, quoique ce Saint ne pût ignorer le Decret. Ferdinand Roi des Romains luy en accorda le privilege sans l'obliger à declarer son nom. Le livre a été réimprimé fort souvent depuis ce temps-là, & a fait des fruits infinis dans l'Eglise, au sein de laquelle sa lecture a ramené plusieurs Protestans, & particulierement le Prince Wolffgang Guillaume Duc de Neubourg. Jamais la qualité d'Anonyme n'a causé la moindre affaire à son Auteur, & il n'y a eu que le desir de luy rendre la justice qui étoit deuë à l'utilité & à l'excellence de l'ouvrage, qui fut cause qu'on y mit son nom dans les éditions posterieures.

Deux ans auparavant, c'est-à-dire six ans après le Decret du Concile, & cinq ans après l'Edit du Roy Henry II. qui ordonnoit la même chose, on imprima dans Paris & on debita publiquement

en 1555.

D

2.Part.
Ch. 2.
Il fit encore imprimer à Londres un livre de Controverse l'â 155. qui étoit celuy de son élévatiō à la dignité de Chancelier sous le faux nom de J. Vvitus.

le livre Pseudonyme d'Estienne Gardiner Evêque Catholique d'Angleterre contre les Protestans, & on le réimprima deux ans aprés à Louvain, sans que la qualité de son Auteur qui étoit Chancelier d'Angleterre depuis un an, eût été capable d'y faire remettre le nom veritable de Gardiner, au lieu de celuy de Constantius qu'il avoit pris.

La plus part des Missionnaires d'Angleterre Reguliers & Seculiers, usoient de supposition dans leurs noms du tems de la Reine Elizabeth, pour des raisons tres-legitimes qui sautent aux yeux de tout le monde. Le Concile qui n'avoit pas pû ne les pas prévoir en general, n'avoit pourtant pas fait d'exception en faveur de ces prudens Pseudonymes.

Le Cardinal Bellarmin n'a point fait paroître plus de soûmission ou de déference que les autres pour le Decret du Concile, lorsqu'il se déguisa sous le faux nom de *Mattheus Tortus* contre le Roy de la Grand-Bretagne, sous celuy d'*Adolphus Schulckenius*, sous celuy de *Franc. Romulus*, &c. Nous en pourrons dire autant du Cardinal Pazmani Archevêque de Strigonie, qui a publié divers ouvrages de Religion,

quelquefois sans son nom, & souvent
sous des noms supposez ou empruntez.
Pratique qui a été aussi observée sans
scrupule par les Cardinaux Bona, Pallavicin, des Ursins, Sirlet, du Perron,
& par un grand nombre de Prelats depuis le Concile de Trente.

I. Part
Ch. 7.

Sans nous arrêter à la recherche des Particuliers de tout état & de toutes professions qui seroit infinie, on peut alleguer l'exemple des Ordres Religieux & des Societez Regulieres les plus celebres, qui nous donnent des témoignages continuels de leur parfaite soûmission aux Ordonnances de l'Eglise. Combien voions-nous d'Anonymes, combien de Pseudonymes dans la Congregation de l'Oratoire, dans le Corps des Chanoines Reguliers, mais particulierement dans la Compagnie des Jesuites, parmi lesquels les Bibliothecaires de la même Compagnie ont déja découvert prés de 500 Anonymes, & prés de 200 Pseudonymes, sans conter ceux qui nous sont connus d'ailleurs, & ceux qu'il n'a pas encore été possible de découvrir?

Enfin nous ne pouvons mieux finir les exemples du peu de cas qu'on a fait du Decret du Concile pour les noms des Auteurs, que par celui du Pape Alexandre VII. Il est vray qu'il n'étoit encore que Nonce du S. Siege à Cologne & à Munster, lors qu'il écrivit contre la paix des Protestans sous le nom supposé d'*Ernestus de Eusebiis*. Mais s'il avoit cru faire un crime de desobéïr au Concile par ce déguisement, il en auroit demandé sans doute l'absolution avant que de se laisser élever sur le saint Siege, & peut-être nous auroit-il donné pendant son Pontificat une Bulle de Retractation, à l'imitation du Pape Pie II. afin que l'exemple du faux Ernestus de Eusebiis ne fût d'aucune consequence contre l'autorité de l'Eglise.

En effet, la pratique de supprimer son nom, ou de le changer à la teste des livres, ne pouvant estre qu'indifferente de soy, on peut juger que le Concile par sa défense n'a pû la rendre criminelle que dans les circonstances qui l'avoient obligé à porter ce Decret. Ces circonstances ne se trouvant point dans la conduite de tant d'hommes celebres qui ont déguisé ou supprimé leurs noms, ils n'étoient plus obligez à l'observation de ce Reglement. Il est visible que la défense d'imprimer des livres Anonymes ou Pseudonymes n'a esté faite par le Concile qu'à cause de l'abus qui s'étoit glissé alors plus que jamais parmi les Auteurs, particulierement sur les matieres de Religion. L'Europe estoit remplie de gens que l'amour des nouveautez chatoüilloit: mais la demangeaison qu'ils avoient d'écrire ne se trouvant pas accompagnée par tout de la liberté necessaire pour le faire, elle ne pouvoit estre satisfaite que par l'adresse qu'ils apportoient à se cacher, en publiant leurs Ecrits. Les uns se déguisoient dans l'esperance de l'impunité, les autres dans la crainte de perdre les fruits qu'ils attendoient de la lecture de leurs Ouvrages, s'ils venoient à estre reconnus. Les Heretiques, les Indifferens & les Libertins par cet artifice tendoient des pieges fort dangereux à la simplicité des Catholiques.

D'un autre côté il y avoit dans l'Eglise beaucoup de personnes de pieté, qui étant en état de servir les Fidéles par leur plume, souhaitoient de ne se voir pas exposez à la tentation de la vanité, & ne sçavoient pas d'autre moyen pour le faire, que de supprimer leur nom, dans l'esperance de demeurer cachez, & de recevoir de Dieu plutôt que des hommes la paye de leur travail.

Il étoit de la prudence des Peres du Concile, de remedier aux desordres que causoient les premiers : mais ils ne trouverent pas de remede plus efficace, que l'obligation qu'ils enjoignirent à tous ceux qui se mêleroient d'écrire sur des matieres de Religion, de mettre leur nom & leur surnom à leurs livres. C'étoit sans doute une violence que l'on faisoit à la modestie des seconds. Mais les Peres du Concile avoient assez de sagesse pour juger que l'inconvenient qu'il y a d'ôter aux humbles les moyens de se cacher, n'est pas comparable à celuy de laisser aux esprits dangereux une retraite, d'où ils pourroient porter leurs coups, sans qu'on en pût découvrir la main.

La défense fut donc generale pour les uns & pour les autres, puis qu'il ne plut pas aux Auteurs du Decret d'y faire une exception : & si l'on avoit suivi le zele de ceux qui ont dressé les Instructions de l'*Indice* des livres défendus, cette défense auroit esté étenduë beaucoup au delà des bornes de la Religion. Mais on ne fut pas long-temps sans reconnoître qu'elle étoit encore trop universelle ; & les Deputez de l'Inquisition pour les *Indices* des livres défendus, ont esté des premiers dans la suite à reconnoître la necessité de modifier le Decret, sur tout après que le Pape Clement VIII. y eut bien voulu déroger par une Bulle en faveur des Auteurs qui voudroient demeurer cachez sans fraude. On ne doit pas " condamner, dit ce Pape ou ceux qui " ont dressé les Instructions de son *Indi-* " *ce* par son autorité, tous les livres qui " ne portent point le nom de leur Au- " teur, parce que l'on sçait que souvent " des personnes doctes & saintes ont " publié de tres-bons livres sans y met- " tre leur nom, afin que l'Eglise en tirât " du fruit, & qu'eux évitassent la vaine " gloire. Et ainsi pour ce qui regarde les " livres qui sont sans nom d'Auteur, les " Deputez * n'ont mis au rang des con- " damnez que ceux qui contiennent une " doctrine, ou manifestement mauvai- " se, ou suspecte en la foy, ou per- " nicieuse aux mœurs. Mais c'est à cau- " se de la malice de ce cems que le " Concile de Trente avoit ordonné " que dans la suite on n'imprimeroit " plus de livres sans nom d'Auteur. " Que desormais donc, ajoûte ce Pa- " pe, il ne s'imprime plus aucun li- " vre qui ne porte le nom de l'Auteur, "

I. Part. Ch. 7.

Bull ad cap. Ind. libb. proh. Clem. VIII. & ad cap. Ind. Alex VII.

De l'Index qu'il approuve.

D iiij

1 Part.
Ch. 7.

En France les Docteurs en Theologie tiennent lieu des Inquisiteurs pour l'aprobatiõ des livres

,, son surnom, & son pays. Que si l'on
,, n'en sçait pas l'Auteur, ou que l'Evê-
,, que ou l'Inquisiteur juge pour quel-
,, que cause juste que l'on peut publier
,, le livre en cachant le nom de celuy
,, qui l'a fait, il faut au moins que l'on
,, marque le nom de celuy qui l'aura
,, examiné.

Voila quelle a été à peu prés la fortune du Decret du Concile de Trente touchant les Anonymes & les Pseudonymes dans les Pays d'Inquisition. Il semble que l'on ait aprehendé de ne pouvoir pas assez tôt prévenir les inconveniens qui pouvoient naître de son execution, puisque les précautions dont nous venons de parler en faveur des innocens qui suppriment leur nom, se trouvent même à la tête de l'*Indice* des livres défendus qui porte le nom de ce Concile, & qui a été dressé par ses ordres.

Les Inquisiteurs qui sont venus aprés, les Cardinaux députez & les Consulteurs de la Sacrée Congregation *de l'Indice* sont entrez dans les mêmes sentimens d'équité & de moderation. Ils ont eu soin de faire dresser une classe à part dans les *Indices* pour les Anonymes qui devoient être corrigez ou défendus en tout ou en partie, aprés avoir signifié leur intention dans la Regle sixiéme de leurs Instructions préliminaires. Ils témoignent être fort éloignez de trouver à redire à la conduite de ces judicieux Anonymes d'entre les Auteurs Catholiques, qui vivant parmi des Heretiques qu'ils avoient dessein d'instruire, avoient jugé à propos de supprimer leur nom, ou d'en supposer un autre qui ne leur seroit pas suspect, afin de travailler avec plus de succez. Que n'auroient-ils pas dit des dispositions favorables où ils étoient à l'égard de tous les autres Anonymes & Pseudonymes qui n'ont pas traitté la Controverse ny même les autres matieres de Religion, s'il en avoit été question ? Ils se sont contentez de ramasser dans la troisiéme classe de leurs *Indices*, ceux d'entre les Anonymes dans les ouvrages desquels ils ont trouvé autre chose à censurer que la suppression du nom ; & au regard des Pseudonymes, ils ont mêlé ceux qu'ils ont crû heretiques dans la premiere classe, & ceux qu'ils ont trouvez Catholiques dans la seconde, sans se soucier de condamner la fiction ou la supposition qui se trouve dans leurs noms.

En effet on ne peut nier que ce ne soit souvent une chose indifférente & quelque fois fort inutile de sçavoir le nom d'un Auteur dont on lit l'ouvrage. Il y a plus à dire, car il faut avoüer de bonne foy que quand il s'agit de la recherche ou de la défense de la verité, de la bonne ou de la mauvaise Morale, & generalement de quelque autre connoissance que ce soit, il nous importe peu de connoître celuy à qui nous avons affaire, ou celuy qui nous parle dans son livre. Il arrive même assez souvent que la connoissance que nous avons d'ailleurs de la personne, est un obstacle à la liberté que nous devrions avoir pour juger sainement ou pour profiter utilement de son livre. On remarque ordinairement que le préjugé qui s'est formé de cette personne dans nôtre esprit, nous fait avoir plus d'égard à celuy qui nous parle qu'aux choses qu'il nous dit, & que son autorité l'emporte sur ses raisons.

A dire le vray, nous aurions de la peine à prouver contre des Sociniens & des Protestans, que l'empressement que nous témoignons pour connoître un Auteur qui se cache sous un faux nom, n'est pas une veritable foiblesse. Mais outre que cette foiblesse nous est presque inévitable, c'est que Dieu permet qu'elle ne nous soit pas toûjours pernicieuse, ni même entierement inutile : & que c'est peut-être dans cette vûë que les Peres du Concile de Trente ont eu de la condescendance pour elle dans leur Decret contre les Anonymes & les Pseudonymes.

Si j'avois à justifier le Concile en ce point contre Socin, Chemnitius & ses autres Adversaires, je pourrois dire, comme j'ay tâché de le faire voir ailleurs, que le nom d'un Auteur sert assez souvent de préjugé pour son livre, & que les personnes qui en sont prévenuës ont coûtume de faire tout d'un coup le jugement d'un ouvrage sur l'idée qu'elles ont déja de la personne.

Il n'y a point de Pseudonymes, point d'Anonymes qui puissent éluder cette fatalité. On ne peut presque se défendre de tourner ses inclinations ou de regler son estime sur la notion que l'on se forme de l'inconnu que l'on sçait ou que l'on devine être l'Auteur d'un ouvrage, & alors il semble que cette notion nous tienne lieu de son nom.

S'il arrive qu'on ne puisse pas connoître l'Auteur d'un livre qui porte un faux nom, ou qui n'en porte pas du tout, cette ignorance est capable de produire dans les esprits deux effets assez differents selon la difference de leur disposition. Dans les personnes qui sont accoûtumées à juger d'un livre par son Auteur, elle produit cette indifference & ce froid qu'elles sentent pour tout ce dont elles ne sont pas prévenuës. Car nous voions bien des gens qui n'aiment gueres à lire un livre dont ils ne sçavent point par avance l'histoire, l'occasion & le sujet, & qui ne veulent point s'exposer au hazard d'être trompez & de perdre leur peine.

Dans ceux qui se sentent libres, & qui se trouvent assez dégagez de préoccupation pour ne s'attacher qu'à la matiere & au sujet que traitte un livre, l'ignorance du nom de l'Auteur produit un effet dont les suites peuvent être beaucoup plus dangereuses. C'est ce qui paroît particulierement dans les livres heretiques dont on a eu soin de cacher ou de déguiser les Auteurs, pour ne pas détourner de leur lecture ceux qui s'en donneroient de garde s'ils connoissoient ces Auteurs.

On peut juger au moins sur cette derniere consideration, si les Peres du

Concile de Trente avoient tort de vouloir que les Auteurs missent d'oresnavant leur nom à la tête de leurs ouvrages touchant la Religion. Pretendra-t'on qu'ils excedoient leurs pouvoirs en demandant cette espece de caution & cette assurance publique de la doctrine que les Auteurs enseignent?

Mais d'un autre côté voudroit-on nous porter à l'autre extrêmité de croire que la suppression & la supposition des noms fussent toûjours un mauvais préjugé contre les livres? N'est-on pas assez persuadé qu'il peut y avoir également de bons & de méchans motifs qui portent les Auteurs à ne point exprimer le leur, ou à en substituer un autre à la place? Voyons au moins quels pourroient avoir été les principaux de ces bons & de ces méchans motifs qui ont porté & qui portent encore tous les jours les Auteurs à vouloir se déguiser.

SECONDE PARTIE.

Des motifs que les Auteurs ont eus ou pû avoir pour changer leurs noms, & pour se déguiser.

CHAPITRE I.

Des motifs ou raisons de changer en general.

Souvenez-vous, Monsieur, que je vous ay fait considerer le changement des noms en general, comme une des choses indifferentes de ce monde ; & qu'en cette qualité, si c'est la raison qui les fait imposer, c'est aussi la raison qui les fait changer. Il semble même que nous ne puissions rien trouver de fixe, rien d'immuable parmi nous, que ce qui ne nous est pas indifferent.

Si la raison nous porte à donner des

noms qui aient du raport à l'état present des choses ou des personnes, on
ne peut pas dire qu'il soit contraire à
cette même raison de changer ces noms,
lorsque l'état de ces choses ou de ces
personnes se trouve changé. Nous pouvons donc conter au nombre des principaux motifs qui portent les hommes
à changer de nom, les divers changemens qu'ils souffrent en eux-mêmes.
Changent-ils de Religion, changent-
ils de pays & de demeure, changent-
ils d'employ & de condition, changent ils d'habitudes? Ce sont presque
autant de raisons ou de pretextes pour
changer de nom.

Mais pour nous tenir renfermez
dans le ressort des Lettres, il suffira
de vous faire remarquer parmi les principaux motifs qui ont porté les Auteurs à changer de nom, l'*amour* de
l'Antiquité prophane qui a excité plusieurs de nos Modernes à prendre des
noms qui étoient de l'usage de l'ancienne Grece ou de l'ancienne Rome;
la *prudence* qui a fait chercher aux Auteurs les moiens d'arriver à leurs fins
sans être reconnus; la *crainte* des disgraces & des peines de la part des Adversaires qui ont le credit & l'autorité

en main ; la *honte* que l'on a de produire ou de publier quelque chose qui seroit indigne de son rang ou de sa profession ; & la confusion qui pourroit revenir des Ecrits, du succez desquels on a quelque raison de se défier ; le *dessein* de sonder les esprits sur quelque chose qui pourroit paroître nouveau, & sujet à être bien ou mal reçû ; la *fantaisie* de cacher la bassesse de sa naissance ou de son rang ; & celle de rehausser quelquefois sa qualité ; le *desir* d'ôter l'idée que pourroit donner un nom qui ne seroit pas d'un son agreable ou d'une signification heureuse.

Il ne faut pas oublier d'y ajoûter la *modestie* de ceux qui ne se soucient pas de paroître ni de recueillir les fruits passagers de leurs travaux ; la *pieté* de ceux qui veulent laisser des marques exterieures de leur changement de vie ; la *fourbe* & l'imposture pour séduire les simples & les ignorans qui ne peuvent juger du fonds que par la surface ; la *vanité* qui donne quelquefois le change à la modestie au sujet du mépris qu'on peut faire de la gloire à laquelle les autres aspirent en écrivant ; la *médisance* ou l'envie de médire avec impunité, & d'injurier à son aise; l'*impieté* & le libertinage d'esprit, dont le motif a beaucoup de raport avec la crainte d'être découvert & de s'attirer quelque tempête; enfin le *mouvement* d'une pure gayeté de cœur excitée par quelque rencontre, ou par un simple caprice de l'imagination.

Il ne faut pas douter que l'on ne puisse trouver encore beaucoup d'autres motifs qui ont porté les Auteurs Pseudonymes au changement ou à la supposition des noms. Mais il ne sera peut-être pas difficile de les raporter à quelqu'un de ceux que je viens de vous alleguer.

CHAPITRE II.

I. Motif. L'*Amour de l'Antiquité prophane*, qui a porté divers Auteurs Pseudonymes à quiter leur nom pour en prendre selon l'usage de l'ancienne Grece & de l'ancienne Rome.

Lorsque l'amour des Lettres se réveilla dans l'Occident aprés plusieurs siécles d'assoupissement, & que

2. Part.
Ch. 2.

les Grecs fuiant la domination Ottomane, vinrent en Italie & en France rétablir la memoire des Anciens & l'étude de leurs ouvrages: on a vû aussitôt les esprits faits pour les sciences, s'animer à l'envi, & s'exciter mutuellement à suivre ces Anciens. L'ardeur y fut si grande, que plusieurs croiant se revêtir plus facilement de l'esprit de ces Anciens, ne firent point difficulté de prendre leurs noms. Ils estimerent ce moyen si efficace pour allumer en eux une loüable émulation, qu'ils en introduisirent la mode dans leurs Academies nouvelles, premierement à Rome du temps de Paul II. puis dans quelques autres Villes d'Italie.

Sodalitium Esquilinæ.
Pomp. Læti,

Quelques-uns d'entre eux pretendirent justifier cette nouveauté par l'exemple de quelques Reguliers qui quittent à la porte du Cloître le nom qu'ils avoient eu dans le siécle, pour prendre celuy de quelque Saint de l'Église que l'on se propose d'imiter particulierement. De même nos zelez amateurs de l'Antiquité s'ingeroient de changer le nom à leurs disciples ou à leurs confreres, lorsqu'ils les admettoient dans leurs écoles ou dans leurs assemblées, aprés leur avoir les premiers donné l'exemple de ce changement. Mais comme les fondemens de ces nouveautez n'avoient pas la même solidité que ceux sur lesquels est appuiée la pratique des Couvens touchant le changement des noms, cette fantaisie ne dura presque pas plus d'un demi siécle. Elle n'alla guere au de-là du Pontificat de Clement VII. & il semble que les Italiens aient passé peu de tems aprés à une autre extremité encore plus bizare dans l'érection de leurs Academies de beaux Esprits, dont les membres ont pris des noms d'un goût fort moderne, & qui ne font ici envie à personne de les suivre.

Ceux d'entre les Amateurs de l'Antiquité qui en ont pris des noms, pourroient être rangez dans trois classes differentes, autant que je l'ay pû remarquer par la conduite des particuliers.

Les Premiers sont ceux qui ont supprimé entierement leurs noms & leurs surnoms pour prendre tout des Anciens, comme a fait Pierre de Calabre que nous ne connoissons que sous le nom de *Julius Pomponius Lætus* qu'il a retenu jusqu'à la mort, & qu'il conserve encore dans ses livres. S'il a changé ce nouveau nom en quelques rencontres, comme il a paru à des Sçavans de nôtre siécle, ce n'a point été pour reprendre ni son nom de *Pierre*, ni son surnom de *Bernardini* ou de *Ferrandini*; ç'a été pour se déguiser de nouveau ou pour diversifier son premier déguisement qu'il s'est nommé *Jul. Pompon. Sabinus*. D'autres ont si bien réüssi à se défaire de leurs surnoms & des noms de leur famille, qu'on ne sçait plus maintenant qui ils étoient, pour s'être obstinez à porter leur nouveau nom dans le commerce de leur vie aussi-bien que dans leurs écrits. C'est ce qui a paru dans la personne de *Philippus Callimachus Experiens, Titus Alexander, Fabius Vigil, P. Apollonius Collatius, M. Anton. Coccejus Sabellicus*, dont quelques-uns n'ont retenu au plus que leur prénom, ou le nom de leur Baptême.

On peut réduire à la même classe d'autres personnes de Lettres, qui n'ont quitté leurs noms que pour un temps & pour de certaines occasions, & qui n'ont pris le masque des Anciens que pour un Acte passager de Comedie, tels qu'ont été *Octavius Cleophilus* au xv. siécle, *Marcus Licinius* qui est encore vivant, *Papyrius Censor*, *Quintus Januarius Fronto*, *Jul. Pomponius Dolabella*, *Atticus Secundus*, *Horatius Gentilis*, & d'autres beaux Esprits déguisez qui se sont fait connoître d'ailleurs le visage découvert du tems des Cardinaux de Richelieu & Mazarin.

Les Seconds sont ceux qui n'ont pas jugé à propos de quitter leur nom de Baptême ni le surnom de leur famille, mais qui se sont contentez d'ajoûter un nom Romain ou Grec quelquefois à la tête, & quelquefois à la fin de ceux qu'ils portoient. Entre ceux qui se sont nommez à la Romaine en forme de *prénom* avant leur nom ordinaire, on peut remarquer deux celebres Espagnols Antoine de Lebrixa & André de Resende, qui vivoient au commencement du xvi siecle. Le premier s'est nommé *Ælius Antonius Nebrissensis Grammaticus*. Il a preferé le nom d'*Ælius* aux autres, à cause que ce nom étoit fort frequent dans la Bétique du tems des anciens Romains, & qu'il se trouvoit encore de son tems gravé dans plusieurs Inscriptions de marbre ou de bronze dans l'Andaloufie. Dom Nic. Antonio pretend qu'il en avoit ufé de la forte à l'imitation de plufieurs fçavans qui vivoient de ce tems-là fur tout en Italie, *& que la paffion pour l'Antiquité rendoit plus curieux de paroître Romains ou Payens, Grecs ou Gentils, que Chrétiens ou difciples de J. C.* L'autre s'eft apellé *Lucius Andreas Refendius* dans le même efprit, fi nous en croions le même Auteur ; mais la tendreffe refpectueufe pour fa mere Angelique Eleonore luy a fait permuter quelquefois le prénom de *Lucius* avec celuy d'*Angelus*, quoique celuy de *Lucius* luy ait été plus ordinaire. C'eft peut-être à fon imitation qu'un autre Efpagnol nommé Criftoval de Efcobar s'eft donné le nom de *Lucius Chriftophorus Efcobarius.*

Nous en voions d'autres qui ont porté la licence jufqu'à fe donner deux noms d'Antiquité avant celuy de leur Baptême & le furnom de leur famille. Mais je n'en ai pas trouvé dans cette derniere efpece, qui m'ait paru plus fpirituel, & qui merite plus de confideration que Florent Chrêtien d'Orleans, autrefois Précepteur du Roy Henry le Grand & fon Bibliothecaire à Vendosme. Cét Auteur pour tâcher de se rendre plus semblable aux Anciens, se fit apeller *Quintus Septimius Florens Christianus*. Il prit le nom de *Quintus*, parce qu'il étoit le cinquiéme des Enfans de ses pere & mere; & celuy de *Septimius*, parce qu'il étoit né au septiéme mois de la grossesse de sa mere. Neanmoins on peut remarquer à son avantage que sa passion pour l'antiquité semble n'avoir eu rien de prophane, non-seulement parce qu'il a eu soin de conserver son surnom de *Christianus*, mais encore parce qu'il a pû se proposer, pour l'exemple des autres noms, un celebre Auteur de l'Antiquité Ecclesiastique. Car vous pouvez vous souvenir, Monsieur, que Tertullien s'apelloit aussi *Quintus Septimius Florens*.

Au reste on peut dire que ce n'est pas sans quelque raison que l'on considere les Italiens comme les Auteurs de cette pratique capricieuse. Dés que les Grecs fugitifs de l'Empire de Constantinople leur ont ouvert les yeux, ils se sont regardez parmi les autres Peuples de l'Occident, comme les successeurs legitimes & les heritiers les plus proches des anciens Romains. A dire le vray, ceux qui connoissent un peu l'histoire des Lettres de ce tems-là, conviendront qu'il est plus ordinaire de trouver des sçavans en Italie qu'ailleurs, sur tout des Humanistes qui aiant été nommez simplement *Antoine* au Baptême, se sont nommez dans la suite *Marc-Antoine*, & d'autres qui se sont donnez sans beaucoup de necessité les prénoms d'*Aulus*, de *Caius*, de *Cnaus*, de *Publius*, de *Titus*, &c. Mais il y auroit de l'injustice & de la partialité contre les gens de Lettres de l'Italie, si l'on vouloit les charger seuls d'une affectation qui leur est commune avec le reste de la Nation. J'avoüe qu'il n'est rien de plus commun parmi leurs Ecrivains, que de voir des prénoms pris des Payens, comme *Theseus, Jason, Hercules, Dædalus, Paris, Achilles, Hector, Ulysses, Cinthius, Ascanius, Silvius, Numitorius, Amulius, Romulus, Pompilius, Tarquinius, Tullius, Apollonius, Mucius, Camillus, Virginius, Curtius, Decius, Attilius, Fabricius, Ptolemæus, Torquàtus, Annibal, Fabius, Flaminius, Æmilius, Pyrrhus, Plautus, Scipio, Lælius, Terentius, Pompeius, Sempronius, Hortensius, Cæsar, Lepidus, Octavius, Virgilius, Hora-*

Horatius, Manilius, Domitius, Ovidius, Tiberius, Vespasianus, Trajanus, Tacitus, Livius, &c. Mais tous ces noms sont devenus propres aux particuliers dés leur naissance ou leur baptême; & l'on en sera moins étonné, si l'on considere que de tous les peuples de la Chrétienté, les Italiens sont peut-estre les moins curieux de porter des noms de Saints, ou des noms qui soient d'un usage commun dans le Christianisme.

D'autres ont jugé plus convenable de ne mettre leur nom d'Antiquité qu'aprés le nom de leur baptême. Je me contente de vous en produire deux exemples, que je tire de deux Sçavans de nos quartiers, l'un & l'autre devenus celebres & distinguez dans leur profession. L'un est un Docteur de Sorbonne nommé *Demochares* de Ressons au Diocese de Beauvais; l'autre est un Jurisconsulte François, nommé *Charondas*, Lieutenant general de Clermont au même Diocese. Demochares & Charondas sont des noms Grecs qui ont esté portez autrefois par quelques Anciens. Le premier s'appelle dans la pluspart de ses livres *Antonius Demochares Monchia-censis Ressonæus*, & le second *Louis Cha-*

rondas le Caron; & pour peu qu'on voulût donner quelque chose à la conjecture, on s'imagineroit peut-être que *Demochares* n'a esté pris que pour representer le surnom *de Mouchy* à sa maniere, & *Charondas* pour exprimer aussi celuy de *Le Caron* à la sienne.

LES TROISIÉMES enfin qui passeront sans doute pour les moins innocens, sont ceux qui ont défiguré leur nom de baptême, pour luy ôter l'idée du Christianisme & luy communiquer celle du Paganisme par un changement leger.

Pierre. C'est ainsi que Pierre de Valere, ou *Petrus Valerii*, a changé son nom de *Pietro*, ou plutost *Pier*, en *Pierius*, & son surnom de *Valerio* en *Valerianus*; comme si ayant esté adopté par les Muses du mont Pierius, il avoit voulu retenir & tourner de la sorte le surnom de sa famille, comme il se pratiquoit dans l'adoption parmi les anciens Romains. D'autres Auteurs du nom de Pierre se sont appellez *Petrejus* par une legere alteration du mot Latin *Petrus*, comme nous le remarquons dans Petrejus Thiara. Nous voyons aussi quelques Espagnols du nom de Perez s'appeller en Latin *Petre-*

jus, comme il est arrivé à J. Perez de Tolede, que l'on ne connoist presque que par le nom de J. *Petrejus* Toletanus.

L'artifice est encore plus grossier dans ceux qui portant le nom de *Jean*, ont eu honte de s'appeller en Latin *Joannes*, parce qu'il est commun parmi les Chretiens, & ils luy ont preferé celuy de *Janus*, parce que c'est celuy d'une Divinité Payenne. Nous voyons dans les Pays-bas *Janus* Douza, pere & fils, *Janus* Lernutius, *Janus* Gruterus, *Janus* Drusius, *Janus* Bodecher, *Janus* Rutgersius, *Janus* Hautenus, &c; en France *Janus* Passeratius, *Janus* Ant. Baïfius, *Janus* Morellus, &c; en Allemagne *Janus* Guillelmius, *Janus* Chunradus, *Janus* Cornarius, *Janus* Antoniatus*, *Janus* à Swola, *Janus* Dubravius, *Janus* Pannonius, &c; en Italie *Janus* Anysius, *Janus* Damiani, *Janus* Pintius, *Janus* Theseus, *Janus* Vitalis, *Janus* Lacinius, *Janus* Nicius, *Janus* Parrhasius, *Janus* Pagninus, ausquels on peut ajoûter *Janus* Lascaris depuis sa transmigration de la Grece en Italie. Mais de tous ces Amateurs de la Gentilité, celuy que je trouverois le moins excusable, est ce Parrhasius que

* C'est Ieã Guirther d'Andernach, Medecin Allemand.

Jean.

2. Part. Ch. 2.

Paul.

je viens de vous nommer parmi les Italiens. Il s'appelloit de son vray nom en Latin *Joannes Paulus Parisius*, ou *de Parisiis*. Qu'a-t'il fait pour se travestir à la Payenne ? Il a pris son second nom de *Paulus*, & en a fait son *prénom* à la Romaine, aprés en avoir retranché la premiere lettre; du *prénom* de *Joannes* il a fait un nom de maison (*gentis*) & de son surnom *de Parisiis*, il a fait un nom de famille originaire de l'ancienne Grece, venant du fils de Lycaon, qui s'appelloit Parrhasus, ou de quelque autre Arcadien de la ville de Parrhasie. De sorte qu'il s'est fait connoître sous les noms d'*Aulus Janus Parrhasius*, quoique ç'ait esté inutilement qu'il a tâché de supprimer pour toujours ceux de *Joannes Paulus de Parisiis*. Il faut que sa passion pour des noms profanes l'ait étrangement aveuglé, si elle l'a empêché de voir que *Paulus*, qu'il rejettoit, estoit l'un de plus beaux noms de l'Antiquité Romaine; mais il vouloit peut-estre nous persuader en luy preferant celuy d'*Aulus*, qu'il faisoit gloire de considerer les faux Dieux du Paganisme comme ses nourriciers.

Aprés vous avoir montré parmi les plus beaux noms de baptême défigurez

marginalia: 2. Part. Ch. 2. Majorag. Orat. X. pag. 243

Aulus Diis alertibus natus.

à la Payenne ceux de Pierre, de Jean & de Paul transformez en *Piérius*, *Janus*, & *Aulus*, vous ne serez pas fâché que l'on vous fasse voir aussi le peu de respect qu'ils ont eu pour le nom de Marie, qui est en veneration à toute la Chretienté. Vous sçavez qu'il n'est point rare de voir les hommes porter le nom de *Marie* en Italie. Les Auteurs & autres personnes de Lettres, à qui ce nom est échu, n'ont pas cru que *Maria* fût d'une terminaison convenable à leur sexe. C'est ce qui en a porté plusieurs à le tourner en celuy de *Marius*, qui est un nom fort connu dans l'histoire Romaine. On en a fait la remarque dans le jeune Philelphe, qui s'appelle ordinairement *Marius*, & quelquefois *Joannes Marius*, dans Galeotta, dans Nizolius, dans Grapaldus, & dans divers autres Italiens, que le pretexte de la terminaison masculine a pû rendre excusables, comme dans ceux qui ont tourné *Margarita* en *Margarinus*, *Catharina* en *Catharinus*, *Magdalena* en *Magdalenus*, *Anna* en *Annaus*, *Annius*, *Annus*, *Anahus*, &c.

Nous trouvons une autre maniere de changer le nom de *Marie*, qui est beaucoup plus bizarre & qui a beaucoup de rapport avec ce que nous avons rapporté de Parrhasius au sujet du nom de Paul. C'est une chose assez commune en Italie de donner aux enfans le nom de leur mere avec celuy de leur pere; & il est fort ordinaire même parmi leurs Ecrivains de trouver des surnoms précedez de Philippes Marie, Jean Marie, Antoine Marie, Joseph Marie, &c.

Nous en connoissons à qui le nom de *Marie* n'a point paru assez digne d'un homme de Lettres, & qui n'ont point fait difficulté de le changer en celuy de *Marcus*, pour s'en faire un *prénom* à la Romaine. C'est ce qui est arrivé à *Antonius Maria Comes*, ou en Italien, *del Conte*, ou *de i Conti*, & à *Antonius Maria de Flaminiis*. Le premier s'est fait appeller *Marcus Antonius Majoragius*, qui est le nom ordinaire sous lequel il est connu maintenant, & l'autre *Marcus Antonius Flaminius*, qui semble avoir donné l'exemple de cette licence à Majoragius & à d'autres.

L'on void encore d'autres noms de baptême, tant des Apôtres & des hommes Apostoliques, que d'autres Saints de l'Eglise, qui ont esté corrompus ou alterez du moins pour la terminaiso par les Sçavans, afin de leur donner un air plus profane. C'est dans cette imagination, selon un Sçavant d'Espagne, qu'un Auteur de Sicile, nommé *Lucas de Marinis*, s'est fait appeller *Lucius Marinæus Siculus*. Un autre, dont le surnom m'est échapé, a changé son prénom de *Jacques* en celuy d'*Iacchus*, qui est l'un des noms d'une fameuse Divinité, & celuy d'un ancien Auteur dont Pline avoit lû les Ouvrages. Un autre fort connu dans le monde sçavant sous le surnom de Calderinus, s'appelloit *Dominique* dans le commerce ordinaire de la vie. Ce nom ne luy parut pas assez beau, nonobstant le rapport qu'il peut avoir avec la grande Fête des Chretiens, ou avec le Patriarche d'un Ordre Religieux de l'Eglise. Il changea donc le nom de *Dominicus* en celuy de *Domitius*, qui a l'air un peu plus Payen : de sorte que depuis ce temps-là nous appellons *Domitius Calderinus*, celuy qui selon Paul Jove se nommoit auparavant *Dominicus de Caldariis*.

En Espagne les *Iñigo*, que nous prononçons *Ignigo*, se sont appellez quelquefois *Enecus* en Latin, & plus ordinairement *Ignatius*. C'est le nom d'un

2. Part.
Ch. 2.

homme Apostolique & d'un illustre Martyr, que les Amateurs de l'Antiquité Romaine auroient pû changer legerement en celuy d'*Egnatius*. Mais il y a apparence que le Cardinal de Mendoza, vivant du temps de Charles-Quint, n'a pas crû que le nom d'*Egnatius* fût encore d'une Antiquité assez profane pour luy. Il se fit appeller *Inachus*, du nom du premier Roy d'Argos, pere de la fameuse Io, plus ancien que la pluspart des Divinitez Payennes. Nous avons un livre de Sentences morales imprimées à Basle en 1539. dédiées à cet Inachus de Mendoza par Janus Anysius.

Mais il est juste de faire une exception pour les noms, qui étant modernes ou particuliers à de certains pays, n'ont pas encore reçu d'éclat de ceux qui les ont portez les premiers, & sur tout qui n'ont pas encore honoré nos Calendriers. Je me contenteray de vous alleguer en exemple le nom de *Tanneguy*, que je crois particulier à nostre nation, & qui a esté porté par un celebre Humaniste de ces derniers temps. Je ne crois pas qu'on ait jamais dû luy faire grand scrupule sur ce que sa passion pour l'Antiquité Romaine luy a

M. le Févre.

fait quitter ce nom pour celuy de *Tanaquil*, qui ne luy ressemble pas mal, & qui est connu depuis deux mille quatre cens ans, pour avoir servi à nommer la femme du cinquiéme Roy de Rome. Nos autres Auteurs du nom de Tanneguy, qui ont esté Normans pour la pluspart, se sont contentez de se nommer *Tanigius* en Latin.

Mais tous ceux qui avoient eu dessein de faire perdre entierement la memoire de leur nom de baptême aprés l'avoir changé ou corrompu, n'y ont pas toûjours réüssi. Quelques-uns de ceux qui s'en sont apperçûs, n'ont pû se défendre de le reprendre: mais pour ne point échaper l'occasion de se mettre au rang des Gens de qualité, qui portent trois noms, selon le Poëte, ils ont aussi retenu celuy qu'ils luy avoient substitué. C'est ainsi que Jean Pontanus, aprés s'estre donné le nom de *Jovianus*, qui paroissoit d'abord n'estre qu'une legere alteration de celuy de Jean, *Gioviano* n'étant pas fort éloigné de *Giovanni*, semble avoir repris dans la suite celuy de Jean, sans renoncer à celuy de Jovien, qui tire son origine du nom de Jupiter. De sorte que nous l'appellons encore communément *Joannes Jovianus*

Tria nomina Nobilium.

Pontanus. J'y ajoûterois volontiers l'exemple d'un autre Italien celebre Philosophe, nommé *Thomæus*, qui a paru vingt ou trente ans aprés ce Jovianus Pontanus, si j'étois persuadé qu'il eût eu recours au même artifice pour se faire appeller *Leonicus* au lieu de *Nicolaüs.* J'avouë que *Leonicus* n'est autre chose que *Nicolaüs* retourné par une simple transposition avec le changement d'une dialecte en une autre : de même que l'historien Nicolas Chalcondyle, ou plutôt Chalco-condyle, s'est fait appeller *Laonicus*, en conservant la dialecte dans la transposition. J'avouë aussi que ce Philosophe s'appelle encore de ses trois noms *Nicolaüs Leonicus Thomæus:* mais je suis trompé si *Leonicus* n'étoit pas le nom de sa famille, parce qu'il avoit un frere sçavant comme luy, nommé Barth. Fuscus qui portoit aussi les trois noms de *Bartholomæus Leonicus Fuscus.*

Enfin nous pouvons mettre le Poëte Sannazar au nombre de ceux qui n'ont pas réüssi à supprimer leur nom de baptême, pour adopter des noms profanes de l'Antiquité. On pretend que ce fut à l'imitation de son Maître Pontanus, qu'il voulut se défaire du nom de

Jacques. Il se donna celuy d'*Actius Sin-* cerus, auquel il ajoûta celuy de *Parthe-nopæus*, à cause de la ville de Naples. C'est tout ce qu'il avoit pû faire pour se donner l'air d'un ancien Auteur. Neanmoins il reprit ensuite le surnom de sa famille, & se fit appeller *Actius Sincerus Sannazarius Parthenopæus*. Mais tous ses soins n'ont pas empêché que le Public ne luy ait enfin rendu son nom de *Jacques*.

2 Part. Ch. 3.

CHAPITRE III.

2. Motif. *La prudence, qui a porté les Auteurs à se cacher, & qui leur a fait chercher les moyens d'arriver à leurs fins, sans estre reconnus.*

SI j'employe le mot de Prudence pour marquer l'un des Motifs qui ont porté les Auteurs Pseudonymes à se déguiser, & les Anonymes à supprimer leurs noms, ce n'est pas que je veüille prétendre que la Prudence en la maniere que l'entendent précisément les Philosophes, puisse devenir un motif. Je ne comprens sous ce terme que les vûës que peuvent avoir eûës ces Au-

E vj

teurs pour conduire sûrement leur dessein dans le secret, sans examiner par quelle passion ils peuvent y avoir esté poussez. Je considere ces veuës, sans m'arrêter à la qualité de leur objet, comme de simples motifs qui leur ont fait chercher les moyens dont ils dévoient se servir pour arriver à la fin qu'ils se sont proposée.

On peut bien au reste nous permettre d'appeler Prudence cette qualité ou cette habitude qui leur a fait trouver ces moyens, qui leur a fait juger quel pouvoir estoit le meilleur, & qui après ce discernement les a portez à se le prescrire dans l'execution de leurs entreprises. Il vous sera aisé de voir dans le Recüeil historique de nos Pseudonymes, que tous n'y ont pas réüssi. Vous pourrez remarquer dans la pluspart, que ce n'est pas le Genie qui leur a manqué, lors qu'il a esté question de trouver les expediens; vous trouverez même que l'Intelligence ne les a point abandonnez, lors qu'il a esté besoin de penetration pour le fond, & de dénoüement pour les difficultez. Mais vous reconnoîtrez dans ceux dont les vuës ont esté ou fausses ou trop courtes & trop bornées, que leur Prudence s'est trouvée imparfaite par le défaut de quelqu'une des parties qui étoient necessaires pour faire heureusement répondre la fin de l'execution au commencement du dessein qu'ils avoient formé de se cacher. Aux uns vous auriez souhaité plus de Prévoyance, pour voïr de plus loin le cours & les suites ; aux autres plus de Circonspection pour mieux examiner les circonstances ; & à d'autres plus de Précaution pour considerer davantage les inconveniens qui pouvoient naître de cette dissimulation.

Il semble que les Peres de l'Eglise ayent eu dessein de nous proposer les Evangelistes, & particulierement l'Apôtre saint Paul, comme des modeles d'Anonymes, à qui on n'a pû trouver rien à redire pour les vûes que l'on doit avoir lors qu'on veut estre caché en se rendant Auteur. Ils nous font observer sur tout qu'il n'y a eu rien à desirer à la Prudence de saint Paul, lors qu'il conçut le dessein d'écrire aux Hebreux, sans mettre son nom à la lettre qu'il leur destinoit.

Cet Apôtre écrivoit à des gens qui, bien que convertis du Judaïsme à la foy de Jesus-Christ, ne laissoient pas de conserver beaucoup de leurs anciennes ha-

2. Part. Ch. 3.

Clem. Alex. & ex eo Euseb. l. 6. hist Ecclef. c. 18 Hieron. de Script. Ecclesiast. Chrysost. hom. 61. Tom. 5. edit. Græc.

2. Part.
Ch. 3.

bitudes, & quelques restes des inclinations qu'ils avoient euës pour les pratiques de la Loy & des observations Mosaïques. Il étoit difficile que plusieurs de ces nouveaux convertis ne fussent prévenus contre luy, non seulement parce qu'il avoit changé son nom, qui étoit Hebreu, en un nom qui étoit étranger, & par consequent Gentil : mais encore parce qu'il sembloit avoir abandonné le Judaïsme par une espece de prédilection pour les Gentils convertis, dont il se declaroit l'Apôtre, plutôt que des Juifs. Le dessein de sa Lettre, qui merite plutôt le nom de juste Traité, étoit de faire voir que la Loy de Moyse, à laquelle les Juifs convertis paroissoient encore si fort attachez, ne justifie point par les sacrifices, comme il avoit montré dans l'Epître aux Galates, qu'elle ne justifie point par les ceremonies & par la Circoncision. Pour en rendre la lecture plus utile, & le succés plus certain, il prit toutes les mesures qui luy parurent necessaires, afin de ne rien gâter dans l'esprit de ceux qui étoient prévenus. Il supprima son nom, afin de ne point faire connoître, ou de laisser au moins dans le doute qu'il fût l'Auteur de cet

Ecrit. On croit même qu'il porta son déguisement jusqu'à vouloir changer le stile ordinaire dont il usoit dans ses autres Epîtres, quoique ce soit le même caractere d'esprit & le même fond de doctrine. C'est ce que la Précaution luy fit faire par rapport à luy-même. A l'égard des autres, on peut dire que ce fut la Circonspection qui le porta à supprimer aussi le nom de ceux à qui il adressoit sa Lettre, afin de ne les point exposer à l'insulte de ceux des Juifs qui n'étoient pas convertis, & qui l'avoient connu autrefois sous le nom de Saul. Enfin ce ne peut estre que par un effet de la Prévoyance, que la chose fut conduite jusqu'à sa fin selon les regles de cette Sagesse qui ne l'abandonnoit jamais. De sorte qu'il ne faut pas s'étonner si la Lettre eut tout l'effet qu'il s'étoit promis, sans en avoir laissé connoître l'Auteur qu'à ceux à qui le caractere d'esprit qui y regnoit, & le fond de la doctrine qu'elle contenoit ne pouvoient pas ne le pas découvrir, je veux dire, à ceux qui avoient sa confiance d'ailleurs, & qui étoient aussi parfaitement instruits que luy de la difference de la Loy de Moyse d'avec celle de Jesus-Christ.

2. Part. Ch. 3.

Le changement du stile & la suppression du nom ont formé une espece de voile, qu'il a bien voulu jetter sur les yeux des autres, en travaillant à leur ouvrir l'entendement. C'est principalement sur ceux de cette sorte que s'étoient étenduës les vuës de cet Apôtre, & l'on peut dire qu'ils avoïent esté les objets particuliers du Motif que nous venons d'expliquer, puisque plusieurs années aprés la Lettre écrite aux Hebreux, quelques-uns de ceux même qui la trouvoient divine & digne de S. Paul, n'ont pû d'ailleurs se resoudre à l'en reconnoître Auteur, & qu'ils ont mieux aimé l'attribuer à S. Luc, à S. Barnabé, à S. Clement de Rome, ou à quelque autre homme Apostolique, que de la donner à cet Apôtre.

Nous trouvons dans la conduite des Peres de l'Eglise peu d'exemples que nous puissions joindre à celuy de saint Paul. Quelques Critiques ont prétendu que les vuës de Vincent de Lerins n'étoient pas fort differentes de celles de cet Apôtre, lors qu'il entreprit d'écrire contre les Nouveautez que les Heretiques avoient introduites dans l'Eglise. Ils veulent que les motifs qui l'ont porté à se cacher, soient presque les mêmes dans le genre des Pseudonymes, au rang desquels il s'est rangé, qu'avoient esté ceux de saint Paul dans le genre des Anonymes. Sixte de Sienne porte ce sentiment jusqu'à s'imaginer que le nom supposé de *Peregrinus*, que nous prenons pour la marque du détachement qu'avoit son Auteur à l'égard de cette vie passagere, n'étoit qu'un leurre pour attirer les Heretiques & les autres Amateurs de nouveautez & de choses étrangeres par un titre qui qui leur fût agreable, & les pût porter à la lecture de son livre en flattant leur curiosité. On ne peut attribuer qu'aux effets de la Prudence des vûës si loüables & si éloignées des Motifs que fournissent ordinairement les passions en ces rencontres. Mais si vous vous souvenez des raisons que je vous ay alleguées pour vous faire voir combien les Anonymes sont preferables en matiere de sincerité aux Pseudonymes les plus innocens, vous jugerez aisément de la difference que l'on peut mettre entre la prudence de Vincent de Lerins, qui s'est fait Pseudonyme, & la sagesse de saint Paul, qui s'est contenté du rang des Anonymes.

C'est à ces deux modeles differens de

2. Part.
Ch. 3.

2. Part. la Prudence chretienne dans l'Antiqui-
Ch. 3. té Ecclesiastique, que l'on peut rapporter la plûpart des exemples que nous avons d'une conduite approchante parmi plusieurs de nos Modernes, qui ont pris le parti de supprimer leurs noms, ou d'en supposer de faux dans des matieres de controverse, pour ménager la confiance des Heretiques que l'on entreprenoit de faire revenir à l'Eglise. Il ne seroit pas même trop difficile de réduire à un semblable principe les vûës qu'ont eûës tant d'Auteurs Catholiques Anonymes & Pseudonymes dans la prévoyance, dans la circonspection & dans les précautions dont ils ont usé à l'égard des autres Catholiques sur des sujets contestez entre eux.

Mais il semble que le besoin de cette Prudence n'ait jamais plus éclaté que dans la conduite de ceux qui se sont mêlez d'arbitrage en matiere de Religion. Il a esté question de concilier des partis opposez, sans se faire connoître des uns ni des autres. L'importance estoit de prévenir adroitement tous les préjugez, & d'ôter tous les soupçons de partialité : & rien ne paroissoit plus propre à ces fins, que de demeurer inconnu aux uns & aux autres. Il s'agiſſoit de cacher la main qui devoit s'étendre également ſur les uns & ſur les autres, & ſe faire ſentir à tous ſans eſtre apperçuë de perſonne. Le peu de ſuccés de ces entrepriſes nous a fait voir dans la pluſpart de ces prétendus Arbitres, qu'il faut encore autre choſe que de l'habileté pour conduire des affaires de cette delicateſſe. On a pû remarquer par les démarches d'un *Simplicius Chriſtianus*, d'un *Sincerus Chriſtianus*, & de divers autres *Conciliateurs* cachez des communions étrangeres, que la pluſpart n'avoient pas prévû toutes les ſuites, ou qu'ils n'avoient peut-être pas examiné toutes les circonſtances, ou enfin qu'ils ne s'étoient pas ſuffiſamment précautionnez contre les obſtacles.

Les Proteſtans de leur côté n'oublièrent pas de nous objecter que les *Conciliateurs* Catholiques, qui avoient entrepris d'accommoder les partis de Religion, n'ont pas eſté plus heureux dans l'execution de leurs deſſeins. Perſonne, diront-ils, n'a paru plus prudent & mieux précautionné que le prétendu *Veranius Modeſtus Pacimontanus*, qui avoit les qualitez neceſſaires à un Arbitre. Cependant aucun des partis qu'il tâcha de contenter, ne se trouva satisfait de luy. Mais les Protestans ne pourront au moins disconvenir que les mesures de Veranius Modestus n'ayent été judicieusement prises, puisque l'Auteur qui s'étoit voulu rendre l'arbitre des differends de la Religion sous ce masque, leur est demeuré inconnu, même long-temps aprés s'estre démis de sa commission; & que Calvin y fut trompé luy-même, lorsque voulant écrire contre Veranius Modestus, il crut avoir affaire à François Baudoüin, qu'il prenoit inconsiderément pour Georges Cassander.

CHAPITRE IV.

3. Motif. La crainte de tomber dans quelque disgrace, ou d'encourir des peines de la part des Adversaires qui ont le credit & l'autorité en main.

IL sera difficile que je vous fasse comprendre que la Crainte est un des Motifs qui portent les Auteurs à se cacher, lors qu'ils se voyent menacez de quelque danger, s'il faut s'en tenir à l'idée que la pluspart des Philosophes ont voulu nous donner de cette passion.

Si la Crainte n'étoit autre chose que l'*attente du mal*, comme on prétend que Platon l'a voulu définir, jamais on ne vous persuaderoit que c'est l'attente d'un mal qui fait changer ou supprimer le nom d'un Auteur à la teste de son livre. C'est ce que vous concevrez encore moins, si vous vous representez cette Crainte comme une *certaine douleur de l'Ame venant de l'imagination qu'on a d'une affliction importante ou de quelque autre mal à venir*, selon la définition qu'Aristote en a donnée.

2. Part. Ch. 4. Plat. de Leg.

Arist. de Rhet.

L'Aversion que nostre Ame se forme contre quelque mal difficile à éviter;

La Fuite d'un mal où nostre Ame se croit prête de tomber;

L'Emotion que l'imagination d'un mal que l'on croid ne pouvoir éviter, forme dans l'appetit que l'Ecole appelle irascible;

Enfin *l'Imagination qu'on a d'un mal qui s'approche*, sont autant de définitions differentes que les Philosophes nous donnent de la Crainte. Mais il ne seroit pas aisé de vous marquer parmi ce grand nombre, celle qui pourroit convenir à ce mouvement qui se forme dans l'ame des Auteurs Pseudonymes, ou Anonymes, lorsqu'ils s'étudient à se cacher en publiant leurs Ouvrages.

Si ce Mouvement, que j'appelle la *Crainte*, n'étoit autre chose que le *Trouble*, l'*Aversion*, l'*Attente*, ou la *Fuite d'un mal*, loin d'estre un Motif capable de faire prendre la plume aux Auteurs avec les expediens de se cacher, il pourroit en estre un tres-efficace pour les empêcher d'écrire, & il leur fourniroit avec beaucoup plus de certitude & beaucoup moins de frais les moyens d'éviter le danger & de se procurer le repos en demeurant en paix & en silence.

La crainte d'un Auteur déguisé est donc d'une espece differente de toutes celles dont vous venez d'entendre les définitions. C'est une crainte accompagnée de la Prévoyance qui est necessaire pour éviter le danger auquel on s'expose en écrivant, de sorte que le mal qu'on apprehende, ne paroisse ni trop prêt d'arriver, ni absolument inévitable. C'est une crainte qui ne se trouve presque jamais sans la Prudence qui la doit conduire, & sans l'Esperance qui la doit soûtenir. C'est une Crainte clairvoyante, qui porte les Auteurs jusqu'au préssentiment des disgraces les plus éloignées. Les maux les plus trompeurs,

ceux même qui semblent les plus ca-   2. Part.
chez sous des apparences flateuses, n'é-   Ch. 4.
chapent point à ses yeux ni à ses soins;
& l'on peut dire qu'en faisant prendre
le masque à un Auteur qu'elle porte à
se cacher, elle luy fait lever le masque qui couvre le danger qui le menace
& qui renferme quelque malheur déguisé sous une autre apparence.

  Ce n'est pas au reste par les Auteurs
des livres que la Crainte des dangers a
commencé d'inspirer le déguisement.
L'Ecriture sainte ne dissimule pas que   1. Reg.
ce n'ait esté la crainte de la mort qui   cap. 21.
avoit porté David, fuyant Saül, à se
déguiser le visage pour se sauver des
mains du Roy de Geth.   Achis.

  Ulisse menacé d'un danger encore plus
present chez un Tyran que la Fable
nous a representé sous le nom & l'apparence d'un Cyclope, changea de nom
& se servit avantageusement de l'équivoque de celuy qu'il s'étoit donné. Et
vers le milieu de nostre siecle nos peres   Godef.
ont vû un jeune Roy de la Grand-Bre-   Schulke-
tagne fuir devant les bourreaux & les   nius
patricides du Roy son pere, déguisé   chron. ad
sous le faux nom de Guillaume Jonas.   an. 1651.
                                                                    pag. 261.

  Si la conduite de ces Princes peut
faire l'Apologie du Motif de la Crainte

qui porte les hommes à se cacher, pour se souſtraire aux dangers dans le commerce ordinaire de la société humaine; elle peut servir auſſi à juſtifier les Auteurs qui employent de semblables moyens à leurs fins, pourvû que ces fins soient auſſi honnêtes & auſſi legitimes, & que la Prudence ne ſoit jamais separée de cette crainte.

Je n'ay pas tort de demander pour la juſtification des Auteurs Pſeudonymes, que leurs fins ſoient honnêtes & legitimes, parce qu'encore que les moyens ſoient preſque les mêmes dans ceux à qui la crainte d'eſtre découverts fait ſuppoſer des noms faux ou étrangers, nous ne laiſſons pas de remarquer que leurs fins ſont ſouvent fort differentes.

Souvenez-vous, Monſieur, de l'état de l'Egliſe Catholique en Angleterre ſous le regne d'Edoüard VI. & particulierement ſous celuy de la Reine Elizabeth. Les Miſſionnaires & les Controverſiſtes de l'Egliſe Romaine n'auroient certainement pas ſuivi les regles de la Prudence, s'ils avoient mis leur confiance dans la bonne volonté ou dans l'indulgence de ceux qui eſtoient alors les Maîtres du gouvernement. La pluſpart jugerent fort ſagement qu'il y avoit

avoit peu de fruit à faire, s'ils marchoient dans les Missions la tête levée, & s'ils traitoient la controverse le visage découvert. Ils conçurent qu'il y avoit même de la temerité à exposer la liberté ou la vie des personnes qui pouvoient faire d'ailleurs un excellent usage de cette liberté & de cette vie, en agissant ou en écrivant, soit pour maintenir les Catholiques, à qui toute indiscretion auroit esté pour lors tres-nuisible ; soit pour refuter les Heretiques, de qui il étoit tres-dangereux d'estre reconnu.

La fin de ces Ecrivains ne pouvoit estre plus legitime ni plus honnête, & nous n'avons que des éloges à donner aux moyens qu'ils ont employez pour se cacher sous des noms qui les mettoient à couvert des dangers, dans le temps qu'ils travailloient pour rendre leurs services utiles à l'Eglise. C'est donc le Motif de la crainte, mais d'une crainte judicieuse dont la fin estoit tres-legitime, qui a fait prendre à la plus-part des Anglois Catholiques de ces temps-là deux noms & deux surnoms, selon les usages differens qu'ils en vouloient faire, afin d'agir sûrement, tantôt avec les Catholiques, & tantôt avec les Heretiques.

Il semble qu'il n'y ait en ces occasions que la fin que se proposent les Auteurs cachez, de quelque profession qu'ils soient, qui les distingue dans nôtre esprit, & qui nous fait connoître s'ils meritent nostre approbation. Tant que nous ne les considererons que par le Motif de la Crainte qui les a conduits, difficilement pourrons-nous nous défendre de les regarder également, & nous ne les estimerons en qualité de Pseudonymes, qu'autant que la précaution leur aura fait faire un bon usage de leur crainte, & que la prudence aura fait réüssir l'industrie qu'ils auront fait paroître à se cacher.

Dans cette vuë je douterai si l'adresse d'un Socinien a moins merité nostre estime, que celle d'un Catholique, lors qu'elle a esté suivie du succés qu'il s'en étoit promis. Si nous mettons à part la fin qu'un Socinien Pseudonyme s'est proposée en se cachant dans ses livres, & qui ne peut estre que tres-pernicieuse dans son déguisement, lors qu'il a entrepris de défendre sa Religion, ou d'attaquer la nostre: il n'y a presque rien dans le Motif de la Crainte qui a fait cacher les Catholiques en écrivant, que l'on ne puisse attribuer également à un Socinien, qu'on suppose n'avoir pas esté en pays de liberté lors qu'il a pris la plume.

2. Part.
Ch. 4.

Si l'avantage qu'ont les Catholiques de se voir membres de la veritable Eglise, ne peut empêcher qu'ils ne soient aussi susceptibles que le reste des hommes de toutes les Passions humaines en general, & particulierement de celle de la Crainte dont il s'agit icy, il n'est pas moins vray de dire que le malheur de tous ceux qui ne sont pas dans la vraye Eglise, ne peut les empêcher en qualité d'hommes d'acquerir les vertus morales, & nommément celle de la Prudence, qui doit conduire la passion de la Crainte, pour luy faire déguiser un Auteur avec succés.

Mettons un Socinien en Pologne, où il s'est effectivement trouvé plusieurs Auteurs déguisez de cette secte par le Motif de la Crainte ; & voyons s'il y a quelque chose de ce que nous avons dit d'un Catholique Pseudonyme & déguisé, en Angleterre, que nous ne puissions pas dire aussi de ce Socinien, à sa fin prés.

N'avons-nous pas sujet de dire qu'un Socinien dans cette disposition auroit peché contre les regles de la Prudence,

F ij

s'il avoit présumé de la bonté, pour ne pas dire de la facilité du Prince & des États d'un Royaume où les Sociniens n'étoient pas plus tolerez que les Catholiques en Angleterre? Un Socinien avisé & prévoyant a pû juger du peu de progrés qu'il y avoit à esperer, s'il entreprenoit de répandre ses opinions à découvert dans un pays Catholique. Il a dû concevoir qu'il y alloit quelquefois de la perte de sa vie, ou pour le moins de celle de sa liberté ou de ses biens, dont il avoit besoin pour avancer ou pour maintenir les affaires de son parti, dont la conservation dépendoit de mille précautions difficiles à prendre.

Si un Socinien dans toutes ces conjonctures, poussé par le Motif de la Crainte de se perdre soy-même, ou de perdre son party entier, réüssit à se cacher sous de faux noms, pourrons-nous refuser au moins à sa crainte circonspecte & prévoyante les éloges qui sont dûs à toute action humaine qui aura esté conçuë avec esprit, & executée avec prudence? Pour moy, je ne trouve point cette conduite beaucoup moins loüable que celle de l'œconome infidéle de l'Evangile, qui nonobstant son iniquité & ses malversations n'a point laissé d'attirer des loüanges de la bouche du Sauveur du Monde pour sa prudence & son industrie.

On peut en seureté se servir de la même regle pour mesurer l'estime que l'on peut faire de la pluspart des Ecrivains d'iniquité, qui ont pris le masque par la crainte d'estre découverts dans leurs mauvaises intentions. C'est dans ce rang que je voudrois mettre ces Pseudonymes infortunez que nous avons vû mourir en ces dernieres années aprés s'estre couverts de divers masques par la crainte des supplices qu'ils n'auroient pû éviter s'ils avoient esté reconnus pour les Auteurs des défenses Apologetiques & de la justification de la Polygamie. J'y rangerois aussi ces Auteurs séditieux qui ont employé leurs talents pour écrire contre le gouvernement legitime de l'Etat auquel ils étoient soumis, & qui ont osé soulever les esprits par leur plume, pour tâcher de les porter à la revolte. Enfin j'y comprendrois tous ceux qui se sont hazardez à traiter des sujets odieux, & qui ont eu affaire en même temps à des Adversaires également puissans & vindicatifs. Le nombre de ces derniers s'est trouvé si grand jusqu'à present, qu'on ne doit point s'étonner qu'il s'en soit vû quelques-uns à qui la crainte n'ait pas esté salutaire, pour n'avoir pas toujours esté soûtenuë par le jugement, & pour n'avoir pas esté conduite jusqu'à la fin par la discretion ou la prudence necessaire à ces sortes de secrets. C'est pourquoy il leur arrive souvent d'expier sous un nom les fautes qu'ils ont faites sous un autre, comme on a pû le remarquer en la personne des pretendus Alcinio Lupa & Ginifacio Spironcini, qui se trouverent n'avoir qu'une teste à deux, lorsque le bourreau d'Avignon abatit celle de l'Auteur anonyme du Divorce celeste de dessus les épaules de Pallavicin.

CHAPITRE V.

4. Motif. La honte que l'on a de produire, ou de publier quelque chose qui ne seroit pas digne du rang que l'on tient dans le monde, ou de la Profession qu'on exerce: & la confusion qui pourroit revenir des Ecrits, du succés desquels on a quelque raison de se défier.

LE Motif de la Honte qui empêche les Auteurs Pseudonymes de

paroître sous leur nom, n'est pas beaucoup moins ordinaire que celuy de la crainte, dont je viens de vous entretenir. On peut dire même qu'il y a du rapport de l'une à l'autre; & que si la Honte est une veritable passion, comme nous en devons estre convaincus par la connoissance que nous avons des divers mouvemens de nostre ame, elle n'est autre chose que la crainte même, mais une crainte déterminée, & bornée à la fuite de quelque infamie.

La crainte ne suffit pas seule pour former la Honte; il faut qu'il y ait encore quelque mélange de Douleur, qui est une autre passion aussi simple que la crainte. De sorte que si nous avons raison de considerer l'Impudence qui est la passion opposée à la Honte, comme un mouvement de l'Ame formé du Plaisir & de la Hardiesse que l'on a de faire les choses deshonnêtes; nous pouvons aussi raisonnablement nous representer la Honte comme une passion composée de la Douleur & de la Crainte de rien commettre contre le devoir ou la bienseance, ou de tomber dans le deshonneur que produisent les actions deshonnêtes.

Quelle que puisse estre la fin des

Auteurs qui suppriment ou qui changent leur nom par le Motif de la Honte, il semble qu'il soit difficile de trouver jamais ce Motif sans quelque honnêteté qui luy tient ordinairement lieu de raison ou de fondement. La premiere obligation, je dis plus, la principale gloire d'un homme qui se mêle d'écrire, est de se proposer une fin qui soit au moins utile à quelque chose, & qui soit glorieuse à quelqu'un : s'il manque dans ce point essentiel à son entreprise, il semble qu'il ne reste plus de ressource à sa reputation que dans l'art de se déguiser pour éviter l'infamie.

Mais quoyqu'on puisse dire que lorsque la fin que se propose un Auteur n'est ni utile ni honnête, le Motif de la Honte, qui le porte à se cacher, ne peut manquer d'estre honnête en quelque sorte, ou du moins utile pour luy : il est toujours fâcheux qu'un tel Auteur ne puisse éviter la comparaison qu'on peut faire de luy avec une fille qui s'abandonne, & de son livre avec un bâtard qui a honte de sa naissance.

Il n'étoit point rare parmi les Anciens de voir des filles, même celles de condition libre & de famille honnête, se perdre d'honneur volontairement, & s'abandonner au desordre de gayeté de cœur. Les Romains s'étant apperçûs de bonne heure que cette licence ne pouvoit avoir que de tres-pernicieuses suites, & que ces débordemens ne pouvoient produire que des inondations & des ravages sur les mœurs du Peuple, avoient tâché d'y pourvoir par un reglement de Police. Le dessein de renfermer cette licence dans quelques bornes leur avoit fait ordonner que toute fille ou femme qui auroit conçu le dessein de se deshonorer, & qui auroit resolu de se rendre publique, seroit obligée d'aller se faire inscrire chez le Commissaire ou l'Edile, & changeroit de nom. Nous avons un exemple de cette pratique dans une des Comedies de Plaute, qui fait voir combien elle étoit ancienne. *Namque*, dit ce Poëte, *hodie earum mutarentur nomina, facerentque indignum genere quæstum corpore.*

Mais pour mieux sentir la justesse de cette comparaison, vous devez sçavoir que lors qu'il s'agissoit de faire une autre figure parmi le monde dans les intervalles de leurs honteuses habitudes, ou de renoncer entierement au commerce de cet infame métier, elles reprenoient leur veritable nom, & rentroient, pour ainsi dire, dans leur famille & dans la suite genealogique de leurs Ancêtres, qu'elles étoient censées avoir interrompuë. C'est ce qui fait que nous considerons aujourd'huy les noms de plusieurs femmes de l'Antiquité, tels que sont ceux de *Myrachne*, *Borboropis*, *Anasyrtopolis*, *Pandosia*, *Leophoris*, *Maniocepus*, *Ilipus*, &c. rapportez par Athenée, Suidas & d'autres Auteurs Grecs, comme de vrais masques, sous lesquels elles ont esté déguisées dans tout le temps de leur prostitution.

Les Auteurs de telle condition qu'ils puissent estre dans le monde, sont considerez comme autant de personnes libres dans la Republique des Lettres. Cette consideration doit les retenir dans la crainte de se deshonorer, & de tomber dans l'infamie. S'il s'en trouve qui veüillent bien se resoudre à prostituer leur honneur à l'imitation de ces filles de condition libre & honnête dont on vient de parler, je crois que la Police, (s'il y en a dans cette espece de Republique) auroit dû les obliger à changer de nom, quand ils n'y auroient pas esté portez par leur propre inclination.

Je crois qu'on peut réduire principalement à deux especes ceux de ce genre à qui le motif de la Honte a fait changer de nom pour se déguiser. Les premiers sont ceux qui voulant divertir les autres de ce qui les divertissoit eux-mêmes en écrivant, n'ont osé publier leurs bagatelles, leur fadaises & leurs badineries sous leur nom par l'apprehension de se deshonorer.

Les seconds sont ceux qui croyant que leur Prose galante ou leurs vers amoureux pourroient estre de quelque utilité dans le monde, ont eu honte de leur laisser porter leur nom, de peur d'estre reconnus pour leurs peres, & de nous laisser envisager ces productions comme les fruits de leur passion déreglée.

Les uns & les autres ont eu interest de ne point paroître à la teste de ces sortes d'Ouvrages, tels qu'ils estoient ailleurs. Il leur estoit important pour la conservation d'une reputation qui leur estoit necessaire dans leurs emplois de prévenir la pensée qu'on auroit euë qu'ils eussent rien fait qui fût indigne de la profession qu'ils exerçoient, ou du rang qu'ils tenoient dans le monde.

Il n'étoit pas de la gravité d'un Conseiller de Bretagne de paroître Auteur

2. Part.
Ch. 5.

des *Baliverneries* d'*Eutrapel*, ni d'un autre Ouvrage intitulé *les Ruses ou les Tromperies de Ragot Prince des Gueux*, quoique ces Ouvrages fussent les fruits de sa jeunesse. La honte qu'il eut de les avoüer le porta à les exposer sous le nom de Leon Adulfi, afin de reserver son nom de Noël du Fail pour son *Recüeil d'Arrests*, pour son *Histoire de Bretagne*, & pour d'autres Ouvrages capables de luy faire quelque honneur. On peut avoir la même opinion du prétendu Mathieu de Boutigny, qui a eu honte de faire paroître sous le nom de François Sagon *le Rabais du Caquet de Frippelippes*, &c : du sieur des Accords à l'égard des *Bigarrures* & des *Escraignes* de Tabourot : du Musicien du Roy de Norvegue, & du gendre du Roy Alcofribas pour les Faceties des deux Fumées freres d'un Prelat Pair de France, dont l'un estoit Chevalier de l'Ordre du Roy, & l'autre Maître des Requêtes de l'Hôtel.

Avant l'instit. de celuy du S. Esprit.

Je ne puis attribuer aussi qu'au Motif de la Honte les Maccaroniques du prétendu Merlin Coccaïe, parce que ces pieces ne paroissoient pas assez graves ni assez dignes de la Profession Monastique à leur Auteur Theophile Folengi

Moine de Saint Benoist; Les Berniesques de Buonchier, parce qu'il estoit question de ne point deshonorer l'habit du Pere Cherubin Bozzome; & même le combat des chats ou la Gatomachie de Thomé de Burgillos, parce qu'encore que l'Auteur ne passast dans l'esprit de tout le monde que pour un franc Comedien, il ne laissoit pas d'être un Religieux du Tiers-Ordre de S. François, un Prestre & un Docteur en Theologie connu sous le nom de Lopé de Vega.

Dans l'autre espece de Pseudonymes que le motif de la Honte a obligez de se cacher, on peut loüer au moins la discretion des Religieux, des Prestres, & des autres Ministres Ecclesiastiques, qui n'ont pas eu le front de se declarer Auteurs des galanteries, ou des obscenitez qu'on ne peut s'empêcher de blâmer dans de simples Laïcs, & qui font rougir les moins difficiles d'entre les honnestes gens du siecle.

Le Pere Jerôme de Savone auroit infailliblement deshonoré son Couvent, & scandalizé tous les Fideles de dehors, s'il avoit publié ses Poësies amoureuses sous son nom. La Honte l'a fait recourir à la prudence pour se déguiser sous le faux nom d'Olmerio de Micheli. Si la même Honte avoit pû le porter à les supprimer entierement, il auroit épargné à sa reputation ce qu'elle en souffre depuis sa découverte; ç'auroit encore esté toute autre chose pour son avantage si la même honte l'avoit efficacement empêché de les composer. Il faut dire la même chose de Gabriel Tellez Religieux de la Mercy & Docteur en Theologie, qui a fait paroistre ses Comedies sous le nom de Tyrso de Molina. Voila quelques exemples tirez des Religieux d'Espagne & d'Italie, où il faut avoüer que cette industrie est beaucoup plus à la mode qu'en France pour ces sortes de licences. Il n'est pas extraordinaire en France non plus qu'ailleurs de trouver de jeunes Ecrivains infatuez de l'amour du siecle, qui se laissent aller à des productions licentieuses. Mais lors qu'il leur est arrivé de renoncer au siecle pour embrasser la Profession Religieuse, ils ont commencé leur sacrifice par l'holocauste de leurs productions profanes & criminelles. Du moins ne m'a-t-il pas encore esté possible de trouver un exemple de Pseudonymes parmi les Religieux François que je pusse joindre à tant d'Italiens & d'Espagnols, qui ont pris le parti de se travestir en personnes seculieres pour voir paroître leurs écrits libertins ou licentieux, plûtost que de les supprimer ou de les pleurer sous l'habit Religieux.

Il semble que les Seculiers d'Espagne & d'Italie ayent voulu prendre le contrepied des Reguliers. Si la Honte a empêché ceux-cy de mettre leur nom à la teste de leurs Pieces profanes & deshonnestes; vous diriez que ce seroit par une Honte opposée, que ceux-là aprés avoir fait trophée d'Ouvrages de galanteries, d'obscenitez & d'impieté, publiez hautement sous leurs vrays noms, ayent fait difficulté de faire paroître leurs livres de pieté sous les mêmes noms. C'est ce qu'on a remarqué en la personne du Marquis d'Ossera, qui aprés s'estre amusé à composer des Pieces indignes de son nom, & les avoir neanmoins publiées sous son vray nom de Dom Jacinte de Villalpando, semble avoir esté honteux de paroistre Auteur d'une Vie de Sainte Elizabeth de Hongrie, qu'il fit imprimer sous le nom de Fabio Clement.

Pour joindre quelque Italien à cet Espagnol, je vous alleguerai l'exemple du fameux Aretin qui paroît avoir eu honte de mettre à la teste de ses Livres de pieté un nom aussi décrié qu'étoit le sien. C'est peut-estre la plus favorable des raisons qu'on pourroit apporter pour expliquer le changement de Pietro Aretino en celuy de Partenio Etiro, qui paroît Auteur d'une Paraphrase sur les Pseaumes de Penitence, & de quelques Vies des Saints.

Enfin il semble que l'on pourroit attribuer encore au motif de la Honte le peu de cas que les Princes font de paroistre Auteurs, quoy qu'ils estiment & qu'ils cultivent souvent les Sciences avec autant de soin que les Auteurs les plus laborieux & les plus avides de la gloire d'écrire. On a vû l'Empereur Adrien qui affectoit la reputation d'estre le plus sçavant homme de son Empire, méprifer celle qu'il pouvoit esperer de la peine qu'il avoit prise de composer des livres, & emprunter les noms de ses Affranchis ou de ses domestiques pour les mettre à la teste de ses propres Ouvrages, au lieu du sien. Et dans le commencement de nostre siecle les Allemans nous ont vanté l'un des plus sçavans de leurs Princes, comme le modele même de la science, mais d'une science qu'il n'avoit pas prétendu adopter, ny par consequent qualifier de son nom. Il auroit pû le faire avec justice pour la science du jeu des échets, & pour l'art des chiffres & des écritures secretes. Mais il semble qu'il n'y ait eu que la honte d'avoir écrit sur ces sujets qui l'ait porté à déguiser son nom d'Auguste de Lunebourg; quoy que, à dire vray, il ne paroisse rien de trop indigne des Princes dans l'art des chiffres qui sont d'un grand usage dans la politique & l'administration des Etats, & qu'il n'y ait rien aussi de trop bas dans la connoissance des échets, qui ont souvent fait la matiere du *passe-temps* des Grands.

Les exemples d'un grand nombre d'autres Princes sçavans qui n'ont pas eu cette délicatesse en écrivant, nous font assez connoître que tous n'ont pas crû se deshonorer en prenant la qualité d'Auteur. Que dirions-nous donc de ceux qui sans se donner la peine de prendre la plume, n'ont pas laissé de vouloir honorer les Ouvrages d'autruy de leur nom, afin d'en recevoir quelque honneur à leur tour? Cela n'est que trop suffisant pour faire voir que la Honte de paroître Auteur n'a jamais esté generale parmi les Princes. Et afin de nous persuader d'ailleurs qu'elle ne leur a jamais esté particuliere, nous n'avons qu'à jetter les yeux sur une infinité d'Ecrivaïns sans rang ou de condition privée, en qui cette Honte a passé au moins pour une veritable indifference, ou pour un mépris de la vaine réputation qui s'acquiert en écrivant. Mais pour mettre cette Honte, cette indifference & ce mépris dans une plus grande évidence, plusieurs ont mieux aimé ne point prendre de noms, que d'en prendre de faux à la teste de leurs Livres.

CHAPITRE VI.

5. Motif. *La Fantaisie de cacher la bassesse de sa naissance ou de sa condition: & celle de rehausser quelquefois sa qualité.*

IL ne faut pas douter que la Fantaisie qui porte les Ecrivains à quitter leur nom dans le dessein de cacher la bassesse de leur naissance ou de leur condition, plutôt que pour se cacher eux-mêmes, ne soit l'effet de quelque passion, comme les autres Motifs dont on vient de parler. Je vous permets de donner à cette nouvelle passion un nom tel que vous le jugerez à propos, si vous n'aimez mieux la réduire à quelqu'une de celles que les Philosophes appellent Passions mêlées. Pour n'en pas multiplier le nombre sans necessité, vous pourrez la prendre pour une simple émulation, ou pour une espece de Honte approchant de la qualité de celle dont il a esté question dans le chapitre precedent, ou enfin pour un mêlange d'émulation & de honte. Car on ne peut pas disconvenir qu'un homme qui cherche les moyens de cacher sa bassesse, n'ait quelque apprehension de tomber, ou plutôt de demeurer dans cette espece d'infamie qu'il s'imagine y estre attachée, & cette crainte n'est qu'un effet de la Honte. D'un autre côté un homme dans cette situation, sensible a la peine de n'avoir pas les avantages qu'il considere dans ceux qu'il void au-dessus de luy, ne desespere pas de les pouvoir acquerir en changeant de nom pour tâcher de s'élever ; & cette esperance jointe à sa peine ne peut qu'elle ne forme cette espece d'Emulation qui se trouve

2. Part.
Ch. 6.

accompagnée de la Honte.

Il seroit à souhaiter que les Auteurs ne se trouvassent point sujets à ce mélange de passions, qui ne peut estre à la bienséance de ceux qui par les lumieres & les connoissances qui les distinguent du commun des hommes, sont censez estre plus convaincus que les autres du peu de réalité qu'il y a dans l'inégalité des conditions.

Messieurs les Ecrivains sont les premiers à publier que la qualité d'Auteur les rend tous égaux & les annoblit tous par le ministere de la Renommée. Ils font profession de ne mettre aucune distinction entre un Esope, un Plaute, un Terence, un Cecilius Statius, un Epictete, un Ammonius d'une part, & un Cesar, un Adrien, un Marc Aurele & un Julien de l'autre; c'est à dire entre des Esclaves, des Manœuvres & des Crocheteurs, pourvû qu'ils ayent esté Auteurs, & les plus grands Princes de la terre qui ont eu le même sort.

Il n'est pas necessaire que les Auteurs & les gens de Lettres ayent raison d'avoir cette opinion de leurs semblables, pour leur faire sentir le tort qu'ils ont de se laisser aller au torrent ordinaire du caprice des hommes, qui se trouvent presque tous naturellement excitez à s'élever les uns au-dessus des autres, à cacher ce qu'ils trouvent de bas & d'humiliant en eux-mêmes, & à se rehausser au moins dans l'imagination des autres.

C'est une vanité triviale & populaire, que les gens de Lettres, pour se maintenir dans la reputation de leur état, devroient laisser à des Maltôtiers & à des Laquais nouvellement dépoüillez de livrées. C'est en faveur de ces sortes de gens, que la bonne Police tolere qu'il se fasse du changement dans les noms, pour leur faire cacher la bassesse de leur naissance, & pour effacer la memoire de leur premiere condition, lors qu'elle peut faire obstacle à leur élevation.

Les Auteurs qui font profession d'un schisme public avec le reste des hommes en ce point, n'ont rien à craindre de ce côté-là, tant qu'ils ne se feront considerer qu'en qualité de gens de Lettres. Mais ils ont beau se contraindre, il leur est toujours difficile d'accorder leur cœur avec leur esprit, & les mouvemens du premier démentent souvent les sentimens du second. S'ils affectent de paroître Philosophes dans leurs discours, c'est sans affectation qu'ils montrent presque toujours qu'ils sont hommes dans leurs desirs & dans leurs actions.

Ils prêcheront tant qu'on voudra les honneurs & les avantages de leur prétenduë Republique des Lettres : mais quand il est question de se contenter de ces honneurs & de ces avantages, c'est alors qu'ils sont tentez secretement de penser, comme le reste des hommes, que ces honneurs & ces avantages ne sont pas moins imaginaires que leur Republique, qui passe pour une vraye chimere dans l'esprit des gens du monde.

A dire le vray, on ne peut pas s'imaginer que ceux d'entre eux qui ont recherché les moyens de se tirer de la bassesse du rang où ils étoient selon le monde, fussent fort persuadez de la solidité des honneurs que leur donnoit la qualité d'Auteurs, ni de la réalité des avantages qu'ils pouvoient recevoir de la reputation qu'ils avoient d'estre gens de Lettres.

Mais d'un autre côté l'on reconnoîtra à leur confusion que la plufpart ont esté trompez dans l'esperance qu'ils avoient euë que le changement de leur nom seroit suffisant pour couvrir l'obscurité de leur naissance, ou pour leur attirer quelque consideration dans le monde.

Ces moyens ont esté assez inutiles à Pomponius Lætus, à Sabellicus & à d'autres Italiens de la fin du quinziéme siecle. Le changement de leur nom ne les a pas empêché de passer pour ce qu'ils estoient, & pour ce qu'ils ne vouloient point paroître du côté de leur naissance & de leur premiere condition. Quelque consideration qu'ils ayent tâché de se procurer dans le monde par cet expedient, il n'a pû les garantir de la misere dans laquelle ils sont morts, exposez la plûpart à la risée & au mépris de ceux qui avoient esté témoins des efforts inutiles qu'ils avoient faits pour se rehausser en changeant de nom.

On peut dire que la même fatalité est venuë chercher en France ceux qui ont voulu suivre ces Italiens dans de semblables fantaisies. Je n'en veux point d'autre exemple que celuy du fameux Guillaume Postel. Vous sçavez, Monsieur, qu'il étoit né de la lie du petit peuple en basse Normandie, & que rien n'étoit plus obscur que sa naissance, ni rien presque plus inconnu que ses parens. L'indigence & les miseres qui l'environnerent dans son enfance & dans sa jeunesse, ne luy donnerent pas la pensée de s'élever au dessus de sa condition. Mais la Fortune ayant enfin favorisé l'industrie & les travaux de ses études, il se laissa enfler le cœur par ces succés, & se voyant assez riche des pensions du Roy François I. & des appointemens de sa charge de Lecteur du Roy, il songea aux moyens de s'annoblir. Il voulut d'abord se prévaloir du nom de Postel, à cause de sa ressemblance avec celuy des Pôtels ou Postels Gentilshommes d'ancienne race en Normandie. Voyant peut-estre que la chose ne reüssissoit pas à son gré, soit qu'il n'eust pas le consentement de Messieurs Pôtels, soit que ses compatriotes ou ses amis se mocquassent de luy, il se fit appeller *Dolerie* du nom d'une Seigneurie qui appartenoit effectivement aux Pôtels, & qui étoit d'ailleurs le lieu de sa naissance, dépendant de la Paroisse de Barenton au Diocese d'Avranches. Il auroit mieux fait d'employer ses talens pour acquerir de la sagesse plutôt que de la noblesse. Mais sa vanité devoit estre punie

de

de la peine des insensez, & ce fut par une espece d'indulgence que la justice qui l'avoit encore convaincu d'autre chose, se contenta de le faire renfermer.

Il n'estoit rien de plus commun parmi les gens de Lettres des siecles passez, que de prendre le nom de leur pays; & sans la connoissance que nous avons du caractere dont le genie de Postel estoit marqué, nous n'aurions pas attribué à sa vanité ou au desir de cacher sa bassesse, la liberté qu'il a prise de se nommer du lieu de sa naissance. C'est ce qui fait que je suis fort éloigné d'approuver la précipitation, pour ne pas dire la temerité de quelques personnes de nostre temps, qui ont voulu rendre feu Monsieur de Roberval suspect de cette foiblesse d'esprit. Quelque chose qu'on ait voulu dire de la singularité de son humeur, & de l'opinion qu'il avoit d'autruy, je suis neanmoins persuadé qu'il n'estoit pas moins honnête homme qu'habile Mathematicien. Loin de vouloir jamais dissimuler la bassesse de sa naissance & la pauvreté de ses parens, l'on sçait qu'il en faisoit gloire au milieu de ses amis, qu'il racontoit avec une naïveté char-

G

mante par quel accident il eſtoit né dans les champs durant la moiſſon, & qu'il attribuoit l'inclination qu'il avoit euë pour la Geometrie & l'Aſtronomie à l'habitude qu'il avoit euë de regarder le ciel & de tracer la terre de ſon bâton, lors qu'il gardoit les beſtiaux en ſa jeuneſſe. Il s'appelloit Gilles Perſonne; & s'il a pris dans la ſuite le nom de Roberval qui eſt un petit village du Beauvaiſis au deça de l'Oiſe ſur les confins du Valois & du Soiſſonnois, il ne l'a fait que du conſentement du Seigneur du lieu qui s'eſt trouvé fort content & fort honoré de voir prendre ſon nom à une perſonne de ce merite.

Nous nenous intereſſerons pas tant à la juſtification de Nicolas Davy Auteur du ſiecle paſſé, qui avoit honte de paſſer pour Manſeau parmi les Picards. Auſſi a-t-il eſté blâmé avant nous par la Croix du Maine, de s'eſtre appellé *Dany* par le changement d'une ſeule lettre de ſon nom pour cacher ſon extraction qui eſtoit des plus baſſes & des plus obſcures.

Mais pour finir par où nous avons commencé, je veux dire par la conduite des Italiens qui paroiſſent avoir communiqué aux autres Sçavans de l'Europe cette pratique de cacher la bassesse de sa naissance; il semble qu'ils se soient étudiez à faire revivre une des coutumes de l'Antiquité Romaine en supprimant le nom de leur famille pour prendre celuy de quelque maison plus noble & plus ancienne. C'est au moins le pretexte que nous ont donné ceux d'entre eux qui ont esté obligez de se défendre du soupçon d'avoir changé de nom par vanité.

Les uns se sont mis en teste de feindre des chimeres d'adoption sur le modele des adoptions usitées parmi les Romains, & de persuader à la posterité qu'ils estoient veritablement entrez dans les familles illustres dont ils avo·ent pris les noms. Les autres ont pretendu se proposer l'exemple des jeunes Romains qui briguoient les Charges, & qui en qualité d'aspirans prenoient les noms des familles Patriciennes pour tâcher de se les rendre plus favorables, pour y trouver des protecteurs, & pour s'insinuer plus agreablement dans l'esprit du Peuple.

Il n'y avoit rien de plus illustre dans Imole ville de la Romandiole que la famille des Flaminiens au commence-

2 Part. Ch. 6.

Majorag. Orat. X. p. 244.

ment du siecle passé. Un petit Maître d'Ecole dans cette ville, nommé Jean Antonio, eut la fantaisie de vouloir se faire considerer encore par un autre endroit que celuy des Lettres, dont la connoissance luy avoit déja acquis quelque reputation. Il se procura de l'accés auprés de Flaminius chef de l'illustre famille dont il s'agit par le moyen de ses enfans qu'il instruisoit, & sous pretexte de luy faire honneur au moins comme les Affranchis de l'Antiquité, qui prenoient le nom de leurs Maîtres, il se fit appeller Flaminius. De sorte qu'ayant supprimé entierement le prénom de Jean, & luy ayant substitué celuy d'Antoine qui estoit le surnom qu'il avoit receu de son Pere, il ne voulut plus estre connu que sous le nom d'*Antonius Flaminius*, & se fit toujours passer depuis pour une personne de qualité de la famille des vrais Flaminiens. Vanité qui fut encore augmentée & fort bien soûtenuë par son fils qui estant passé de Boulogne à Rome, aprés avoir changé son second nom de Maria contre le prénom de Marcus, comme je vous l'ay fait remarquer ailleurs, s'est fait considerer dans cette grande ville sous le nom de *Marcus Antonius Fla-*

nius non seulement comme le rejetton, mais encore comme la gloire & l'ornement de cette illustre famille d'Imole.

Mais rien ne me paroît plus propre à faire regarder cette fantaisie des Sçavans dans tout son jour que l'exemple d'Alde Manuce l'ancien. Cet homme ne se rendoit pas moins recommandable par son erudition particuliere, & par ses livres, que par les services signalez que sa belle Imprimerie rendoit à la Republique des Lettres. La premiere demarche qu'il fit pour cacher la bassesse & l'obscurité de sa naissance fut de quitter le surnom de sa famille, qui par ce moyen nous est inconnu, pour prendre celuy du lieu de sa naissance. Il se fit donc appeller d'abord *Aldus de Bassano* qui est le nom d'une petite ville de la Seigneurie de Venise assez prés de Padouë. Ce lieu ne luy paroissant pas assez illustre dans la suite, il en quitta le nom lors qu'il se fut transporté à Rome, & voulant faire croire au Public qu'il estoit veritablement né dans cette derniere ville qu'il adoptoit pour sa Patrie, il se fit nommer simplement *Aldus Romanus*, & il ne signoit point ses lettres autrement, jusqu'à ce que la fantaisie luy vint de se faire de famille. Il n'en trouva point de plus facile à prendre ny de plus propre à le rehausser que celle des Manucci, dont il se donna le nom qu'il retint toujours depuis, en se qualifiant *Aldus Manutius Romanus*. Enfin s'estant insinué dans la connoissance, puis dans l'amitié d'Albert Pio Prince de Carpi, il voulut s'incorporer à sa famille, & dans cette vûë il prit la liberté de se nommer *Aldus Pius Manutius Romanus*, sans que le Prince ou aucun autre s'y opposât. Mais ses enfans & ses petits-fils se sont contentez du nom de Manuce, dont les vrays Manucci ne leur ont jamais fait un procés.

Il faut avoüer neanmoins que la pratique de se donner des noms illustres pour cacher l'obscurité de sa naissance ou la bassesse de sa condition, n'estoit pas universelle en Italie parmi les gens de Lettres. Nous connoissons des Sçavans qui avoient réüssi à supprimer leur nom & la connoissance de leur extraction, en se donnant d'autres noms sur lesquels aucune noblesse ni aucune famille illustre n'avoient rien à revendiquer, & où il ne se trouvoit pas même la moindre apparence de vanité. Nous en pouvons fournir un exemple en la personne de Barthelemy Ferrinus, Conseiller & Ministre de l'Etat de Ferrare au siecle passé. Il n'estoit rien de plus vil, rien de plus obscur que sa naissance, ni rien de plus miserable que sa premiere condition. Mais la beauté de son esprit & l'inclination qu'il témoigna pour l'étude, luy ayant fait trouver les moyens d'apprendre les belles Lettres & le Droit, il parvint à se faire connoître au Prince Hercule Ateste Duc de Ferrare qui le fit son Secretaire. Ce Prince le trouvant de plus en plus à son gré, & voulant en même temps le tirer de la pauvreté où il estoit sans estre obligé de luy ouvrir sa bourse, luy fit épouser la fille d'un Marchand de fer qui estoit tres-riche. De sorte que Barthelemy par reconnoissance envers son beaupere, porta toujours depuis le surnom de Ferrinus aprés la suppression entiere du sien, pour marquer plus particulierement que c'estoit la marchandise du fer qui l'avoit enrichi par sa femme, comme c'étoit la bonté du Prince qui l'avoit annobli par ses Charges. Ainsi le nom de Ferrini effaça en peu de temps par son éclat celuy des plus illustres familles de Ferrare.

2. Part. Ch. 6.

Major. ib d. p. 270. 271.

CHAPITRE VII.

6. Motif. *Le desir d'oster l'idée que pourroit donner un Nom qui ne seroit pas d'une signification heureuse, ou qui n'auroit pas un son assez agreable à l'oreille.*

IL ne nous est pas difficile de sentir que le Motif qui a pû porter les Auteurs à vouloir effacer de l'esprit des autres l'idée ou les impressions que leur auroit pû donner un Nom qui n'auroit pas esté d'une signification assez heureuse, ou qui n'auroit pas formé un son assez agreable à l'oreille, est une veritable passion aussi bien que les Motifs dont nous avons déja parlé.

Sans examiner si cette passion est un desir meslé de Honte & d'Orgueil, je me contente de la considerer comme une simple foiblesse qui s'est beaucoup accruë par la suite des temps, & qui s'est fait remarquer parmi les Modernes beaucoup plus sensiblement que chez les Anciens.

On ne peut pas disconvenir que ce ne soit l'un des points qui nous font préferer les Anciens aux Modernes, en ce que ceux-cy n'ont pas témoigné autant de force d'esprit que ceux-là contre les impressions que les noms peuvent faire lors qu'ils frapent l'imagination par ce qui se rencontre d'extraordinaire ou de choquant dans leur sens ou dans leur prononciation.

Il est certain qu'il n'y a rien de plus bizarre, ni peut-estre rien de moins raisonnable que les conséquences que de certains Ridicules de ces derniers siecles ont entrepris de tirer des noms des Auteurs à leur préjudice ou à leur avantage. On doit trouver un peu étrange que les gens de Lettres qui se croyent presque tous plus éclairez que le reste des hommes semblent avoir esté moins persuadez que les autres de la bassesse & de la puerilité de ceux qui s'arrestent à ces badineries. Et il est assez surprenant que malgré la connoissance qu'ils ont euë, ou qu'ils ont fait paroistre de l'usage & du goust des Anciens sur ce point, ils se soient rendus quelquefois plus sensibles que les autres à cette fausse délicatesse, jusqu'à vouloir changer leurs noms, & renoncer, pour ainsi dire, à leur famille, sous pretexte de vouloir oster ou détourner la bassesse ou la dureté de l'idée qu'on au-

G v

roit pû former de ces noms.

Je ne doute pas que les Adorateurs ou les Partisans de l'Antiquité ne veuillent attribuer l'avantage que les Anciens semblent avoir en ce point sur les Modernes à la simplicité & à l'innocence de leurs temps, ausquels il faut avoüer que l'ingenuité paroissoit plus grande que dans les siecles posterieurs.

On peut dire qu'il y avoit encore alors moins de malice que de naïveté dans l'imposition de certains noms qui servoient à marquer, je ne dis pas seulement les defauts du corps, mais encore ceux de l'esprit, & les vices de la volonté. Nous ne voyons pas que ceux à qui on faisoit porter ces noms à Rome en ayent jamais conceu beaucoup de chagrin, & qu'ils ayent témoigné la moindre inquietude pour se défaire de ces noms, ou pour les changer en une langue inconnuë au commun du peuple.

Les Modernes au contraire, soit qu'ils ayent crû la malice de leurs temps montée trop haut pour pouvoir s'élever au dessus, soit qu'ils ayent voulu faire plus de cas de la medisance & de la raillerie que n'en faisoient les Anciens, semblent n'avoir rien oublié de ce qui pouvoit dépendre d'eux, pour oster à la malice ou à la raillerie toute occasion de se joüer de leurs noms.

2. Part. Ch 7.

La remarque en pourra recevoir plus d'évidence par l'opposition qu'il est aisé de faire des uns aux autres.

Parmi les anciens Romains le nom de *Lurco* n'estoit pas capable de faire honneur à aucun de ceux qui le portoient. Il ne marquoit autre chose qu'un vice, mais, qui pis est, un vice qui ne pouvoit estre de la nature de ceux dont les gens du siecle ont coutume de tirer vanité. Rien n'estoit plus propre pour attirer le mépris & l'infamie sur ceux qu'ils appelloient de ce nom : cependant nous ne voyons pas un de ceux de la famille des Aufidiens à qui il servoit de surnom, qui ait jamais tenté de le supprimer ou de le changer contre un autre.

Lurco Gourmand.

Parmi les Modernes nous voyons au contraire qu'un de nos Auteurs qui ne s'appelloit ni *Gourmand*, ni *Glouton*, mais seulement *Disne-mandi*, c'est-àdire en Limousin, qui disne du matin, n'a pû vaincre l'imagination qu'il avoit du deshonneur qu'il croyoit recevoir de ce surnom. Il voulut le changer en celuy de *Dorat*, & en Latin *Auratus*,

G vj

à cause de l'un de ses Ancêtres qui fut appellé Dorat ou Doré, parce qu'il avoit les cheveux blonds. Mais ce qu'il y a de remarquable dans l'exemple que je vous represente, c'est que ce même Dorat qui paroissoit honteux & dégoûté du nom de *Disnemandi*, ne fit point difficulté de donner sa fille Madelaine Dorat à un autre Sçavant du nom de *Goulu*, qui marque encore quelque chose de moins honnête que celuy de *Disnemandi*, & qui ne vaut gueres mieux que le *Lurco* des Latins. Aprés ce qu'il avoit fait pour son nom, il y a lieu de s'étonner qu'il n'eust point fait inferer dans le Contract de mariage pour sa fille qu'on changeroit le nom de Goulu, & qu'il ait bien voulu que non seulement son gendre, mais encore ses petit-fils ayent conservé ce nom, & l'ayent rendu même immortel dans la posterité, sans avoir pris d'autre liberté que celle de le tourner assez mal en Latin par le mot de *Gulonius*.

Nous pouvons dire la même chose du nom de *Gurges*, & même de celuy de *Nepos* chez les mêmes Romains. Quintus Fabius fils de Rullianus porta celuy de *Gurges* jusqu'à la mort, & l'on peut ajoûter qu'il le portera tant qu'on parlera de luy dans le monde.

Il s'en faut beaucoup que le nom d'*Ouate blé* soit aussi odieux parmi nous que celuy de *Gurges*, ou celuy de *Nepos*, qui laissent dans nostre esprit l'idée de la friponnerie & de la prodigalité la plus vicieuse, & qui semblent ne marquer autre chose qu'un homme qui a mangé ou dissipé son bien dans les débauches. Cependant un de nos Modernes, & de ceux même qui ont remporté le plus de reputation pour la probité & pour la doctrine, nommé François *Ouate-blé* s'est rendu plus sensible au sens de ce nom qu'aucun des anciens Romains ne l'avoit paru pour celuy de *Gurges*, ou celuy de *Nepos*. S'il avoit suivi l'exemple des Sçavans de son siecle qui pour oster au vulgaire la connoissance de la signification de leurs noms, avoient coutume de les tourner en Latin, il se feroit nommé peut-estre *Vasta-bladus*, ou de quelque autre maniere capable d'exprimer le nom de *Gaste-bled*, ou bien *Ouatebled*, selon les Picards qui disent *ouater* de *vastare* pour *gaster*, comme *Ouespe* de *Vespa* pour *Guespe*. Mais il a jugé à propos d'en détruire tout le sens & toute l'idée en se nommant *Vatablus*, qui ne veut rien dire en aucune Langue, & qui n'a rien qui puisse paroître imité ou figuré sur la Grecque, comme seroit *Vatabulus*, ou sur la Latine comme pourroit estre *Vastabilis*.

Les anciens portoient sans scrupule les noms des Animaux, & de ceux-même qui n'estoient ni de bon augure ny d'heureux symbole. Nous ne voyons pas qu'un *Minutius Pica* parmi les Romains ait jamais eu honte de son surnom. Chez nous un Auteur du siecle passé, nommé *Pierre Piau* honteux du sien voulut le supprimer, ou du moins faire perdre l'idée de sa signification en le tournant par le mot Latin de *Pius*. C'est ce qui a donné lieu à la bevuë d'un Ecrivain François qui l'appelle en le citant, *P. le Debonnaire*, pensant traduire le mot de *Pius*; erreur où il ne seroit pas tombé si ce *Piau* s'estoit appellé *Piculus*, qui est le diminutif de Picus. Il estoit plus court & plus naturel de conserver son surnom en sa Langue, comme a fait un autre de nos Auteurs, nommé François de la Pie, qui a esté sage de ne déguiser son surnom ni en Latin ni en François.

Voulez-vous que nous raprochions le

Pomponius Vitulus & le *Mamilius Vitulus* de l'Antiquité Romaine auprés de *Theophile Viaud* de noſtre ſiecle? Les premiers qui ont toujours conſervé leur ſurnom, ne ſerviront dans ce parallele d'oppoſition qu'à faire voir la mauvaiſe délicateſſe du ſecond. Theophile ne portoit pas le ſurnom de *Veau*, & il n'avoit rien à craindre de l'idée que pouvoit donner la ſignification de celuy de *Viaud*, qui eſtoit déja devenuë obſcure & preſque inconnuë. Neanmoins la proximité de l'un à l'autre luy faiſant apprehender d'eſtre ſouvent traduit en ridicule par des gens auſſi peu ſerieux que luy, & de ſe voir expoſé à la raillerie & aux brocards des rieurs de ſa ſorte, il ſe porta à le ſupprimer entierement, ſans en ajoûter d'autre à ſon nom de baptême. Vous voyez que le Poëte Theophile eſtoit fort éloigné du goût des Anciens, puiſque la ſeule ombre ou la proximité d'un nom qui ne luy plaiſoit pas, eſtoit capable de luy faire peur. Mais ce goût pour la ſimplicité & pour l'indifference n'étoit pas encore perdu parmi nous au quatorziéme ſiecle, puiſque nous avons au nombre de nos Poëtes de ce temps-là un homme de qualité nommé Guillau-

2. Part. Ch. 7.

me *Veau*, qui n'a point jugé à propos de supprimer ou de changer son surnom.

On a porté à Rome sans deshonneur les surnoms divers de *Verres*, de *Scrofa*, de *Porcius*, de *Suillius*, sans que la crainte des insultes ait fait songer ceux qui les portoient à les changer ou à les supprimer. Aujourd'huy s'il y a un honnête homme qui ait reçu un nom d'une semblable signification parmi ses parens, il se trouve obligé ou de le quitter, ou de joindre l'article si prés du nom, qu'il ne paroisse faire qu'un seul mot, pour tâcher de détourner l'idée qu'on y attache, quand ces noms servent à marquer autre chose, & pour ôter tout sujet d'y faire de sottes allusions.

Dans les dix & onziéme siecles il y avoit à Rome une famille considerable qui portoit le nom de *Bocca-porci*, c'est à dire, Groïn de porc, sans que personne s'avisât de representer l'importance qu'il y auroit eu de le changer. Le monde se soûtenoit encore alors dans une ombre de la simplicité ancienne, & il semble que les noms de la signification la moins heureuse estoient encore en sûreté contre la médisance ou la risée. J'avouë que le Pape Serge IV. que Possevin met au nombre des Auteurs,

& qui a esté sans doute le principal ornement de cette famille, quitta le surnom de *Bocca-porci* lors qu'il fut élevé au Pontificat. Mais il faut ignorer la pratique qui s'étoit introduite à Rome depuis quelque temps touchant le changement des noms lors qu'on devenoit Pape, pour s'imaginer que ç'ait esté le simple desir d'ôter l'idée du sens de ce surnom, qui auroit esté cause de sa suppression. Il suffit pour détruire cette imagination de faire remarquer qu'il quitta en même temps son nom de Pierre, qui ne luy pouvoit estre qu'honorable d'ailleurs, pour prendre celuy de Sergius.

P. Decius Mus ne remplit pas un des moindres endroits de l'histoire Romaine, & le surnom de *Mus* n'a jamais fait de tache au nom de sa famille. Ceux qui ont esté nommez *le Rat* parmi nous, n'ont peut-être pas jugé si favorablement de ce nom. Les uns par la jonction de l'article se sont fait appeller *Lerat*, & les autres par l'addition d'une lettre *Lesrat*. Mais au sujet de ces derniers je ne prétens pas m'opposer à l'autorité de ceux qui rejettent le témoignage d'un Auteur de nostre temps, qui soutient que Messieurs de

2. Part.
Ch. 7.

Lesrat celebres Magistrats dans Angers & dans Rennes au siecle passé & en celui-cy, ont eu recours à cet artifice, pour changer & déguiser leur surnom.

Annios. &c.

Les noms de *Capra* & d'*Hircus* n'ont point esté rejettez des anciens Romains, & ils ont esté employez pour la distinction des branches de quelques familles qui sont encore aujourd'huy fort connuës dans l'histoire. Parmi nos Modernes il semble que les Gens de Lettres sur tous les autres ayent fait difficulté de porter en langue vulgaire des noms de même nature. Nous voyons un Jerôme le Bouc, qui a déguisé en Grec un surnom qui ne luy plaisoit pas en sa langue maternelle, & qui s'est fait appeller *Hieron. Tragus*.

Bock en Allem.

Nous avons eu aussi quelques Chevreaux & quelques Chevreüils, qui ont employé le nom de *Capreolus* pour changer leurs surnoms en une langue que le vulgaire n'entend pas. Mais nous avons d'ailleurs d'autres exemples d'Aureurs de même nom, qui n'ont pas eu la même foiblesse, quoy qu'ils ayent écrit en Latin, & nous pouvons nous contenter d'alleguer celuy de Simon le Bouc, Conseiller à Valenciennes, pour tous les autres.

Parmi les Romains nous voyons des personnes arrivées aux premieres Charges de la Republique ou de l'Empire sous les noms de *Taurus*, de *Caballus*, d'*Asinus*, & d'*Asina* même, nonobstant la difference du sexe, sans qu'il ait paru que ces personnes fussent deshonorées par ces sortes de noms. Dans ces derniers temps on a remarqué parmi nous des familles du nom de *Poullain & de Cheval*. Les Sçavans qui se sont trouvez de la premiere, n'ont pas goûté le surnom qu'ils avoient reçu de leurs peres. Les uns ont changé le nom de *Poullain* en *Paulin*. Lat. *Paullinus*, qui estoit fort connu & fort honorable dans l'Empire & dans l'Eglise. Les autres ont travesti *Poullain* en *Pavillon* par l'artifice de l'anagramme. Mais pour la famille du nom de *Cheval*, au lieu de recourir à l'industrie de quelques Sçavans qui auroient pû tourner ce nom en quelque langue étrangere, ou le déguiser de quelque autre maniere que ce fust, elle s'est addressée aux Puissances, & elle a obtenu des Lettres du Prince, portant pouvoir de le changer, ou de le supprimer entierement, pour en prendre un autre. Ce qu'elle a fait avec succés.

2 Part.
Ch. 7.

Corn.
Scipio.
Asina

Les Anciens portoient avec plaisir le nom de *Brutus*, qui est l'expression même de la folie ; celuy de *Bellutus*, qui marque la ressemblance de la beste, & même celuy de *Bestia*, qui estoit affecté à l'une des familles de la Maison des Calpurniens : au lieu que s'il se trouve parmi nous un nommé *la Beste* ou *la Bete*, il devient honteux de son nom dés que la science le rend un peu curieux de gloire. Nous en connoissons parmi nos Auteurs, qui non contens de vouloir détourner la signification de ce mot en se donnant le nom Latin de *Labitus*, ont pris aussi la liberté de se nommer en François *de la Bite*, croyant que le changement d'une seule lettre seroit capable d'ôter l'idée que nous avons du nom de la Bête. C'est par un semblable artifice que quantité d'honnêtes gens de nostre pays en ces derniers temps sont venus à bout de se faire appeller *Pallard*, *Cotu*, *Bodin*, *Collin*, *Poussc-motte*, &c. sans avoir fait autre chose que retrancher, ou ajoûter, ou seulement changer une simple lettre.

Les Anciens avoient quelquefois des noms pris des professions & des métiers les plus bas & les plus vils. Celuy de *Bubulcus* estoit attaché à la famille des Juniens, celuy de *Fullo* estoit pour les Apustiens. On ne parloit point dans ces familles de les changer ou de les supprimer. Le nom de *Tourne-bœuf* n'a rien, ce me semble, qui soit plus humiliant que celuy de *Bubulcus* : neanmoins un Sçavant du siecle passé a jugé à propos de le supprimer, en se faisant appeller *Turnebus*, & en François *Turnebe*, jusqu'à ce qu'ayant découvert une noble & assez ancienne famille de Normandie du nom de *Tournebû*, il s'est enfin donné ce nom pour le commerce de nostre langue, & l'a fait passer à ses enfans & à sa posterité. Nous avions eu avant luy, & même parmi les gens de Lettres, des *Le Bouvier* & des *Le Vacher*, qui n'avoient point paru si difficiles.

Nous pouvons continuer la même reflexion à l'avantage de quelques Sçavans du nom de *Porquier* & de *Porcher*, qui n'ont pas cru devoir changer, puisque leur conduite semble blâmer la fausse délicatesse d'un moderne, qui a prétendu détourner l'idée de ce nom en le tournant d'une maniere étrangere, & en s'appellant *Choerobosque*.

A l'égard du nom de *Foullon*, qui

n'a rien de trop avilissant, nous connoissons un Auteur contemporain de Turnebe, qui a mieux aimé s'appeller *Gnapheus* à la Grecque, que de prendre des Latins le nom de *Fullo*, parce que ce dernier ne paroissoit pas assez étranger pour faire perdre l'idée du sens de ce nom au vulgaire. Nous pouvons dire la même chose de ceux d'*Hamaxurgus*, de *Lithodomus*, d'*Artopæus*, & autres noms de métier que les Auteurs ont emprunté des Grecs.

Celuy de *Bourreau* sert à marquer des personnes d'une profession plus odieuse à la verité, & il ne s'est pas rencontré d'homme de bon sens qui ait dû trouver mauvais qu'une famille honnête & consideree dans la Touraine ait pris le parti de le changer en celuy de *Boireau*, qui a esté porté depuis par quelques Auteurs. Il ne se peut rien alleguer de plus propre pour la justification de ce changement, que l'approbation des Puissances legitimes & l'autorité des Lettres patentes du Prince que ceux de cette famille ont obtenuës pour cela. Cependant celuy de *Latro*, qui paroît incomparablement plus diffamant que celuy de *Bourreau* n'a point esté changé par ceux des Anciens qui l'ont porté; & qui plus est, nous connoissons un Moderne qui n'a point esté honteux de se faire appeller dans le monde & dans ses livres *Hector Capycius Latro*.

Les Anciens ne faisoient aucune difficulté de porter des noms qui marquoient les defauts du corps. Rien n'est plus commun parmi eux que les surnoms de *Capito*, *Cilo*, *Tuditanus*; de *Calvus*, de *Fronto*; de *Naso*, *Silus*, *Simus*; de *Strabo*, *Luscus*, *Cocles*, *Patus*; de *Labeo*, *Chilo*, *Balbus*, *Dentatus*; de *Blæsus*, *Varus*, *Valgus*, de *Verrucosus*, &c. Parmi les Modernes un sçavant s'appelle-t-il *Le Borgne*, *Gaucher*, *Têtu*, *Grosse-teste*, &c? aussi-tôt vous le voyez transformé en *Strabo*, en *Scævola*, en *Cephalus*, en *Capito*, &c. autant par honte pour un nom de famille que par amour pour l'Antiquité. Ne croyons pourtant pas que tous nos Modernes se soient laissez aller à un semblable caprice. Nous en avons connu de nostre temps, à qui le bon goût & la droite raison ont fait retenir les surnoms de *le Bossu*, de *le Camus*, de *Fronteau*, de *Testu*, &c. qu'ils avoient de leurs peres, quoi qu'ils sçussent assez de Grec & de Latin pour y trouver des noms équivalens aux leurs.

2. Part. Ch. 7. Æmilius Juncus.

Enfin un Conful Romain, fans fe foucier de fçavoir fi le jonc tient le dernier rang parmi les herbes & les plantes, n'a point porté d'autre furnom que celuy de *Juncus*, pour diftinguer fa famille d'avec les autres familles de la Maifon des Emiliens. Dans ces derniers temps un grave Miniftre, un Theologien Reformé, nonobftant les maximes d'humilité & de détachement qu'il devoit avoir trouvées dans fa Religion, femble avoir eu honte de porter le nom

Du Jon.

de Du Jonc, qu'il avoit reçu de fon pere avec les premieres teintures de la Foy Catholique. Lors qu'il fe défit de ces impreffions, il voulut auffi changer de nom, & fe garda bien de s'appeller *Juncius*, de crainte de fe faire reconnoître par ceux qui auroient fçu un peu de Latin; mais il fe donna celuy de *Junius*, qu'il fçavoit eftre celuy d'une ancienne famille Romaine. Il n'avoit pourtant pas entierement oublié fon nom, lors qu'il publia fon prétendu Curopalate, dont il ne fçavoit pas même le nom,

Georg. Codin.

fous le mafque d'*Agmonius*, qui ne veut dire autre chofe que du jonc en langue Hebraïque.

On ne doit pas au refte attribuer à aucune défenfe qu'il y eût à Rome de changer

changer de nom cette attache scrupuleuse que les anciens Romains témoignoient pour conserver leurs noms de famille, tels qu'ils fussent. Il estoit libre à chaque particulier d'en user comme il luy plaisoit. Mais ils ne croyoient pas que l'usage de cette liberté pût se trouver sans ingratitude envers leurs peres, ou du moins sans quelque indifference vicieuse pour le nom & la gloire de leur famille. C'est ce qui paroît principalement par la fermeté que témoigna Ciceron pour retenir son nom, lors qu'il fut sollicité de le changer. Plutarque témoigne que ce fut dans le temps de son élevation aux Charges de la Republique, que ses amis luy firent instance sur ce point, ne jugeant pas que son nom, qui ne marquoit qu'une espece de legume, fût capable de répondre aux honneurs qu'il avoit à soûtenir. Il ajoûte que Ciceron leur répondit d'une maniere fort éloignée de leur pensée, & que par un mouvement de présomption, qui convenoit assez à un jeune ambitieux de sa sorte, il leur promit de rendre ce nom de Ciceron, qui leur paroissoit si bas & si obscur, plus relevé & plus éclatant que *celuy des Scaures, des Catules*, &c.

H

> 2. Part.
> Ch. 7.

Il y avoit sans doute plus de modestie dans la conduite d'un de nos Auteurs du siecle passé, qui s'étoit rendu d'ailleurs assez conforme à l'esprit des Anciens, tant pour le bon goût des choses, que pour la probité des mœurs. Cet Auteur estoit le celebre Denys Boutillier, grand destructeur des chimeres & des erreurs populaires, & l'un des principaux ornemens des Cours souveraines. Il s'étoit trouvé engagé d'écrire sur le privilege prétendu de la Fierte de S. Romain contre le Chapitre de Roüen. Mais le défenseur du Chapitre ayant eu l'indiscretion de le joüer, ou de luy insulter sur son nom de Boutillier, il se contenta de répondre à cet Adversaire

> Loisel.
> Dial. des
> Avoc.
> pag. 593.

,, en ces termes: Si mon nom luy dé-
,, plaît, dit-il, je n'ay pas déliberé de
,, le changer à sa fantaisie, l'ayant reçu
,, de mes Predecesseurs, ausquels je ne
,, voudrois pas faire cette injure. Je di-
,, rai seulement qu'il a esté celebré en
,, ce Royaume par plusieurs grands Per-
,, sonnages qui l'ont porté depuis plus
,, de deux siecles.

CHAPITRE VIII.

7. *Motif. Le dessein de sonder les esprits sur quelque chose qui pourroit paroître nouveau, ou dont le succés seroit incertain.*

CEux qui connoissent le caractere de la Défiance, peuvent entrer tout d'un coup dans la pensée que j'ay euë en désignant ce septiéme Motif de supprimer ou de déguiser son nom par le dessein de sonder les esprits sur ce qui pourroit paroître nouveau dans un Écrit qu'on rend public, ou qui pourroit estre suivi d'un succés douteux. On peut dire que c'est une Défiance dont les regards sont doubles. Elle ne se contente pas de s'arrêter sur la capacité & les forces d'un Auteur, elle regarde encore les dispositions fâcheuses ou favorables d'un Lecteur.

Un Auteur qui se défie de ses propres forces, sans songer aux dispositions d'un Lecteur, n'a de la hardiesse que jusqu'à un certain degré. Il faut qu'il en ait pour se resoudre au milieu de ses apprehensions, à exposer son Ouvrage au jugement public, mais il n'en a point assez pour vouloir courir en personne le même hazard que celuy qu'il fait tenter à son livre. Celuy qui ne se défie que de la disposition des Lecteurs, n'a point lieu d'un autre côté d'esperer grand secours de sa présomption. Toute la connoissance qu'il peut avoir de sa propre suffisance n'est point capable de luy tenir lieu de caution en cette rencontre.

C'est pourquoy de quelque côté que se tourne cette defiance, elle peut être considerée comme un trait de sagesse, lors qu'elle porte un Auteur à se mettre dans la précaution de retirer de son livre son nom & les autres marques qui pourroient servir à caracteriser sa personne.

Il y a deux manieres de se dérober au Public dans le motif de sonder les esprits des autres, & de laisser aller ses écrits au jour sans s'y exposer soy-même. La premiere, est celle de considerer son propre Ouvrage comme celuy d'un étranger qui nous seroit inconnu, de se mesler sous le masque dans la foule des censeurs pour contrefaire l'indifferent, & de se mettre en devoir de se juger soy-même avec une liberté qui ne soit point gesnée ni suspecte d'affectation.

 L'autre est celle de ne se point montrer sous quelque apparence que ce soit mais de se tenir caché, pour ainsi dire, derriere son Ouvrage, afin d'estre toujours en état d'écouter les jugemens differens que l'on en pourroit porter.

 On peut dire que c'est selon la premiere de ces maximes que Saint Gregoire de Nazianze se mit autrefois au nombre des Auteurs inconnus. Aprés avoir composé son Livre de la Foy, il témoigna estre en peine de sçavoir les jugemens qu'on en devoit faire. Mais il s'imagina qu'il s'en feroit peu de sinceres, sur tout parmi les ennemis de la Foy qu'il combattoit, & parmi ses amis particuliers, à qui ses interests pourroient estre plus sensibles que ceux de l'Eglise & du Public, s'il laissoit son nom à la teste de son Ouvrage. Afin de laisser une liberté entiere aux uns & aux autres, & de ne donner aucun lieu à leurs préventions, il jugea à propos de se dépoüiller d'abord de la proprieté de son Livre, & de l'envoyer à un de ses amis, à qui seul il devoit confier le secret de cette affaire, pour le publier sans faire connoistre le

2. Part. Ch. 8.

Præf. ad lib. de Fid.

nom de l'Auteur. Il le chargea en particulier de le faire lire à des personnes éclairées & prudentes, parce qu'estimant le jugement de ces personnes infiniment plus que celuy des autres, il estoit d'autant plus important de leur dérober la connoissance de l'Auteur que le jugement qu'il en attendoit devoit estre plus libre & plus desinteressé. Vous comprenez aisément que cet expedient ne pouvoit manquer de réüssir à S. Gregoire, & qu'il luy donna les moyens d'affecter autant d'indifference & d'éloignement qu'il voulut pour recueillir les jugemens qu'il pouvoit souhaiter.

La seconde maniere de sonder les esprits sans se faire connoistre, ne peut estre mieux representée que par l'exemple du celebre Apellés, qui ne voulut point d'autre masque ni d'autre voile pour se couvrir que son Ouvrage même, & qui se cacha derriere son tableau pour entendre de prés les sentimens divers de ceux qui viendroient l'examiner sans estre obligé de paroistre.

Cet exemple plut si fort au P. Scheiner Jesuite & Mathematicien d'Allemagne, qu'il en voulut faire le titre d'un Livre qu'il publia à Ausbourg l'an

1612. sous le nom d'*Apelles post tabulam*. Son dessein estoit d'exposer au jour une découverte qu'il avoit nouvellement faite des taches du soleil, & de quelques astres nouveaux, ou plûtôt de petites Lunes à Ingolstad l'an 1611. Comme il doutoit du succés de la chose, ou du moins de la maniere dont elle pourroit estre receuë, à cause que la nouveauté semble avoir toujours quelque chose de choquant & d'odieux, il eut la précaution de se cacher pour sonder les esprits avec plus de seureté, & recueillir les jugemens qu'on en feroit en toute liberté. Il ne voulut point imiter Apelles à demi: ayant entendu les jugemens que plusieurs Ignorans & quelques Sçavans porterent de son Ouvrage, il ne daigna point se remuer pour les premiers, mais il voulut bien se découvrir pour satisfaire les derniers, & sur tout pour répondre à Galilée avec lequel il fallut disputer de l'honneur de l'invention touchant les taches du soleil & les Satelites de Jupiter.

Au reste, on ne peut nier que le motif de se cacher pour sonder la pensée de ceux dont on recherche les sentimens, ne soit l'un des plus honnestes

& des plus loüables de ceux qui peuvent mouvoir un Auteur Anonyme ou Pseudonyme. L'experience a dû nous persuader qu'il n'est quelquefois rien de plus préjudiciable à un livre que le nom de son Auteur, ou ce qui peut servir à le faire reconnoistre.

L'on sçait qu'il n'y a gueres de préjugé qui soit plus fort sur nostre esprit que celuy qui nous est venu de la bonne ou de la mauvaise reputation d'un Auteur quand il s'agit de lire son Ouvrage. On a beau nous prêcher le dégagement, la liberté, l'indifference. On a beau blâmer l'acceptation des personnes, & la soumission aveugle à l'autorité. Le préjugé que nous avons par la connoissance de l'Auteur, qui nous est venuë d'ailleurs, fait un contrepoids à toutes ces considerations, & il nous entraîne ordinairement contre tous les efforts de nostre propre raison. Il semble donc qu'il n'y ait pas de moyen plus propre pour remedier à cet inconvenient, que de dérober au Lecteur la connoissance de la personne dont il doit voir l'Ouvrage, afin qu'il ne songe qu'à la verité ou à la solidité des choses qui y sont traittées. Ainsi l'on n'aura jamais lieu de trouver à redire à la judicieuse précaution des Auteurs qui suppriment ou déguisent leur nom à la teste de leurs Ouvrages lors qu'ils jugent que sa connoissance est capable de nuire à la liberté des jugemens qu'on doit faire de leurs Ouvrages.

CHAPITRE IX.

8. Motif. *La Modestie dans ceux qui ne cherchent pas à paroistre par leurs Livres, qui se soucient peu de la gloire imaginaire qu'on peut acquerir par la plume, & qui negligent de recueillir les fruits passagers de leurs travaux.*

Les mouvemens que la veritable Modestie a coutume de produire dans l'esprit des Auteurs, ne manquent gueres de les porter au mépris des flateries & de l'encens qui est recherché avec tant d'empressement & d'avidité par les idolâtres de la reputation. S'il n'y avoit eu d'Ecrivains modestes que ceux qui ont supprimé ou changé leurs noms en publiant leurs Ouvrages, nous serions obligez de reconnoître que la Modestie seroit l'une des qualitez les plus rares de celles qui peuvent se rencontrer dans les Ecrivains. Il faut pour l'honneur de la profession des Auteurs reconnoître que la déclaration ingenuë de son nom à la teste d'un livre n'est pas toujours un obstacle à cette belle vertu. On peut dire même qu'il se trouve quelquefois plus de veritable Modestie dans un Auteur qui n'auroit point la présomption de croire que la gloire viendroit le chercher au seul bruit de son nom, que dans celuy qui feroit semblant d'apprehender un pareil inconvenient s'il déclaroit son nom.

Il y a pourtant cette difference entre deux Auteurs dont l'un exprime & l'autre supprime son nom ; que le premier ne peut échaper à la gloire qu'il pré endroit fuïr, parce qu'elle s'attache à son nom ; au lieu que l'autre trouve toujours moyen de se sauver à la faveur de son obscurité, & qu'il peut faire tomber cette gloire à terre, ou du moins la détourner de luy tant qu'il demeure inconnu, & qu'il ne luy donne point de prise.

Mais pour ne vous entretenir que de ceux de la derniere espece, il faut vous faire remarquer que cette Modestie qui les porte à se cacher par la suppression ou le déguisement de leur nom peut estre considerée de deux manieres selon la diversité des vûës ou de la fin que les particuliers ont coutume de se proposer dans ce Motif. On peut la considerer comme une vertu Chrétienne, ou simplement comme une vertu Morale & purement humaine. J'appelle Modestie humaine & morale cette vertu que nous considerons comme une espece de moderation pour les sentimens de l'esprit, comme il y a une autre moderation qui regarde la direction des sens du corps, & comme une qualité qui tient une espece de milieu entre l'Ambition & la mauvaise Honte que les Grecs appelloient *Dysopie*.

La Modestie Chrétienne est une vertu qu'il est assez difficile de separer d'une autre vertu que nous qualifions du nom d'*Humilité*. L'on peut dire qu'elle a les mêmes extremitez à fuïr qui sont l'orgueil & la bassesse ; elle a la même affectation à craindre, & la même profanation à éviter. Elle doit estre ménagée à peu prés de la même maniere, & dispensée avec la même discretion, & pour me servir des termes de l'Ecriture, par le même nombre, au même poids, & sur la même mesure. S'il y avoit quelque différence à mettre, je crois qu'on pourroit la faire consister en ce que l'Humilité établit ordinairement son siege dans le cœur de l'homme, selon les maximes de nos Maîtres en spiritualité; au lieu que la Modestie dont il est question, semble resider principalement dans l'esprit. Mais je trouve même par cet endroit que cette Modestie rentre dans la même notion de l'Humilité, puis qu'elle n'est autre chose que cette *Pauvreté d'esprit* tant vantée, & tant recommandée dans nostre Religion; à laquelle il a plû à Jesus-Christ d'assigner les premiers rangs de la Beatitude.

On peut assurer même que cette Modestie ou Pauvreté d'esprit libre & volontaire merite d'autant mieux la qualité d'humilité, qu'elle semble estre encore plus contraire que l'humilité simple du cœur à l'orgueil, dont la tyrannie s'exerce particulierement dans l'esprit comme dans le poste le plus commode & dans le centre naturel de sa domination. C'est une humilité qui doit estre d'autant plus grande qu'elle se forme dans la partie la plus éminente de l'ame.

Voila peut-estre l'idée la plus avantageuse que l'on puisse se former de la Modestie, lors qu'elle est veritable & Chrétienne dans ceux qui ne cherchent point à paroître par leurs livres, qui méprisent sincerement la gloire imaginaire que la plume peut produire, & qui negligent serieusement de recueillir les fruits passagers & perissables de leurs travaux. C'est de cette Modestie & de cette humilité qu'on a pretendu loüer Moyse & la pluspart des autres Ecrivains sacrez tant de l'ancien que du nouveau Testament, qui se sont rendus Anonymes, afin de laisser à Dieu toute la gloire de leur travail.

Il faut avoüer que les exemples de cette conduite sont devenus assez rares depuis la mort de S. Jean l'Evangeliste; & quoy qu'on puisse attribuer cette rareté à diverses autres occasions que les Auteurs Ecclesiastiques ont euës de faire usage de leur Modestie & de leur humilité, il est vraisemblable qu'ils auroient plus volontiers & plus souvent pris le parti de supprimer leurs noms, comme un des moyens de pratiquer cette vertu en écrivant, s'ils n'avoient eu lieu d'apprehender que les Heretiques n'abussassent de leur exemple, comme il est arrivé à ceux qui ont mis cet artifice en usage pour surprendre les Fidelles.

2. Part. Ch. 9.

De tous les exemples que l'on en pourroit produire je n'en connois pas de plus éclatant que celuy de l'Auteur Anonyme des quatre Livres admirables de l'Imitation de Jesus Christ. On peut dire que la modestie & l'humilité de ce fameux inconnu ont triomphé jusqu'à present de tous les vains efforts que nos Critiques ont faits pour tâcher de le découvrir. Cette affaire merite d'estre mise au rang des plus petits sujets qui ont allumé les plus grandes guerres. Celle que les Benedictins & les Chanoines Reguliers se sont déclarée à cette occasion est une des plus longues & des plus memorables qu'on ait encore vûës dans la Republique des Lettres Il n'y a pas d'apparence qu'elle finisse sitost ; & quoy que la situation des esprits de part & d'autre paroisse assez tranquille, il est visible que ce calme est plûtôt l'effet d'une simple treve que le fruit d'une bonne paix.

Je ne fais point difficulté de rapporter au motif de cette modestie Chrétienne la conduite de tous les Ecrivains qui se sont cachez lors qu'il a esté question de publier leurs Ouvrages, pourveu que d'un costé il n'y ait eu ni temerité ni présomption dans l'épreuve qu'ils ont voulu faire de leurs forces & de leurs talens ; & que de l'autre ils n'ayent traité que des sujets necessaires ou utiles pour l'instruction du Public ou des Particuliers. Je mets en ce rang tous les Ouvrages generalement qui tendent à conserver ou à exciter la charité & toutes les vertus avec leurs dépendances, tels que sont les Ouvrages que nous appellons *Parænetiques*, concernant les Exhortations ou Instructions à la fuite du mal & à la pratique du bien ; *Ascetiques* ou livres spirituels pour les exercices de pieté ; *Mystiques*, ou Livres de Meditations & de Prieres. Je mettrois aussi dans le même rang tous les écrits Anonymes faits pour l'explication, l'éclaircissement ou la défense des Veritez Theologiques, si nous ne sçavions que la crainte & d'autres passions ont souvent pris le masque de cette Modestie pour remuer les plumes.

Mais il faut avoüer qu'il n'est pas aussi facile de découvrir la Modestie des Pseudonymes que celle des Anonymes. Ceux-cy ne se montrent au Public en aucune maniere que ce soit : de sorte que s'ils réüssissent à demeurer parfaitement inconnus, comme on le doit supposer, ils rendent inutiles les éloges & la reconnoissance de ceux qui profitent de leurs livres. C'est en quoy ils font éclater leur Modestie, tandis qu'ils ont soin de cacher tout le reste. Ceux-là se montrent au Public d'une maniere differente de celle qui leur est naturelle ; en quoy l'on ne peut pas dire que consiste la Modestie, à moins qu'on ne veüille la confondre avec le déguisement & la supercherie. S'il est glorieux parmi les hommes d'avoir quelque nom dans le monde, celuy qui méprise cette espece de gloire, semble estre l'homme qui ne veut point porter de nom, plutôt que l'homme qui s'en donne un faux : parce que ce dernier n'évite pas la gloire qui s'attache à ce faux nom, lors qu'elle y est attirée par le merite de son ouvrage.

Il en faut excepter neanmoins les noms qui semblent n'estre faits que pour l'humiliation & le mépris. Rien n'est plus propre à conserver la Modestie que ces sortes de noms, parce qu'il n'est rien dont la veritable Modestie s'accommode mieux que l'humiliation

& le mépris: & l'on peut dire que l'humiliation dans ce cas-là est au Pseudonyme ce que l'obscurité est à l'Anonyme; n'étant pas beaucoup plus avantageux à un homme d'estre mal connu, que de n'estre point du tout connu. J'appelle des noms faits pour l'humiliation & le mépris ceux qui pourroient estre de la nature de celuy d'*Idiota*, qui a servi long-temps à cacher Raimond Jordani; & de *Dacrianus* ou de *Pleureur* emprunté par Louis de Blois, dit Blosius. On ne fera point difficulté de rapporter l'invention de ces noms à la Modestie ou à l'humilité ingenieuse de ces deux celebres Abbez, lors qu'on fera reflexion sur la pieté qui a paru dans leurs actions, & qui éclate encore dans leurs Ouvrages.

2. Part. Ch. 9.

C'est un usage qui n'estoit point inconnu aux Chretiens de l'Asie & de la Grece du moyen âge, comme il paroît par le nom d'*Hamartole*, ou Pecheur, qui n'est autre que George Syncelle, de qui nous avons la Chronique, & par celuy de *Tapinus*, & en Latin de *Minimus*, qui sert à déguiser saint Jean Damascene, si toutefois l'on peut dire que nos Critiques ne se trompent pas, quand soûtiennent que c'est le nom

Le nom de Tapinus a esté pris aussi par un Patriarche de CP. nommé Jean.

ordinaire que ce Saint prenoit, lorsque sa modestie l'empêchoit de vouloir paroître Auteur de quelque nouvel Ouvrage.

_{I Part. Ch. 9. Labb. Nova Bibl. MSS. pag 385. & 387.}

Le nombre des modestes Pseudonymes seroit trop petit, s'il falloit le réduire aux Auteurs qui se sont déguisez seulement sous des noms d'humiliation. Avoüons qu'il s'est trouvé beaucoup d'autres Ecrivains encore, qui n'ayant pour but que la gloire de Dieu & l'utilité de son Eglise, ont esté portez à écrire par le motif d'une veritable Modestie, sur tout lors qu'ils ne se sont point donné des noms de trop grande confiance, ou de trop bonne opinion comme pourroient estre ceux de *Verus*, de *Sincerus*, d'*Optatus Ductor*, de *Firmianus*, de *Natanaël Nezeckius*, d'*Eubulus*, d'*Evangelus*, de *Fulgentius*, de *Flore de sainte Foy*, d'*Eugenius*, d'*Eusebius*, d'*Athanasius Vincentius*, & de divers autres qui semblent renfermer l'idée de quelques sentimens un peu trop avantageux, que les Pseudonymes auroient voulu témoigner pour eux-mêmes en se cachant. Mais il y a d'autres noms qui ne détruisent point la Modestie de ces sortes d'Auteurs, quoy qu'ils n'ayent rien d'humiliant. Je suis persuadé que les noms qui ne marquent autre chose que l'amour de la retraite, de la vertu, de la paix, de la verité, &c. n'ont point fait d'obstacle à la Modestie dans ceux qui les ont employez, quoique l'abus que plusieurs ont fait des noms de *Philarete* & de *Philalethe* semble les avoir rendus autant suspects de présomption par raport à la vertu & à la verité, que l'est devenu celuy de *Philosophe* par rapport à la sagesse, nonobstant la Modestie de ceux qui l'avoient pris d'abord au lieu de celui de *Sophus*, aprés qu'il fut devenu suspect de vanité.

En un mot je croy que la Modestie chretienne n'a eu rien à souffrir sous la pluspart des noms que nous considerons comme simplement *Appellatifs*, lors qu'on n'y remarque rien de contraire à la verité; ni par consequent sous ceux qui paroissent conformes à la profession d'un Chretien & au caractere du Christianisme, tels que pourroient estre un *Simplicius*, un *Peregrinus*, un *Anastasius*, un *Renatus Christianus*, un *Philadelphe*, un *Philereme*, un *Eremicola*, un *Thanatophraste*, un *Christodule*, & même un *Theophile*, si son Ouvrage traite de l'Amour de Dieu; & un *Timothée*, s'il parle de la crainte de Dieu, ou s'il travaille visiblement pour l'honneur de Dieu.

Car on peut dire que c'est principalement par cette consideration qu'un celebre Auteur Ecclesiastique du cinquiéme siecle a persuadé au Public, & en particulier à un Evêque de France nommé Salonius, qu'il n'avoit esté porté à prendre le nom de *Timothée*, que par un motif de Modestie chretienne. Cet Auteur, qui est connu dans toute l'Eglise sous le nom de Salvien de Marseille, ayant esté découvert & reconnu par Salonius, qui avoit esté autrefois son disciple, pour le veritable Auteur des quatre livres qui couroient le monde sous le titre de *Timothei libri quatuor ad Ecclesiam Catholicam toto orbe diffusam, &c.* & qui taxoient principalement l'avarice des Ecclesiastiques de son temps, se trouva obligé de répondre de sa dissimulation à ce Prelat, & de remedier à quelques scrupules que cette conduite luy avoit fait naître dans l'esprit.

Salonius luy avoit demandé l'explication & le sujet du nom de Timothée, en luy faisant connoître que s'il n'en rendoit conte au Public, l'Ouvrage seroit mis au nombre des Apocryphes, & l'Auteur au nombre des Imposteurs, pour avoir supposé faussement un Ouvrage à un ancien Ecrivain du nom de Timothée. Salvien luy répondit qu'il n'avoit rien à craindre par cet endroit, ni pour l'ouvrage, ni pour la personne du nouvel Auteur qui avoit pris le masque de Timothée. Qu'il seroit aisé de juger par la nouveauté de la matiere & par d'autres caracteres de l'Ouvrage, qu'il ne pouvoit regarder que les affaires du temps present (c'est à dire l'état de l'Eglise du cinquiéme siecle) & qu'ainsi on ne pouvoit soupçonner l'Auteur de l'Ouvrage d'avoir eu intention de l'attribuer à un ancien Ecrivain, sans l'accuser en même temps d'avoir perdu le jugement. Il ajoûte que l'Ouvrage ne pourroit encourir la disgrace des Apocryphes que dans la supposition que son Auteur auroit voulu imposer à l'Apôtre Timothée : mais que si on luy fait justice, on reconnoîtra qu'il a esté tres-éloigné de cette pensée, & qu'il n'y a rien dans tout cet Ouvrage qu'on puisse raisonnablement soupçonner d'avoir esté imputé à cet Apôtre.

2. Part, Ch. 9.

Il est bon neanmoins de remarquer en passant, que Salvien a répondu en cette occasion un peu trop affirmativement en faveur de la justice qu'il esperoit de la Posterité pour ce point, qu'il paroît avoir eu un peu trop bonne opinion du discernement de ses Lecteurs, parce que malgré la justesse de son raisonnement on n'a point laissé dans la suite des temps d'attribuer son ouvrage à Timothée Evêque d'Ephese, disciple & cooperateur de saint Paul dans le ministere de l'Evangile. Mais il n'est pas juste de rendre Salvien responsable de la bêtise d'autruy.

Gesner. Sixt. Sen. Postev.

S'il a réüssi à faire voir qu'il n'y avoit point d'imposture dans la supposition du nom de Timothée, il n'a pas moins bien raisonné sur l'inutilité des questions que Salonius luy faisoit touchant ce nom ; parce, dit-il, qu'en matiere de livres on doit moins s'interesser au nom de son Auteur, qu'au sujet qu'on y traite, & d'où dépend tout le fruit qu'on en doit tirer. Mais ce raisonnement ne l'a point empêché de satisfaire d'ailleurs la complaisance qu'il avoit pour Salonius, qu'il consideroit comme son fils parce qu'il avoit esté son Maître, & comme son Pere parce qu'il luy estoit inferieur depuis que ce disciple estoit devenu Evêque. Il voulut donc répondre à deux questions qu'il luy avoit faites, 1. pourquoy il s'étoit donné un nom étranger, 2. pourquoy il avoit choisi celuy de Timothée plutôt qu'aucun autre.

2. Part. Ch. 9.

Il dit pour répondre au premier point, que sa vuë avoit esté premierement d'obéïr à Dieu, qui nous ordonne d'éviter la fumée de cette gloire vaine & perissable, qui vient de la terre, afin de ne point perdre les fruits de la gloire celeste ; & de ne pas briguer sottement auprés des hommes ce que nous devons uniquement attendre de Dieu. Dans la relation qui doit se trouver entre un Auteur & ses Lecteurs, il semble qu'il veüille bien comparer celuy-là à la main droite, & ceux-cy à la gauche, afin d'insinuer que les livres estant les largesses & les veritables aumônes de l'esprit, c'est à leurs Auteurs que Jesus-Christ s'adresse, lors qu'il dit: *Que vôtre main gauche ne sçache point ce que fait vôtre main droite, afin que vôtre aumône se fasse en secret : & vôtre Pere, qui voit ce qui se passe en secret, vous en rendra luy-même la recompense.*

Cette consideration seule estoit plus que suffisante pour porter l'Auteur à se cacher, en supprimant son nom. Il avoüé neanmoins que la raison principale de cette conduite venoit du souverain mépris qu'il faisoit de sa propre personne, & de la persuasion sincere qu'il avoit d'estre le dernier des hommes, & qui plus est, un homme de neant, non point par un sentiment d'humilité, mais par l'évidence de la verité. C'est pourquoy voulant passer dans l'esprit des autres pour tel qu'il se connoissoit en luy-même, il s'estoit abstenu de mettre le nom d'une personne qu'il voyoit si méprisable, à la teste d'un Ouvrage fait pour la gloire de Dieu, de peur que sa bassesse & son neant ne diminuassen. quelque chose de l'autorité d'un Ecrit, qui contenoit d'ailleurs une doctrine fort saine & fort utile, selon la perversité de ce temps-là, où il remarque que l'on estoit malheureusement accoutumé à ne peser les paroles & les écrits qu'au poids de la personne qui en estoit l'Auteur. Il parle si mal du goût de son siecle, qu'au lieu de reconnoître simplement qu'il estoit corrompu & gâté, il se trouve tenté de n'en point reconnoître du tout, en ce que l'on se soucioit moins alors de ce qu'on lisoit dans les livres, que de celuy qui les faisoit lire, & qu'on s'arrêtoit s'arrêtoit moins à ses discours qu'à sa personne. Il estoit donc question, dit-il, d'ôter au Lecteur la connoissance de cet Auteur, pour ne point détourner son attention de dessus les choses dont il souhaitoit de l'instruire, & pour ne point laisser avilir le prix de son ouvrage par le peu de consideration que meritoit son Auteur. C'est la raison qu'il donne à Salonius de la suppression & du déguisement de son nom.

Il répond ensuite à l'autre question, de sçavoir pourquoy il avoit pris le nom de Timothée plutôt qu'un autre. Il va recourir encore à la premiere de toutes les causes, & il remonte jusqu'à Dieu, comme il avoit fait pour répondre à la premiere question. Comme c'est à la suite de la vanité ou de la gloire humaine qu'il avoit voulu faire attribuer la suppression de son veritable nom ; c'est à la crainte d'offenser Dieu qu'il souhaite qu'on attribuë la supposition de celuy de Timothée : parce, dit-il, qu'il avoit toujours esté environné de diverses apprehensions en composant son ouvrage, pour ne rien écrire qui fût indigne de la matiere qu'il traitoit ou de la fin qu'il se proposoit. Outre que la moindre ombre du mensonge luy ayant toujours fait peur, il auroi[t] crû pecher contre la sincerité, & con[tre] la verité même, s'il avoit substitu[é] à son vrai nom un autre nom qui n[e] luy eût pas esté convenable, & que pa[r] consequent il se seroit exposé au dan[ger] de perdre les fruits de son travail. C'est ce qui arrive souvent aux Pseudo[ny]mes, à qui le motif de la Modest[ie] chretienne a sçû inspirer de se cacher [à] la maniere des Anonymes, mais qu[i] pour vouloir passer outre ont tout gât[é] en se donnant de faux noms, & en al[te]rant ainsi leur humilité par une apparence d'imposture.

Salvien n'avoit, ce semble, rien [à] craindre de ce côté-là, puisque le nom de Timothée, qu'il avoit mis à la teste de son ouvrage, ne devoit marquer autre chose qu'un homme qui avoit la crainte des jugemens de Dieu, qui est une disposition dans laquelle tout homme, & particulierement un Chretien, se doit trouver à tous momens. Mais parce que le nom de *Timothée* signifie aussi-bien *l'honneur de Dieu* que la *crainte de Dieu*, il se sert encore de cet avantage, afin d'entrer en parallele avec saint Luc, ou (pour parler d'une maniere plus conforme à sa modestie) afin de suivre l'exemple de cet Evangeliste. Saint Luc n'a point fait difficulté de feindre un nom à la personne à qui il adresse son Evangile & ses Actes, & il l'appelle *Theophile*, voulant marquer qu'il écrivoit pour tout homme qui auroit l'amour de Dieu. Salvien détourne un peu cette pensée pour vous persuader que l'Evangeliste craignant qu'on ne s'imaginât qu'il auroit dressé ses deux ouvrages à un homme, les avoit adressé à l'Amour de Dieu même par un mouvement de reconnoissance, comme à celuy qui avoit remué sa langue & gouverné sa plume. Il veut qu'il en soit à peu prés de même du prétendu Timothée dont il est question. C'est, dit-il, l'*honneur de Dieu*, que cet Auteur s'est proposé dans ses écrits, comme Saint Luc s'est proposé l'*Amour de Dieu* dans les siens. On ne doit donc pas trouver mauvais qu'il feigne que c'est l'*Honneur de Dieu* même qui est Auteur de son ouvrage sous le nom de Timothée, de même que c'est à l'Amour de Dieu que Saint Luc adresse ses écrits sous celuy de Theophile.

Voila, Monsieur, le raisonnement d'un Pere de l'Eglise qui faisoit honneur à son siecle & à son pays. On pourra juger par son exemple que la modestie n'est pas toujours incompatible avec la supposition des noms dans un Auteur déguisé. Je me suis contenté d'expliquer sa pensée sans m'assujettir à le suivre pas à pas. Mais le respect qui est dû à un Auteur de ce poids me porte à vous representer icy ses propres termes pour vous donner lieu de vous satisfaire par vous-même en le traduisant à la lettre.

Quæris à me, dit-il à Solonius, *cur libellis nuper à quodam hujus temporis homine ad Ecclesiam factis, Timothei nomen inscriptum sit? Addis præterea quod nisi rationem vocabuli evidenter expressero, dum nominatur Timothei, inter Apocripha sint fortasse reputandi. Ago gratias atque habeo, quod de me ita judicas, ut pertinere hoc æstimes ad fidei meæ curam, ne quid Ecclesiastici operis vacillare permittam; scilicet, ut res summæ salubritatis non sit minoris pretii per opinionis incertum. Sufficere itaque ad excludendam penitus Apocryphi stili suspicionem etiam hoc solum poterat, quod superius indicavi libros neotericæ disputationis esse, & à præsentis temporis homine divinarum rerum studio atque amore conscriptos. Carent enim*

Apocryphi suspicione, qui agnoscuntur Timothei Apostoli non fuisse. Sed requirit forsitan aliquis, quis ille auctor sit, si Apostolus non est? & utrum suum libellis ipsis, an alienum nomen inscripserit? Verum est, potest hoc quidem quæri. Et certe quæritur, si inquisitio valet ad fructum aliquem pervenire. Cæterum si infructuosa est, quid necesse est ut laboret curiositas? in omni enim volumine profectus magis quæritur lectionis quam nomen Auctoris. Et ideo si profectus est in lectione, & habet quisquis ille est quod potest instruere lecturos, quid ei cum vocabulo quod juvare non potest curiosos? .... Tria sunt quæ in libellis istis de quibus loquimur quæri possunt. Cur is qui scripsit, ad Ecclesiam scripserit; & utrum alieno nomine, & an suo? Si non suo, cur alieno? Et si alieno, cur Timothei potissimum nomen quod scriberetur elegerit? Aprés avoir satisfait à la premiere de ces questions, il continuë en ces termes. *Nunc illud dicimus quod secundum est, scilicet, cur in titulo libellorum non sit nomen Auctoris? Cujus rei licet una sit causa maxima, multæ tamen, ut reor, esse potuerunt. Ac prima illa veniens à mandato Dei, quo præcipimur vitare omnibus modis terrestris*

2. Part.
Ch. 9.

2. Pa r. gloriæ vanitatem; ne, dum humanæ laudis
Ch. 9. inanem aurulam quærimus, præmium cæleste perdamus. Ex quo etiam illud est quod & orari Deus & donari occulte jubens, vult nos fructum boni operis commendare secretò; quia nulla sit major fidei devotio, quam quæ conscientiam vitat hominum Deo teste contenta. Nesciat enim, inquit Salvator, manus tua sinistra quid faciat dextera tua, & pater tuus qui videt in abscondo reddet tibi. Et ideò scriptori illi ad subtrahendum è titulo nomen suum atque celandum sufficere hæc tantummodo causa potuit, ut quod in honorem Domini sui fecerat, divinæ tamen conscientiæ reservaret & res commendabilior Deo fieret, quæ famam publicam devitasset.

Sed tamen quod confitendum est, præcipuum illud fuit, quia scriptor ille, ut legimus, humilis est in oculis suis, ac vilis sibi, exiguum se penitus atque ultimum putans, & hoc quod majus est, mira fide, non officio humilitatis assumptæ, sed judicii simplicis veritate. Unde est quod jure se etiam ab aliis talem habendum putans qualis à semetipso haberetur, rectè libellis suis alienum nomen inseruit; scilicet ne autoritatem salubribus scriptis persona sua parvitas dero-

garet. Omnia enim amodò dicta tanti æstimantur quantus est ipse qui dixit. Siquidem tam imbecilla sunt judicia hujus temporis ac pænè tam nulla, ut qui legunt, non tam considerent quid legant, quam cujus legant, nec tam dictionis vim atque virtutem quam dictatoris cogitent dignitatem.

Idcirco igitur scriptor ille abscondi & latitare omnibus modis voluit, ne scripta quæ in se habent plurimum salubritatis, minora forsitan fierent per nomen auctoris. Habet itaque quisquis ille est qui requirit cur alienum nomen adsumptum sit. Restat dicere, cur Timothei.

Quod ut dicamus, ad Auctorem denuò reversuri sumus. Is enim caussarum omnium caussa est, qui est: qui sicut humilitati præstitit ut alienum, sic timori atque cautelæ ut Timothei nomen scriberet. Pavidus quippe est & formidolosus, ac nonnunquam etiam levium mendaciorum fugax, atque in tantum peccare metuens ut interdum & non timenda formidet. Cum ergo subtrahere è titulo nomen suum & inserere vellet alienum, timuit in hac nominum commutatione mendacium, nequaquam scilicet admittendam putans etiam in officio sancti operis maculam falsitatis.

Positus itaque in hoc ambiguæ opinionis incerto optimum fore credidit ut beati Evangelistæ sacratissimum sequeretur exemplum, qui in utroque divini operis exordio Theophili nomen inscribens, cum ad hominem scripsisse videatur, ad amorem Dei scripsit: hoc scilicet dignissimum esse judicans, ut ad ipsum affectum Dei scripta dirigeret, à quo ad scribendum impulsus esset. Hoc ergo etiam scriptor hic, de quo loquimur usus est argumento atque consilio. Conscius enim sibi sic se omnia in scriptis suis pro Dei honore, sicut illum pro Dei amore fecisse, qua ratione ille Theophili, hac etiam hic Timothei nomine scripsit. Nam sicut Theophili vocabulo amor, sic Timothei honor Divinitatis exprimitur. Itaque cum legis Timotheum ad Ecclesiam scripsisse, hoc intelligere debes pro Honore Dei ad Ecclesiam scriptum esse, imò potius ipsum Honorem Dei scripta misisse; quia rectè ipse scripsisse dicitur, per quem factum est ut scriberetur. Hac causa igitur in titulo libellorum Timothei nomen inscriptum est. Congruum siquidem scriptor ille existimavit, ut cum in honorem Dei libellos scriberet, ipsi Divinitatis Honori titulum consecraret.

CHAPITRE X.

9. Motif. *La pieté de ceux qui veulent laisser des marques exterieures de leur changement de vie, ou de leur renoncement au monde.*

IL semble qu'entre la modestie Chrétienne dont je viens de vous entretenir, & la Pieté dont il s'agit, il n'y ait pas d'autre difference que celle du genre à l'espece, sur tout lors qu'on la considere telle qu'elle a esté representée dans la conduite de Salvien.

La Modestie se contente souvent de déterminer les Auteurs à se cacher simplement : mais lors qu'elle les porte à se cacher pour l'amour de Dieu, afin de faire quelque chose à sa gloire, ou à l'avantage de son Eglise, il me semble qu'on peut alors prendre cela pour un motif de Pieté ou de Religion.

En ce cas-là nous pouvons accorder que la Pieté rentre dans la notion generale de la charité, & reconnoître avec quelques pieux Pseudonymes qu'on peut se déguiser par charité, afin de servir les Fidelles avec plus de facilité ou de seureté selon la diversité des occasions.

Mais lors qu'on ne prend ce parti que pour cacher la main qui veut distribuer des largesses spirituelles, le motif de la Pieté, dont on se sent animé, ne doit plus estre distingué de celuy de la Modestie Chrétienne. Si c'est uniquement pour empêcher que la connoissance de la personne ne forme quelque préjugé contre l'ouvrage, & que cette prévention ne fasse perdre le fruit qu'on en espere, on peut rapporter ce motif à celuy de la Prudence, ou à celuy de la Crainte dont il a esté parlé ailleurs.

Il y a une autre espece de Pieté que nous avons coutume d'appeller Devotion, dont on ne peut pas douter que les mouvemens n'ayent souvent fait changer de nom aux gens de Lettres. C'est ce qui est arrivé particulierement à ceux qui estant déja dans un âge avancé lors qu'ils ont receu le Baptême ou la Confirmation, ont pris cette occasion pour quitter leur nom, & pour en prendre de plus conformes à la Religion. C'est aussi ce qui arrive encore tous les jours à la Profession de la Vie Religieuse dans une grande partie des Monasteres de l'un & l'autre sexe. C'est ce qui arrivoit autrefois dans l'Eglise à plusieurs de ceux que l'on élevoit à l'Episcopat, & qui semble estre réduit présentement à la pratique qui s'observe au sujet des Souverains Pontifes à Rome.

Quoy que la plûpart de ces personnes semblent avoir eu intention dans ces changemens de noms, de donner des marques exterieures du changement de leur interieur ou de leur renoncement au monde, il n'est pas raisonnable d'attribuer cette conduite à aucun déguisement, puis qu'il n'est point question de dissimulation en ces occasions.

D'ailleurs il est vray de dire que le Motif de Pieté qui porte les personnes à changer de nom dans les cas que l'on vient de marquer, ne regarde pas plus les Auteurs ou les Ecrivains que les autres, & que le nombre de ces derniers est incomparablement plus grand que celuy des premiers.

C'est une consideration suffisante, pour ne me point étendre davantage sur ce sujet : quoy que Monsieur Naudé ait prétendu que tous ces noms de Religion soient autant de masques, &

les Religieux qui écrivent sous d'autres noms que ceux de leur famille, autant d'Auteurs déguisez, en leur attribuant sans discernement le mot de Seneque, *Personam malunt quam faciem.* C'est un sentiment qu'on peut mettre au nombre de ses Paradoxes.

Chapitre XI.

10. Motif. *La Fourbe & l'Imposture pour seduire les simples qui ne peuvent juger du fonds que par la surface, & pour abuser de la bonne foy des autres.*

IL y a peu d'Auteurs Pseudonymes qu'on ne puisse accuser de supposition & de fausseté ; mais on ne peut pas dire de tous sans distinction qu'ils soient coupables de mensonge & que ils ayent esté animez de l'esprit de Fourbe & d'Imposture dans la supposition des noms qu'ils ont pris. C'est ce que je crois devoir avancer de tous ceux qui n'ont point eu dessein de seduire leurs Lecteurs, & qui n'ont point prétendu profiter de leur déguisement pour abuser de la bonne foy & des autres dispositions de ceux qu'ils ont entrepris d'inſtruire.

Il n'y a donc gueres que l'intention de ces Auteurs qui puiſſe nous regler dans la diſtinction que nous devons faire des uns d'avec les autres. Ils ont l'exterieur aſſez ſemblable ; ce ſont à peu prés les mêmes manieres de ſe traveſtir, c'eſt le même tour de déguiſement, particulierement dans ceux qui, au lieu de feindre des noms chimeriques que perſonne ne puiſſe revendiquer, aiment mieux prendre des noms d'autruy, afin de ſe faire paſſer pour ceux même qui ont porté ces noms avec reputation. Mais leurs vûës ſont entierement oppoſées, & cette oppoſition vient de la difference de leur fin & de leur objet.

Ceux qui ſe ſervent des noms d'autruy pour impoſer au Public, & ſur tout pour debiter des opinions pernicieuſes & des diſcours empoiſonnez ſous les noms des perſonnes de merite & de credit ne reſſemblent point mal aux Eſprits des tenebres, aux aſſociez du Pere du menſonge, qui ſe traveſtiſſent quelquefois en Anges de lumiere, ou en Hommes de Pieté ou de ſçavoir, pour nous ſéduire. Mais ceux qui n'en usent de la sorte que pour faire le bien que l'on pourroit esperer de la part de ceux dont ils prennent le nom, peuvent estre comparez aux Esprits de lumiere qui se transforment en hommes pour s'acquitter de leurs commissions celestes, & pour nous faire du bien en prenant des mesures plus proportionnées à nostre nature ou à nostre portée.

Vous ne m'accuserez pas, Monsieur, d'estre le premier qui ait consideré les Anges travestis en hommes comme les modeles de nos Pseudonymes, qui prennent la forme d'autruy dans de bonnes intentions. C'est une pensée qui est tombée dans l'esprit de Salvien Prêtre de Marseille il y a plusieurs siecles. Cet Auteur pour se mettre à couvert du blâme d'avoir supposé un faux nom à l'un de ses ouvrages, & pour montrer aussi que ce n'est pas au nom d'un Auteur qu'il faut s'arrester quand on lit son livre, allegue l'exemple de l'Ange Raphaël dont il est parlé dans le Livre de Tobie.

Cet Ange non content de s'estre donné une apparence humaine comme les autres Ministres du Seigneur, avoit encore pris un nom supposé non pas de chimere & de fiction, mais celuy d'une personne connuë & estimée parmi ceux à qui il vouloit rendre service sous ce masque. Tobie le pere eut la la curiosité de demander à l'Ange de *quelle famille il estoit, de quelle Tribu,* & par une suite ordinaire, quel estoit son nom ? Raphaël luy répondit : *Est-ce la famille du Mercenaire* (ou du Guide) *qui doit conduire vostre Fils, ou le Mercenaire luy-même que vous cherchez ?*

Genus quæris Mercenarii, an ipsum Mercenarium ?

Vous voyez déja, Monsieur, que cette belle réponse peut servir d'exemple pour celles que les Pseudonymes sont quelquefois obligez de faire lors qu'on leur demande leur vray nom, comme si c'estoit de la connoissance de ce nom que dépendist le profit qu'on doit tirer de leurs Livres. *Mais,* continua Raphaël parlant à Tobie, *pour ne vous point donner d'inquietude, je vous dirai que je suis* Azarias *fils du grand* Ananias. Ha ! luy répondit Tobie, *vous estes d'une race illustre, Mais je vous prie de ne vous point fâcher si j'ay desiré de connoistre vostre race.*

Tob. 5.

Les Ecrivains qui entreprennent de nous instruire & de nous conduire à quelque connoissance utile & honnête, peuvent passer pour les guides de nostre esprit dans les démarches qu'ils luy font faire, comme Raphaël l'estoit de la personne du jeune Tobie. Et ceux d'entre eux qui peuvent regler leurs intentions sur ce modele, ou qui peuvent entrer dans des vûës aussi loüables en se déguisant, ne tomberont pas dans le soupçon de la Fourberie ou de l'imposture. Le parallele que l'on peut faire de leur conduite avec celle de l'Ange, donnera encore plus d'évidence & plus de facilité à leur justification.

L'Ange Raphaël ayant pris veritablement la forme d'Azarias fils du grand Ananias, il pouvoit dire qu'il estoit cet *Azarias* en estant vrayment l'image; de même que nous voyons dans les Livres de l'ancien Testament que l'Ange de Dieu qui s'apparoissoit à Jacob, aux autres Patriarches & aux Personnes justes, prenoit luy-même le nom de Dieu, à cause qu'il representoit sa personne; & dans l'usage ordinaire de la vie que les statuës & les tableaux portent le nom des personnes qui y sont representées. Il en est à peu prés de même de nos Pseudonymes cachez sous les noms d'autruy, sur tout lors qu'ils representent fidellement dans leurs écrits les sentimens & l'esprit de ceux dont ils prennent les noms. C'est ainsi que l'on peut sauver la reputation de Vigile de Tapse qui a pris le nom de S. *Athanase* pour écrire contre les ennemis de la Sainte Trinité ; & que les Catholiques abandonnent de bon cœur celle de Bullinger Ministre Zuinglien qui a pris le même nom de S. *Athanase* pour dresser un piege aux Fidelles de l'Eglise Romaine. C'est ainsi que nous excuserions Erasme d'avoir pris le masque de S. *Cyprien* pour traiter du double Martyre s'il ne s'estoit point démenti dans certaines circonstances qui ont blessé le vraysemblable dans son écrit, faute de prendre garde aux lieux & aux temps : quoy qu'il soit toujours vray de dire que ces exemples sont d'une consequence dangereuse, sur tout dans les choses qui concernent la Religion ou l'interest public. Car lors qu'il ne s'agit que d'une affaire de particulier à particulier & d'une chose indifferente d'elle-même, il semble qu'on ne doive pas s'interesser avec tant de chaleur à poursuivre le crime d'imposture dans un Auteur qui n'auroit supposé son ouvrage à quelqu'Ancien ou à quelque homme d'autorité, que pour exercer son stile ou pour tâcher de l'imiter & de prendre son esprit. C'est peut-estre le tour qu'on pourroit prendre pour excuser Sigonius d'avoir supposé un de ses Traitez à Ciceron.

On peut ajoûter de plus, que l'Ange Raphaël a parlé d'une maniere figurée, lors qu'il a dit qu'il estoit *Azarias fils du grand Ananias* : de sorte que ces noms doivent estre pris plûtôt comme des signes qui expriment certains Mysteres, que selon leur signification propre dans laquelle ils semblent designer deux personnes d'une famille fort connuë dans leur nation. *Azarias* veut dire secours de Dieu : *Ananias*, ou plutost, selon le Texte original, *Hananeel* signifie, grace & don de Dieu. Ainsi l'Ange peut fort bien avoir voulu marquer simplement l'assistance Divine, comme un effet de la grace de Dieu. De même lors que les Auteurs qui se cachent prennent des noms étrangers qui ont esté propres à des personnes celebres ou connuës d'ailleurs, cette liberté ne doit point passer pour une usurpation frauduleuse. Et quoique l'on ait vû des Timothées, des Irenées, des Theophiles, des Eusebes, &c. devenus celebre dans l'ancienne Eglise, on peut aſſurer neanmoins que les Ecrivains qui ont pris de ſemblables noms, ſur tout dans ces derniers ſiecles, n'ont preſque tous ſongé qu'au ſens litteral de ces mots, pour marquer tantoſt la Crainte ou l'Honneur de Dieu, & tantoſt la Paix de l'Egliſe & de l'Etat : quelquefois l'Amour de Dieu, & quelquefois la Pieté.

2. Part.
Ch. 11.

Voila, ce me ſemble, ce qu'on peut alleguer de plus plauſible pour excuſer la diſſimulation de ces Auteurs ſur la droiture de leurs intentions. C'eſt auſſi ce qui peut contribuer à la condamnation de ceux qui ont eu recours au même artifice avec des intentions oppoſées. Ces ouvriers du menſonge & de l'impoſture trouvent pareillement leurs modeles & leurs guides parmi les Anges, mais les Anges reprouvez. *On ne doit pas s'étonner*, dit S. Paul, *ſi les faux Apôtres ſe transforment en Apôtres de* JESUS-CHRIST, *puiſque Satan même ſe transforme en Ange de lumiere. Il n'eſt donc pas étrange que ſes Miniſtres ſe transforment auſſi en Miniſtres de la juſtice & de la verité.*

2. ad Cor.
c. 11. v. 13.
14. 15.

Les grands noms des Patriarches & des Prophetes, ceux des Apôtres &

des Peres de l'Eglise ont laissé dans les siecles qui les ont suivis la memoire des personnes, dont l'autorité n'a pû estre que d'un tres-grand poids, parce que la verité de leur doctrine s'est trouvée confirmée, tantôt par des miracles, tantôt par des actions de sainteté. Il n'en a point fallu davantage aux Imposteurs, qui ont crû qu'en prenant ces grands noms, ils pouroient impunément substituer leurs erreurs & leurs rêveries à la saine doctrine de ces Saints, & en avoir le débit sous ces belles apparences. Ce qui a esté remarqué par les Critiques à ce sujet touchant les Heretiques de presque tous les âges de l'Eglise, qui ont tâché de renfermer leur esprit sous ces masques specieux, doit servir à nous convaincre de l'empressement que les ministres de l'erreur ont toujours eu de faire entrer l'Imposture dans les matieres de Religion. Si elle a esté d'un moindre usage dans les Sciences humaines, c'est peut-être parce que les veritez n'en sont pas si importantes que celles de la Religion. Car il suffit de connoître une partie des artifices de l'Esprit du mensonge, pour juger que plus les veritez font de confequence, plus il fait d'effort pour leur fubftituer la fauffeté en la couvrant de leur apparence.

Mais on peut dire qu'en fait de fuppofition d'ouvrages, jamais l'Impofture n'a eu d'occafion plus favorable pour fupplanter la Verité, que celle de la renaiffance des Lettres, qui s'eft faite dans les derniers fiecles. Il s'agiffoit de faire revivre les illuftres Morts de l'Antiquité, & de deterrer leurs ouvrages que la Barbarie avoit tenus enfevelis. Les Impofteurs ne manquerent pas de profiter de la paffion que le Public témoignoit pour voir reffufciter ces morts par le benefice de l'Imprimerie. Les uns fe mirent en tefte, qu'après les recherches inutiles qu'ils avoient faites des vrais Auteurs, il ne feroit plus poffible de découvrir la fourbe, & qu'ils pourroient fûrement faire paffer les fantômes ou les mafques de ces Auteurs pour eux-mêmes. Les autres ayant trouvé les fqueletes, pour ainfi dire, ou les cadavres pourris de ces Auteurs, ont crû qu'il fuffiroit pour les faire paroître vivans, de les animer de leur propre efprit, & d'entrer eux-mêmes dedans, pour les faire penser & les faire parler selon leur fantaisie. En quoy je trouve qu'ils n'imitent point mal ces *Brucolaques*, ou ces *Faux Reſſuſcitez*, dont nous voyons des histoires assez étranges dans les Relations qu'on nous a données en ces derniers siecles de la Grece & des Isles de l'Archipel. On veut nous persuader que ces Brucolaques ne sont autre chose que des demons qui déterrent les corps morts, qui entrent dedans pour les animer, & qui les conservent dans un embonpoint trompeur, pour suspendre les effets de la corruption & de l'infection des corps. On ajoûte que ces demons n'usent de cet artifice que pour imposer aux personnes de la connoissance de ces morts, & pour nuire au genre humain, non seulement par des séductions honteuses, mais par des violences qui vont souvent jusqu'au meurtre des vivans. On pretend enfin qu'il n'y a point de remede plus sûr pour se garantir de ces cruelles & pernicieuses illusions, que de brûler ces corps morts, dont ces Esprits malfaiteurs abusent, & de dissiper leurs cendres au vent. Mais on peut dire

marginalia:
2. Part. Ch. 11.

Relat. de l'Isle de S. Irene. ou Therasie ch. 15. par Fr. Richard.

que ce que nous estimons estre fabuleux à l'égard des *Brucolaques*, s'est passé réellement à l'égard de cette espece d'Imposteurs, qui ont crû que sous les noms specieux des Auteurs veritables, & sous l'apparence de quelques restes de leurs ouvrages, ils pourroient nous imposer en toute assurance.

CHAPITRE XII.

1. Motif. *La Vanité, qui donne quelquefois le change à la Modestie, lorsqu'il s'agit du mépris qu'on peut faire de la gloire, à laquelle les autres aspirent par le moyen de leurs Ecrits.*
2. Motif. *La Médisance, ou l'Envie de médire avec impunité, & d'injurier à son aise.*
3. Motif. *L'Impieté & le Libertinage.*
4. Motif. *Le Mouvement d'une pure gayeté de cœur.*

§. I. S'Il y a de la difference entre la gloire d'estre Auteur, & celle de le paroître ou d'en porter la qualité, on ne peut disconvenir que ceux qui ne sont touchez que de la premiere, ne puissent se cacher par Vanité, en fuyant

Motif de vanité.

la seconde. C'est ainsi que la Vanité donne le change à la Modestie, de même que l'Orgüeil fait à l'égard de l'Humilité en la contrefaisant. A ce compte-là nous pouvons dire que c'est la Vanité qui contrepese ordinairement les foiblesses des Auteurs qui exposent leurs ouvrages au Public. D'un côté elle les porte à se produire, lors qu'ils font paroître leur nom & leurs qualitez, ou qu'ils donnent d'autres marques qu'ils jugent necessaires pour se faire connoître; de l'autre, elle forme en eux une complaisance secrete, lors qu'ils se cachent, afin qu'ils puissent se glorifier d'estre cachez. Et il faut avoüer que cette espece de gloire toute extraordinaire qu'elle paroît, a ses charmes & a ses douceurs particulieres, puisque le raffinement la fait attacher même à son ennemie, qui est l'obscurité.

Instruct. sur l'hist. dans la Preface.

Un Auteur de ces derniers temps n'a pû s'empêcher de remarquer que c'est un motif de pure Vanité qui anime ceux qui pretendent se faire honneur d'une fausse Modestie, en supprimant leur nom. Il estime d'ailleurs que la fierté, qui empêche certains Auteurs de se montrer, n'est pas toujours malseante, principalement dans un siecle aussi

aussi éclairé & aussi critique qu'est le nostre, où il semble qu'on s'humilie dés qu'on se declare Auteur. Mais ce n'est pas dans nostre siecle qu'on a vû commencer le dédain des Princes & des autres Personnes distinguées du commun par leur rang, lors qu'ils ont pris les noms de leurs domestiques, ou de quelques autres inferieurs, pour publier des ouvrages qu'ils ne jugeoient pas capables de rien ajoûter à leur gloire.

§. II. & III. Nous ne pouvons presque rien remarquer dans le motif que forme l'Envie de médire & de dire des injures impunément, qui ne se rapporte facilement au motif de la Crainte d'être découvert & puni. On en peut dire autant du motif de l'Impieté, qui porte les Athées & les Auteurs libertins à se cacher. Quand l'usage de toutes les nations & de tous les âges du Monde seroit inconnu aux Ecrivains de ce caractere, il ne seroit pas possible que leur conscience les abandonnât jusques au point de les tenir dans l'insensibilité des dangers qu'ils pourroient courir, s'ils estoient découverts & reconnus.

§. IV. Enfin il peut y avoir un autre Motif de se cacher que je ne sçaurois appeller autrement qu'un Mouvement d'une pure Gayeté de cœur. Souvent il est excité par un simple caprice d'imagination, & quelquefois par une rencontre formée du hazard. Il ne nous seroit pas aisé de rendre raison de ce Motif, parce que les Auteurs qu'il porte à se cacher, n'en ont pas ordinairement, ou ne la connoissent pas eux-mêmes, & que la fantaisie leur tient lieu de raison. Ils ne songent qu'au plaisir qu'ils trouvent à faire voir une chose dans une autre; ils n'ont point d'autre intention que de flatter leur propre esprit en le représentant sous une espece étrangere, s'imaginant que ce qui n'auroit point la force de frapper l'esprit des autres par soy-même & à face découverte, seroit plus capable de le surprendre & de le toucher sous le masque & dans un habit emprunté.

Fin de la seconde Partie.

DU DEGUISEMENT
des Auteurs dans le changement des noms.

TROISIEME PARTIE.

Contenant les manieres differentes dont les Auteurs ont usé dans ce changement.

CHAPITRE I.

1. Maniere. *Changer son nom de famille en celuy de quelque lieu*, 1. *en celuy du pays natal* ; 2. *en celuy du lieu de la demeure* ; 4. *en celuy d'un fief ou seigneurie* ; 4. *en celuy du lieu du benefice qu'on possede.*

§. I. Quoy qu'il n'y ait pas eu de déguisement dans la plûpart des Auteurs qui ont quitté le nom de leur famille pour celuy du lieu de leur naissance : il faut avoüer neanmoins que ce changement a esté l'une des plus grandes sources des erreurs où l'on est tombé touchant la connoissance des Auteurs. La raison qu'on en peut apporter vient du grand usage de cette pratique répandu parmy presque toutes les nations civilisées. Avant l'établissement des surnoms, que nous pouvons appeller les noms de Familles, on n'avoit imaginé rien de plus commode pour la distinction des personnes, & sur tout des Auteurs d'un même nom, que le surnom du pays de leur naissance. Mais il est arrivé que ce qui devoit servir à distinguer les Auteurs, en a fait confondre quelques-uns, pour avoir esté de même pays, & en a fait multiplier d'autres mal à propos, lors qu'on leur a fait porter tantost le nom de leur pays, & tantôt celuy de leur famille.

Celuy du pays est tellement devenu propre à certains Auteurs, que les endroits où on les trouve appellez de celuy de leur famille, peuvent passer pour des pieges, qui sont quelquefois inévitables, même à ceux qui se croyent connoisseurs.

Ils connoîtront *Platine, Gerson, L. Aretin, Volaterran, Rhodigin, Politien*: mais ils ne connoîtront peut-être pas

Saccus, *Charlier*, *Brunus*, *Maffæus*, *Richier*, *Bassus*, parce que Saccus a pris le nom de son village, qui est *Platine*, comme Charlier celuy de *Gerson*, & les autres de la même maniere.

Des Auteurs, que nous appellerons communément *Majoragius*, *Tritheme*, *Rhenanus*, *Scot*, *Anglus*, *Carolostad*, *Chastillon*, ou *Castiglione*, *Campanus*, *Remy*, *Roberval*, &c. du nom de leur patrie, seront long-temps en danger de passer pour des Auteurs differens de *Maria Comes*, ou *Conti*, de *Jean Heidenberg*, de *Beatus Bildius*, de *Jean Duns*, de *Thomas White*, d'*André Bodenstein*, de *Lapus Biragus*, de *Jean Rousselet*, d'*Abraham Ravaud*, de *Gilles Personne*, &c. parce qu'on n'a pas eu assez de soin pour supprimer leurs noms de famille.

Les Auteurs Infideles ou Mahométans ne donnent pas moins d'exercice aux connoisseurs par la pratique d'un semblable usage qu'ils ont introduit entre eux. Ceux que l'on connoît sous les noms d'*Alcasvinus*, d'*Alfarabius*, d'*Alfraganus*, &c. nous font assez juger que c'est aux villes de Casbin, de Farab, de Fergan, &c. qu'ils en sont redevables, aussi-bien que de leur naissance : mais lors qu'on trouve le premier appellé *Zacharie Ibn Muhammed*, le second *Muhammed Abu-Nasr* ou *Abunasra*, le troisième *Muhammed Ibn Cothair* ou *Ketir*; on ne se souvient pas toujours d'Alcasvin, d'Alfarabe, d'Alfragan, &c. J'en dis autant des Auteurs Juifs que l'on trouve dans le même cas. L'exemple du Rabin *Alphes* que la memoire me fournit maintenant nous tiendra lieu de production pour les autres de la même categorie. On sçait que le R. Isaac ne porte ce nom qu'à cause de la ville de Fez en Mauritanie dont il estoit natif.

Les embarras que produit cette diversité de surnoms peuvent contribuer à faire moins regretter la perte qu'on a faite des vrays noms d'un grand nombre d'Auteurs que nous ne connoissons plus que par celuy de leur pays. Il semble qu'on soit en seureté contre l'erreur lors qu'on sçait qu'on n'est point en danger de trouver marquez de deux noms differens des Auteurs, tels que *R. de Sorbonne*, *P. de Apono*, *Guill. Ockam*, *Pierre d'Ailly*, *Nic. de Clemangis*, *Gabr. Byel*, *le Card. Cusan*, *Ambr. Calepin*, *Ant. de Nebrisse*, *And Alciat*. *J. Cardan*, *J. Sleidan*, *P. Mar-*

fus, *Seb. Minturne*, *M. A. Muret*, *G. Caſſander*, & tant d'autres qui se presentent en foule, mais seulement sous le nom du lieu de leur naiſſance, aprés avoir entierement ſupprimé celuy de leur famille.

Mais cet uſage qui n'a rien que de tres-indifferent en ſoy, n'a pas laiſſé de donner lieu au déguiſement de pluſieurs de nos Pſeudonymes. Ceux qui n'ont eſté connus que ſous le nom de leur famille, & qui ont eu envie de ſe cacher dans quelques-uns de leurs Ouvrages, ont jugé qu'ils ne riſqueroient rien en prenant le nom de leur pays, parce qu'un nom de cette eſpece n'eſtant propre à perſonne en particulier, convient également à tous ceux d'un même pays. C'eſt ce qui a donné occaſion à tant de maſques d'Auteurs du nom de *Gallus*, de *Francus*, de *Celta*, de *Belga*, de *Pariſius*, de *Vanden-Brugge*, de *Germanus*, de *Bohemus*, de *Pannonius*, de *Rhætus*, de *Britannus*, d'*Hibernus*, ſous leſquels divers Auteurs ſont demeurez couverts eſtant connus ſous d'autres noms. Comme tous ces noms de pays ſont d'un uſage commun à pluſieurs, de même que les termes appellatifs, on ne s'étonnera point que les Auteurs qui les ont employez, ayent esté moins suspects de déguisement que ceux qui y ont cherché de la singularité ou du rafinement. Si le jeune Barclay s'estoit appellé simplement *Scotus*; si le Pere Van Teylingen s'estoit appellé *Batavus* ou *Hollandus*, l'un & l'autre auroient sans doute frappé moins fortement l'imagination de leurs Lecteurs. Mais parce que l'un s'est appellé *Lusininus*, & l'autre *Amstelius*, la curiosité a fait enfin découvrir qu'il y avoit eu de l'affectation & du tour d'esprit dans cette maniere d'exprimer leur pays.

Du nom de la demeure.

§. II. Les Auteurs qui se sont appellez du nom des lieux où ils faisoient leur demeure ordinaire n'ont peut-estre jamais songé à mettre le trouble dans la Republique des-Lettres. Mais on peut dire que sans leur participation, & peut-estre même contre leur intention, il s'est trouvé quelquefois du desordre & de la confusion dans la maniere de les faire connoître au Public, sur tout lors qu'ils ont esté surnommez differemment, tantost du lieu de leur naissance, & tantôt de celuy de leur demeure. C'est un inconvenient auquel les Anciens n'ont pas moins donné d'occasion que les Auteurs du moyen âge.

Nous voyons que *Theodorus Rhodius* est appellé aussi *Theodorus Gadaraus*; Gadare estoit le lieu de sa naissance & Rhode celuy de son sejour. Sans cette connoissance, on est en danger d'en faire deux Auteurs differens comme il est arrivé au sujet d'*Apollonius Rhodius* l'Auteur des Argonautiques. Il est surnommé l'*Egyptien* par Theophile Evêque d'Antioche, *Alexandrin* par Suidas, *Naucratique* par Elien & Athenée. Le dénoüement de ces difficultez est qu'Apollonius estoit natif de Naucratis en Egypte, qu'il avoit demeuré quelque temps à Alexandrie, & qu'il s'estoit enfin retiré à Rhode où il professa la Rhetorique, & acquit le droit de Bourgeoisie. Quel moyen de se mettre à l'épreuve de la surprise dans une si grande confusion, puis qu'un homme aussi clairvoyant qu'estoit Meursius dans la connoissance des Auteurs Grecs, n'a pû s'en deffendre, lors qu'il a pris *Apollonius Alexandrinus* & *Apollonius Rhodius* pour deux Auteurs differens? J'ajouterai encore l'exemple de Denis le Grammairien dont Suidas fait mention dans son Lexicon. Cet Auteur s'appelle indifferemment *Dionysius Thrax*, *Dionysius Alexandrinus*, & *Diony-*

3. Part. Ch. 1.
Quintil. lib. 3. Instit. c. 1.

Lib. 3 ad Autolyc. pot Just. M. opera

Voss. de Histor. Græc. l. 1. c. 16. p. 101.

sius Rhodius. Si Strabon n'y a pas esté trompé, ce qu'il en a dit a esté capable d'en tromper d'autres, lors qu'il a écrit de ce Denis & d'Apollonius, qu'ils estoient tous deux *Alexandrins*, mais que l'on ne laissoit pas de les nommer *Rhodiens*. Parmi les Chrétiens nous voyons que *Clement Alexandrin* est appellé quelquefois *Clement Athenien*, parce qu'Athenes estoit le lieu de sa demeure.

Les Auteurs & particulierement les Sophistes qui sembloient estre plus susceptibles de vanité que les autres quittoient volontiers le nom qu'ils avoient receu d'abord du lieu de leur naissance pour prendre celuy de quelque ville celebre dans la pensée que cela pouvoit donner un nouvel éclat à leur reputation. C'est pourquoy Nicolas de Damas prétendoit se faire un merite de la modestie qu'il avoit eüe de ne pas prendre un nom d'une ville plus illustre qu'estoit celle de sa naissance. Il se moquoit des Sophistes de son temps qui achetoient le droit de pouvoir se nommer *Atheniens* ou *Rhodiens*, à cause de l'obscurité de leur patrie. Il ajoûte dans ce qui nous reste de ses Ouvrages que quelques-uns avoient porté la folie & la vanité jusqu'à composer des Livres entiers pour persuader au Public qu'ils n'estoient point du lieu où on les avoit vu naistre, mais de quelqu'une des premieres & des plus anciennes villes de la Grece; & il ne met point de difference entre ceux qui renoncent leur patrie pour son peu de nom, & ceux qui ont honte d'avoüer leurs parens pour leur pauvreté. Aussi voyons-nous que Joseph l'Historien des Juifs vouloit faire un crime à son Adversaire Apion le Grammairien de ce qu'estant d'Oasis en Egypte, il se faisoit nommer *Alexandrin* du lieu de sa demeure comme s'il eût voulu abjurer sa patrie & sa parenté.

3 Part. Ch. 1.

Lib. 2. contra Apion.

Voss. de de Hist. Gr. l. 2. c. 7 Jonf. de Phil. Hist. l. 1. c. 2.

Les Auteurs de moyen âge n'ont pas esté plus scrupuleux sur cette pratique; & personne ne s'est encore avisé de les taxer de vanité, ou d'ingratitude envers la Patrie. On n'a jamais eu cette pensée ni de *S. Antoine de Pade ou Padoüe*, ni de *Vincent de Beauvais*, ni de plusieurs autres Religieux, qui n'ont point fait difficulté d'adopter les noms des lieux de leur demeure; & l'on n'a point dû obliger ces pieux Personnages à se rendre garants de l'erreur de ceux qui ont pris *Ant. Ulissiponensis*, &

3. Part. *Vinc. Burgundus* pour des Auteurs dif-
Ch. 1. ferens de S. Ant. de Pade & de V. de Beauvais.

Du nom de Fief ou de Seigneurie.

§. III. La maniere de se nommer du nom des Terres que l'on possede n'étoit point connuë aux Anciens. C'est un usage que la multiplication des enfans & la propagation des familles ont établi dans les siecles posterieurs. Depuis on a vû de simples acquisitions, de simples contrats de vente produire le même effet, & donner le droit de prendre le nom avec la joüissance ou les pretentions de la Terre. Les Auteurs ne se sont pas distinguez du reste des hommes en ce point, & ceux de France plus que tous les autres, pour se conformer à l'usage de la Nation, ont toujours eu soin de mettre à la teste de leurs Livres les noms de Fief & de Seigneurie qui servoient à les faire connoistre dans le monde. Mais plusieurs pour s'estre contenté de mettre en d'autres rencontres le nom seul de leur famille, ou pour n'avoir pas toûjours été uniformes dans la maniere d'énoncer les deux noms ensemble, ont donné lieu à diverses méprises, sur tout parmi les étrangers, qui ont esté obligez de les citer en Latin, ou qui n'ayant pas une connoissance suffisante de nos usages, ont pris le nom moins connu pour celuy qui servoit ordinairement à nommer ces Auteurs. C'est ce qui fait que dans les écrits de ces étrangers on trouve par exemple comme deux Auteurs differens l'un de l'autre, *Monsieur du Plessis*, & *Philippus Mornaus*; *Monsieur de Meziriac*, & *Claudius Gaspar Bachetus*; *Monsieur des Bordes*, & *Josias Mercerus*; *Monsieur de Boisrobert*, & *Franciscus Metellus*; *Monsieur de la Chambre*, & *Marinus Curaus*; *Monsieur du Cange*, & *Carolus Fresnaus*; & grand nombre d'autres noms, dont la duplicité est un piege pour les étrangers, quoy que les Auteurs qui les ont portez n'ayent jamais songé à se cacher ou à surprendre les autres. Quelques-uns de nos François quoy que plus accoutumez à cet usage, n'ont pas laissé de se trouver quelquefois la duppe de cette diversité. Ils n'ont pas sçû tous que Monsieur de *Champ-Gobert*, & que M. de *Savoye* fussent les mêmes que deux de Messieurs *Pithou*; que M. de *Chant-d'oiseau* fust l'un de Messieurs de *Sainte Marthe*; que le sieur *des Essarts* fust le même que le sieur *Herberay*; que le sieur *du Fossé* fust le même que

Robert Estienne le jeune; que le sieur *de Bessy* fust le même que M. *Frenicle*; que le sieur *du Saussay* fust le sieur *de l'Etoile*; que le sieur *de la Popeliniere* fust le sieur *Voysin*. Et nous avons vû en ces dernieres années diverses personnes qui ont fait difficulté de vouloir confondre M. *de S. Amant* avec M. *Tristan* (Jean); M. *de S. Sorlin* avec M. *des Marets* (Jean); M. *de Gomberville* avec M. *le Roy* (Marin); M. *d'Andilly* avec M. *Arnaud* (Robert); M. *Despreaux* avec M. *Boileau* (Nicolas), &c. parce qu'effectivement il s'est trouvé d'autres Tristans, d'autres des Marets, d'autres le Roy, d'autres Arnauds & d'autres Boileaux qu'eux qui ont vécu en même temps dans la Republique des Lettres.

Nos Auteurs déguisez ont crû pouvoir profiter de la liberté où l'on est de prendre de ces noms de fief ou de Seigneurie pour se cacher, principalement lorsqu'ils n'estoient connus dans le monde que sous le nom de leur famille. C'est ainsi que le Jurisconsulte Fr. Hotman s'est appellé Fr. *Villierius*, quoy que son fils se soit appellé depuis *de Villiers* sans déguisement. C'est ainsi qu'on a vû Henry Estienne caché sous le nom du

Sieur *de Griere*; Noël du Fail sous celuy du Sieur *de la Herissaye*; Guillaume de la Taissonniere sous celuy du Sieur *Chanein de la Tour des Moles*; M. Tristan de S. Amant sous celuy du Sieur *Crapin*; M. le Roy sous celuy du sieur de *la Tour*; M. Thomas sous celuy du sieur *de la Motte*, &c.

§. IV. Enfin l'on peut conter parmi les noms de lieux ou de pays substituez à ceux de la famille ceux que les Auteurs ont retenus du lieu de leurs Benefices. Mais ces noms loin de contribuer à cacher ces Auteurs, semblent n'avoir esté pris que pour les faire connoistre encore avec plus d'éclat que n'auroient fait ceux de leur famille, sur tout lors que ceux-cy se sont trouvez de moindre renom que ceux des Evêchez ou des Abbayes considerables.

Mais parce qu'il n'en est pas des Benefices comme des Fiefs & des Terres hereditaires, il sera toûjours à craindre que ceux des Prelats, des Abbez & des Prieurs qui n'ont pas eu soin de joindre le nom de leur famille à celuy de leur Benefice, ne donnent occasion à quelque desordre dans le discernement des Auteurs. C'est ce qu'il sera plus difficile d'éviter

à l'égard des Benefices qui ont esté pos-
sedez par plus d'un homme de Lettres
de l'espece de ceux qui se mettent au
rang des Auteurs.

Il en pourroit aussi arriver principalement chez les Etrangers, tant par la permutation que par la pluralité de ces Benefices. Car enfin les étrangers qui ne sçauront pas l'Histoire Ecclesiastique de France en ces derniers temps, ne devineront peut-estre pas que M. *du Puy*, M. *d'Evreux*, & M. *Maupas du Tour* ne font qu'un seul Auteur; que M. *de Grasse*, M. *de Vence*, & M. *Godeau* n'en font pas trois; non plus que M. *de Coûserans*, M. *de Toulouze* & M. *de Marca* qui est mort Archevêque de Paris. Ils ne seront pas obligez de sçavoir que M. *de Thiron* n'est autre que Philippes des Portes Abbé de deux autres lieux differens de Thiron. Pour M. l'Abbé *de Villeloin*, on n'est pas pas fort en danger de le diviser d'avec M. l'Abbé de Marolles : mais nous connoissons des gens qui ont crû sur la foy de la diversité des noms que l'Abbé *d'Aubignac* estoit different de l'Abbé Hedelin, l'Abbé de *S. Germain* de l'Abbé de Morgues, le sieur *Melrose* du fameux Caramuel, le sieur de *S. Lau-*

vent de Hugues Feüillet, &c. Ces Auteurs nous auroient garantis de cet embarras s'ils ne s'estoient fait appeller que d'un seul nom. Conrad de Lichtenau a esté plus de 300. ans inconnu parmi les gens de Lettres, quoy qu'il ait passé durant tout ce temps pour un des Historiens d'Allemagne les plus connus sous le nom de l'Abbé d'*Ursperg*. Personne ne l'a coupé en deux, parce que personne n'avoit oüy parler de *Conrad de Lichtenau*. Mais d'un autre costé *Philippus ab Eleemosyna*, qui d'Archevêque de Tarente estoit devenu Moine de Clervaux sous S. Bernard, puis Abbé de l'Aumône au Diocese de Chartres, a esté confondu long-temps avec *Philippus ab Eleemosinâ* Abbé de Bonne-Esperance aux Paysbas de l'Ordre de Prémontré, parce qu'il n'a point pris d'autre nom qui fust propre à le distinguer d'avec celuy-cy.

Mais ces inconveniens ne nous empêcheront pas de reconnoistre que les noms pris du lieu des Benefices que l'on possede, n'ont jamais été commodes pour déguiser les Auteurs, sur tout lors qu'ils sont assez considerables pour donner quelque rang de distinction. Neanmoins lors que ces lieux sont ob-

marginalia:
3. Part. Ch. 1.
Aversperg. Abb. de Premontré Diocese d'Ausb.
Aujourd'huy le petit Cisteaux.

scurs ou sans éclat, les Auteurs n'ont point fait difficulté de les prendre, pour se cacher en supprimant ceux qu'ils portent ordinairement. Par cette raison M. *le Prieur de Bolleville*, qui vient de se mettre au rang des Auteurs, n'auroit peut-être jamais trahi M. Simon, si ses Lecteurs n'avoient pas trouvé encore autre chose que le Prieuré de Bolleville au pays de Caux, qui convînt à M. Simon dans le livre qui porte ce nom inconnu.

CHAPITRE II.

2. Maniere. *Prendre le nom d'autruy pour se déguiser, sans faire injure à la personne dont on l'emprunte. Défense de cette pratique contre un Auteur déguisé. Emprunter des noms heureux, des noms de credit & d'autorité. Prêter son nom aux Auteurs pour de l'argent.*

§. I. IL semble que les noms d'autruy, qui servent à cacher les Ecrivains, ne doivent point passer pour des masques d'Auteurs, lors qu'on ne les employe pas contre le gré de ceux dont on les emprunte, s'ils sont encore vivans, ou pour faire tort à leur memoi-

re, s'ils sont morts. Je parle suivant la
pensée de ceux qui veulent que l'on
traite le terme de masque avec la dernière rigueur, & qui pretendent que
l'usage des masques n'a esté inventé
que pour avoir la licence de médire &
de déchirer impunément la reputation
des autres. Mais depuis que l'usage en
est devenu plus honnête, on peut dire
qu'il n'y a plus de deshonneur à prêter
son visage & son nom pour des sujets
legitimes, lors qu'il n'y va point du préjudice de la verité, ou de la charité, ou
même de la bienséance.

§. II. Un Auteur déguisé sous le
nom de P. Aurelius, que le Pere Sirmond a pris pour M. Aubert, s'est
beaucoup échauffé à nous persuader
qu'il est moins permis de prendre le
nom d'Autruy pour se cacher, que d'en
feindre un qui ne convienne à personne. On ne peut nier qu'il n'ait eu raison de soûtenir qu'un Auteur n'est pas
moins masqué sous un nom emprunté
& fait pour un autre, que sous un nom
forgé à plaisir & par quelque caprice
d'imagination. Mais c'est par un zele
outré qu'il a pretendu blâmer cette pratique dans ses Adversaires, & l'on ne
doute pas qu'il n'ait poussé sa Rheto-

rique trop loin, lors qu'il a fait tourner ses Antitheses contre eux à l'avantage de ceux qui en ont usé autrement pour se déguiser. *Hoc enim*, dit-il, *inter vos & alios interest, quod aliorum larvæ inanes & emortuæ sunt: vestræ vivunt & spirant. Aliæ ludicram nescio quam veritatis imaginem habent: vestræ homines ipsos in larvas vertunt, & ad fallendum ipsâ quodammodo veritate abutuntur.*

Si cet Auteur a prétendu blâmer cette pratique sans distinction des motifs & sans examen des raisons, il s'est jetté luy-même dans le tort où il a voulu faire tomber ses Adversaires. Il devoit considerer qu'il y a souvent eu des raisons tres-honnêtes & tres-legitimes d'emprunter les noms d'autruy.

Combien a-t-on vû de Parties parfaitement instruites de leur procés, ayant le talent d'écrire, dresser leurs Memoires & leurs Factums, & les publier sous le nom de leurs Avocats ? S'est-on jamais avisé d'y trouver à redire ? En a-t-on discontinué l'usage jusqu'icy ?

Combien de Controversistes, qui aprés avoir travaillé avec succés à la conversion des Grands de l'un & de l'autre sexe, ont publié sous les noms de quelques-uns de ces illustres Convertis les Motifs de leur retour à l'Eglise, les Expositions de leur foy, ou les Relations de leurs conversions ?

Combien d'occasions s'est-il trouvé ausquelles les Défenseurs de la verité, ou d'une bonne cause, auroient couru risque de la liberté, ou de la vie même, s'ils n'avoient eu recours à cet artifice innocent ? Je ne veux alleguer à P. Aurelius que l'exemple de Nicolas Harpsfeldt, retenu dans les prisons d'Angleterre pour la Foy Catholique. Il luy en auroit coûté la vie, s'il avoit fait imprimer son livre sur les lieux; & il ne luy auroit presque pas esté possible d'en cacher l'Auteur, quand il se seroit rendu Anonyme. Il ne se seroit pas rendu moins suspect en feignant un nom qu'on n'eût pû attribuer à personne. Mais ayant trouvé moyen d'envoyer son ouvrage à son ami Alanus Copus, qui estoit en exil hors de l'Angleterre, il le pria de le faire imprimer sous son nom dans un pays Catholique, afin que le nom de Copus, qui estoit connu en Angleterre, pût détourner le soupçon de sa personne. Ce qui luy réüssit.

Blâmera-t-on des Auteurs qui voulant laisser voir le jour à des ouvrages qui n'ont pas de rapport à leur profession, ont emprunté les noms des personnes qui estoient de la profession; sur tout lors qu'on avoit leur consentement, & qu'il s'agissoit de leur faire honneur ? S'est-il trouvé rien de plus innocent que la conduite de deux Magistrats illustres, qui ont mis le nom d'un Jardinier à un livre du jardinage, qu'ils avoient fait durant leurs recreations ?

Mais s'il falloit justifier cet usage par les exemples de ceux qui ont pris le nom d'autruy avec des raisons legitimes, on peut dire que leur nombre & leur poids seroit capable d'accabler ceux de l'opinion contraire. Nous ne leur alleguerions pas l'exemple de Jacob, qui prit le nom d'Esaü en une occasion qui estoit la plus importante de sa vie pour recevoir la benediction paternelle : parce qu'ils nous repliqueroient sur l'heure, que Jacob n'avoit pas pris le consentement de son frere, & que cet exemple seroit inutile à nôtre sujet. Mais que pourroient-ils opposer aux exemples d'une infinité d'Auteurs anciens & modernes, Seculiers & Reguliers, & en particulier à ceux des

PP. Jésuites, des PP. de l'Oratoire, de MM. de Port-Royal, qui ont mis sans scrupule le nom de leurs confreres, de leurs parens, ou de leurs amis à la teste de leurs Ouvrages, sans que ceux-cy ayent formé aucune plainte contre cette liberté.

§. III. S'il y avoit quelque chose à redire dans la conduite des Auteurs qui se couvrent du nom d'autruy, il semble que cela ne devroit arriver que dans le cas de supposition ou d'imposture. Mais il y auroit de la dureté à faire passer toutes les suppositions de cette nature pour autant de crimes.

Lorsque la supposition est de nulle importance pour la reputation de la personne dont on prend le nom, ou pour la matiere de la chose qui luy est supposée;

Lors qu'on n'employe le nom de quelque personne de merite ou de reputation, que pour tâcher de l'imiter, ou de representer ses sentimens ;

Lors qu'on n'a point eu d'autre intention que de donner à son ouvrage quelqu'un de ces noms heureux des Anciens, qu'on croit pouvoir tenir lieu de bons augures ;

Lors enfin qu'on n'a songé qu'à procurer plus de credit & d'autorité à son ouvrage, sans abuser d'ailleurs ni du nom qu'on emprunte, ni de l'attente d'un Lecteur : on peut dire que la supposition d'un nom d'Autruy n'a rien de plus criminel que la fiction d'un nom qui n'appartiendroit à personne.

C'est par quelqu'une de ces considerations que j'ay crû devoir ôter du nombre des Imposteurs divers Auteurs déguisez sous les noms des Anciens dans le Recüeil des Pseudonymes ; lors qu'il m'a paru que leur conduite n'avoit pas esté tout à fait serieuse sous ces apparences trompeuses, & que leur dessein n'avoit pas esté d'imposer jusqu'à la fin aux esprits des Lecteurs qu'ils vouloient tenir dans la suspension.

Les égards que j'ay eus pour le merite d'un celebre Mathematicien de nos jours, m'ont porté à le considerer sous le nom d'*Aristarchus Samius*, de la même maniere que nous envisageons d'autres Mathematiciens de ces derniers siecles sous les noms d'*Apollonius Gallus*, d'*Eratosthenes Batavus*, &c. quoique nostre Mathematicien eût dû à leur imitation appeller son Aristarque, *Gallus* plutôt que *Samius*, pour aller au-devant de l'imposture.

Il

Il est encore moins difficile de justi- 3. Part.
fier un Auteur moderne qui nous a vou- Ch. 2.
lu representer la Morale de Gerson sous
le nom de *Joann. Charlierius.* Quoi qu'il
ait emprunté ce nom de Gerson même,
il suffit qu'il n'en ait pas emprunté le
temps ni les autres circonstances qui auroient pû servir à le faire confondre
avec le vray Gerson.

Nous en pourrons dire autant en faveur d'un *Jean Reuchlin* second du nom,
qui sort actuellement de la presse. Il
n'y a point d'apparence que son Auteur
ait voulu supposer au vieux Reuchlin,
dit Capnion, qui vivoit à la fin du quinziéme siecle, les choses qu'il a écrites
contre un Adversaire qui pourra vivre,
Dieu aidant, plusieurs années dans le dix-
huitiéme siecle. Il suffira, pour nous faire demeurer dans cette pensée, de remarquer que le jeune Reuchlin n'a écrit
ni en Allemand, ni en Latin : mais que
son original est en une langue que le
vieux Reuchlin ne sçavoit point parler.

§. IV. Depuis que l'interêt est entré Prêter
parmi les considerations qui ont fait son nom
prendre la plume aux Auteurs, on ne pour de
doit plus estre surpris que l'Amour de l'argent.
l'argent ait pû faire des transactions
avec l'Amour de la gloire. Il n'est point

L

sans exemple, que des gens curieux de cette prétenduë gloire qui s'attache à la qualité d'Auteur, ayent négocié avec les veritables Auteurs pour acheter des Ouvrages tout faits, & payer le droit d'y mettre leur nom. On ne peut nier que les personnes qui sont entrées dans un commerce de cette nature, n'en ayent usé au moins avec plus de conscience que les Plagiaires, qui ne font pas difficulté de voler les ouvrages d'Autruy, & de les payer en injures. C'est en quoy je les trouve plus heureux qu'une Dame de qualité, à qui j'ay ouï desirer il y a quelques années qu'il luy fust permis d'acheter des enfans pour s'épargner la peine d'en faire.

Un Auteur qui se dépoüille volontairement de la proprieté de son Ouvrage en vendant sa qualité d'Auteur, ne reçoit aucune injure lors qu'il en reçoit l'argent : & je ne doute pas que plusieurs de nos Ecrivains mal-aisez ne donnassent souvent des preuves de ce que je dis, s'ils trouvoient souvent des Traitans pour écouter efficacement leurs propositions.

S'il étoit vrai que Nic. An. Stelliola eût reçu 100. piastres de *Ferrante Imperato* pour donner à celuy-cy la permission de mettre son nom à l'Histoire naturelle qu'il avoit composée touchant les metaux, les mineraux, les pierres, les plantes & les animaux, Stelliola auroit eu tort de vouloir revendiquer son Ouvrage, à moins que de restituer les 100. piastres. Les Critiques feroient de leur côté une injustice à l'Imperato de le troubler dans la possession de ce livre où il se trouveroit estre de bonne foy par sa convention. Leur censure auroit plus de lieu sur ceux qui achetent les Ouvrages MSS. des Auteurs aprés leur mort, afin de les publier sous leur nom, aprés avoir transigé de la reputation des defunts avec leurs heritiers. Il n'en est pas toûjours de ces sortes de Postumes comme des Orphelins à qui la bonne Police ne manque pas de procurer des Tuteurs capables de leur tenir lieu de Peres. Si l'Auteur defunt n'a point d'autres amis que des heritiers qui sont sans Lettres, & qui ne sont occupez que de la veuë de leurs propres interests, ses Ouvrages postumes courent risque de ne connoistre jamais leur Pere, & de porter le nom d'un étranger s'ils viennent à voir le jour.

Mais toute irreguliere que paroit la passion de porter la qualité d'Auteur

3. Part
Ch. 2.

en achetant le droit de mettre son nom à l'Ouvrage d'autruy, elle n'est pas encore si extraordinaire que celle qui soûtient les Auteurs dans la composition d'un Ouvrage jusqu'à sa fin, mais qui les abandonne lors qu'il s'agit d'y mettre leur nom. Quand des Écrivains de ce caractere réüssissent à faire des livres, ils rencontrent toûjours des personnes assez genereuses pour leur prêter leur nom gratuitement. Mais il faut avoir l'ame aussi haute qu'estoit celle du Cardinal de Richelieu pour vouloir achepter même le nom d'Autruy.

Donner de l'argent pour paroître Auteur d'un livre qu'on a fait, c'est une double misere qui ne manque pas d'être souvent sifflée par ceux qui trouvent encore la condition d'un Auteur trop miserable lors qu'ils n'y donnent que du temps. Mais recevoir de l'argent pour paroistre Auteur d'un Livre qu'on n'a pas fait, c'est une bonne fortune qui paroîtra double à ceux qui font consister le bonheur de ce monde à recüeillir les fruits des travaux d'autruy. Le dernier des hommes pour le rang, & le plus ignorant pour la capacité peut arriver tous les jours à ce double bonheur sans passer par aucun degré, pourvû qu'il ait un nom qu'il puisse prester, & une main pour recevoir de l'argent.

Monsieur Chapelain qui estoit Parisien, de l'Academie Françoise, & qui portoit la qualité de Conseiller du Roy en ses Conseils, n'estoit asseurément ni le dernier ni le plus ignorant des Hommes. Il n'avoit besoin ni du travail ni de la bourse d'autruy pour s'établir dans la reputation que son merite personnel luy avoit acquise. Cependant il eut un jour la confusion de se voir tenté sur ce sujet par le Cardinal de Richelieu, qui le fit prier de luy prester son nom pour une Piece de Theatre de sa composition, ajoûtant qu'*en récompense il luy presteroit sa bourse*.

Monsieur d'Ablancourt dans le temps qu'il estoit du nombre des Catholiques en usa aussi genereusement, & peut-estre plus charitablement que le Cardinal à l'égard d'un de ses amis qui s'estoit trouvé dans le besoin aprés être sorti de son Couvent. La necessité d'assister cet amy le surprit dans un temps où il manquoit d'argent. N'ayant donc pas de bourse à luy offrir, il luy dit à peu prés ce que Saint Pierre dit au Pauvre qui luy demanda l'aumône ; &

3. Part.
Ch. 2.

Hist. de l'Acad. Franc p. 117.

Le P. du Bosc. Cordel. Prædic.

L iij

il s'avisa de luy donner une Traduction Françoise des Sermons du P. Narni pour en disposer comme de son bien, & d'en tirer ce qu'il pourroit des Libraires. L'amy pouvoit traiter avec le Libraire pour son profit en conservant le nom de Monsieur d'Ablancourt. Mais celuy-cy poussa la generosité jusqu'au bout, en permettant à son amy d'y mettre son nom, afin qu'il pust avoir encore l'honneur du Livre avec le profit.

CHAPITRE III.

Suite de la maniere de prendre le nom d'Autruy pour se déguiser. Usage de cette maniere entre les Parens, les Alliez, & les autres personnes unies ensemble par des engagemens & des relations particulieres.

1. Des Peres qui prennent le nom de leurs enfans.

2. Des Freres qui prennent le nom de leurs Freres, & des Sœurs qui prennent le nom de leurs Freres.

3. Des femmes qui prennent le nom de leurs Maris, & des Maris qui prennent celuy de leurs Femmes.

4. *Des Maistres ou Seigneurs qui prennent le nom de leurs Domestiques; & des Domestiques qui prennent celuy de leurs Maistres.*   3. Part. Ch. 3.

5. *Des Maistres ou Precepteurs qui prennent le nom de leurs Ecoliers; & des Ecoliers qui prennent celuy de leurs Maistres.*

Les Relations particulieres qui sont formées par la Parenté, par l'Alliance, & par d'autres liaisons de societé qui font dépendre les hommes les uns des autres, meritent qu'on mette de la distinction entre l'emprunt des noms qui se fait parmi ces Relations, & celuy qui se fait avec des Etrangers. Il semble que le déguisement est moins grand, & que ce n'est changer de nom qu'à demi, à cause de l'usage commun de plusieurs choses, qui est comme une suite de la communauté des biens.

§. I. Ainsi il s'est trouvé des peres qui n'ont point fait difficulté d'emprunter les noms de leurs enfans, sur tout lors qu'il a esté question de publier quelque ouvrage plus capable de faire honneur au fils qu'au pere.

Il n'est pas surprenant qu'un homme avancé en âge, meuri par l'experience

3. Part.
Ch 3.
des affaires, & placé en quelque rang où la gravité ne doive pas le quitter, puisse recourir à un artifice de cette nature, lors qu'il veut publier quelque ouvrage de jeunesse. Mais je crois que c'est par d'autres considerations que le Marquis de Trocifal, l'un des grands Seigneurs de Portugal, qui a eu les premieres Charges de la Cour d'Espagne sous le Roy Philippes IV. a pris le nom de son fils aîné Dom Antoine Suarez de Alarcon, Chevalier de l'Ordre de Calatrava, pour publier ses *Relations Genealogiques* de son illustre Maison & de ses alliances.

En 1655.
à Madrid
in folio

L'Envie, qui va quelquefois chercher les grands hommes jusqu'au berceau, & qui poursuit le merite dés qu'elle le voit naître, n'a point manqué de profiter de ce prétexte, lors qu'elle a eu occasion de faire rejetter sur les peres la gloire qui devoit revenir à leurs enfans pour des ouvrages où l'on voyoit les noms de ces derniers. Lorsque les enfans studieux & sçavans ont eu l'avantage d'avoir des gens de Lettres pour peres, l'Envie a souvent trouvé le moyen de rendre cet avantage préjudiciable à leur reputation naissante. On a vû de doctes enfans, qui pour s'estre

hâtez de produire les fruits de leurs 3 Part.
études avant l'âge, se sont trouvez en Ch. 3.
danger de perdre la recompense de
leurs travaux, parce que l'Envie les a
fait attribuer à leurs peres, toutes les
fois que ceux-cy ont pû devenir suspects avec quelque vraisemblance.

J'espere vous en produire quelques
exemples, Monsieur, dans un Traité   Il a esté
historique que je vous prepare pour imprimé
l'Esté prochain touchant les enfans de- depuis.
venus celebres par leurs études ou par
leurs écrits. Vous y verrez un Jacques
Ghilini Milanois soupçonné d'avoir
pris le nom de son fils *Camille*, pour
publier un Recuëil historique des Actions & des Paroles remarquables des
Anciens, traduit de l'original d'un Doge de Genes.

Vous y trouverez aussi l'Astronome
André Argoli, accusé sans raison d'avoir fait imprimer le Poëme de l'Endymion sous le nom de son fils, sous
prétexte qu'il n'auroit pas esté de la
bienseance d'un Mathematicien de paroître Poëte & Auteur d'un ouvrage de
jeunesse à son âge.

Enfin je vous y feray remarquer que
M. Descartes ayant vû le Traité des
Coniques, fait par le jeune M. Pascal,

L v

3. Part.
Chp. 3.

se moqua de ceux qui voulurent luy persuader que c'estoit l'ouvrage d'un enfant de seize ans, parce que le jeune Pascal estoit fils d'un pere sçavant dans les Mathematiques; & qu'il aima mieux soupçonner M. Pascal le pere d'avoir voulu faire passer cet ouvrage sous le nom de son fils, que de croire une chose, qui bien que veritable, ne paroissoit pas vraisemblable.

Prendre le nom du frere.

§. II. Les freres n'ont pas esté plus scrupuleux que les peres dans l'usage de prêter leur nom pour la publication des livres. Il faut avoüer que la liberté qu'ils ont prise à ce sujet, peut estre une dépendance du droit que la parenté leur donne mutuellement les uns sur les autres. Mais il semble que cette liberté n'ait pas dû dispenser celuy qui prêtoit le nom de reconnoître par des marques publiques qu'il n'estoit pas le veritable Auteur de l'ouvrage. C'est ce qui a esté pratiqué d'assez bonne foy par Christophle Besoldus Jurisconsulte Allemand, lors qu'il a prêté son nom aux Memoires de son frere; & par un Canoniste Espagnol, nommé Valentin de la Hera, qui a mis son nom à un Traité d'Astronomie composé par son frere. Mais nous ne pourrons nous empêcher de considerer les freres qui n'ont pas eu la même sincerité comme de veritables Plagiaires, si nous avons lieu de douter que les freres ayent sur le bien des freres le même droit que les enfans sur celuy de leurs peres.

3. Part. Ch. 3. Voyez l'exemple d'Octavius d'Isa.

Il y a une maniere d'emprunter le nom d'un frere, qui paroît d'autant plus digne d'approbation, qu'elle semble avoir plus de fondement sur les maximes de la modestie, ou de la prudence. Nous en trouvons l'usage beaucoup plus grand parmi les Reguliers que parmy les Seculiers, parce que l'état de ceux-cy ne les obligeant pas à des égards semblables à ceux que ceux-là doivent avoir, il leur a esté libre de produire sous leur propre nom ce que les autres auroient eu scrupule de faire par respect pour leur profession. Il s'en est trouvé même plusieurs que le mépris de la gloire a fait recourir à cet artifice par la crainte de recevoir dans ce monde, & de la part des hommes, une recompense vaine & passagere au lieu de celle qu'ils attendoient de Dieu pour l'autre vie. C'est ce qui m'a paru particulierement dans la conduite de divers Jesuites de l'Espagne & de l'Italie. Le Pere Jean Gondin Jesuite d'Aragon n'a point eu d'autre vûë lors qu'il a publié sous le nom de son frere *Laurent*, qui estoit dans le monde, la Guide spirituelle pour vivre & mourir dans la grace & dans l'amitié de Dieu. On en pourroit dire autant du Pere Jean Antoine Xarque Jesuite de la même Province, pour ce qu'il a publié sous le nom de son frere *François* touchant la vie de quelques Peres de sa Compagnie, & sur l'état miserable de la Maison d'Autriche : & d'un autre Jesuite Portugais nommé François Freyre, qui a pris le nom de son frere *Blaise de Pigna-Freyre*, pour publier en Latin & en Portugais l'Histoire & l'Office de sainte Elizabeth Reine de Portugal. Voila les traits de la modestie de ces Espagnols ; mais le Pere Baltasar Gracian en a donné un de sa prudence, lors qu'il a pris le nom de son frere *Laurent*, selon Nic. Antonio, pour ne point voir le sien au catalogue des Auteurs profanes.

Ce n'est pas le sentiment de M. A melot.

Cette pratique n'est gueres moins ordinaire en Italie, comme il paroît par les exemples des Jesuites qui ont pris les noms de *Laurent* Mirabel, *Marc-Antoine* Martinengue, *Octave* Pancirol, *Paul* Bisciola, &c. c'est à dire, des freres qu'ils avoient laissez dans le monde en le quittant.

3 Part. Ch. 3.

Mais hors les considerations que nous avons marquées, il faut avoüer que le zele pour la reputation de son frere en a porté peu d'autres à employer ces moyens, pour en faire revivre la memoire après la mort du frere. Les Auteurs de qui les generations sont toutes spirituelles, n'ont jamais pris pour eux la loy du Deuteronome, qui ordonne d'épouser sa belle-sœur lorsqu'elle est devenuë veuve sans enfans, & qui veut qu'au moins le premier né de cet engagement porte le nom du frere défunt, c'est à dire, qu'il soit reputé pour son fils.

C. 25. v. 5.

Il s'est trouvé dans la Republique des Lettres des freres d'une autre espece, & qui pour mieux se déguiser ont employé la fraternité au sens du Christianisme, où l'on peut dire que ceux qui ont Dieu pour Pere, peuvent se traiter mutuellement de freres. Mais on en a vû qui sous ce pretexte n'ont pas laissé de feindre une fraternité charnelle, en prenant le surnom même de leurs adversaires pour réüssir plus sûrement dans le dessein de se déguiser. C'est ainsi qu'un Jesuite d'Allemagne s'est appellé *Cunradus Andreæ, Jacobi frater*, quoique ce Jacobus Andreæ, dont il s'est dit le frere, fût un Protestant; & qu'un autre Jesuite de France a pris le nom d'*Andreas Scioppius Gasparis frater*, quoique Gaspar Scioppius ne fût point alors l'ami des Jesuites.

Enfin l'on a remarqué des sœurs qui ont emprunté le nom de leurs freres, pour laisser voir le jour à leurs ouvrages, soit pour favoriser leur propre modestie, soit pour tâcher par une veritable dissimulation de rendre moins extraordinaire une merveille qu'on admireroit davantage dans le sexe des femmes, que dans le nostre. Neanmoins les exemples en sont si rares, que je n'en ay pas encore trouvé que je puisse joindre à celuy de Mademoiselle de Scudery, qui a fait l'honneur à M. son frere de laisser paroistre quelques Romans sous son nom.

Prendre le nom de son mari.

§. III. Quant à ce qui regarde les femmes mariées, il faut avoüer que depuis qu'on a laissé introduire dans le monde l'usage de leur faire porter le nom de leurs maris, celles qui sont devenuës Auteurs, n'ont pas dû réüssir à vouloir se déguiser sous ces noms. Mais celles même qui en ont usé avec la plus grande ouverture de cœur, n'ont pas toujours eu soin de prévenir une espece de confusion qu'elles ont causée dans la Republique des Lettres, lors qu'elles ont commencé à paroître dés le temps qu'elles n'estoient encore que filles. Parce qu'on parloit de Mademoiselle de Parthenay Dame de Soubize, de Mademoiselle Deschamps, de Mademoiselle Seguier, de Mademoiselle de Clermont, de Mademoiselle de l'Aubépine, &c. avant qu'on eût connû dans le monde Madame de Rohan, Madame Servin, Madame de la Vergne, Madame de Retz, Madame de Villeroy, &c. la diversité des noms a esté un sujet de trouble dans l'esprit de ceux qui ne songeoient point à déveloper la naissance des Demoiselles d'avec le mariage des Dames.

Il a plû aux Dames sçavantes d'augmenter encore la confusion & l'embarras, lors qu'elles ont jugé à propos de passer à de secondes nopces. Mais on ne doit pas leur faire l'injustice de les accuser de ne s'estre remariées que pour tromper les connoisseurs en changeant de nom. C'est une malice dont on n'a jamais dû soupçonner celles du caractere de Mademoiselle des Jardins, qui aprés s'estre lassée de porter le nom de Madame de Villedieu, a trouvé le moyen de le changer contre celuy de Madame de Chatte.

Un Auteur de ce sexe, qui aura porté successivement le joug de sept maris, trouvera toujours dans l'Evangile de quoy répondre à ceux qui luy feroient des questions de Sadducéens pour l'état de l'autre monde. Mais si cet Auteur a composé des ouvrages dans tous les intervalles de ces catastrophes, on peut dire qu'il s'est exposé au danger de se voir couper en autant d'Auteurs differens, qu'il a pris de noms; ou de laisser prendre les sept noms qui luy seront échus depuis ses premieres nopces pour autant de masques servant à déguiser le nom de sa famille, qu'on luy avoit vû porter avant le premier des sept engagemens.

Neanmoins la conduite des femmes sçavantes, toute embarrassante qu'elle paroît dans le changement de leur nom en celuy de leur mary, ne doit point passer pour un déguisement, à moins qu'elles n'ayent vêcu dans les lieux & dans les temps où les femmes, nonobstant la societé conjugale, retenoient le nom de leur famille. Telle pourroit avoir esté la celebre Polla Argentaria, dont quelques Critiques croyent que nous lisons les vers en plusieurs endroits de la Pharsale sous le nom de son mary. C'est une opinion qui paroist n'avoir de fondement que sur la reputation qu'elle avoit d'aider son mari dans ses vers, & d'avoir retouché, corrigé & changé ses Poësies, & particulierement sa Pharsale aprés sa mort.

3. Part. Ch. 3.

Cette conduite ne paroistra pas si surprenante que celle des femmes qui se sont déguisées sous les noms des hommes étrangers, & sur tout des Dames seculieres qui ont emprunté celuy des Religieux, comme on prétend qu'a fait l'illustre Comtesse d'Aranda en Espagne, lors qu'elle engagea un Ex-provincial des Augustins du Royaume d'Aragon à luy prester son nom pour le mettre à la teste de ses Ouvrages.

Luisia de Padilla. Petr. Henr. Pastor.

Mais il n'est rien de plus rare que de voir des maris emprunter le nom de leurs femmes pour paroistre Auteurs; & sans ce qu'on a publié des complaisances de M. Colletet pour sa Claudine qui se picquoit de faire des vers, nous pourrions nous persuader que la chose seroit encore sans exemple.

§. IV. Les Princes & les autres Per-

3. Part. Ch. 3. Prendre le nom des domestiques ou des Maîtres.

sonnes qui se sont trouvées sur les premiers rangs dans le monde, n'ont pas toûjours crû que les Sciences & la Profession des Lettres fussent à leur bienseance. Parmi ceux qui ont établi le contraire par leur propre experience, il s'en est trouvé plusieurs qui n'ont pas eu le loisir, ni souvent même la volonté d'acquerir la qualité d'Auteur. Dans le petit nombre de ceux qui n'ont pas dédaigné de prendre la plume, on en a remarqué quelques-uns qui n'ont pas eu honte de se couvrir du nom de leurs Domestiques pour publier leurs ouvrages, sur tout lors qu'ils y estoient personnellement interessez. C'est ainsi que l'Empereur Adrien en a usé à l'égard de l'un de ses Affranchis, nommé *Phlegon*, que l'on pretend n'avoir esté en reputation d'Auteur que par le travail de son Maître. C'est peut-être de la même maniere que *Jean Gobelin*, que quelques Auteurs ont pris mal à propos pour Gobelinus Persona, a prêté son nom au Pape Pie II. son Maître pour les Commentaires Historiques de ce qui s'est passé sous son Pontificat.

On sçait assez maintenant que *Matthæus Tortus* estoit le Chapelain du Cardinal Bellarmin, & que *Gu. du Puy* estoit l'Aumônier d'Arnaud de Pontac Evêque de Bazas. Mais Tortus & du Puy ne sont que des noms empruntez par Bellarmin & de Pontac, pour tenir lieu d'Auteurs à des ouvrages de controverse. Monsieur Cujas en a usé de même à l'égard de *Marchand* son valet, dont il s'est contenté de tourner le nom en Latin.

On veut que le sieur de *Hedouville*, que les Etrangers font passer pour le premier Auteur des Journaux des Sçavans, n'ait esté autre que le serviteur de M. Sallo Conseiller au Parlement en la quatriéme des Enquêtes : & l'on prétend que *Pierre Bessin*, qui est consideré comme l'Auteur de l'*Index* des noms propres qui se trouvent Latinisez dans l'histoire de M. de Thou, n'estoit que le domestique du fils du President de Thou, quoique cet ouvrage passe pour le travail de l'un de Messieurs du Puy.

Du reste il ne faut pas douter que la fourbe ne soit quelquefois entrée dans cet usage par les pratiques serviles des domestiques des Sçavans. C'a esté quelquefois sans la participation des Maîtres, que leurs ouvrages ont porté le nom de leurs Valets ou de leurs Secretaires. En un mot il semble que cet usa-

3. Part. Ch. 3.

Frere du Conseiller de la premiere.

ge ait donné lieu à des vols domestiques. C'est de ce nom que quelques Auteurs modernes ont qualifié l'action de *Cnæus Flavius* Secretaire d'Appius Claudius du temps de la Republique Romaine, quoique la chose soit contestée entre les Critiques, & que plusieurs estiment que les dignitez de Tribun du Peuple, de Senateur & d'Edile, dont on a crû devoir honorer le livre qui portoit son nom, estoient plutôt la recompense de son travail, que de son vol. On ne s'interessera pas tant à la reputation de *Pierre Belon* Manseau, valet du sçavant mais infortuné Pierre Gilles. Mais comme il ne s'agit pas icy des Plagiaires, il n'est point à propos d'entrer dans la discussion de l'affaire de ces voleurs domestiques.

Aprés tout, il est beaucoup moins rare de voir les Domestiques écrire sous le nom de leurs Maîtres, & particulierement ceux qui ont fait la fonction de Secretaires ou d'Hommes de Lettres. Mais on auroit eu tort d'y chercher matiere de déguisement, puisque c'est un usage generalement établi & reçu du Public dans toutes sortes de temps. On est assez persuadé que les Princes sur tout, & les personnes publiques n'ont

3 Part. Ch. 3.

Apud Thomasium ex Pomponio & aliis pag 187.

contribué souvent que de leur consentement & de leur autorité aux ouvrages qui portent leur nom. *Theodoric* Roy des Oftrogots n'a trompé perfonne en employant la plume de Caffiodore ; & le nom de l'Empereur *Frederic II.* n'a point empêché qu'on ne reconnût le ftile de Pierre des Vignes.

Ce n'eftoit point par un efprit de diffimulation que Pierre de Damien mettoit le nom du Pape *Alexandre III.* à ce qu'il écrivoit fous luy & par fon ordre ; & l'on peut dire que lorfque le Bembe s'étudioit à polir ce qu'il écrivoit fous le nom du Pape *Leon X.* il efperoit de la fidelité de fon ftile qu'il feroit toujours affez reconnoître celuy à qui eftoient dûs les fruits & la gloire de fon travail. Saint *Charles Borromée*, à qui les fonctions Epifcopales ne laiffoient pas le loifir d'écrire, s'eft contenté de donner fon nom au Botero, en luy abandonnant le refte.

Il faut neanmoins excepter les Maîtres qui ont efté en reputation de doctrine, & qui ont affecté de porter la qualité d'Auteur par eux-mêmes. S'il eft vray que *Charlemagne*, qu'*Alfonfe* Roy de Caftille, que *Henry VIII.* Roy d'Angleterre ayent employé la plume de leurs domestiques pour des ouvrages qu'ils ont honoré de leur nom, le droit qu'ils ont eu d'en user de la sorte, n'ôte pas cet air de déguisement qui s'est trouvé dans la volonté qu'ils avoient euë de faire croire au Public qu'ils en étoient les veritables Auteurs.

Prendre le nom de son Ecolier, ou de son Maître.

§. V. La liberté que les Maîtres ont presque toujours prise de couvrir leurs compositions du nom de leurs Ecoliers, est une des moins surprenantes d'entre les manieres de se déguiser sous le nom d'autruy. Ils ont tant d'occasions d'en user ainsi sans déguisement, qu'il est assez difficile de les trouver veritablement déguisez sous le masque de leurs disciples; sur tout lors qu'il n'est question que de pieces de College, faites pour réduire en pratique les regles de la Grammaire, de l'Art Poëtique, ou de l'Art Oratoire. On est tout accoutumé à confondre la part du Maître avec celle de l'Ecolier; & s'il faut attribuer le tout à l'un des deux, on est bien moins porté à donner une piece à l'Ecolier seul, quand elle est mauvaise, qu'à l'adjuger toute entiere au Maître, quand elle est bonne.

Mais le déguisement dont les Maîtres sont capables à l'égard du Public, regarde principalement les ouvrages d'érudition ou de raisonnement, sur tout lors qu'ils choisissent le nom d'un Ecolier, qui peut mettre la chose en doute par l'opinion où l'on est de sa capacité ou de son esprit.

Les uns ont eu recours à cet artifice, lors qu'ils se sont trouvez engagez à la défense de leurs personnes ou de leurs propres Ecrits, persuadez qu'on en auroit meilleure opinion de leur desinteressement, & qu'il seroit aisé de faire attribuer la chose au zele que les disciples ont témoigné de tout temps pour l'honneur de leurs Maîtres C'est dans cette veuë que Gisbert Voet fut accusé par M. Descartes d'avoir pris le nom de *Martin Schoockius* son disciple, pour écrire en sa faveur contre la nouvelle Philosophie. *Godefroy Driell* de Nimegue prêta son nom à son Maître Busée pour la publication de l'Apologie que ce Pere avoit faite du livre qu'il avoit composé en faveur du Chappelet. Et le Pere Augustin Vasquez emprunta celuy de son Ecolier *Loüis de Salvatierra* en Espagne, pour défendre les droits du College des Jesuites de Cadiz en Andalousie.

Les autres y ont esté portez par l'affection qu'ils avoient pour leurs difciples, soient qu'ils ayent esté curieux de faire voir que leurs leçons ne leur avoient pas esté inutiles, soit qu'ils ayent crû que la gloire des ouvrages qu'ils vouloient leur faire attribuer, fût plus à la bienseance de leurs Ecoliers, qu'à la leur. C'est ainsi que le Pere Hortense Scamacca avoit voulu publier d'abord ses Tragedies Italiennes sous le nom de *Martin la Farina*, & de quelques autres de ses disciples, qui avoient eu soin de ramasser & de conserver ces pieces. C'est ainsi que le Pere Darius Tambourelli a fait passer ses Questions Philosophiques pour l'ouvrage de son Ecolier *Octave Farnese* fils du Duc de Parme, & que le Pere Honorat Fabri a publié quelques parties de sa Philosophie Demonstrative sous le nom de *Pierre Mousnier*, qui avoit esté son Ecolier. On a soupçonné d'une pareille tendresse le celebre Sanctius, ou son gendre Balthasar de Cespede à l'égard de *Laurens Ramirez de Prado*, qui avoit étudié sous l'un & sous l'autre : & l'on a crû que le livre intitulé *le Pentecontarque*, qui porte le nom de Ramirez, estoit l'ouvrage de Sanctius ou de Cespede, ou mesme de tous les deux ensemble.

Mais de tous les Maîtres affectionnez à leurs Disciples on n'en a peut-être pas vû qui ayent esté plus zelez que Charles Sigonius pour leur acquerir de la reputation par la voye des livres. Ce que nous avons touchant l'état & l'histoire de la Pologne sous le nom de *Joan. Crassinus*; ce que nous avons touchant les droits ou les titres de Philippes d'Autriche, second du nom, Roy d'Espagne sous le nom de *Jacob. Mainoldus Galeratus*; ce que nous avons touchant le Senat Romain sous le nom de *Joan. Sarius Samoscius*; ce que nous avons sur les Epîtres de Ciceron sous le nom d'*Hieronymus Ragazonius*; enfin ce que nous avons de Scholies sur les Oraisons du même Ciceron sous le nom de *Bernardinus Lauretanus*, sont autant d'ouvrages composez par Sigonius: & Crassini, Mainoldo, Ragazzoni, Loredano & Zamoieski estoient autant d'Ecoliers de ce bon Maître.

Mais pour prendre le change des Maîtres aux Ecoliers, on peut remarquer que ces derniers ont fait quelquefois par respect & par reconnoissance pour leurs Maîtres ce que les premiers ont fait par affection pour leurs Ecoliers. Plusieurs ont crû qu'Arrianus de

3. Part. Ch. 3.

M

3. Part.
Ch. 3.
Nicomedie avoit pris le nom de son Maître *Epictete*, pour en publier les sentimens, tels que nous les avons. On sçait ce qu'ont fait les Ecoliers du celebre *Vatable*, qui n'a point écrit ce que ces zelez disciples ont recüeilli & publié sous son nom. Enfin on n'ignore pas la peine que Melancthon s'est donnée pour faire vivre la memoire de son Maître *Jean Carion*. Il semble qu'il n'y ait gueres que le respect ou la reconnoissance qui l'ait dû porter à mettre son nom à un ouvrage, dont il ne restoit presque plus que le dessein qui pût appartenir à Carion aprés les soins qu'il avoit pris de le refaire entierement.

CHAPITRE IV.

3. Maniere. *Se former des noms Patronymiques, à la façon des Anciens, sur le nom du pere, de la mere, du grand-pere, ou de quelque autre d'entre les Ayeux. Usage des Auteurs parmi les peuples de differens lieux.*

LEs gens de Lettres, qui ont crû que pour mieux se maintenir dans la reputation de Sçavans, ils devoient affecter une grande connoissance de l'Antiquité, n'ont pas oublié de faire revivre les usages des Anciens touchant la maniere de se donner des noms. C'est peut-être ce qui a donné lieu à une partie des noms *Patronymiques*, dont plusieurs Auteurs se sont qualifiez dans ces derniers siecles. Ce seroit nous resserrer dans les termes d'une exactitude trop scrupuleuse, si par les noms *Patronymiques* on pretendoit nous réduire à ne comprendre que les noms formez à la Grecque sur le nom propre d'un pere ou d'un grand-pere, tels que pourroient estre ceux d'*Alcides*, de *Tydides*, d'*Æacides*. On nous permettra de rassembler sous ce terme les noms que les enfans, ou les autres descendans ont pris de ceux dont ils tenoient la vie immediatement, ou non, quelque inflexions & quelque terminaison qu'il ait plû à ceux qui les ont portez de leur donner dans leur langue.

Les anciens Grecs avec leurs terminaisons en *ides* ou leurs cas obliques; les anciens Romains avec leurs terminaisons en *ius* pour les noms qui marquoient la *Maison*, & non pas la famille, n'ont apporté aucun trouble par leurs noms *Patronymiques*. Mais aprés

Genit. v.g. Plato Aristonis.

Gentif.

la décadence de la Republique, & sur tout depuis le siecle des Antonins, le changement de cette methode a mis de la confusion dans ces sortes de noms. Ce qu'ils appelloient *Prénoms*, devint inutile pour les distinguer dans la parenté. Les surnoms qui avoient servi à discerner les familles d'une même Maison, vinrent à se confondre. Les noms propres même des Maisons, quoique communs à plusieurs familles, vinrent à se perdre & à se dissiper, ou du moins à se disperser dans des races d'Etrangers, d'Affranchis, ou de Clients.

Dans les siecles suivans, & sur tout du temps des Empereurs Chrétiens, on fut plus curieux de noms *Patronymiques*: mais le zele qu'on témoignoit pour en porter plusieurs à la fois, sans en changer la terminaison ni l'inflexion, donna lieu à de nouveaux embarras. Les uns se sont contentez de celui du pere, & de celuy du grand-pere, comme saint Fulgence Evêque de Ruspe, dont le nom propre estoit Fabius, & qui s'appelloit *Claudius* du nom de son pere, & *Gordianus* de celuy de son grand-pere. Les autres ont porté celuy de l'oncle paternel & du grand-pere maternel, comme le jeune Symmaque fils du celebre Symmaque, dont nous avons les ouvrages. Il s'appelloit Quintus, du nom qui luy estoit propre, mais il s'appelloit encore *Flavianus*, du nom de son oncle, & *Memmius* de celuy de son grand-pere. D'autres ont eu des noms pris de parens encore plus éloignez, mais il est trop tard dans nostre siecle de vouloir démêler ces differences, dont on a perdu la connoissance de bonne heure.

Depuis le temps de ces Anciens il ne s'est peut-être pas trouvé de peuples qui ayent mis l'employ des noms *Patronymiques* en si grand usage que les Arabes. On peut dire au moins d'une tres-grande partie de leurs Auteurs, qu'ils nous sont beaucoup plus connus sous les noms de leurs peres, de leurs grands-peres, ou de quelque autre de leurs Ancêtres, que sous leurs noms propres. *Avicenna* & *Averroës*, qui sont si souvent dans la bouche & dans les écrits de nos Scholastiques Peripateticiens, ne sont que des noms *Patronymiques*, qu'ils ont corrompus, pour en faciliter peut-être la prononciation. Le premier ne marque autre chose que le fils de *Sina*, mais dont le nom estoit Abo Ali Al Sheich Al Ráïs ; le second ne veut dire que le fils de *Rush'd*, mais qui s'appelloit de son vray nom Abu'l'Walid Muhammed. De même le nom d'*Abdamir*, ou *Damir*, sous lequel on nous cite souvent un Auteur assez celebre nommé Kemal Eddin Muhammed fils de Musa, estoit celuy de son grand-pere: & ainsi de plusieurs autres *Patronymiques*, à la connoissance desquels on s'interesse peu parmy nous, hors ceux qui sont profession d'une érudition Arabe.

Les Auteurs Juifs n'ont peut-être pas donné moins d'exercice aux connoisseurs par leurs noms *Patronymiques*, lors qu'ils en ont pris encore d'autres que ceux de leurs peres en differentes rencontres, comme a fait le Rabin Abraham *Aben-Azuz*, qui s'est fait appeller quelquefois *Aben-Burghil*. Un autre Rabin nommé Moyse *Aben-Chabib*, ou Chaviv, n'a point porté ce surnom *Patronymique* par la même raison que les Rabins Jacob *Aben-Chabib*, Levi *Aben-Chabib*, &c. Il estoit fils du R. Shem-Tobh, & Chabib n'estoit que l'un de ses Ayeux assez éloigné. Le nom de *Maimonide*, que nous donnons ordinairement au Rabin Moyse ben Maimon, est un *Patronymique* formé à la Grecque par les Auteurs modernes qui ont écrit en Latin ou en langues vulgaires de l'Eglise Occidentale.

Les Espagnols & les Italiens semb'ent avoir introduit, ou du moins pratiqué plus qu'aucune autre nation, l'usage d'une autre espece de *Patronymiques*, si le nom des femmes doit entrer dans ce genre. Il n'est rien de plus ordinaire parmi les Espagnols que de leur voir porter le nom de la mere, & quelquefois celuy de l'ayeule avec celuy de leur pere. C'est ce qui produit souvent une suite de quatre ou cinq noms. Mais cette suite se trouve embarrassante pour la connoissance des Auteurs, lors qu'elle est dérangée, ou lorsque les Auteurs mêmes ne sont pas uniformes dans la maniere de les employer. Dans un ouvrage l'on verra une file de noms, comme *Joseph Pellizer de Salas Ossau de Tovar*, ou *Gonçalo Mendez de Vasconcelos y Cabedo*; dans un autre on trouvera *Joseph de Salas de Tovar*, ou *Gonçalo de Vasconcelos*; dans un troisième on ne verra que *Joseph Pellizer de Tovar*, ou *Gonçalo Mendez de Cabedo*; & dans un autre enfin qui sera Latin, on ne trouvera que *Josephus Pellicerius*, ou *Gundissalvus Mendesius*. Cette diversité n'est-elle pas un piege capable de prendre les plus clair-voyans ? Ceux même qui en ont usé plus simplement, & qui ne se sont donné qu'un surnom à la fois, ont esté soupçonnez d'avoir voulu nous tromper en gardant leur simplicité, lors qu'ils ont changé de nom. C'est pour cela que Pierre *Guevarra*, qui s'est appellé ainsi du nom de sa mere dans quelques ouvrages, s'est fait mettre au rang des Auteurs déguisez, pour avoir pris dans une autre édition le nom de *Pierre Alagona*, qui étoit celuy de son pere.

Au reste il n'est pas fort extraordinaire que les enfans en Espagne portent le surnom de leurs meres, à l'exclusion même de celuy de leurs peres. C'est un usage que nous trouvons pareillement établi en Italie : & Majoragius, qui a porté plus de vingt ans durant le nom de *Maria Conti*, ou *Comes*, qui estoit celuy de sa mere, peut suffire pour nous en laisser un exemple. Mais on ne pourra pas dire que les gens de Lettres ou les Auteurs ayent voulu user de singularité dans cette pratique, puis qu'ils n'ont fait que s'accommoder à l'usage public introduit dans diverses Nations. Dés le temps d'Herodote les

Lyciens estoient tout accoûtumez à souffrir que leurs enfans portassent le nom de leurs meres. Et pour ne nous point tant écarter de nostre temps, nous pouvons remarquer qu'encore que les Ecrivains en France ne paroissent pas avoir quitté à dessein le nom de leurs Peres pour prendre celuy de leurs Meres, ils ont pû trouver des exemples infinis de cet usage dans nos Histoires Genealogiques, où nous voyons que la noblesse du sang, ou les richesses venuës de l'alliance des femmes, ont esté les motifs ordinaires qui ont fait prendre aux enfans le nom de leurs Meres, & aux Maris celuy de leurs femmes.

3. Part. Ch. 4. Lib Clio

La Loureregn. des N ch. 3 Fusé.

Cet usage n'est pas inconnu en Allemagne; & pour ne parler que des Auteurs, on sçait que le Poëte Melissus qui n'est mort que dans le commencement de nostre siecle, ne s'appelloit ainsi que par sa mere Otilia Melissa, quoyqu'il portast aussi quelquefois le nom de son pére Balthasar Schedius.

Alexandr Philippi.

Ptolemæus Lagi.

Le Grand usage des Pays-bas pour les noms *Patronymiques* dans les Auteurs comme dans le reste des Habitans, a esté jusqu'icy de prendre le nom de Baptême ou le *prénom* du Pere, & de s'en faire un surnom au cas oblique, comme

M v

on le pratiquoit autrefois parmi les Grecs. Ainſi ces Auteurs au lieu de porter le ſurnom du Pere ou de la Famille, ont eſté contens de s'appeller Henricus *Adriani*, Adrianus *Adriani*, Jacobus *Antonii*, Guillelmus *Bernardi*, Martinus *Conſtantini*, Joannes *Cornelii*, Gerardus *Eligii*, Gerardus *Gerardi*, Petrus *Gerardi*, Joannes *Guillelmi*, Everardus *Nicolai*, Petrus *Godefridi*, &c. En quoy il ne s'eſt trouvé de confuſion, que lors que ces mêmes Auteurs ſe ſont aviſez de reprendre le ſurnom de leur famille, ou de donner le change à leur Pere; ce qui eſt arrivé au ſujet de deux Magiſtrats celebres, Preſidèns du Conſeil ſouverain de Brabant à Malines. Le Pere s'appelloit *Nicolaus Everardi*, parce qu'il eſtoit fils d'Everard; le Fils ayant repris le *Prénom* de ſon grand-pere, dont ſon pere s'eſtoit fait un ſurnom, mit le *Prénom* de ſon Pere en cas oblique pour luy ſervir de ſurnom, & s'appella *Everardus Nicolai*.

Mais les Italiens ſemblent avoir uſé d'un autre raffinement dans l'art des *Patronymiques*. Au lieu de tourner le *Prénom* du Pere en ſurnom, ils ſe ſont fait du ſurnom du Pere un *Prénom*, & un surnom pour eux mêmes, comme il paroist dans les noms de *Latino Latini*, de *Mutio Mutii*, de *Galileo Galilei*, d'*Oddo Oddi*, de *Sperone Speroni*, d'*Alessio Alessii*, de *Viviano Viviani*, de *Baldo Baldi*, de *Vinciolo Vincioli*, &c. qui sont tous noms d'Auteurs connus dans la Republique des Lettres. Et lors qu'il a esté question de s'exprimer en Latin, ils se sont contentez de la terminaison des anciens Romains pour les Patronymiques en s'appelant Latinus *Latinius*, Spero *Speronius*, comme ont fait aussi la plupart des Flamans que j'ay nommez, *Adrianius*, *Nicolaius*, *Guilelmius*, &c.

D'autres ont fait revivre celle des anciens Grecs, & se sont fait appeller *Stephanides* pour Fitz-Steven, ou fils d'Étienne; *Simonides*, *Johannides*, *Andreades*, *Nicolaides*, *Antonides*, &c. pour fils de Simon, de Jean, d'André, de Nicolas, d'Antoine : & nous reservons à parler dans le Recueil des Auteurs déguisez de ceux d'entre ces derniers qui ont pretendu user de déguisement sous ces noms.

CHAPITRE V.

4. Maniere. Prendre des noms Appellatifs pour estre substituez aux noms propres. Appellatifs de dignitez, de Professions, de Conditions, de Pays, de dispositions d'esprit ou de cœur.

Vous venez de voir, Monsieur, que les noms *Patronymiques* ont esté peu commodes aux Auteurs pour se déguiser, & qu'ils n'ont presque pû jetter personne dans l'erreur que par leurs variations, & le peu d'uniformité dans leur employ. Nous n'en pouvons pas dire autant des noms *Appellatifs*. Quoy qu'ils n'ayent esté inventez que pour qualifier les hommes, on peut dire que rien n'est plus propre à les déguiser lors qu'ils se trouvent détachez des noms propres. Mais le déguisement qu'ils peuvent produire est peut-estre le seul de tous les déguisemens que l'on doive considerer comme entierement innocent, parce qu'il est le seul qui puisse servir à cacher un Auteur sans blesser la verité. L'*Appellatif* étant commun à plusieurs personnes, déguise l'Auteur qui s'en sert en ce qu'il le confond dans la multitude, & qu'il ne le peut distinguer d'avec tous ceux à qui il convient. Mais il le retient en même temps dans les termes de la sincerité, lors qu'on ne le prend point à faux: & cette fausseté est d'autant plus rare qu'elle est inutile au déguisement que l'on cherche. Il est inutile par exemple à un Avocat de mentir en se qualifiant *Abbé*, lors qu'il peut se cacher aussi facilement sous le nom d'*Avocat*, que sous celuy d'Abbé: Un Religieux qui ne se donne que le nom de *Religieux* à la tête de son Livre, est souvent mieux caché que lors qu'il s'y donne celuy d'*Officier de l'Armée*.

De tous les termes *Appellatifs* dont les Auteurs sont en droit de se servir, ceux qui marquent une dignité éminente ou un rang de trop grande distinction, sont les moins susceptibles de déguisement. Il y en a même qui par leur singularité ne peuvent convenir qu'à une seule personne à la fois; & l'on peut dire qu'ils tiennent lieu du nom propre tant que la personne est vivante. Tant que M. le Prince de....: M. le Duc de....: M. l'Archevêque de.....Quens d'Anjou, Quens de Bretagne ont esté dans le monde, il n'y avoit point d'equivoque à craindre pour ceux de leur temps. Mais les mêmes noms ayant passé à leurs succeſſeurs, qui n'ont pas esté Auteurs de Livres, ou qui n'ont pas composé les mêmes Ouvrages, ils ont esté conſiderez comme des *Appellatifs* embaraſſans pour la Poſterité, parce qu'ils ſont devenus communs à pluſieurs perſonnes ſucceſſivement.

Lorſque les Dignitez, les Employs, ou les rangs marquez par un nom *Appellatif* ne ſont pas uniques ou ſinguliers, on peut en ſeureté les employer ſans craindre d'en eſtre trahi. C'eſt ce qu'ont éprouvé la pluſpart des Auteurs cachez qui ne ſe ſont fait connoître au Public que ſous les noms *Appellatifs*, de *Conſeiller du Roy en ſes Conſeils*, d'*Officier des Armées*, d'*Aumoſnier du Roy*, de *Curiale di Roma*, de *Docteur en Theologie*, *en Droit*, *en Medecine*, d'*Abbé*, de *Chanoine*, de *Curé*, &c.

Il y a d'autres *Appellatifs* que nous pouvons appeller de condition ou d'eſtat, & qui ne ſervent pas moins à cacher les Auteurs. C'eſt ce qu'on a remarqué dans ceux qui n'ont employé que les noms de *Nobilis Francus*

Nobile Francés ; *Gentihomme François*; *Eques Polonus* ; *Seigneur de la Cour* ; *Dame de qualité* ; *Dame penitente* ; *Bourgeois de Paris* ; *Fidelis Subditus* ; *Fidelis Servus* ; &c.

D'autres marquent le Pays, comme *François Picard* ; *Germanus Bavarus*, qui sont des noms communs à des Nations entieres, & par consequent incapables de trahir ceux qui se les sont appropriez.

Mais il n'y a point *Appellatifs* que les Auteurs déguisez ayent plus frequemment emploiez à la teste de leurs Ouvrages anonymes, que ceux de Profession.

La Librairie est remplie de Livres, qui ne font connoître ceux qui les ont écrits ou publiez que par les noms vagues d'*Avocat*, de *Jurisconsulte*, de *Medecin*, de *Philosophe*, de *Theologien*; par celuy d'*Historiographe*, de *Poëte* ; par celuy d'*Ecolier*, de *Studiosus*, de *Professeur*, de *Lecteur* ; par celuy de *Réligieux*, d'*Asceta*, d'*Ecclesiastique*, de *Predicateur* ; par celuy d'*Academicien* ou *Academicus*, qui ne veut pas toûjours dire un membre de quelque Academie de beaux Esprits, mais quelquefois un simple Suppost de l'Université, & quelquefois aussi un Platonicien de ces derniers temps.

Enfin il y a d'autres *Appellatifs* formez sur les dispositions de l'esprit ou du cœur, comme celuy d'*Amicus*, *Irresolutus*, l'*Aggirato*, *Philomatus*, *Instabilis*, *lo Smarrito*, & la plûpart des *Sobriquets* que les Particuliers portent dans les Academies d'Italie. On y peut aussi rapporter ceux que plusieurs de nos Ecrivains Galants se sont donnez au lieu de leurs noms propres, comme l'*Esclave fortuné*, l'*Esperant-mieux*, l'*Amant sans party* : le *Traverseur des voyes perilleuses*, & d'autres du même genre, dont je n'ay pas crû devoir charger le Recueil de nos Auteurs déguisez.

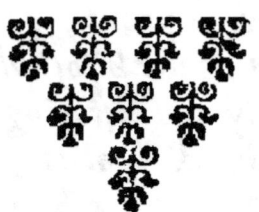

CHAPITRE VI.

5. Maniere. *Prendre des noms de Communautez ou de Societez; tels que sont ceux de Colleges, d'Academies, de Facultez, de Corps ou Assemblées, de Maisons Regulieres, & mesme d'associations feintes ou passageres. Et de la pratique contraire, lorsque des Societez se donnent le nom d'un Particulier.*

Les noms de Communautez ou de quelque Societé que ce puisse estre ne paroissent pas plus susceptibles de déguisement que les Appellatifs. L'on est assez persuadé qu'une Communauté entiere dont on voit le nom à la teste d'un Livre, a dû selon l'usage ordinaire, n'employer le ministere que d'un particulier, soit de l'un de ses membres, soit de quelque autre qu'elle ait voulu reconnoître pour Secretaire de sa Compagnie. Mais ce Particulier qui a gouverné, pour ainsi dire, la plume de la Communauté, n'en est pas moins caché. Et si d'un costé la gloire de son travail (quand il en acquiert) doit retourner à toute la Communauté, il est juste de l'autre que toute la Communauté soit chargée des perils du Livre adopté, & de la fortune de l'Auteur qu'elle a avoué.

Les Communautez où l'on se soucie le moins d'avoüer les Particuliers qui en prennent le nom, sont ordinairement les Colleges, les Universitez & les autres Ecoles de la Jeunesse. La liberté pour ce point y est d'autant plus grande & d'autant moins dangereuse que les choses y sont de moindre importance en ce qui concerne les interests du Public. Lorsque les Particuliers travaillent de bonne foy pour l'utilité de leurs Colleges, en doit presumer qu'il n'y a que la gloire des mêmes Colleges qui les porte à en faire porter le nom à leurs compositions.

Ceux de cette derniere espece n'ont pas tous réüssi à demeurer cachez sous les noms de leurs Colleges, & plusieurs se sont vûs obligez de leur vivant, de reprendre une partie de la gloire qu'ils avoient acquise à leur Communauté dés qu'ils ont esté découverts. Ainsi la gloire d'un Ecrit publié sous le nom de *Collegium An-*

glicanum est retombée de bonne heu-re sur la personne de *Robert Perfonius* Jesuite, qui l'avoit composé au nom du College estabil à Rome pour les Anglois. L'on n'a point tardé à nous faire sçavoir que l'honneur des Ouvrages qui portent les noms de *Bruxellense Collegium*, de *Coloniense Coll.* d'*Augustanum Coll.* de *Constantiense Coll.* de *Molsheimensis Academia*, de *Crosense Coll.* de *Monachiense Coll.* d'*Eystettense Coll.* de *Dillinganum Coll.* de *Paderbornense Gymnasium*, de *Pragense Coll.* de *Romanum Coll.* de *Rhedonense Coll.* de *Salamanticense Coll.* de *Braïdensis Academia* à Milan, &c. est du au P. Andries, au P. Leurenius, au P. Schellemberch, au P. Bisselius, au P. Coccius, au P. Casimir, au P. Brunner, au P. Stengel, au P. Curtzius, au P. Horrion ; au P. Soliman, au P. Cardulus, au P. de Cressol, au P. de la Mere de Dieu, au P. Bisdomini, &c. lesquels ont tous esté Jesuites, connus d'ailleurs parmi les Gens de Lettres, hormis le Pere de la Mere de Dieu, qui estoit de l'Ordre des Carmes.

La découverte de ces Particuliers n'a point toujours esté sans embarras.

3. Part. Ch. 6.

& sans confusion, sur tout lors qu'il s'en est trouvé plus d'un qui ont pris le nom d'une même Communauté sans se nommer. *Ingolstadiense Collegium* veut dire Georg. Stengelius, à la teste d'une piece; mais il veut dire Albert Curtzius, à la teste d'une autre, & il signifie Joann. Bisselius en une autre occasion. *Cracoviense Coll.* est tantost Paul Kuhn, & tantost Severin Karvat. Ce que nous avons sous le nom de *Conimbricense Coll.* est dû non seulement au P. Cosme Magailhan, mais encore au P. Manuel Goez, & au P. Sebastien Couto Jesuites Portugais. Ce que nous avons sous celuy de *Complutense Coll.* a esté travaillé non seulement par un Carme François, nommé Blaise de la Conception, mais par deux autres Carmes Espagnols, sçavoir Michel de la Trinité, & Antoine de la Mere de Dieu. Mais si l'on s'estoit mis en devoir de découvrir les Auteurs des Pieces de Poësie & d'Eloquence, qui se sont publiées sous les noms de quelques Classes particulieres de Colleges, & sur tout de celle des Rhetoriciens de divers endroits, on peut dire que les Recherches en seroient infinies, & la peine assez inutile.

Il est aussi fort ordinaire à des Facultez entieres d'une Université, de prester leur nom aux Particuliers, & les Ouvrages où se trouvent ces noms, doivent estre d'un poids d'autant plus grand, que la circonspection & les mesures qu'on a coustume d'y prendre, sont plus exactes. Lors qu'un Ecrit porte le nom d'une Faculté de Theologie comme de celle de Paris, de celle de Louvain, de Doüay, l'Ecrit acquiert autant d'autorité qu'en peut avoir toute la Faculté, quoique celui qui l'a dressé n'en ait que tres peu par luy-même. Le Docteur Sinnigh à Louvain & le Docteur Randour à Doüay n'en avoient qu'autant que la doctrine & la vertu peuvent en donner à un Auteur particulier. Mais les Ecrits qu'ils ont faits l'un contre l'autre semblent avoir quelque chose de plus qu'une autorité privée, parce qu'ils les ont publiez sous le nom & de l'aveu de leurs Facultez. Les Theologiens des Facultez Protestantes n'en ont pas usé autrement, lors qu'il a esté question de donner plus de poids à leurs Ecrits. C'est ce qui a paru dans la conduite de Zacharie Ursin, de Jacques d'André, de Juste Fewrborne & de quelques autres heterodoxes, qui ont écrit sous le nom commun de *Theologiens de Heidelberg, de Wirtemberg, d'Hesse-Darmstad, &c.* C'est aussi ce que l'on a vû pratiquer aux Anti Trinitaires, qui ont souvent affecté de ne paroître qu'en corps, pour mieux se fortifier. Blandrate, Pauli, Vitrelini, Stoinski, &c. n'ont gueres écrit que sous les noms communs de *Theologiens ou Ministres de Transilvanie, de Racovie, de Pinczovie, &c.* Ceux qui chercheront une exception à ces exemples, la trouveront dans celuy d'un sçavant de nos jours qui vient de se cacher sous le nom des *Theologiens de Hollande,* pour écrire contre l'histoire critique du vieux Testament. Il luy auroit esté assez inutile de recourir à l'autorité de ses confreres rassemblez en corps, dans une affaire où le Public ne devoit exiger que du raisonnement & de l'érudition.

Les Facultez des autres sciences n'ont pas esté moins en usage de prêter leurs noms aux Particuliers. Celle de Droit dans diverses villes d'Allemagne & des Pays-bas a presté le sien à des personnes même qui n'estoient pas du corps ni du pays. Celle de Medecine en Italie a laissé prendre celuy de *Schola Salernitana* à Jean de Milan, celuy de *Colle-*

gium Bononiense à Ulisse Aldrovando, &c.

Mais lorsque des Societez entieres ont travaillé en commun à quelque ouvrage qui en porte le nom, le petit nombre de ceux d'entre les membres de ces Societez qui n'y ont pas eu de part, ne fait pas que les autres soient veritablement déguisez sous le nom qui est commun à toute la Societé, & qui en ce cas-là leur appartient plus legitimement qu'à ceux qui n'ont pas travaillé à l'ouvrage. Cela regarde particulierement les Academies libres & volontaires, où l'on ne s'associe que pour travailler ensemble, ou pour se communiquer mutuellement ce que l'on fait. C'est une verité si commune, qu'il me paroît superflu d'alleguer en témoignage les exemples de l'Academie de la Crusca pour son Vocabulaire, & de l'Academie Françoise pour la censure du Cid & le Dictionnaire qu'elle nous prepare.

Les Communautez Regulieres servent aussi assez souvent de voile aux Religieux particuliers qui se dépoüillent de la gloire de leur travail pour la rendre commune à tout l'Ordre. C'est ainsi que sous le nom de *Relig. Benedict. de la Congreg. de S. Maur* nous voyons paroître de jour en jour divers ouvrages qui n'appartiennent souvent qu'à un ou à deux Auteurs de cette Congregation. Il est même arrivé quelquefois que des Communautez Regulieres ont prêté leur nom à des Auteurs qui n'estoient ni de leur Maison, ni même d'aucune Profession Religieuse. C'est ce qu'ont fait les *Religieux Dominicains* d'une des Maisons de Paris, sous le nom desquels M. de Sacy a publié la vie de D. Barthelemy des Martyrs. Mais on ne dira pas la même chose des *Solitaires de l'Egypte* à l'égard de Jean Cassien Auteur du cinquiéme siecle, puisque Cassien ne leur demanda point permission de publier sous leur nom ce qu'il prétendoit avoir appris d'eux.

Les Corps des Societez generales, je veux dire les Assemblées Ecclesiastiques & Politiques, hors des tems même ausquels elles se tiennent actuellement, autorisent tous les jours ce que des Particuliers font en leur nom aprés qu'ils en ont merité l'approbation.

Le Corps Ecclesiastique de la Religion en France s'exprime tantôt par le terme *des Evêques de France* ; M. de Marca l'a employé pour quelque composition qu'il avoit faite au nom des

Prelats

Prelats du Royaume : tantôt par celuy de *Clergé de l'Eglise Gallicane*, qui est celuy que M. Godeau a mis à la teste d'une piece d'éloquence. Mais si je vous faisois remarquer un Auteur qui s'est couvert du nom pompeux *des Eglises de France*, vous porteriez peut-être vos conjectures sur quelque Prelat illustre de nôtre communion, si je ne vous avertissois en même temps que c'est Calvin qui a pris ce nom.

3. Part. Ch. 6.

Il en arrive autant à des corps politiques & à des Assemblées d'Etat. Un Aggæus Albada s'est caché plus d'une fois sous le nom du *Cercle de Bourgogne*; Dominique Baudius sous celuy des *Etats des Provinces Belgiques*; sans parler de divers Pensionnaires & Syndics de Villes, de Republiques, & d'autres Communautez, dont les fonctions ne regardent pas proprement le dessein que nous avons de ne traiter icy que des Auteurs cachez.

Il se fait quelquefois des Societez, que nous pouvons appeller *Passageres*, parce qu'elles ne subsistent qu'autant que durent les assemblées ou les déliberations qui s'y font. Mais il est arrivé quelquefois que ces Societez n'ont esté qu'imaginaires, & qu'elles ont esté feintes par des Auteurs qui ont crû que l'on auroit plus d'égard au nom d'une multitude, qu'à celuy d'un seul. C'est ainsi qu'un Auteur de ce siecle ayant esté repris, puis arrêté par les Inquisiteurs pour avoir parlé & écrit indignement de la sainte Vierge, crut que sa Requeste au Pape seroit reçuë plus favorablement, si elle luy estoit presentée au nom de toute la nation des Basques.

Enfin il y a des Corps qui ne faisant pas de societé particuliere, & qui ne pouvant pas tenir d'assemblées réelles, ne laissent pas de fournir le nom à des Auteurs inconnus : comme si on vouloit persuader au Public que ces Corps auroient voulu déposer leurs interests entre leurs mains. C'est ainsi que depuis le temps de la Ligue jusqu'à la fin de nos dernieres guerres civiles, on a vû paroître divers Ecrits anonymes publiez au nom *des bons François* contre les ennemis du gouvernement & du repos de la France. Les *Pauvres* ont eu aussi leurs Avocats particuliers, qui ont dressé leurs Requêtes & d'autres Ecrits en leur nom, sans estre jamais convenus ensemble pour en déliberer & sans y avoir eu la moindre part. Et de nos jours, les Fideles du Royaume, qui le sont nouvellement réünis au corps de l'Eglise Catholique, viennent de voir plus d'une Réponse faite comme de leur part à leurs anciens Ministres par quelques Evêques & par quelques Abbez sous leur nom general de *Nouveaux Convertis*.

 Voila, Monsieur, beaucoup de manieres differentes de se couvrir du nom commun des Societez, lorsque les Auteurs ne doivent ou ne veulent point paroître sous leur nom particulier. Vous ne trouverez pas à la teste des livres d'autres noms de Communautez, soit dans l'Eglise comme ceux des *Confréries*, soit dans le monde comme ceux des *Compagnies*, que vous ne puissiez réduire à quelqu'une de ces manieres. Mais il est bon de vous faire remarquer qu'il s'est aussi introduit parmi les Auteurs une pratique toute contraire à celle-là, qui toute opposée qu'elle paroît à son égard, ne laisse pas d'estre aussi commode pour les tenir cachez. C'est celle des Societez qui prennent le nom de quelque Particulier à la teste d'un ouvrage composé conjointement ou séparément par plusieurs personnes.

 Quelquefois on affecte de ne prendre le nom des personnes qu'après leur mort, soit parce qu'elles ont eu la meilleure part à l'ouvrage, soit parce qu'elles ont esté d'un rang plus élevé que les autres qui y ont travaillé. C'est ce que nous avons vû pratiqué au sujet des cinq livres des Pseaumes qui portent encore aujourd'huy le titre de *Pseautier de David*, quoy qu'il y ait beaucoup de Pseaumes faits par d'autres Auteurs. Dans nostre siecle nous avons vû des ouvrages faits par quelques PP. de l'Oratoire, ne porter que le nom du Pere *Gondren* qui avoit esté General de sa Congregation, parce que les autres Auteurs estoient encore vivans, ou peut-être parce qu'ils n'avoient esté que de simples Particuliers de la Congregation. Quelquefois les Associez se contentent de prendre un nom qui paroisse étranger aux uns & aux autres, soit qu'il paroisse emprunté de quelqu'un, ou qu'il soit feint, comme Grotius l'a crû au sujet d'*Aurelius*, & comme on peut encore le remarquer dans les noms de *l'Amy*, *le Bon*, *de Trigny*, *des Periers*, &c. Tantôt les Associez forment un nom de leurs prénoms, comme on le peut voir dans le prétendu *Antoine Godefroy*; & tantôt ils sont convenus que l'un des Associez mettroit son nom renversé dans une anagramme, comme il a paru par le nom de *Clousset*.

CHAPITRE VII.

6. Maniere. *Prendre des noms de guerre. Des Religieux qui se travestissent en Cavaliers ou gens d'épée, pour se déguiser dans leurs ouvrages.*

§. I. J'Ay esté long-temps sans vouloir me persuader qu'il y eust eu des Auteurs déguisez qui se fussent avisez de recourir à l'exemple des soldats pour se donner des noms de guerre. Mais ayant consulté un Auteur de nos jours sur les raisons qu'il avoit euës de se faire appeller tantôt *la Chevre*, & tantôt *La Lueur*, pour se déguiser dans quelques-uns de ses ouvrages : je n'ay pas eu lieu d'en douter davantage aprés qu'il m'eut répondu que c'estoient des noms de guerre, tels que l'on s'en donnoit sous les Ministeres des Cardinaux de Richelieu & Mazarin, pour publier des pieces volantes & des opuscules du du temps. C'est ce qui m'a fait juger depuis, que les masques de plusieurs de nos Pseudonymes qui se sont appellez *la Riviere*, *la Fontaine*, *la Tour*, *la Tourelle*, *la Montagne*, *la Vallée*, *la Fleur*, *la Verdure*, *la Forest*, *Maître Tyburce*, *Trasybule*, *Holoferne*, *Nicanor*, *Passavant*, *du Pescher*, *&c.* ne seroient peut-être que de simples noms de guerre.

Nos Pseudonymes ne se vanteront pas pour cette fois d'avoir voulu imiter les Anciens dans cette pratique. Les soldats de la Grece ne leur ont pas fait l'exemple ; & quoique nous ne lisions pas qu'il leur fût défendu de changer de nom dans la profession des armes, nous ne voyons pas qu'ils se soient mis en peine d'user de la liberté qu'on pourroit leur avoir laissée sur ce point.

Les soldats Romains sont encore plus éloignez de pouvoir leur servir de modele. Loin d'avoir esté dans l'usage de changer leurs noms lors qu'ils se faisoient enrôler, on prétend qu'ils étoient obligez de representer leurs vrais noms sans déguisement, & de les faire graver, même sur leurs boucliers, afin qu'ils pussent estre reconnus & notez, s'ils venoient à les abandonner.

Il n'y a donc que la soldatesque moderne qui puisse leur avoir inspiré cette émulation : & lorsque nos Pseudonymes nous auront prouvé qu'il n'y a rien que de loüable dans cette émulation, nous pourrons les obliger de reconnoître que l'honneur en est dû aux goujats & aux soldats de la derniere condition, puis qu'il n'y a gueres que ceux du dernier ordre de la milice, qui s'avisent de changer de nom.

Il semble qu'il y ait quelque distinction à faire en faveur des Religieux Pseudonymes, qui ont affecté de se travestir en Cavaliers à la teste de leurs ouvrages. Mais auparavant il faudra qu'on nous persuade qu'il y a eu quelque chose de plus noble & de plus relevé dans leur déguisement, lors qu'au lieu de prendre des noms serviles & destinez pour la lie des soldats, ils se sont qualifiez Gentilshommes ou Officiers de l'armée. Si le Public ne les en a estimez ni plus braves, ni plus nobles, il a pû au moins faire quelque cas de la prudence de ceux d'entre ces Religieux qui ne se sont déguisez sous des noms de cavaliers, ou d'autres personnes seculieres, que pour publier des choses qui leur paroissoient n'avoir pas assez de conformité avec la sainteté de leur Profession.

Un Religieux Espagnol de nostre siecle n'ayant pû obtenir de son esprit que ses Comedies fussent entierement supprimées, a fait au moins quelque chose pour sauver l'honneur de sa robe, lors que sa prudence luy a inspiré le dessein de prendre le nom d'un Avanturier. C'est ce que vous pourrez remarquer en la personne d'un Religieux de Nostre-Dame de la Mercy, quand il sera question de vous montrer dans nôtre Recueil le masque du Capitaine *Molina*. Vous y verrez aussi un Carme Espagnol prendre le nom d'un Centurion de soldats ; un Cordelier pareillement Espagnol prendre celuy d'un *Almirante* ou Amiral de Castille.

Les Religieux Italiens n'ont pas esté moins discrets que les Espagnols dans les occasions de même nature. On sçait combien de postures Cavalieres a prises le celebre Pere Aprosio Genois de l'Ordre des Augustins, en se travestissant pour défendre l'Adonis du Cavalier Marin. Un autre Italien mais Cordelier de Profession, pour ne point laisser perdre ses galanteries, & ne point s'exposer en même temps à la correction de ses Superieurs, s'est caché sous le masque du sieur *Micheli* seculier.

Il s'est trouvé neanmoins des Religieux, lesquels après avoir fait des Ouvrages qui n'avoient rien que de serieux & d'honneste, n'ont pas fait difficulté de les publier sous des noms de Cavaliers & de gens d'épée. J'auray occasion dans la suite du Recueil de nos Pseudonymes de vous produire des Capucins sous le masque du sieur *de Saint Marcel*, sous celuy du sieur *de la Motte*, &c. & de vous representer encore d'autres Religieux sous celuy de *Gentilhomme Provençal*, de *Chevalier Polonois*, de *Chevalier Anglois*, &c. Mais on aura quelque lieu de justifier cette conduite tant que l'on sera obligé d'approuver celle des Missionnaires Reguliers qui se déguisent en Cavaliers dans leurs habits & dans le reste de leur exterieur pour vivre en seureté dans les lieux où regnent l'Heresie ou l'Infidelité.

CHAPITRE VIII.

7. Maniere. Prendre ou donner des surnoms burlesques que le peuple appelle ordinairement Sobriquets. *Masques injurieux & passifs que les Auteurs jettent sur le visage de ceux dont ils entreprenent de parler.*

Naud.
la Roq.

L'Usage des noms de surcroist que le vulgaire appelle *Sobriquets*, est plus ancien que l'ont crû quelques Auteurs modernes. C'est au moins ce que ne pourront nier ceux qui souffriront que l'on renferme sous ces termes les épithetes dont les Anciens parmi les Grecs & les Romains avoient coutume de caracteriser les personnes. Ces épithetes se donnoient souvent par rapport à quelque qualité de l'ame, de l'esprit, ou du corps, & plus souvent au sujet de quelque defaut ou de quelque vice, que de quelque perfection ou de quelque talent particulier, quoy que ces dernieres considerations en ayent fourni aussi un grand nombre. De simples actions ou des rencontres particulieres ont esté souvent d'ailleurs les sources d'où plusieurs de ces sobriquets ont pris leur naissance.

Mais nous ne voyons pas qu'on les ait employez pour déguiser les Auteurs. Ce n'a esté que dans la suite des temps qu'on s'est avisé de les faire glisser à la place des surnoms qui se sont infailliblement perdus ou aneantis par cette suppression. De sorte que de noms surnumeraires qu'ils estoient dans leur origine, ils sont devenus de vrais surnoms, & des noms propres de famille avant qu'on en ait pû faire des masques d'Auteurs.

On ne doit pas neanmoins refuser à l'industrie des Auteurs modernes le témoignage d'avoir sceu former sur le moule des sobriquets des masques diffamans & injurieux pour couvrir le visage de leurs Adversaires, lorsqu'ils ont crû qu'ils seroient plus libres de ne les pas épargner, en épargnant leur nom. Pour marquer leur difference d'avec les masques que les Auteurs déguisez ont pris pour eux-mêmes, j'ai crû qu'on nous permettroit de les appeller des masques *passifs*, parce que ceux qui en ont esté couverts n'y ont rien contribué de leur part, qu'ils ne les ont soufferts même que contre leur gré;

& qu'en un mot ils ne se sont trouver ainsi masquez que dans les écrits d'autruy.

Ces masques passifs ne sont pas en si petit nombre qu'on n'en puisse trouver assez pour remplir plusieurs classes & pour estre divisez en plusieurs especes.

Les uns sont formez sur les noms mêmes des Auteurs, soit par de simples allusions, soit par des Anagrammes. C'est ainsi que Casaubon semble avoir voulu déguiser le fameux Scioppius tantost sous le nom de *Scorpius*, & tantost sous celuy de *Scoppius* dans quelques-unes de ses Lettres à ses amis. Ces deux masques ressembloient si bien au visage de son Adversaire, qu'ils paroissoient faits plûtost pour l'offenser que pour le cacher à ceux qui ne l'auroient pas connu d'ailleurs. En quoy il n'est pas incroyable que Casaubon qui aimoit l'Antiquité autant qu'aucun Humaniste, ne se soit proposé pour exemples ceux des Anciens qui s'étoient étudiez à changer ainsi les noms des Auteurs pour marquer les caracteres de leurs esprits par des allusions, comme il a paru dans les noms de *Rabienus*, d'*Elenxinus*, d'*Epitimæus*, &c. qui avoient esté substituez à ceux de Labienus, d'Alexinus, de Timæus, &c.

M. de Saumaise a fait voir en plus d'une rencontre qu'il n'estoit pas des moins ingenieux dans l'art de faire des masques injurieux & diffamans. On peut s'en rapporter à ce qu'il a écrit contre un Professeur d'Utrecht qu'il appelle *Coprianus*, auquel il ne donne d'épithetes que celles qui peuvent se dériver ἀπὸ τῦ κόπρυ, dans toutes les pages où il allegue cet Auteur. Si M. de Saumaise en avoit esté le maistre, nous n'aurions jamais sceu que cet Auteur s'appelloit *Cyprianus*. Mais pour avoir mal réüssi à défigurer le visage de cet homme, on peut dire que l'infamie en est demeurée attaché à son nom plûtost qu'à celuy de Cyprianus. Le sobriquet de *Copianus* n'a servi qu'à nous faire voir qu'il y avoit quelque chose de plus bas & de plus sale dans sa passion, que dans celle des ennemis de S. Cyprien Evesque de Carthage, lors que ceux-cy par une allusion semblable au nom de ce Saint, l'appelloient *Caprianus* pour *Cyprianus*.

Le Coprianus de M. de Saumaise ne me permet pas d'oublier le *Stercorarius* de Joseph Scaliger, à qui M. de Saumaise a merité d'estre comparé pour

3. Part.
Ch. 8.

Excr.

Erasm. pr. in Hier. op.

plus d'une raison. Mais pour sortir promptement de ce parallele d'infamie, il faut dire en deux mots, que Scaliger vouloit designer sous le nom de *Stercorarius* un Astronome ou Chronogiste de Blois nommé Temporarius. Il est vray que ces deux noms ne se rapportent l'un à l'autre que par la terminaison ; mais l'allusion de Scaliger retomboit sur le mauvais Sobriquet que l'on a donné aux Habitans de la ville de Blois.

M. de Saumaise en sçavoit bien d'autres que Scaliger en ces matieres. Il ne faut pour en estre persuadé, que se souvenir de son *Cercopetavius*, qu'il avoit figuré sur le modele de *Cercopithecus* pour tâcher de deshonorer un Auteur celebre caché sous le nom de Kercoëtius. Cela me fait songer au genie des Heretiques du seiziéme siecle, où les plus zelez Reformateurs croyoient qu'il estoit bon d'injurier les Peres de l'ancienne Eglise pour mieux détruire leur autorité. Témoins ceux qui de *S. Athanasius* ont eu l'impudence de forger *Sathanasius* ; qui ont changé *Ambrosius* en *Ombrosus*, &c.

Les Protestans ne manqueront peut-être pas de relever cette reflexion, &

de nous objecter qu'il n'est pas neces- 3. Part.
saire d'être heretique pour former des Ch. 8.
masques injurieux à son Adversaire.
Nous ne pourrons nier qu'ils n'ayent
raison, si nous considerons ce qu'a é-
crit André Alciat Jurisconsulte Milanois sous le titre Latin d'Apologeti-
que contre *Ranciscus Olidus*, qui est
une allusion ingenieuse, mais fort des-
obligeante pour *Franciscus Floridus* que
nous connoissons beaucoup mieux sous
son nom ordinaire de Sabinus. Un Italien de nos jours, homme de merite que
je ne vous nommeray que lors qu'il sera
question de le loüer, & qui certainement ne paroist pas moins éloigné de
l'heresie qu'Alciat, n'a point fait difficulté de metamorphoser M. Gronovius
le jeune en *Grunnovius* : & il s'est moc- Jasithel
qué de tous les égards qui pouvoient &c:
estre dûs au merite de ce docte Hollandois, qui n'est pas moindre que le sien
en matiere des Sciences humaines. On
avoit trouvé moins à redire aux allusions que les Poëtes de Paris, & quelques autres Esprits facetieux avoient
faites sur le nom du Pedant Montmaur
ou Mommor, lorsqu'il l'ont déguisé
les uns sous le masque de *Gomor*, les
autres sous celuy de *Cormorius*, & d'au-

tres sous celuy de *Mamurra*.

Les Anagrammes injurieuses tiennent aussi quelquefois lieu de masques propres à déguiser ceux qu'on maltraite, comme a fait Scioppius lorsqu'il a tourné S'caliger en *Sacrilege*, qui fait une anagramme tres parfaite de son nom dans tous les cas obliques de la Langue Latine. Il y a d'autres anagrammes qui n'estant pas injurieuses peuvent passer neanmoins pour des masques passifs, lors qu'on les jette sur le visage de celuy dont on veut épargner le nom sans luy en demander son consentement. C'est ainsi que le Jurisulte Baudoin appelloit son ancien ami Calvin *Lucanius* par des considerations pour leurs anciennes habitudes, lors même qu'il estoit obligé d'écrire contre luy. Hotman a déguisé pareillement le même Calvin sous l'anagramme de *Lucianus*, non pas qu'il fust mal avec luy, mais parce qu'il estoit dangereux d'estre surpris en communication avec le fondateur de la nouvelle Prelature de Geneve.

Une autre espece de Masque passif, est celle des Synonymes ou des noms approchant de la signification du nom que l'on veut cacher. C'est ainsi que

Meursius a voulu déguiser *Petrus Scri-* verius sous le nom de *Rupex Signato- rius*, pour luy marquer avec plus de liberté le mécontentement & le chagrin qu'il luy avoit donné. On y peut rapporter aussi les autres synonymes, que les Auteurs ont substituez aux noms propres de leurs Amis, lors qu'ils ont appréhendé de leur nuire en les découvrant. C'est ce que Vossius le Pere a fait à l'égard de Grotius dans leur commerce mutuel des Lettres qu'ils s'écrivoient sur les Affaires de la Religion en Hollande. Il eust pû choisir le nom de *Magnus* pour representer celuy de Groot ou Grotius : mais pour éloigner encore plus les soupçons, en cas que ses Lettres fussent interceptées par la faction des Gomaristes, ou le Parti du Prince d'Orange, il jugea plus à propos d'employer celuy de *Celsus*.

Il y a encore des Masques passifs d'une autre espece, lorsque pour diffamer un Adversaire, on ne le fait connoître que sous un nom connu, mais décrié dans l'Antiquité, comme est celuy de *Polyphemus Borussus*, qu'Oecolampade a receu d'Erasme ; & comme sont ceux de *Fidentinus* & de *Bro-*

téus dont Nicolas Perrot & Ange Sabin ont esté couverts par Domitius Calderinus. J'y joindrois volontiers celuy de *Zoilus Ardelio*, dont parle Erythræus, si l'Auteur ne s'estoit donné luy-même ce masque, & s'il ne l'avoit porté volontairement jusqu'à la mort.

Mais lorsque nous trouvons des personnes cachées par d'autres sous les masques de *Musæus*, de *Linus*, de *Bias*, d'*Homere*, d'*Orphée*, de *David*, & d'autres Anciens d'une reputation heureuse, nous devons nous persuader que tous ces masques, quoique de la même nature que les autres, ne sont pas faits pour deshonorer ceux à qui on les fait porter.

Enfin, l'on peut dire que nos Auteurs Polemiques ont encore inventé une autre espece de masques injurieux pour leurs Adversaires, lors qu'ils leur ont appliqué des noms employez autrefois pour caracteriser des gens de mauvaise reputation, afin d'en faire passer l'idée sur leur personne. On pouvoit demander à Grotius, si ce n'estoit point son intention, lors qu'il appelloit *Borborite* un celebre Ministre, dont il vouloit épargner le nom. Monsieur D. V. ayant à écrire contre un celebre

Docteur de son temps, avoit entrepris de ne le faire connoître que sous le masque d'*Eraniste*, dans le dessein de nous faire transporter sur ce Docteur les idées que Theodoret avoit autrefois attachées au nom d'*Eranistes*. Sur le modelle du feu Duc de Buckingham, qui avoit voulu travestir un Poëte Anglois mais Catholique dans une Comedie sous le nom de *Bays*, à cause des expressions enflées & des caracteres extravagans qu'il luy attribuoit, & sous celuy de *Drawcansir*, à cause de quelque prétenduë fanfaronnade; sur ce modelle, dis-je, le Sieur Marwell en ces derniers jours a pretendu deshonorer Monsieur l'Evêque d'Oxford sous les mêmes masques de *Bays* & de *Drawcansir*, dans l'esperance que son Lecteur pourroit se le representer sous les mêmes caracteres.

3. Part. Chap. 8

nommé Dryde.

Samuel Parker.

CHAPITRE IX.

8. Maniere. *Prendre des noms tirez du fonds de son Sujet, ou formez sur la matiere que l'on traitte, sur les intentions que l'on a en la traittant, sur la fin qu'on s'y propose, ou même sur la maniere dont on a entrepris de la traitter.*

Parmi les manieres differentes de se déguiser, vous n'en remarquerez pas qui aient esté de plus grand usage, que celle de se former des noms sur la matiere même des Ouvrages que l'on compose. Elle est certainement des plus fines & des plus ingenieuses, ce qui suffit pour nous faire comprendre pourquoy elle a esté tant recherchée par les Pseudonymes qui ont affecté de paroître spirituels. Un Controversiste Allemand de la Compagnie de Jesus ayant à traitter de la Foy ancienne de l'Eglise Romaine contre les Protestans, s'est caché sous le nom de *Romanus Altglaub*, & il suffit de remarquer qu'Altglaub chez les Allemans veut dire *la Foy ancienne*, pour

Le P Aschendorff.

deviner la raison qui a fait prendre ce surnom au pretendu Romanus. Vous ne verrez point d'*Alethophile*, ni de *Philaletbe* dans tout nostre Recueil, qui n'ait eu intention de persuader à son Lecteur, que c'est l'amour de la verité qui luy a fait prendre la plume. Vous n'en excepterez pas même M. de Saumaise, qui ne s'est appellé *Verinus*, que dans cette intention, & je vous laisse à juger de celle que peuvent avoir euë ceux qui ont pris les noms d'*Amandus Verus*, *Lucius Verus*. &c. Il s'en est trouvé qui ont mieux aimé prendre ces sortes de noms dans les Langues vulgaires, que d'exposer leurs intentions à n'estre pas entenduës de ceux qui n'entendent que la Langue du Pays. Ainsi un Danois assez connu dans nostre siecle s'est appellé *Blottesandaus*, qui veut dire, *la Verité toute nuë*, plustost que *Nudiverius* : & dans nostre Pays l'on a vû un Abbé prendre le nom du Docteur *Auvray*, pour publier ce qu'il pensoit du Prædestinatus.

Nous pourrons sans temerité faire un jugement semblable de l'intention de ceux qui se sont déguisez sous le nom d'*Irenée*, soit qu'ils aient voulu traitter de la paix de l'Eglise ou de l'Estat, soit qu'ils aient voulu insinuer qu'ils n'estoient animez que de l'esprit de paix en écrivant. Se sont-ils meslez de donner de bons conseils pour la paix? Ils l'ont voulu marquer par le nom d'*Irenæus Eubulus*. Ont-ils voulu nous persuader qu'ils desiroient la paix? Ils se sont appellez l'un à la Grecque *Erasmus Irenicus*, l'autre à la Romaine *Desiderius Pacius*. Il s'en est vû qui n'ayant à traitter que de la tréve de quelque guerre, n'ont pas laissé de s'appeller en Latin *Pacatus Latinus*. D'autres ne s'estant pas soucié d'exprimer leurs dispositions par le terme Grec d'Irenée, ont voulu employer celuy de *Pacidius*, ou de *Pacificus* pris des Latins: & un des Ecrivains de nostre Pays, quoy qu'il fust pas Moine, n'a point fait difficulté de se nommer *Dom Pacifique d'Avranches*. En Allemagne le Sieur Oldenburger s'est donné le surnom de *Friedberg*, pour faire connoître en sa Langue qu'il en estoit redevable à la matiere de son Ecrit sur la paix de Munster. Et Cassander s'estant engagé de travailler à la paix de l'Eglise, & à la reconciliation des partis de Religion par l'ordre de deux

3. Part. Ch. 9.

Hermanus Conzingius.

Is. Wolmar. G. Saldenus. Dom. Baudius.

Jacq. Godefroy. Chr. Herdesian.

D. des Deserts.

Empereurs d'Allemagne, n'auroit pas manqué de s'appeller aussi Friedberg, s'il n'avoit jugé le nom Latin de *Pacimontanus* capable d'estre entendu de plus de monde.

De ceux qui ont écrit sur la Predestination & la Grace, le Pere Courtot s'est déguisé sous le nom de *Charitopolitain*, pour marquer qu'il prétendoit demeurer toûjours dans les termes qui luy estoient prescrits par la Grace ou meriter que la Grace demeurast en luy. Le Pere Bagot s'est appellé *Thomas Augustin*, pour persuader ses Lecteurs, qu'ils ne devoient trouver que la doctrine de saint Thomas, & de saint Augustin dans son Livre de la Défense de la Liberté & de la Grace. Le Pere Gerberon s'est nommé *Flore de sainte Foy*, parce qu'il jugeoit ses Maximes sur la Grace tres-propres à rendre nostre Foy florissante. Enfin, le Sieur Sinnigh se croyant parfaitement couvert des armes de saint Paul, & inaccessible aux traits de ses adversaires comme un herisson, s'est donné le nom de *Paulus Erynachus*, dans sa Triade des Peres sur la Grace.

Dans d'autres matieres de Religion, le Pere Jacques Canisius a pris le nom

3. Part.
Ch. 9.

de *Christianus Thanatophrastus*, tiré du fonds de la matiere qu'il a traittée dans son Livre de la mort d'un vray Chrétien: Jerôme de Perea s'est appellé *Gerardus de Cruce* dans ce qu'il a fait sur la Passion de JESUS-CHRIST. Le Pere d'Alva s'est servi du nom de *Petrus à Conceptione*, pour publier une partie de ce qu'il avoit écrit sur la Conception de la Sainte Vierge. Beatus Rhenanus s'est nommé *Licentius Evangelus* dans ce qu'il a écrit contre quelques entreprises de la Cour Romaine, sous pretexte de parler pour la liberté Evangelique; & le Pere Maimbourg s'est déguisé sous le nom de *François Romain*, dans les quatre Lettres, où il a tâché de concilier quelques opinions de Rome avec celles de France.

 Le Pere Jerôme Gracian de la Mere de Dieu, fameux par ses disgraces, a pris le nom d'*Anastasio* pour faire la description de son rétablissement, comme s'il avoit voulu paroître ressuscité. Et l'Abbé de saint Germain ayant à décrire ou pluftost à déplorer les afflictions de la Reine Marie de Medicis, s'est donné le nom de *Benoni*, par rapport au dernier enfant de Rachel. Mais le même

même Auteur voulant montrer combien il estoit ferme & entier contre le Cardinal de Richelieu, a pris le nom de *Caton Chrestien*, dans un autre Ouvrage fait en faveur de cette Reine.

Dans des sujets de Politique & de Jurisprudence, Melchior Voets s'est fait un nom de *Juliers*, & un surnom de *Berg* ou *Monts*, pour le mettre à le teste de son Histoire du Droit de Juliers & de Berg. C'est luy que vous trouverez appellé du nom de *Julius de Monte* dans nostre Recueil. Monsieur Placcius dans son Traité du Jurisconsulte parfait, s'est donné le nom de *Nomicus*, & le surnom qu'il a pris d'*Analyticophilus* ne luy convient pas moins pour quelques-uns de ses autres Ouvrages, que pour celuy-là. On peut rapporter aux matieres de la Politique le fameux masque de *Junius Brutus*, dont s'est couvert Hubert Languet, pour écrire contre le gouvernement Monarchique, parce qu'il semble avoir voulu se revêtir du caractere Républicain des deux celebres Brutus, qui se sont soulevez l'un contre les Tarquins, & l'autre contre Cesar. A propos dequoy vous sçaurez aussi que plusieurs Sociniens ont voulu transporter ce même caractere dans la Religion, pour tâcher d'y établir la liberté des consciences ; & nous en connoissons au moins deux de cette sorte, qui ont voulu porter le nom de *Brutus* à la teste de quelques-uns de leurs Ouvrages.

Nos recherches seroient fatigantes pour nous, & peut-estre ennuyeuses pour nos Lecteurs, s'il falloit s'assujettir à representer ici les sujets differens, qui n'ont fourni les noms aux Auteurs Pseudonymes, que du fonds de leur matiere. Contentons-nous d'en produire encore un petit nombre d'exemples, pour donner quelque idée de l'industrie de ceux qui ont usé de cet artifice dans d'autres genres d'écrire.

L'Abbé de Villars semble n'avoir mis le nom du *Comte de Gabalis* à la teste de ses Entretiens sur les Sciences secretes, que parce qu'il entreprenoit d'y traitter des rêveries de certains Cabalistes. Le Pere Schonsleder Jesuite Allemand ayant beaucoup travaillé sur la Musique, pour en découvrir les beautez, & pour en faire sentir les agrémens, a pris le nom de *Volupius Decorus Musagetes*. Le Pere Fabri ayant fait un Traitté en faveur de la Poudre du Perou, qui chasse la fievre, & qui s'appelle autrement Quinquina, contre ceux qui revoquoient sa vertu en doute, a pris le nom de *Conygius*, qui semble ne vouloir signifier autre chose qu'une Poudre de santé. Un Conseiller de la ville d'Anvers, nommé Pierre Scholier s'est déguisé sous le nom de *Magirus* ou de Cuisinier, pour traitter de la Cuisine. Dans le genie Erotique Monsieur Porcheres-Laugier s'est caché sous le nom d'*Erandre*, pour publier ses Lettres galantes : & Franç. Colonna s'est appellé non *Polyphilus*, mais *Poliphilus*, dans son Hypnerotomachie au sujet d'une Demoiselle de la famille des Poli de Trevis en Lombardie, pour laquelle il avoit de l'inclination. Enfin il s'est trouvé un Poëte, qui voulant décrire un combat de Porcs, s'est fait appeller *Publius Porcius*. Son Ouvrage estoit un de ces Poëmes que nous appellons *Lettrisez* ou *Tautogrammes*, & tous les mots de la Piece commençant par la Lettre P, il n'auroit rien gasté de son œconomie, s'il s'estoit appellé *Petrus Placentinus*, qui estoit son nom, mais il luy prefera celuy de *Porcius*.

De la maniere de censurer un Adversaire sont venus les noms d'*Epiti*-

mus, de *Censor Carpitanus*, de *Severinus*, &c. Un Protestant d'Allemagne nommé *Beyer* a pris le premier, pour écrire contre un Evêque Catholique de son pays; l'Avocat *Feramus* s'est servi du second contre Montmaur; & le troisiéme a esté employé dans un sujet plus serieux par le Pere Annat contre un Docteur de Louvain.

Il y a d'autres manieres de traitter des sujets, par lesquelles les Ecrivains ont eu intention de marquer les dispositions de leur esprit, afin de prevenir le monde en leur faveur. Ainsi Theodore de Beze s'est nommé *Nathanael Nezeckius*, croyant nous persuader qu'il n'avoit apporté que la prudence du serpent jointe à la simplicité de la colombe, ou à l'ingenuité d'un vray Israëlite dans l'ouvrage qu'il a publié sous ce nom. Ainsi le Socinien Slichting a crû nous surprendre par une affectation de simplicité, lors qu'il a pris le nom de *Joan. Simplicius*: & Socin s'est appellé *Desiderius Peregrinus*, pour tâcher de se representer comme un Etranger qui soûpire aprés sa patrie celeste dans l'exil de ce monde. Parmi les Catholiques, le Pere Balduinus Junius s'est servi du nom de *Constantius Peri-*

grinus, pour marquer la constance avec laquelle il nous faut souffrir cet exil commun ; & le Pere Zacharie de Lizieux a voulu marquer la fermeté avec laquelle il s'estimoit fondé sur la pierre lors qu'il a pris le nom de *Petrus Firmianus*.

CHAPITRE X.

9. Maniere. *Se cacher sous les Personnages de Dialogues, lorsque les Dialogues sont anonymes.*

10. Maniere. *Prendre des noms formez sur les Titres des Livres : Des noms de Livres qui deviennent des noms d'Auteurs.*

11. Maniere. *Affecter l'Antiphrase. Former des Antitheses par rapport à d'autres noms d'Auteurs.*

12. Maniere. *Prendre des Synonymes, ou des noms dont la signification approche de celle du nom qu'on supprime.*

§. I. LOrs que les Auteurs ôtent leur nom aux Dialogues qu'ils ont composez, on peut dire qu'ils n'en deviennent pas plus anonymes. La destinée de ces sortes d'Ouvrages veut que le principal Personnage soit pris pour le nom de l'Auteur, qui se trouve en ce cas-là dans le sort des Auteurs Pseudonymes. Il arrive même assez souvent que tous les Personnages soient pris pour l'Auteur qui les produit lorsqu'il leur donne des caracteres qui n'éloignent point le Lecteur de l'idée que l'on peut d'ailleurs avoir conceuë de celuy qu'on croit avoir composé le Dialogue.

Si les caracteres sont ménagez differemment, & s'ils sont partagez de sorte qu'on en mette les Personnages dans une contrarieté de sentimens, pour soûtenir une dispute jusqu'à la fin du Dialogue, on peut sans s'exposer au danger de se tromper, chercher hardiment l'Auteur du Dialogue sous le masque du Personnage que l'on rend victorieux dans la dispute.

Ces noms de Personnages qui s'entreparlent dans les Dialogues se forment assez indifferemment, suivant le caprice de ceux qui les introduisent.

Au temps de Platon & de Ciceron, on n'alloit pas hors de son siecle ni de son Pays pour les emprunter. C'est une pratique qui s'observoit encore assez volontiers du temps de Politien, d'Etasme & de Pierius. On ne s'avisoit pas même de déguiser les noms, ny de travestir les Personnages; & M. Huet a renouvellé avec succés dans ces derniers temps cette double maniere de prendre des entreparleurs de son siecle & de son pays, & de n'apporter pas plus de déguisemens dans leurs noms que dans leurs sentimens. Mais pour faire voir qu'on ne prétendoit pas imposer à ceux que l'on faisoit entrer dans la conversation, l'Auteur avoit toûjours soin de se nommer pour se mettre en estat de répondre par luy-même de ce qu'il faisoit dire à ses personnages.

Ceux qui dans la suite des temps ont jugé à propos de ne se pas nommer ont affecté de donner à leurs personnages des noms pris dans l'Antiquité, ou tirez au moins de personnes mortes depuis long-temps, de crainte qu'il ne se trouvast quelqu'un qui pust s'interesser à leur réputation. Mais la plûpart ont eu recours à la fiction pour ces sortes de noms, soit qu'ils se soiét étudiez à forger des noms qui fussent propres à marquer le caractere des personnages qu'ils vouloient representer comme les Irenées, les Philalethes, les Eusebes, &c. soit qu'ils ayent voulu prendre des noms incapa-

3. Part. Ch. 10.

De interpretatione

bles d'aucun sens convenable au sujet, comme les Attiques, les Octaves, &c.

§. II. Il y a des noms de livres qui ressemblent de si près à des noms d'hommes, que si les Auteurs n'ont soin d'exprimer leur nom propre à ces sortes d'ouvrages, ils s'exposent à porter le nom de leur livre & de passer pour des Auteurs Pseudonymes. C'est ainsi que Barclay se trouve appellé *Euphormion*, quoique son intention eust esté d'abord de n'en faire que le nom & le titre de son livre, comme il a fait du nom d'Argenis pour un autre de ses ouvrages. L'Empereur Maximilien I. porte le nom de *Theurdanck* qui est celuy d'un livre que ce Prince a fait de ses propres aventures. Les étrangers appellent *Amadæus* ou *Amadisius* l'Auteur du Roman qui porte le nom d'Amadis de Gaule. Et un livre composé au temps des disciples des Apostres fait encore aujourd'huy porter le nom de *Pœmen* ou de *Paster* à Hermas son Auteur.

Il est moins extraordinaire de voir que les titres de Livres ayent servi de surnoms à leurs Auteurs, lors qu'il a esté question de les distinguer d'avec d'autres Ecrivains de même nom. Jean le Scholastique s'appelle Jean *Clima-*

que du nom de son livre de l'échelle sainte. Avant luy, Clement Alexandrin a esté surnommé *Stromateus* de son ouvrage des tapisseries: & avant Clement, le Grammairien Demetrius d'Adramyte du temps d'Auguste avoit porté le surnom d'*Ixion* du nom d'une Tragedie d'Eurypide qu'il s'estoit attribué comme s'il en avoit esté l'Auteur. Dans les temps posterieurs un Moine nommé Antoine ayant donné le nom de *Melissa* à un Recueil de lieux communs qu'il avoit tirez des Peres Grecs, a esté appellé dans la suite *Antonius Melissa*. Jean de Hanville porte le nom d'*Archithrenius* qu'il avoit donné à son ouvrage en vers sur les desordres & les miseres de ce monde. Guntherus quoy qu'Allemand est appellé *Ligurinus* par Baronius & par le commun des Ecrivains, à cause du titre de Ligurinus qu'il avoit donné à son Histoire de la guerre de Frederic I. dans le Milanois qu'il appelle ordinairement Ligurie. Jean de Salsbery se trouve pareillement surnommé *Polycrate* du titre de son livre sur les vanitez des gens de Cour. Matthieu de Westminster pour ses Recueils historiques qu'il avoit intitulez, Fleurs des Histoires, porte le nom Latin de *Flori-*

legus qui ne revient pas mal au surnom Grec de Melissa dont nous venons de parler. Marbodæus pour son Traité des pierres précieuses, s'appelle *Lapidarius*. Thomas de Cantimpré, dit le Brabantin, porte le nom de *Thom. Apiarius*, à cause de son livre des Abeilles, où il se propose la forme d'une conduite Chrétienne pour toute sorte d'états sur le modele de l'œconomie des Abeilles. Durand Ev. de Mande est surnommé le *Speculateur* à cause du titre de Miroir de Droit qu'il a donné à son livre; & le nom de *Conciliator* est retourné à Pierre d'Albano qui ne l'avoit destiné que pour son livre des differens entre les Philosophes & les Medecins. Enfin le penchant y est si grand, que l'Auteur du Micrologue sur les Observations Ecclesiastiques estant demeuré entierement inconnu, on a mieux aimé luy forger un *Prénom* que de ne luy pas donner le surnom de Micrologue qui fait le titre de son livre: de sorte que *Joannes Micrologus* est un nom purement chimerique d'un Auteur qui est encore caché au Jugement des critiques.

Mais la conduite que l'on garde au sujet d'un Grammairien de Constantitinople nommé Eſtienne de Byzance doit faire connoiſtre que cette licence a beſoin de bornes. L'ouvrage qui eſt cauſe que nous l'appellons vulgairement *Stephanus de Urbibus* n'avoit eſté intitulé *des Villes* ni par ſon Auteur, ni par ſon Abbreviateur Hermolaus. L'erreur des Critiques poſterieurs avoit fait porter le titre de περὶ πόλεων à l'abregé de l'ouvrage qu'Eſtienne avoit intitulé ἐθνικά. Et l'on ne peut que loüer la diſcretion de Meſſieurs de l'Academie Françoiſe, qui ne pouvant empêcher que cet Auteur ne ſoit appellé *Stephanus de Urbibus*, ont employé du moins leur autorité pour empêcher qu'on ne l'appelle *Eſtienne des Villes* en noſtre Langue.

3. Part. Ch. 10.

Nouv de la R. des Let. 684 Juillet. p. 482.

§. III. L'Antiphraſe & l'Antitheſe ont eſté auſſi de quelque uſage aux Auteurs déguiſez, principalement pour les Ouvrages où ils ont voulu combattre quelque Adverſaire. La plus ſimple des manieres de ſe cacher ſous des noms *Anti phraſtiques*, eſt celle de joindre la particule Grecque d'*anti* au nom de ſon Adverſaire. C'eſt ainſi que Gentillet a eſté appellé *Anti-Machiavel* & Hotman le jeune *Anti Choppin*, quoy que pluſieurs de ces noms ſemblent avoir

3. Part. Ch. 10. esté faits d'abord pour servir de titre à des Livres dont les Auteurs prétendoient se faire Anonymes. C'est au moins ce qui a paru dans la conduite de ceux qui ont composé les Satyres d'*Anti-Coton*, d'*Anti-Theophile*, d'*Anti-Garasse*, &c. Une autre maniere plus figurée, est celle de se former un faux nom pour estre opposé à celuy de l'Adversaire. Un Conseiller de Barcelonne nommé Vilosa, du temps que M. de Marca estoit employé en Catalogne, voulant écrire contre le sieur Marti Jurisconsulte Catalan du parti de la France, s'appella *Martinus contra Martinum*, à la teste de son Livre. Mais il y a plus d'industrie dans le prétendu *Nicodemo Macro seniore*, qui a écrit contre *Nicolo Crasso juniore*. Passez le nom de *Nicodemo* qui n'est que le synonyme de *Nicolo*, vous voyez que ceux de *Macro* & de *Seniore* ne sont point opposez à ceux de *Crasso* & de *Juniore*. L'antithese est encore plus belle dans le prétendu *Anastasius à Valle Quietis* par opposition au prétendu *Constantius à Monte Laboris*. Quelques-uns estiment aussi qu'il y a quelque air d'Antithese dans le nom de *Bernardus Stubrockius* opposé à celuy de *Wilhelmus Wendrockius*. En-

fin lors qu'on a vû un celebre Theologien écrire sous le nom de *Vincentius Severinus* contre un autre Theologien celebre qui s'estoit appellé *Vincentius Lenis*, on n'a pas eu lieu de douter que *Severinus* n'eust eu intention de marquer par cette Antithese la maniere dont il prétendoit vaincre *Lenis* qui avoit affecté de se rendre victorieux par une maniere opposée.

§. IV. L'employ des Synonymes est encore une maniere fort connuë aux Auteurs Pseudonymes lors qu'ils veulent se déguiser. La liberté qu'ils ont euë de ne pas prendre les Synonymes lors même qu'ils les prenoient, semble en avoir dispensé la plûpart d'une exactitude trop scrupuleuse ; & l'on peut dire que peu d'entr'eux se sont souciez de representer précisément le sens de leur nom dans leur échange. L'illustre Dame Venitienne si connuë par son nom de Modesta Pozzo, se trouve déguisée sous celuy de *Moderata Fonte*, qui sans changer de Langue, ne laisse pas de rendre à peu près le sens de *Modeste du Puis*. Le sieur Nicolas Vitini a trouvé aussi de quoy se travestir par Synonymes sans recourir à une autre Langue, lors qu'il s'est appellé *Vin-*

3. Part. Ch. 10.

3. Part. *cenzo Foreze.* Vincenzo ne marque que
Ch. 10. la moitié du nom de Nicolas, mais celuy de Foreze ne represente pas mal celuy de Villani, c'est-à-dire de Paysan
En Allemand ou de Villageois. De même en nostre
Brentius Langue le Pere Binet a crû que le nom
s'est appelé E-g- synonyme de *René* seroit capable de le
ker. cacher & de le dérober au Public, parce que tout le monde ne devoit pas deviner qu'il avoit voulu dériver *Binet* du
Latin *Bisnatus.* La pluspart des autres
masques synonymes ne vous paroîtront
gueres plus exactement appliquez : ni
Ou Fa- le *Ferrarius* au lieu de Fabricius, ni le
bricius *Fornari* au lieu de Furnio, ni le *Rupex*
pour Fer- *Signatorius* au lieu de Petrus Scriverius,
rarius. ni plusieurs autres de ce même genre.
C'est ce qui vous fera peut-estre juger
que les Synonymes parfaits ne se rencontrent souvent que par le changement
d'une Langue en une autre. Il y a pourtant des Langues assez riches pour fournir plusieurs noms d'une même signification sans aucune alteration du sens.
Et pour ne pas sortir du sujet de nos
Pseudonymes, je me contenteray d'alleguer l'exemple du jeune Socin, dont
le nom estoit *Faustus,* & qui a changé
ce nom quelquefois en celuy de *Felix,*
& quelquefois en celuy de *Prosper,* sans

sortir des termes de la Langue Latine. Ajoûez y l'exemple de Melanchton qui a sçû trouver le synonyme de *Melangaus* pour se déguiser sans quitter la Langue Grecque.

On peut compter aussi parmi les vrais synonymes certains noms Geographiques, lors qu'ils marquent précisement le même pays, tels que sont ceux de la Geographie ancienne substituez à ceux de la moderne. C'est ainsi que Greg. Hungarus s'est déguisé sous le nom de *Pannonius*.

CHAPITRE XI.

13. Maniere. *Changer son nom d'une Langue en une autre contre un nom de signification semblable ou approchante. Noms tournez du Vulgaire en Hebreu, & de l'Hebreu en Latin & en Vulgaire. Noms tournez du Vulgaire en Grec. Noms tournez du Vulgaire en Latin. Noms tournez en Langues vulgaires. Reflexion sur ceux qui tournent mal à propos les noms des Auteurs étrangers en nostre Langue. Exemples d'une semblable conduite parmi les Allemans & les Italiens.*

DE toutes les especes d'Ecrivains qui se trouvent dans la Republique des Lettres, les Auteurs déguisez sont peut-estre les seuls que l'on puisse justifier sur le changement de leur nom en d'autres noms pris d'une Langue étrangere. Les plaintes que l'on a formées jusqu'icy contre la licence exorbitante qui s'est introduite dans ce changement ne doivent tomber que sur les Auteurs qui n'ont eu ni besoin de demeurer inconnus, ni intention de se déguiser.

§. I. Supposant que nos Pseudonymes n'ont pas besoin d'Apologie sur ce point, je me contente de vous faire remarquer qu'ils ont toujours esté libres de choisir telle Langue étrangere qu'il leur a plû pour se dépaïser. Cette liberté en a porté quelques-uns à se donner des noms Hebreux, comme François du Jon qui s'est appellé *Nadab Agmon*, & Antoine de la Roche-Chandieu qui a pris tantost le surnom de *Sadéel*, & tantost celuy de *Zamariel*. D'autres qui avoient receu au Baptême des noms pris des Hebreux, les ont changez en des noms pris des Latins, comme Blondel qui a changé son nom de David en celuy d'*Amandus*, & Jacques Stein qui a changé celuy de Jacob en celuy de *Luctatius*; sans parler de tous ceux qui ont quitté Joannes pour *Janus*, ce qui n'a d'ailleurs aucun rapport à nostre sujet, parce que *Janus* n'a point la même signification que *Joannes*. Au lieu de quoy nous pourrions rapporter quelques exemples de ceux qui ont changé ce prénom Hebreu en un autre équivalent dans la Langue Allemande, comme a fait Bientius qui s'est fait appeller *Huldrich* au lieu de *Joannes*.

§. II. Plusieurs ont fait échange de leur nom contre quelqu'autre de même valeur tiré de la Langue Grecque. Mais ils ne s'y sont pas comportez tous de la même maniere. Les uns n'ont pris ces noms étrangers que pour un temps, & pour quelques ouvrages particuliers seulement, sans prétendre que le nom Grec leur demeurast hors le cas du livre auquel ils l'ont fait porter. Les autres se les sont donnez pour les conserver éternellement, en supprimant une bonne fois leur nom vulgaire, tel qu'on le portoit dans leur famille ; de sorte qu'on peut dire que ces noms Grecs ont esté plûtost attachez à la persone qu'à aucun ouvrage particulier de ces Auteurs.

De la premiere espece sont les noms de *Thalassius Basilides*, pour dire Marin le Roy, parce que M. de Gomberville n'a point pretendu retenir ce nom Grec hors de la rencontre que je vous marquerai dans nostre recueil. Tels sont aussi *Alopeclus*, & *Bassarius*, pour dire Vossius; *Agathius* pour Bonacci; *Asterius* pour Stern ou l'Etoile ; *Agathochronius* pour Bontemps; *Chlorus* pour Viret ; *Cisseus* pour Schilsem ou du Lierre; *Dermasius* pour Feller; *Theophilus Ellychnius*, pour Gottlieb Dachtler ; *Cephalus* pour Capito ; *Dendrinus* pour Boom ; *Aretius* pour Martin; *Nicius Erythræus* pour Vittorio de' Rossi ; *Hephæstion* pour Smidt; *Hegemonius* pour Guide; *Melas* pour Schwartz; *Melanchton* pour Chambrun ; *Melangeus* pour le vray Melanchton ; *Oxyorus* pour Montaigu ; *Philyra* pour du Tillet ; *Phyllarque* pour General des Feuillans ; *Myon* pour Musculus ou Meusel ; *Selenus* pour Monnerus, & pour Lunebourg ; & d'autres de même nature employez pour déguiser les personnes en de certaines occasions & pour un certain temps.

Mais on peut dire que le déguisement n'est entré qu'à demi dans l'autre espece de noms Grecs pris par des Auteurs, qui loin de se cacher sous ces nouveaux noms, & de vouloir demeurer incónus au public, ont eu intention de supprimer entierement le nom qu'ils avoient receu de leurs Peres, & de retenir le nom Grec au de-là de la mort même dans toute la posterité. De cette derniere espece sont *Acakia* au lieu de celuy de Sans-malice, qui s'est trouvé supprimé même dans les descendans du Medecin qui avoit fait ce changement; *Ammonius* au lieu de Vander Maude; *Angelocrator* au lieu d'Engelhart; *Artopæus* au lieu de Backer & de Brotbacker; *Batrachus* pour Froschius; *Capnion* pour Reuchlin, quoy que ce dernier nom soit rentré dans ses droits malgré l'usurpateur Capnion; *Chytræus* au lieu de Rock-Hafe; *Cycnæus* au lieu de Swaens; *Dryander* au lieu de Enzina nom Espagnol; *Echinus* au lieu de Erizzo nom Italien; *Eutrachelus* au lieu de Goethals; *Gnaphæus* au lieu de Foullon; *Haloander* au lieu de Hoffman; *Hamaxurgus* au lieu de Wirstelin; *Ischyrius* au lieu de Sterck; *Leucander* au lieu de Whiteman, nom Anglois; *Lithocomus* au lieu de Steen-Hauwer; *Lithodomus* au lieu de Steen-Huyse; *Lycosthene* au lieu de Wolfhart; *Macarius* au lieu de l'Heureux; *Macropedius* au lieu de Lanckweld; *Melanchton* au lieu de Schwartzerdt ; *Melander* au lieu de Schwartzman ; *Nauclerus* au lieu de Vergehaus ; *Naogeorgius* au lieu de Kirchmayer ; *Nicandre* au lieu de Victoria Espagnol qui a esté pris par ses propres Compatriotes pour un ancien Auteur Grec ; *Oecolampadius* au lieu de Hauszschein ; *Oinotomus* au lieu de Schneidwin ; *Oporinus* au lieu de Herbst ; *Palæonydorus* au lieu de Oude-Watter ; *Panagathus* au lieu de Goethals que nous avons déja vû dans une autre signification transformé en Eutrachelus ; *Pelargus* au lieu de Storck ; *Peristerus* au lieu de Taub ; *Polypus* au lieu de Wackefeld Anglois ; *Pylander* au lieu de Thorman ; *Siderocrates* au lieu de Eisen Menger ; *Strabo* au lieu de Borgne ; *Tragus* au lieu de Bock ; *Xylander* au lieu de Holtzman ; & grand nombre d'autres que je reserveray dans une liste separée aprés le Recueil des vrais Pseudonymes, parce que je n'ay pas crû que ceux de cette derniere espece tirez tant des Grecs que des Latins fussent essentiellement de nostre sujet. Vous avez pû remarquer, Monsieur, que la plûpart de ces Auteurs *transnommez*, pour me servir du terme Latin de Suetone, ont esté ou Allemands ou Flamans ; &

l'on me permettra de demander grace pour les Ecrivains de ces deux Nations à ceux qui prétendent faire le procés aux Auteurs qui ont tourné leurs noms en Grec ou en Latin. J'allegue pour la défense des Allemans & des Flamans non seulement la raison de la dureté & de l'inflexibilité de leur langue naturelle, mais encore l'exemple des Anciens qui n'ont pas fait difficulté de passer cette liberté aux étrangers qui vouloient se donner un nom Grec parmi les Grecs, ou un Latin parmi les Romains. Je me contente de vous remettre devant les yeux celuy du Philosophe *Porphyre* & celuy de l'Heresiarque *Pelage*. Porphyre s'appelloit Malch en sa langue, qui estoit la Syriaque, parce qu'il estoit Phenicien. Personne ne trouva mauvais qu'il quitrast ce beau nom pour celuy de Porphyre, qui est Grec, quoy qu'on eût pû luy objecter que celuy de Basile dans la même langue auroit encore esté plus propre & plus approchant de celuy de Malch pour la signification. Pelage, qui estoit des Isles Britanniques, s'appelloit dans son pays Morgan, qui marquoit la mer en langage Breton de ce temps-là. Mais ayant vivre dans les Provinces les plus flo-

3. Part. rissantes de l'Empire, où l'on ne pa[r]-
Ch. 11. loit que le Grec ou le Latin, il se f[it]
appeller Pelagius, sans que personn[e]
y trouvast à redire. Cependant on peu[t]
asseurer que Malch & Morgan n'avoien[t]
rien de plus rude à l'oreille des Grec[s]
& des Latins de leur temps, que le[s]
Allemans & Flamans en peuvent avo[ir]
à nostre égard.

Mais nonobstant la permission que le[s]
Allemans semblent avoir obtenuë pou[r]
nous representer leurs noms vulgaire[s]
en Grec ou en Latin, tous n'ont p[as]
crû qu'il fût de la bienseance d'us[er]
de cette permission. Il s'en est trou[vé]
à qui le bon sens a fait juger que tout
ce qui est permis, n'est pas toujours
avantageux. Melchior Adam nous en a
donné un exemple en la personne de
Frischlin, dont il nous a donné la Vie.
Frischlin pouvoit se faire appeller *Hygianus* en Grec, ou *Vegetius* en Latin,
pour exprimer le sens de son nom Allemand. Il a pourtant resisté jusqu'à la
mort au torrent qui emportoit la plûpart des gens de Lettres de son pays.
Il faisoit gloire de prouver à toute la
posterité qu'il avoit esté d'origine Allemande, & il croyoit que ce changement ne pouvoit estre qu'injurieux à s[es]

parens, sur tout lors qu'on est d'une famille distinguée. Je veux vous representer icy une partie des vers qu'ils a faits sur ce sujet contre ceux qui par une allusion injurieuse à son nom, l'appelloient Froschlin pour Frischlin.

Frischlino mihi non Froschlino nomen avitum est: Frosch. Rana.
 Hoc me Teütonici sanguinis esse probat.
Cacropiâ dices HYGIÆNUM *voce, latinâ*
 Si vis, me poteris dicere VEGETIUM.
Mens tamen est nobis nomen retinere paternum,
 Ut me Germani stemmatis esse probem.
Hoc Tritavus nobis Bernhardus nomine vixit.
 Hoc Atavus dudum nomine Janus erat.
Militiæ jurata manus, pia fulcra Senatus,
 Legatique Ducum, signiferique Ducum.....,.

Il avoit raison. Personne n'auroit deviné qu'un *Hygiænus* ou un *Vegetius* de ces derniers siecles fût descendu en droite ligne de tant de personnages qui avoient eu les premiers emplois à la cour, dans les armées & dans le conseil des Ducs de Würtemberg en Soüabe.

§. III. Je ne m'arrêteray pas à vous faire voir que le nombre de ceux qui ont quitté leur nom vulgaire pour s'en donner de Latins, est incomparablement plus grand que celuy des Auteurs qui en ont pris de Grecs. Le détail en seroit infini, & l'on ne peut ouvrir de Catalogues ou de Bibliotheques d'Auteurs, qu'on ne puisse s'en convaincre par soy-même. De sorte que ceux qui ont prétendu se déguiser sous des noms Latins, ne sont presque plus reconnoissables dans la foule de ceux qui n'y ont point apporté de déguisement. A peine découvre-t-on un *Flavianus*, pour dire Blondel ; un *Vulturius*, pour dire Gerard ; un *Tubero*, pour dire la Motte; un *Turpio*, pour dire Socin ; un *Ocella*, pour dire le Vayer ; un *Tenebrio*, pour dire Schott ; un *Victorius Rusticus*, pour dire Nicolas Villani ; un *Refrigeratorius*, pour dire Kuhlman ; un *Felinus*, pour dire Bucer ; un *Candidus*, pour dire de Witte ; & quelques autres en petit nombre, qu'on ne peut pas ne pas considerer comme de vrais masques au milieu de tant d'autres qui ne le sont pas.

J'ajoûteray aux manieres de tourner son nom en des langues de Sçavans, c'est à dire, en Hebreu, en Grec & en Latin, celle de le tourner aussi en une langue

langue vulgaire. C'eſt une maniere qui doit paroître vicieuſe à toute perſonne intelligente: auſſi n'eſt-elle pas venuë d'aucun des Auteurs qui ſe trouvent changez de nom en cette ſorte, mais de ceux qui ayant eu à les citer, ont crû devoir les tourner ſelon la langue en laquelle ils écrivoient. Aprés cette declaration l'on ne m'accuſera pas d'avoir voulu donner mon approbation à ceux de nos Ecrivains François qui ont forgé des noms pris de noſtre langue pour des Auteurs qui n'auroient ſouffert au plus qu'une terminaiſon Françoiſe; & dont la plûpart, s'ils revenoient au monde, ne ſe reconnoîtroient pas, & ne répondroient certainement pas lors qu'on les appelleroit par ces ſortes de noms.

On n'approuvera jamais ceux qui ont appellé *du Gardin* & *du Jardin* à la teſte de leurs Traductions Françoiſes deux Auteurs qui n'ont même jamais porté, ſoit en langue maternelle, ſoit en Latin, un nom qui eût voulu dire un jardin. Le premier de ces Auteurs n'eſt inconnu à aucun de ceux qui peuvent ſe vanter d'avoir étudié en Droit. C'eſtoit un Juriſconſulte Milanois, vivant du temps de Frederic Bar-

P

3 Part. Ch. 11.

berousse, qui a traitté des Fiefs. Il s'appelloit *Obertus de Orto* ; & si la mauvaise orthographe des Copistes & des Imprimeurs n'y avoit point ajoûté d'aspiration, nos Ecrivains du siecle passé ne se seroient peut-estre pas avisez de l'appeller *du Gardin*. Ce n'est pas que l'équivoque du nom Italien *dell'Orto* ne puisse avoir rendu plausible le nom ainsi tourné en François : mais un Auteur du même pays que ce Jurisconsulte a prétendu lever l'équivoque en ces termes : *Oberto dell'Orto, il cui cognome prometteva frà quelle cadute nuova nascita, è più felice resarcimento.* Je veux que cette reflexion ne soit qu'un raffinement inventé purement pour faire honneur à la ville de Milan. Mais je suis persuadé que c'est dépayser un homme mal à propos, que de vouloir aprés sa mort & sans sa participation tourner un nom qui doit luy estre propre, en un nom tout different & qui luy sera toujours étranger. L'autre Auteur que je trouve mal appellé en nostre langue, est un Medecin Portugais du dernier siecle. Il s'appelloit *Garsias de Orta* : mais le Traducteur François qui publia l'an 1619. à Lyon une version de son Traité des Simples qui naissent dans les Indes,

Picinelli nel Milanese Ateneo a cart. 433.

ayant ignoré jusqu'au nom de son Auteur, qu'il croyoit estre *De Horto*, nous l'a representé sous celuy de *Garsia du Jardin*; en quoy il n'auroit pas dû estre approuvé, quand même il ne se seroit pas trompé dans le fond.

On n'a pas eu beaucoup plus d'égard pour le *Valere le Grand* de Jean le Blond, imprimé à Paris en François l'an 1548. & l'on n'a pas reçu plus favorablement les autres qui ont appellé Valere Maxime de la même maniere. Je doute que l'on doive approuver davantage ceux qui se donnent la liberté d'appeller *Valerien le Grand* le Capucin que nous connoissons sous le nom de Valerianus Magnus, dont le vray nom estoit Magni. On n'a pas eu beaucoup plus de raison d'appeller *André l'Heureux* en nostre langue un Jesuite de Candie, sous pretexte qu'il se nommoit *Eudæmon*: & l'on ne trouve rien ni dans les stations de sa vie, ni dans ses Ecrits, qui le rende reconnoissable sous ce nom. Ceux qui ont fait porter le nom de *la Tour* à Turrianus, qui s'appelloit auparavant Torrensis, paroîtront sans doute plus recevables dans la pensée que le changement est moindre du nom Espagnol de la Torre au François qu'au

Latin. Mais enfin avoüons qu'il ne nous appartient pas de donner des noms à ceux qui en ont déja, ni de les changer à nostre fantaisie, sous pretexte qu'ils se sont donnez eux-mêmes la liberté de faire de pareils changemens.

C'est une pensée qui m'est venuë presque toutes les fois que j'ay vû citer sous le nom de *Rochefort* un saint & celebre Casuiste du treiziéme siecle, nommé Raimond de Pennaforti. C'estoit un Catalan, troisiéme General des Dominicains, Penitencier du Pape Gregoire IX. Son vray nom estoit *de Peña* (que nous prononçons *Pegna*) *Fuerte*. De sorte que ceux qui feroient difficulté de l'appeller en Latin *De Penna Forti*, qui est le nom que Raimond s'est donné luy-même, me paroîtront toujours moins libres de l'appeller en nostre langue *Rochefort*, que *Peñafuerte* en sa langue maternelle.

Ceux qui prétendent ne nous faire connoître le Cardinal de Torquemade, ou plutost Torre-chemada, que par le nom du Cardinal *De la Tour brûlée*, ont crû sans doute pouvoir imiter l'exemple même de ce Cardinal, qui a fait passer son nom d'Espagnol en Latin, & qui s'appelle communément *à Turrecrema-*

14. Mais ils me permettront de leur faire voir qu'il n'en est pas de même, puisque ce Cardinal n'a jamais écrit en François ; & que le nom de Tourbrûlée ne peut pas estre venu de luy. Nous n'approuverions pas des Italiens ou des Espagnols, qui dans leurs Ecrits appelleroient le Cardinal de Richelieu *De Riccoluogo*, ou *De Ricolugar*. C'est tout ce que le Public a pû faire, que de passer au Pere Petau le nom Latin de *Ricolocius*, lorsque les autres ont dit *Richelius*, pour ne pas trop s'écarter. Croyons que les Espagnols & les Italiens ne seront pas plus favorables au nom de la *Tourbrûlée*, qui en qualité de nom propre n'est pas même capable de rappeller celuy d'*à Turrecremata* dans la memoire de plusieurs François. A près cette reflexion je vous laisse à penser ce qu'il vous plaira de la liberté de quelques autres Auteurs, de ces derniers temps, qui nous ont parlé de Frere Thomas *Clochette* comme d'un Auteur que nous eussions dû connoître sous ce nom. Il est vray que Campanella ayant eu à passer les dernieres années de sa vie en France, auroit pû se donner un nom pris de la langue du pays, comme ont fait quelques autres Italiens ha-

3 Part. Ch. 11.

Rat. Temp.

P. Col-Du Val, &c.

bituez parmi nous : mais il n'a point souffert d'autre changement que celuy de la terminaison, & il en a esté quitte pour se voir appellé *Campanelle*.

Permettez-moy, Monsieur, de vous retenir encore un moment sur cette mariere de tourner les noms des Etrangers en nostre langue, pour vous faire voir par deux exemples tout recens que cette bizarrerie arrive souvent aux plus habiles gens. Un sçavant homme (que je vous nommeray une autre fois, lors qu'il se presentera une occasion de suivre son sentiment) écrivant en François, nous parle de deux Auteurs de nos jours, dont l'un nous est assez connu sous le nom de M. David, & l'autre sous celuy de Lupus. Le sçavant homme appelle le premier *Davidius* par trois ou quatre fois, quoy qu'il écrive en François, & que M. l'Abbé David, dont j'honore le merite, & qui n'a jamais écrit qu'en nostre langue, ne se soit jamais appellé autrement que David. Nous luy passerons volontiers son *Davidius* : mais en même temps pourquoy appelle-t-il toujours le *Pere Loup* en nostre langue celuy qui ne s'est jamais appellé que Lupus depuis Anvers & Cologne jusqu'à Rome, & qu'il n'a

3. Part. Ch. 11.

Tom. 6. B. V. pag. 159.

Le même Auteur p. 170. dit Bellarminn & Davidius, énonçant

jamais trouvé nulle part cité sous le nom de *Loup?* S'il avoit envie de rendre à Lupus le nom vulgaire qu'il portoit en sa langue maternelle, il devoit l'appeller le *P. Wolff* ou *Wolfius* ; ce qui ne nous auroit nullement paru nouveau, puisque Lupus ne s'estoit fait connoître que sous ce nom dans ses premieres années. Mais au moins auroit-il apporté plus d'uniformité, si pour tout mettre en Latin, il avoit dit *Lupus* en retenant *Davidius* ; ou pour tout mettre en François, s'il avoit dit *David* en retenant le *P. Loup.* Mais pour ne surprendre personne, il devoit faire le contraire de ce qu'il a fait, & dire avec tous le monde *M. David* & *le P. Lupus.*

3. Part. Ch. 11. en François celuy qui n'a écrit qu'en Latin, & en Latin celuy qui n'a écrit qu'en François

Le second exemple de bizarrerie que je vous ay promis est celuy d'un autre Sçavant de different caractere. Ayant eu à parler de Turrianus, dont je vous ay déja entretenu, il l'appelle dans une même page tantost *De la Torre*, & tantost *De la Tour*, en luy donnant par tout la qualité de celebre Jesuite, quoy qu'il n'ait trouvé que Turrianus dans les Originaux qu'il allegue. Il continuë dans la suite de l'appeller *De la Tour*, & quelquefois *Turrianus*, sans nous avertir s'il a eu dessein d'en faire trois Auteurs.

Pref. part p. 151. 153. 155. 168. &c.

P iiij

3 Part.
Ch 12

Les Allemans & les Italiens n'ont pas esté plus exemps de cette bizarrerie que nos François. Les premiers ont fait de *Capegistus Niger* Jurisconsulte Italien un Auteur Allemand sous le nom

Deckerr.
193.

de *Kopwisch der Schwartz*; & les seconds ont fait de Schwartz-erdt, ou Melancthon Theologien Allemand, un Auteur Italien sous le nom de *Terranera*.

CHAPITRE XII.

Suite de la maniere de changer les noms d'une langue en une autre sans changer de signification. *Difference entre les Auteurs qui ne disposent que de leur nom, & les Historiens qui se donnent la liberté de changer les noms des autres. Que les Historiens sont moins excusables que les Auteurs particuliers, à qui dans le fond l'on ne peut contester le pouvoir de se* TRANS-NOMMER *selon leur caprice dans des choses de nulle importance. Que l'exemple des anciens Historiens Grecs & Latins ne peut justifier au plus que ceux des Historiens modernes, qui se contentent de mettre aux noms propres des Etrangers les terminaisons de la*

langue en laquelle ils écrivent leur hi- 3. Part.
stoire. Que l'exemple même de Moyse Ch. 14.
qui a changé plusieurs noms propres en
Hebreu, ne doit point autoriser la li-
cence des Modernes.

Quoique je ne voulusse pas me rendre l'Avocat des Auteurs qui se sont *transnommez* d'une langue à l'autre, lors qu'ils n'ont pas eu besoin de se cacher, & qu'ils n'ont pas songé à se déguiser : je ferois pourtant difficulté de les condamner avec leurs censeurs, lorsque leurs changemens n'ont point causé de confusion, & qu'ils n'ont apporté de dommage à personne. Où est, par exemple, le crime de Riccio, de Preud-homme, &c. pour s'estre appellez l'un *Crinitus*, l'autre *Probus*, &c? Que nous importe que l'un ait eu le nom de *Riccio* ou d'*Erizzo*, & que l'autre ait eu celuy de *Preudhomme* ou de *Bienne*, pourvû que ces noms supprimez ne paroissent nulle part pour mettre le trouble dans la connoissance que nous avós de ces Auteurs? Je veux qu'ils ayent eu tort une fois sur ce point : mais le tort qu'ils peuvent avoir eu ne nous nuira pas, tant qu'on ne les trouvera citez nulle part que sous les noms de *Crinitus*, de *Probus*, &c.

P v

Au contraire, les choses estant une fois établies & generalement reçuës sur ce pied-là, on s'exposeroit à tout gâter dans l'art de connoître les Auteurs, si l'on entreprenoit de faire revivre des noms supprimez, qui peuvent passer à leur égard pour entierement éteints. Nous n'y comprendrions plus rien, si l'on nous citoit *Holtzman* que nous ne connoissons pas, pour Xylander que nous connoissons ; *Stern de Zweibruck* pour Stella Bipontinus ; *Vander Beken* pour Torrentius ; *Schlossers* pour Serrarius ; *La Scala* pour Scaliger ; *Holywood* pour de Sacrobosco ; de *Roquetaillade*, ou de *Rochetaillée* pour de Rupe-scissa ; *Bruggs* pour Pontanus ; *Cramers* pour Mercator, *Middleton* pour de Mediavilla ; *Gerard* pour Erasme ; *Spies-hammer* pour Cuspinianus ; *Hahn pol* pour Cornarius ; *Bawrn* pour Agricola, &c.

Le tort de ces Auteurs, s'ils en ont eu, n'est donc retombé que sur eux-mêmes, pour avoir abusé de la liberté qu'ils avoient de changer leur nom dans des choses indifferentes. Mais il n'en est pas de même des Historiens, qui semblent estre les dépositaires des noms des personnes dont ils ont à parler, & qui ne sont pas moins obligez de garantir ces noms, que les choses mêmes qu'ils rapportent. Il n'y a point d'érudition, point d'éloquence qui puisse aujourd'huy nous persuader que ces Historiens, sur tout ceux que nous appellons Modernes, ayent dû travestir & masquer, pour ainsi dire, les personnes qui ont porté des noms propres dont le sens estoit capable d'estre rendu en une autre langue. On aura beau nous alleguer l'uniformité que ces Historiens ont crû devoir garder dans leur langage, afin de n'y pas laisser entrer de locutions étrangeres. Car outre que cette uniformité prétenduë n'a pas pû même estre gardée par ceux qui l'ont affectée le plus, & qu'ils l'auroient beaucoup mieux observée en se contentant de donner à chaque nom propre la terminaison de la langue en laquelle ils écrivoient leur histoire; c'est qu'il s'est trouvé tres-souvent que les noms que ces Historiens ont substituez à ceux qu'ils ont supprimez, estoient & plus obscurs & moins connus. Ce qui est pecher autant contre le sens commun, que contre l'esprit & l'institut de l'Histoire.

Pour vous en donner quelques exemples tirez des Historiens, même du premier ordre, je vous citeray l'*Interam-*

nas de M. de Thou. N'est-il pas vray, Monsieur, que vous connoissez fort bien le nom d'*Entragues*, & même celuy d'*Entraigues* en nostre langue; & que vous ne connoissez celuy d'*Interamnas* que comme un nom qui marque un habitant de Terni en Ombrie? *Interamnas* dans l'employ qu'en fait M. de Thou, vous est donc plus obscur & moins connu que celuy d'*Entragues*. Je pourrois vous alleguer encore son *Acromontanus*, son *Altorivus*, son *Amurathes*, & un grand nombre d'autres, où l'on peut dire qu'il n'est pas toujours égal à luy-même. C'est ce qui vous paroîtra dans son *Quercetanus*, dans son *Quadrigarius* & ailleurs. *Quercetanus* chez luy veut dire en un endroit *De la Chesnaye*, & en un autre il veut dire *Du Chesne*. Ce n'est pas tout, un autre *De la Chesnaye* s'appelle chez luy *Quercæus*; un autre *Du Chesne* s'appelle encore *Quercæus*; & ailleurs, mais toujours chez luy-même, *Quercæus* signifie encore *Des Chesnays*. Pour son *Quadrigarius*, j'ay lieu de croire qu'il l'avoit pris de Paul Emile autre Historien du premier ordre, mais de même humeur pour le changement des noms vulgaires. Paul Emile donne le nom de

Quadrigarius à un Evêque de Paris nommé *G. Chartier* du temps de Loüis XI. M de Thou donne le même nom à un *Chartier*, mais il appelle un autre homme du même nom *Carterius*, sans qu'on voye le sujet de cette difference. Il ne manquoit plus que le nom d'*Auriga*, & nous ferons voir ailleurs qu'il estoit déja retenu pour Alain *Chartier*.

<small>3. Part. Ch. 12. Mornac appelle auſſi *Quadrigarius*: l'Avocat Mathieu Chartier. p. 38.</small>

Je ſçay que les Hiſtoriens Modernes & les autres Partiſans de cette liberté ne manqueront pas de nous renvoyer aux anciens Hiſtoriens. Mais je doute que la maniere dont en ont uſé ces Anciens, doive ſervir d'exemple à nos Modernes. Je ſçay que les Anciens n'ont point fait difficulté d'exprimer en Grec s'ils écrivoient pour des Grecs, ou en Latin s'ils écrivoient pour des Latins certains noms propres des Perſans, des Syriens, des Egyptiens. Mais il paroît que la plûpart de ces noms eſtoient moins des noms d'hommes, que des noms de lieux, ou d'Offices militaires ou politiques. Ce qui fait une difference ſi conſiderable dans la queſtion dont il s'agit, qu'elle change entierement l'état de l'exemple dont nos Modernes auroient beſoin pour ſoutenir leurs prétentions. Il faut avoüer qu'on a tou-

<small>Grot. au cap. 11. Geneſ p. 20. Huetii Demonſtr. pag 130. Theol. de Holland. p. 430.</small>

jours eu plus d'égard pour les noms des Hommes que pour ceux des Choses. Herodote, Q. Curce & les autres qui ont exprimé en leur langue divers noms appellatifs de Charges & de Dignitez, & quelques noms propres de Lieux, dont la signification estoit utile à quelque chose, ont esté assez scrupuleux pour ne pas toucher aux noms des Hommes, si ce n'est pour leur donner une terminaison de la langue en laquelle ils écrivoient. Si nos Modernes avoient eu la discretion de mettre dans leurs Histoires les noms propres avec la signification, telle qu'il leur auroit plû de leur donner: s'ils avoient dit, par exemple, dans leurs Histoires Latines *Chartier*, id est, *Quadrigarius*; *Le Jay*, id est, *Gracchus*; *Du Bois*, id est, *Silvius*; *La Perriere*, id est, *Petrejus*; *Del Pozzo*, id est, *Puteanus*, &c. il y auroit eu dans cette conduite dequoy faire cesser les plaintes que l'on forme contre eux. Ils auroient pû s'autoriser de l'exemple des Evangelistes, je ne dis pas pour des noms de Lieu, tels qu'*Haceldama*, *Golgotha*, &c. mais pour des noms d'Hommes changez par J. C. même, comme *Cephas*, *Boanerges*, dont ils n'ont pas permis que nous ignorassions la signification.

marginalia: 3. Part Ch. 12. — Le Jay pour le Geay.

Ce que je viens d'avancer sur la reserve respectueuse que les anciens Historiens semblent avoir euë pour les noms propres des Personnes plus que pour les autres, n'est pourtant pas si general, qu'il n'y en ait eu parmi les Grecs qui ont pris la liberté de changer en leur langue quelques noms Hebreux, comme celuy d'Isaac en *Gelos*, celuy d'Edom (que portoit Esaü) en *Erythras*. Mais cela estoit de l'invention de quelques Ecrivains profanes, tels qu'Alexandre Polyhistor : & nous ne voyons pas que cette liberté ait jamais esté suivie ou approuvée par aucun Grec Chrestien Nos Modernes ne nous presseront pas sur l'exemple d'un Rabin, qui ayant pris un Abregé assez mauvais de l'Histoire sainte pour un ouvrage veritable de Philon Juif, en publia la traduction Hebraïque sous le nom de *Jedidée*, qui dans sa langue estoit équivalent au nom de Philon. Nous n'avons pas d'instances à craindre sur ce changement du Grec en Hebreu, ne venant que de gens incapables de faire un exemple, depuis qu'ils sont hors de commerce avec nous.

Mais il n'en est pas de même de l'objection qu'on peut nous former sur la

3. Part. Ch. 12.

Euseb. de Præpar. Evang. lib. 9.

R. Azarias.

conduite de Moyse, c'est à dire, du premier des Historiens. J'avoüe que nos Modernes n'ont pas de modele plus parfait à se proposer, mais ils ne doivent pas se vanter de l'avoir parfaitement imité dans le changement des noms propres. Je veux que Moyse ait tourné en Hebreu les noms propres des Personnes qui avoient vécu depuis Adam jusqu'à Nemroth, & qu'il les ait changez en des noms d'une signification semblable. Mais il n'y avoit pas de confusion à craindre de ce changement dans la supposition que la premiere langue du monde estoit entierement éteinte du temps de Moyse. Tous ces noms propres que Moyse a changez de la langue primitive en Hebreu se sont trouvez tellement supprimez, que personne n'en a oüy parler depuis, & que les noms changez par Moyse ont esté considerez comme des noms primitifs & comme les originaux mêmes. Il n'en est pas de même de nos Modernes; ils n'ont point changé les noms propres d'une langue éteinte en une langue florissante Ils ont fait tout le contraire de Moyse, qui a fait passer les noms d'une langue morte en une langue qui estoit vivante & vulgaire de son temps.

au lieu que nos Modernes qui ont écrit en Latin, ont changé en une langue morte des noms de langues vivantes, qui loin d'estre demeurez supprimez aprés ce changement, subsistent encore, & subsisteront plus long-temps que les noms Latins par la propagation des familles. Moyse a fait en sorte qu'il ne nous est point resté d'autre nom pour marquer les anciens Patriarches, que ceux qu'il leur a donnez d'*Adam*, d'*Eve*, de *Mathusala*, &c. Mais nos Modernes n'ont pû venir à bout de supprimer les noms vulgaires de *Crevecœur*, des *Croisettes*, de *la Motte*, du *Mesnil*, de *la Haye*, &c. par leur *Crepacordius*, leur *Cruciarius*, leur *Cespitius*, leur *Mansionilius*, leur *Sepinus*, &c. La fortune de ces noms changez sera toujours fort contraire à celle des noms que Moyse a introduits, puisque ceux-cy vivront autant que l'Ecriture sainte, & que ceux-là sont déja censez estre peris dans l'esprit de ceux qui pourront se passer de ces Histoires modernes.

Avertissement sur les deux Chapitres suivans.

Les Chapitres XIII. & XIV. qui suivent, dépendent tellement du Chapitre precedent, qu'on auroit eu sujet d[e] se plaindre, si après avoir parlé d[u] changement des noms d'une Langue [à] une autre, on s'estoit dispensé de parl[er] du changement des terminaisons, & [de] la suppression ou de la mauvaise expre[s]sion de l'Article des Langues vulgaire[s.] C'est ce qui m'a porté à ramasser dans l[e] XIII. tout ce que le Lecteur peut ra[i]sonnablement exiger sur la bizarre[rie] du changement de Terminaison : [&] dans le XIV. ce qui peut concerner le[s] Articles. Comme il ne s'agit pas de dé[s]guisement affecté dans l'une ni dan[s] l'autre de ces manieres, il n'en sera poin[t] parlé du tout dans le Recueil des Au[c]teurs déguisez ; c'est ce qui m'a oblig[é] à faire icy un détail plus grand de[s] des noms propres que nous trouvon[s] alterez du costé de la terminaison o[u] de l'article, afin de donner à ceux qu[i] s'en trouveront embarassez en lisant l[es] Auteurs les moyens de les rétablir e[n] leur Langue naturelle.

CHAPITRE XIII.

Ceux qui condamnent le changement des noms propres en d'autres Langues ne doivent pas desapprouver l'usage des Terminaisons de la Langue en laquelle on écrit. Exemples des Anciens Ecrivains qui en ont usé de la sorte. Bizarrerie de ceux qui se meslent de donner des Terminaisons Latines à des noms François, ausquels elles ne sont pas propres. Combien une Terminaison Latine qui est presque toûjours la même, confond & defigure la plûpart des noms François, à cause de la varieté de leurs Terminaisons.

J'Ay déja insinué plus haut que je ne prétendois pas comprendre l'usage des Terminaisons étrangeres parmi les changemens des noms propres. C'est un usage qui paroist quelquefois indispensable, & qui sert même à la beauté du stile en certaines occasions. Ainsi ceux qui sont dans cette pratique ne doivent pas craindre de se voir enveloppez dans la condamnation des autres pourvû que les Terminaisons soient toû-

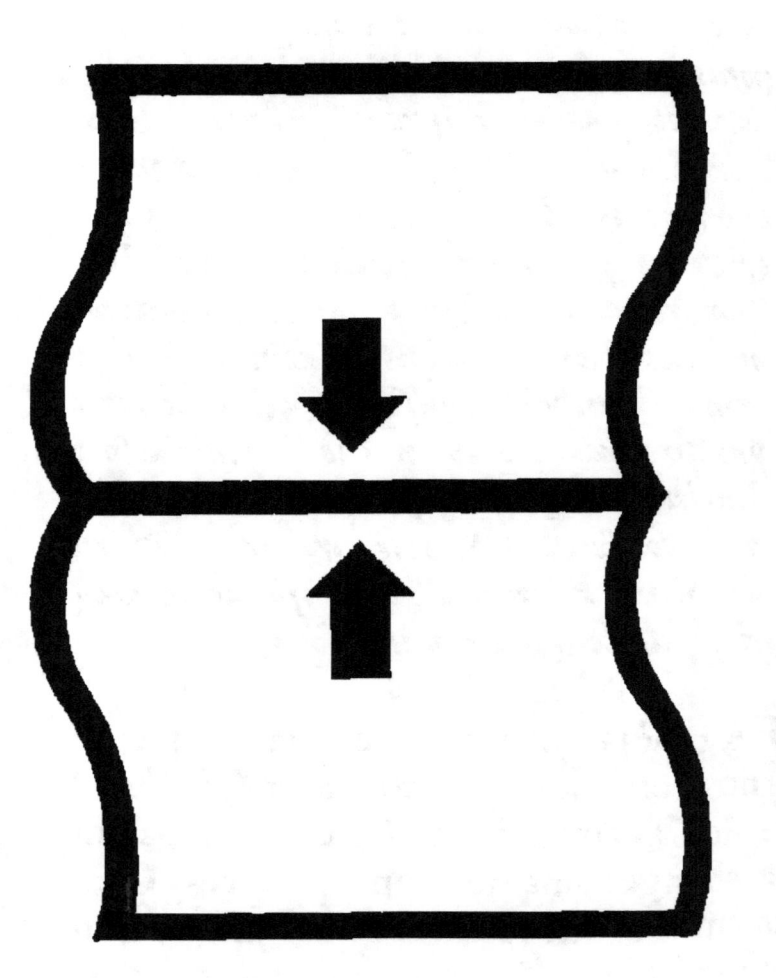

jours tres-simples, & incapables de faire changer la prononciation & l'orthographe des noms propres. Il se trouve même des occasions où l'on ne doit point faire difficulté de leur passer le changement de la Lettre que nous appellons *characteristique* ou *figurative*, pourvû que l'alteration que ce changement peut causer dans l'orthographe ou dans la prononciation ne fasse pas de changement essentiel au nom original.

C'est ce qui a esté pratiqué par les Historiens & les autres Ecrivains de tous les temps dans presque toutes sortes de Langues. Il nous restera des monumens de cette honneste liberté tant que nous aurons les livres des Grecs & des Latins où nous voyons les noms des Egyptiens, des Pheniciens, des Persans, & des Africains conservez en leur entier autant qu'il a esté possible, mais terminez par une inflexion Grecque ou Latine. Cesar en a usé de même à l'égard des noms Gaulois ou Celtiques ausquels il a tâché de donner des Terminaisons convenables, si bien que la plûpart des noms en *ich* se trouvent terminez en *ix* plûtost qu'en *us*, comme *Dumnorix*, *Ambiorix*, &c. parce que Dumnoricus

Ambioricus luy paroiſſoient un peu trop éloignez des originaux. Un auſſi religieux conſervateur des noms propres qu'étoit Ceſar, ne doit pas eſtre legerement accuſé d'infidelité ſous pretexte de la difficulté que l'on a de trouver aujourd'huy l'étymologie de quelques uns de ces noms. Quand il ſeroit vray que les copiſtes n'auroient pas corrompu chez luy *Arioniſtus* en *Ariovistus*, & que l'étymologie de ce nom ſeroit *Ehrnueſt*, on ne peut que loüer Ceſar de l'avoir fléchi ſi doucement : & il faut croire que c'eſt par une demangeaiſon familiere aux Critiques que quelques-uns veulent reformer ſon *Vercingetorix*, afin de le faire venir du Saxon de *Hertoge Hinrich* que nous appellerions aujourd'huy le Duc Henry en noſtre langue.

Les Hiſtoriens qui ont paru depuis ont uſé de la même liberté ſans oppoſition, à l'égard des noms Gothiques, Lombards, Eſclavons, Saxons & Teutons, & nous ne voyons pas qu'on y ait trouvé autre choſe à redire que l'ignorance de ces Langues qui a fait corrompre l'orthographe des noms à pluſieurs d'entre eux.

Il ne ſeroit donc pas juſte que nos

3. Part.
Ch. 13.

Modernes si bien fondez en exemples & appuyez d'une tradition si longue, fussent privez du droit de donner les terminaisons de la Langue en laquelle ils écrivent aux noms des Langues étrangeres. Mais d'un autre costé il est juste de ne point étendre ce droit au de là de ses bornes naturelles.

On ne peut pas contester à la Langue Françoise l'avantage d'estre l'une des Langues les plus commodes en terminaisons. Il n'y a point de noms Grecs, Latins, Barbares que l'on ne puisse terminer selon ses manieres tant masculines, que feminines qui luy sont particulieres, sans jamais changer ou détruire une *caracteristique* : & lors qu'après avoir consulté ce que le sens commun dicte à l'oreille, elle rencontre quelque chose qui la choque dans la prononciation, elle aime mieux laisser les noms tels qu'elle les trouve en original. Elle a eu cette circonspection pour la plûpart des noms Hebreux. Elle en a eu aussi pour quelques-uns des Grecs en *as*, comme *Bias*, *Pausanias*, *Suidas*, *Sabas*, *Ctesias Pallas*; en *es*, comme *Thales*, *Eutyches*, *Dares*, & même pour les Etrangers qui n'avoient que la terminaison Grecque, comme *Apries*

Xerxes, &c. en *is*, comme *Panyasis*, *Anacharsis*; en *os*, comme *Eros*, *Manethos*, *Minos*; en *ys*, comme *Dictys*, & en d'autres terminaisons dont il est aisé à chacun de se faire un détail, sans avoir entrepris de mettre en usage les prononciations de *Bie, Pausanie Suide*, &c. Le scupule est allé si loin que plusieurs noms de femmes, dont les noms pouvoient avoir une terminaison feminine en nostre Langue, sans changer même l'orthographe de la terminaison Grecque, gardent parmi nous presque la même prononciation qu'ils avoient parmi les Grecs, comme *Daphné* au lieu de Daphne, *Calliopé* au lieu de Calliope, *Niobé*, *Ariadné*, *Arachné*.

Nostre Langue n'est pas moins circonspecte envers les terminaisons Latines, soit des noms Latins, comme *Ennius, Duillius, Crassus, Cornelius, Germanicus* qu'elle n'a point tournez par *Ennie, Duille, Crasse, Corneille, Germanique*; soit des noms Grecs ou Barbares terminez à la Romaine, comme *Apollonius, Hermolaus, Cyrus, Croesus, Darius, &c.* qu'elle n'a point tournez en *Apolloine, Hermolas, Cyre, Crese, Darie, &c.* Elle n'a point touché aux noms en *os*, comme *Nepos*; elle a laif-

---

3. Part.
Ch. 2.

Autre
Auteur
est Manethon.

Latinam rationem sequi placet, quousque patitur decor, præsertim si auctoritatem consuetudo non superet.
Quintil.
Init. Lib.
1. cap. 5.

3. Part.
Ch. 13.
sé même en leur entier beaucoup de leurs noms en *a*, comme *Agrippa*, *Galba*, *Sylla*, *Juba*; quelques-uns en *is* comme *Cerealis*; & tous ceux en *or*, en *ex*, en *ix*, en *ux*, dont on peut produire beaucoup d'exemples.

C'est une reserve qu'il sera difficile de trouver en pareil degré dans les Langues Italienne & Espagnole. Mais il n'en faut pas chercher de vestige dans la Grecque, dont les Ecrivains de moyen & de bas âge animez du même esprit que leurs Anciens n'ont pas manqué de flechir, ou de reduire à leurs manieres les noms des Francs, c'est-à-dire des Occidentaux, ceux des Sarazins & des Turcs. C'est ce qu'on n'auroit pas eu lieu de blâmer en eux s'ils s'estoient contentez d'ajoûter leurs terminaisons. Mais les changemens, les additions, les retranchemens de lettres qu'ils ont faits à divers noms propres, nous portent à les considerer plûtost comme des noms corrompus, que comme des noms simplement terminez à la Grecque.

v.g Charilaus pour Carolus. &c.

Qui pourra s'empêcher d'avoir la même pensée, non pas des Latins anciens, mais des *Latinistes* modernes, parmi lesquels on a vû une demangeaison presque semblable se communiquer comme

une

une maladie contagieuse, dont il semble qu'on ne soit pas encore bien guéri de nostre temps? Encore aurions-nous quelque pretexte pour excuser leur caprice s'ils avoient au moins fixé leur fantaisie par quelque regle à laquelle on pust se tenir pour s'empêcher de tomber dans l'erreur. Au moins devoient-ils garder quelque uniformité dans leur conduite, & ne pas démentir si souvent un usage par un autre.

3. Part. Ch. 13.

La terminaison en A dans quelque Langue vulgaire que ce soit devroit être la moins embarassante, puis qu'elle est semblable à une terminaison que les Latins ont employée fort communément pour les noms d'hommes. Comme nous avons conservé en Langue vulgaire ceux de *Sura*, *Scapula*, *Columella*, *Caligula*, *Fenestella*, *Caracalla*, &c. il estoit juste que nos Latinistes conservassent aussi dans leurs écrits Latins les noms François, Italiens & Espagnols en *a*. C'est ce qu'ils ont fait assez volontiers tant qu'ils n'y ont pas trouvé d'obstacle. Mais s'ils ont eu des raisons suffisantes pour tourner Pignoria en *Pignorius*, Gambara en *Gambarus*, Settala en *Septalius*, pourquoy n'ont-ils pas esté uniformes? & pourquoy

En A.

Q

ont-ils dit en d'autres rencontres *Pigneria*, *Gambara*, *Septala* en Latin ? Le Comte de Dona est appellé par les uns *Donæus*, par les autres *Dona* & *a Dhona*. Mais M. de Thou l'appelle *Donavus* luy qui tourne assez souvent en *a* simplement les noms Allemands terminez en *aw*.

ARD.
ART.

A l'égard des terminaisons en ARD & en ART, le même Historien les a presque tournées toutes en *arius*, & il les a confonduës ainsi avec celles qui sont en ARS ou en AR, en leur faisant perdre leur *caracteristique* qui devoit servir à leur distinction. *Louchard*, *Passart*, &c. *Luscarius*, *Passarius*, &c. Un seul *Mollarius* chez luy sert à trois personnes nommées differemment *Mollart*, le *Mollard*, de *Mollard*, qui seroient perduës d'extraction si elles n'étoient connuës que dans l'histoire Latine de cet Auteur. Il appelle *Scholarius* un nommé *Cholard*, qui n'étoit ni Grec, ni Allemand, mais Gascon. La lettre Allemande *sch* dont il a exprimé nostre *ch*, me fait souvenir de sa maniere de tourner le nom de *Choart*, nom fort connu dans l'épée & dans l'une & l'autre robe parmi nous. Il est vray que M. de Thou n'a point fait perdre la *caractéristique* au nom de Choart comme aux autres : mais c'est ce qui a encore contribué davantage à le rendre Allemand. Si l'on ne connoissoit d'ailleurs Paul Choart de Buzanval Ambassadeur de France à la Haye, on pourroit le confondre sur le nom qu'il luy donne de *Schuartius* avec des Allemans, ausquels il fait servir plus naturellement le même nom pour exprimer celuy de leur langue, qui est *Schwartz*.

3. Part. Ch. 13.

Niger. Le Noir.

Les noms vulgaires en AS se latinisent assez ordinairement en *asius*, Colas *Colasius*, Corras *Corrasius*. Et quoique cette terminaison leur soit commune avec les noms en *ais*, comme *Sangelasius* saint Gelais ; & en *aise*, comme *Salmasius*, Saumaise : nous aurions pû nous y accoutumer sans l'inconstance de nos Latinistes. Mais lorsque nous penserons traduire *Gallasius* par *Gallas*, il viendra quelqu'un appuyé de l'autorité de M. de Thou nous soûtenir que c'est un autre homme appellé *des Gaillards* ; & que c'est aussi un nommé *des Galars*, selon la Croix du Maine ; quoique Nic. Gallasius Ministre de Geneve au siecle passé s'appelle communément en nostre langue N. *de Gallas*. M. de Launoy appelle M. Varillas *Varillaüs* : mais

AS

Quoique Boulaise se nôme toujours *Boulasius* & que Porthais soit *Porthesius*, Protasis & *Protasius*.

les Actes de Leipsick le nomment plus naturellement *Varillasius*. Le Poëte de Vias s'est nommé *Viassius*; & M. Cujas ne s'est pas moins éloigné de cette regle en s'apellât *Cujacius*, comme M. de Thou a dit *Duracius* pour de Duras. C'est une liberté qu'on pouvoit laisser aux noms en Ac, comme de Pybrac & de Balzac, qui s'appellent *Pybracius* & *Balzacius*. Mais M. de Thou s'est mis au-dessus de la regle en disant *Campanicius* pour Champagnas, *Fabatus* pour Favas, &c.

A U

Nos terminaisons en AU se tournent volontiers en *avius*; Petau, Sarrau, &c. *Petavius*, *Sarravius*, &c. Mais de deux personnes qui ont porté le nom de *Gau*, M. de Thou a jugé à propos d'appeler l'une *Gallius*, l'autre *Govinus*. Pour aug-

Gallius. Gau & Gallé.

menter encore nostre embarras, il se sert du nom de *Gallius* pour marquer le sieur de Gallé, & se sert aussi du nom

Govinus. Gau & Gouyn.

de *Govinus* pour designer un Doyen de Beauvais nommé Gouyn ou Gouynes. Le sieur de Palluau chez le même Auteur se trouve tourné en *Paludellus*; & la femme de Pierre Pithou, qui se nommoit Catherine de Palluau, s'appelle elle-même *Paludella* dans l'Epitaphe qu'elle a dressée à son mary.

Les noms en AULD ou *aud*, en AULT

ou *aut* ne nous feront pas de difficultez tant qu'ils ne feront qu'en *aldus* ou *oldus*, en *altus* ou *altius*. On peut y joindre la terminaison en *audus* ou *audius*, & *autius*. De sorte qu'on n'a rien à reprocher à M. de Thou, lors qu'il tourne le nom de *Foucauld* par celuy de *Fulcaudius*. Ceux qui se souviennent que dés le temps des premiers Empereurs Romains l'*o* & l'*au* se prenoient l'un pour l'autre, & qu'on disoit *Plostrum* & *Clodius* aussi volontiers que *Plaustrum* & *Claudius*, ne trouveront pas mauvais que le Pape Clement IV. qui s'appelloit *Foucauld* du nom de sa famille, se soit nommé *Fulcodius* avant son Pontificat. Je doute que la même raison pût servir aux amis de Pierre *Airault* Lieutenant Criminel d'Angers au siecle passé, s'ils entreprenoient de justifier le nom d'*Ærodius*, qu'il s'est donné. Cette licence auroit pû aneantir le nom de sa famille, s'il en avoit esté le seul ornement, ou si elle n'avoit esté connuë d'ailleurs. L'inégalité de M. de Thou peut estre embarrassante sur ces noms. Il les tourne le plus souvent en *audius* & *autius*, quelquefois en *aldus*, comme *Bressaldus* de *Bressault* : mais lors qu'il change ce même nom en *Bressa-*

lius, il nous porte mal à propos à en changer la prononciation & l'orthographe Françoise. C'est encore pis pour nous, lors qu'il tourne par *Pluvialius* non seulement un nommé *Pluviot* ou *Pluvot* (pour Pluviaut) mais encore un nommé *Puy-vidal*. Le même Auteur voulant déployer ses richesses en matiere de terminaisons, appelle *Andronius* un homme nommé *Andrault*. Les auttes Auteurs n'ont pas tous esté plus reguliers sur eux-mêmes. Robert *Cenaut* Evêque d'Avranches s'est appellé *Cenalis*; Gabriel du *Puy-Herbault* Moine de Fontevraut s'est appellé *Putherbeus*. Claude *Minault* de Dijon, mais Avocat du Roy à Estampes, a voulu approcher les terminaisons bien ou mal, & a changé son nom de *Minault* en celuy de *Minos*. Les Berauds de France n'ont presque rien alteré dans leur nom en se faisant appeller du nom de *Beroaldus*, mais ils se sont exposez à estre confondus avec les *Beroaldes* d'Italie.

AY.   Les noms en AY se tournent indifferemment en *aus* & en *aius*, sans faire beaucoup de violence à la terminaison Françoise. *Aius* est moins en état de nous embarrasser, parce qu'on ne peut l'appliquer qu'à des noms en *ay*, quoy qu'il faille quelquefois deviner pour rencontrer juste, comme lors qu'on trouve *Caius*, pour dire *Du Quay* ou *Le Quay*, au lieu du nom Romain dont ce mot nous a laissé l'idée. Mais la terminaison en *Æus* estant commune à plusieurs terminaisons Françoises, même feminines, outre celle en *ay*, elle ne peut qu'apporter beaucoup de confusion. Vous croirez que *Codræus*, *Crenæus*, &c. veulent dire du *Coudray*, du *Crenay*, &c. & quoique vous ayez raison, je trouve qu'ils signifient *De la Coudre* & *De la Cresne*, &c. Encore aurions-nous quelque chose de fixe, si l'on s'en tenoit à une même terminaison Latine pour les noms François qui sont les mêmes : mais à quoy veut-on nous déterminer, lors qu'après nous avoir produit *Codræus*, pour dire tantost *du Coudray*, & tantost *de la Coudre*, on nous propose encore dans un même corps d'histoire tantost *Corileus*, tantost *Corilanus* & *Corilensis*, pour marquer aussi *du Coudray* & *de la Coudre* ?

Nostre terminaison en *E'*, toute simple qu'elle est, ne laisse pas de souffrir beaucoup de la part de nos Latinistes dans leurs variations. Elle s'exprime le plus souvent en *aus* ; d'Argentré, d'Urfé ; *Argentraus*, *Urfaus* ; & même *Caritaus*, pour dire De la Charité. Cela paroît assez tolerable. Budé y a pourtant esté pris, & malgré la volonté qu'il a euë de conserver son nom à sa famille, il se trouve aujourd'huy nommé *Budée* par la plûpart du monde sur le modele de son *Budæus*. Mais M. de Thou a fait voir encore en cette occasion, que l'uniformité n'estoit point sa regle. *L'aidé* dans son histoire est *Ladus*, *Taboüé* est *Taboëtius*, *André* (en surnom) est *Andréanus*, qui veut dire aussi chez luy *Andrieu* en d'autres rencontres ; enfin les noms d'Aubigné, d'Aubigny & d'Albigny n'ont reçu de luy qu'une même terminaison dans le mot *Albinius*, qui semble n'estre pas propre pour les noms en *é*.

EAU. La terminaison des noms en EAU ayant pris la place de celle des noms en *el*, a donné lieu aux Auteurs d'en retenir la terminaison Latine. Bobineau, Chantreau, Godeau &c. n'ont point paru flexibles autrement, comme on le peut juger par les noms de *Bobinellus*, *Cantarellus*, *Godellus*, &c. Ragueau & Tiraqueau ont si bien accoûtumé le monde à les appeller *Raguellus* & *Tiraquellus*, que plusieurs croyent avoir raison de les appeller en François *Raguel* & *Tiraquel*. C'est ce que leurs Descendans sont en droit de rejetter, comme ceux de Budé rejettent le mot efféminé de *Budée*. Peut-estre que le Medecin Moreau se seroit fait appeller aussi *Morellus* plutost que *Moræus*, s'il n'avoit apprehendé de porter le nom de Morel dans la posterité, & de se voir hors de sa race confondu parmi le grand nombre des Morels. Mais je ne sçay si ç'a esté par un motif semblable que M. de Thou a donné à Pastoureau & à Charbonneau les noms de *Pastoreus* & de *Carboneus*, plutost que ceux de Pastorellus & de Carbonellus, parce qu'il y a d'autres gens du nom de Pastorel & Carbonel. Il n'en faut rien croire, puisqu'un nommé Pastorel s'appelle aussi chez luy *Pastoreus* sans distinction. S'il avoit esté aussi curieux de belle Latinité que *Jouvenneau*, il l'auroit peut-estre appellé *Pastoralis*, comme ce Jouvenneau s'est nommé *Juvenalis*, apparemment pour ne pas se confondre avec *Juvenel* des Ursins, à qui on vouloit laisser le nom de *Juvenellus*. Cette terminaison en *alis* pour des noms en *eau* n'estoit pas tout à fait inconnuë à M. de Thou, qui a dit *Caprealis* pour mar-

3. Part Chp. 13

3. Part.
Ch. 13.
ou Car-
peau.

quer *Capreau*. Chez luy *Capralis* veut dire encore *Chevreau*, ou plutoſt le ſieur de Chevreaux, qui ſe trouve appellé auſſi *Capralius*, puis *Capreolus* par le même Auteur en divers autres endroits, comme le ſieur de Capres, & le nommé Cabral, ſont pareillement appellez *Capralis*, & le ſieur de Cabrol *Capreolus* dans la même hiſtoire, qui peut paſſer ainſi pour une pepiniere perpetuelle de confuſion. M. de Thou ne ſe ſeroit pas laiſſé facilement épuiſer en terminaiſons Latines pour les noms en *eau*. Si le P. Fronteau de ſainte Geneviéve, qui s'eſt nommé *Fronto* plutoſt que *Frontellus* ou *Frontaus*, a crû eſtre l'inventeur de la terminaiſon Latine en *o* pour la Françoiſe en *eau*, j'apprehende que ce ſçavant homme ne ſe ſoit trompé pour cette fois, puiſque long-temps avant luy M. de Thou avoit dit *Bocho* pour Bouchonneau. Souvenez-vous toujours, Monſieur, que ce n'eſt pas la fécondité, mais l'uniformité qui manque à M. de Thou. S'il dit *Fortellus* en un endroit, il dit *Fortéus* en un autre pour marquer Forteau. De Monceau eſt tantoſt *Moncellus*, & tantoſt *Monceanus*, tandis que les autres Latiniſtes diſent *Monceus* & *Moncejus*. S'il appelle Du

primitif pour diminut f

Item. De Monceaux plur.

Cluseau *Clusellus*, il appelle Clausel aussi *Clusellus*: mais pourquoy appelle-t-il des Cluseaux *Clusius*? *Freseus Freselle-rius* veut dire chez luy Freseau de la Freseliere, mais le second mot fait voir qu'il devoit au moins en cet endroit tourner le premier par celuy de *Fresellus*. Je m'étonne qu'ayant tourné luy-même Brodeau par *Brodæus* (aprés plusieurs Latinistes) Dareau par *Daræus*, Couronneau par *Coronæus*, &c. il ait voulu introduire *Burgeolius* pour dire Bourgeau, *Preolius* pour dire Preau & du Preau dans le temps même qu'un Docteur de Paris natif de Marcoussis, nommé Gabriel du Preau, se faisoit appeller publiquement Gabriel *Prateolus*. Je m'étonne aussi qu'il ait voulu mettre non pas *Corvus* pour Corbeau, mais *Rullus* pour Roulleau, & même *Blondus* pour Blondeau, quoi qu'il ait peut-estre songé à nous oster Blondel de la pensée. Je m'étonne encore davantage qu'employant le nom de *Rufus* pour marquer non seulement les noms de Le Roux, Rosso, Ruffo, Ruffi, mais aussi celuy *de Rousseau*, il ait forgé encore celuy de *Rusillus* pour dire *du Rousseau*. Mais je ne suis pas étonné qu'un Auteur qui ne s'accorde pas ordinaire-

3. Part. Ch. 13.

& Daneau p^r *Danæus*.

nom d'homme.

ment avec luy-même, ne soit pas souvent d'accord avec d'autres sur la terminaison en *eau*. Voulez-vous sçavoir comme les bons Auteurs traduisent Boisseau & Belleau ? M. de Thou dit *Bocellus*, & M. Gassendi *Buxeus* pour exprimer Boisseau : M. de Thou dit *Bellaqueus*, & M. de sainte Marthe *Bellaqua*, pour marquer Belleau. Mais je trouve M. de Launoy plus agreable encore que les autres Latinistes, lors qu'il appelle M. Boileau Doyen de Sens *Bevilaqua* à la teste des Lettres Latines qu'il luy a écrites. M. de Thou n'a point affecté tant de genie que M. de Launoy, lors qu'il s'est contenté d'appeller *Bevilaca* un Gentilhomme Italien nommé Bevilacqua. Ce n'est pas au reste par ignorance du Latin que M. de Launoy n'a pas appellé M. Boileau *Bibaqueus*, comme auroit fait M. de Thou ; ou *Bibaqua*, comme auroit fait M. de sainte Marthe. Ce n'est pas même par ignorance de la terminaison en *æus*, qu'il ne l'a pas appellé *Bœlæus* ou *Bulæus*, luy qui n'a pas oublié d'appeller M. Phelipeau de la Brosse *Phelippæus Brossa*, M. Fauveau *Fauvæus*, M. Gattineau *Gattinæus*.

La diversité des terminaisons Latines

Coëffeteau par les uns, Coiffeteus par les autres, Cuffetellus.

pour les noms en *eau* ne peut avoir lieu pour ceux en EL. De sorte que nos Latinistes n'auroient rien à craindre de la part de leurs censeurs, s'ils avoient apporté pour tourner tous les autres noms autant de simplicité qu'il en paroist dans la maniere dont ils ont tourné Cappel, Blondel, Justel, Gaffarel, &c. Mais il seroit à souhaiter que M. de Thou eût eu deux mots differens pour exprimer les noms de l'Ange & de Langel, qu'il appelle *Angelus* l'un & l'autre. Je ne sçay si c'est par raison ou par caprice que le Jurisconsulte Forcadel s'est fait appeller *Forcatulus*, qui est d'un degré moins diminutif que *Forcatellus*. Mais à l'égard du Mathematicien Bouvel, ou de Bovelles, qui vivoit il y a prés de 200. ans, je croy qu'il a préferé *Bovillus* à *Bovellus*, à cause qu'il estoit plus Latin.

Nostre terminaison en EU & EUX est une des moins traitables, quand il s'agit de se laisser latiniser. C'est ce qui paroist par l'exercice qu'elle a donné au seul M. de Thou, dont les variations sont toutes plus gesnées l'une que l'autre. De Brimeu est chez luy *Brimæus*, de Pisseleu est *Pisseleus*. Maigneu ou de Magneux est tantost *Mainius*, & tantost

3. Part.
Ch. 13.

Minutius; de Brigneux eſt en un endroit *Brignellius*, & en un autre *Brigneus*. *Hevius* veut dire De Heu, *Schuletus* Sculeu, & *Cantalupus* ſignifie également Cantelcu & Chanteloup. Ce qui, bien que fondé en bonne raiſon, ne laiſſe pas de cauſer de l'embarras à un Lecteur qui ne comprend point par les mots de *Cantalupus* & *Cantalupus* la difference qui ſe trouve entre pluſieurs perſonnes du nom de Canteleu, Chanteloup & Chantelouve. Si M. de Thou avoit eu à parler de quelque *Tuleu* dans ſon hiſtoire, nous avons quelque ſujet de croire qu'il l'auroit appellé *Tullius*, puis que la Dame de Celi qui s'appelloit Tuleu du nom de ſa famille, ſe trouve nommée *Tullia* par cet Auteur. Chaſſeneu ou plûtoſt de Chaſſeneuz Avocat du Roy à Autun s'eſt donné le nom de *Caſſaneus* autrement *Chaſſanæus* : mais ce nom Latin eſt devenu équivoque depuis qu'il a été pris auſſi pour un autre Juriſconſulte François nommé de la Chaſſagne.

EUIL.

A l'égard de noſtre terminaiſon en EUÏL, nous ſommes aſſez accoutumez à la voir changer en *olius* par nos Latiniſtes, & rien ne nous fait heſiter quand il s'agit de remettre en noſtre Langue

Monantholius, *Longolius*, *Bizolius*, *Nantolius*, *Santolius*. M. de Thou appelle le sieur de Saint Forgeuil *Forgeolius*; mais il gaste l'uniformité lors qu'en un autre endroit il tourne le même nom par *Forgeus*, qui est celuy que l'on a donné dans les pays étrangers au celebre Cartesien M. de la Forge. M. de Thou a tourné encore assez naturellement du Breüil par *Brolius*, comme avoit fait avant luy Charles du Moulin & quelques autres. Mais il n'a pû s'en tenir à ce nom, & l'on trouve que du Brueïl selon luy est encore *Brüelius*. Il ne s'est point servi du nom de *Bolius*, mais de celuy de *Buellius* pour dire de Beüil, quoy que l'analogie de l'un & de l'autre nom soit la même, & que les termes de Broglio & Boglio soient également connus en Italie. Mais comme M. de Thou ne s'est pas assujetti à tourner tous les noms terminez en *euil* par *olius*, l'on se tromperoit aussi de croire qu'il falluft retourner en *euil* tous les noms qu'il a terminez en *olius*, témoin *Rugerolius* qui chez luy ne veut dire autre chose que Rouge-oreille.

Les noms terminez en EuR ne sont pas tous latinisez de la même sorte. Les verbaux, c'est-à-dire ceux qui viennent des verbes, se tournent quelquefois en Latin pur, comme le Veneur *Venator* chez M. de Thou; le Tourneur *Tornator* chez le même Auteur. Mais Jean le Tourneur estant venu s'habituer à Paris du temps de Charles VII. pour suivre la coutume des gens de Lettres de son siecle, aima mieux s'appeller *Versoris* que *Versor*. Le nom de Versoris est demeuré tellement attaché à ses descendans dans toute sa posterité qui a esté nombreuse, & qui a paru avec honneur dans le Palais, que l'ancien nom de le Tourneur s'y est trouvé entierement éteint. Le Laboureur n'est pas moins un nom verbal que les précedens. Neanmoins un Auteur de nostre temps pour qui j'ay d'ailleurs beaucoup de consideration, a mieux aimé appeller *Laborerius* que *Laborator* Monsieur le Laboureur Prévost de l'Isle-Barbe qu'il nomme même en une autre occasion *Agricola* d'une maniere plus éloignée, mais plus Latine. Nic. le Sueur & les autres du même nom devoient ce semble prendre plûtost le nom de *Sudator* que de celuy de *Sudorius* qui vient moins de *Sudare* que de *Sudor*. Neanmoins *Sudorius* semble avoir receu une espece de passedroit parmi ceux qui ne condamnent pas indifferemment toutes sortes de noms latinifez, & on le souffre presque auffi volontiers que les noms de *Tectorius* & de *Sartorius* pour dire le Couvreur & le Tailleur. Les autres noms en *eur* qui ne font point verbaux se tournent ordinairement en *orius* comme le Prieur *Priorius*, de Mercœur ou Mercueur *Mercorius*, que plusieurs expriment auffi par *Mercurius* & par *Mercurianus*, comme fait M. de Thou. Le même Auteur dit *Vaſſorius* pour marquer le Vaſſeur; mais M. de Launoy écrit *Vaſſeurius* dans la penſée de s'éloigner moins de l'original. M. de Thou a voulu introduire encore une autre terminaiſon pour ces ſortes de noms, comme il paroiſt par le nom de *Balerus* pour ſignifier le Baleur.

Comme le Tanneur *Tanneurius*.

La terminaiſon des noms en IER a eſté ſans doute l'une des plus favorables au caprice de nos Latiniſtes, tant qu'il n'a eſté queſtion que de la tourner en *arius*, ou en *erius*. Mais leur induſtrie ne leur ayant pû rien fournir qui fuſt capable de faire ſentir les differences de cette terminaiſon au feminin de noſtre Langue, ils n'ont pû éviter le deſordre qu'ils ont cauſé en tant d'autres occaſions. Ils n'ont pû fournir que le

IER.
IERE.
ERIE.

nom de *Pererius* pour marquer ceux de *Perier*, *du Perier*, *de la Perriere* & *de la Peyrere*. *Carrerius* leur sert pour *Charrier* ou *Carrier*, & pour *de la Carriere*; *Castellerius* pour *Chastelier*, *du Chastelier*, & *de la Casteliere*. De même il faut que *Poterius* leur tienne lieu de deux noms differens, pour marquer tantost *Potier*, & tantost *la Poterie*, comme *Cevallerius* signifie chez eux tantost *Chevalier*, & tantost *de la Chevalerie*; *Grangerius* quelquefois *Grangier*, & quelquefois *de Grangeres*. M. de Thou avec toute sa fecondité n'a que le nom de *Ferrerius* pour marquer *du Ferrier*, *de la Ferriere*, *Ferrier*, *Ferrieres*, *Ferrero*, *Ferriero*, &c. mais en récompense de sa disette il a trois noms differens pour marquer celuy de *Chandenier*, qu'il exprime par *Chandenerius*, *Candenarius*, & *Campodenarius*. Le nom de *Furnarius* chez luy sert aussi à marquer les nommez *Fournier*, *Fourneau*, *des Fourneaux*, & *Fornari*; comme il employe celuy de *Castellarius* pour signifier *de Castelard* aussi bien que *Chastelier*. Mais cet Auteur ne s'est pas toûjours contenté de la terminaison en *arius* ou en *erius* pour les noms en *ier*. Le nommé *Bonouvrier* est appellé dans son

Histoire *Bonovrius*, il nous auroit moins surpris s'il l'avoit appellé *Bonoperarius*. Il n'est pas le seul qu'il ait employé *Castaneus* pour marquer ceux qui ont porté le nom de *Chasteignier*, mais il embarasse son Lecteur lors qu'il se sert aussi du nom de *Castaneus* pour signifier le sieur *de la Chastaigneraye* & le Cardinal *Castanaga*. Le nom *de Pasquier* n'a pas toûjours esté terminé de la même sorte par les Latinistes. J'en connois deux qui se sont nommez eux-mêmes *Paschasius*; celuy qui fut brûlé en 1560. pour le sujet de la Religion & l'Avocat General de la Chambre des Comptes. Les autres *Pasquier* s'appellent simplement du nom de *Pasquierius*, nom qui a servi aussi à M. de Thou pour marquer le sieur *de Pasquieres ou de Pasquiers*. Enfin la terminaison en *erius* nous est encore un sujet d'équivoque, lors qu'elle est employée pour marquer les noms François terminez en *ery*. Si *Auberius*, *Villerius*, *Guterius*, &c. signifient *Aubery*, *Villery*, *Gutterry* en de certaines rencontres; en d'autres ils signifient *Aubier* & *des Aubiers*, *de Villiers*, *de Goutiere*.

Pour ce qui regarde nostre terminaison en IEU & en IEUX, on peut dire qu'il n'y en a gueres de plus indomptable, ni de moins propre à fubir le joug de la Langue Latine. Mais les Latiniftes ont crû pouvoir les réduire premierement en retranchant les articles, comme ils ont fait à la plûpart des autres, puis en reftreignant la terminaifon Françoife dans des bornes fi ferrées, que les noms Latins femblent eftre racourcis des noms François. Mais quelque inveterée que foit la mode de voir tourner nos *ieu* en *ius*, je doute qu'elle prefcrive jamais fur les droits de noftre Langue, & que nos Latiniftes puiffent gagner leur caufe contre leurs Adverfaires devant l'Academie Françoife. *Roffius*, felon eux, veut dire *Roffieu*, & même *de Roffieux* : mais qui m'empêchera de croire qu'il veut dire plûtoft *Roffi* & *Ros*, & de deviner qu'il peut fignifier en noftre Langue *de la Roffe* & *le Roux* ? C'eft M. de Thou, me direz-vous, qui a dit *Roffius* pour marquer *Roffieu* & *de Roffieux* ? Et moy je vous répons que c'eft M. de Thou qui dit *Roffius* pour fignifier *Roffi*, *de i Roffi*, & le Capitaine *Ros*. Devant qu'on euft ouï parler du Cardinal de Richelieu en Latin, *Richelius* ou *Rickelius* n'eftoit en ufage que pour Denis le

Chartreux. *Breſſius* veut dire à la verité, tantoſt *Breſſieu*, & tantoſt *de Breſſieux*, comme *Boeſſius* veut dire de Boiſieu, & *Barbeſius* de Barbeſieux : mais voudrions-nous qu'ils ne ſignifiaſſent pas auſſi *de Breſſe*, *de Boiſſy*, & *des Barbes* ? Je ne comprens pas aiſément pourquoy Marvieu eſt *Marvius* chez M. de Thou, & que Marcieu n'eſt pas *Marcius*, mais *Marciellus* ; pourquoy *Pœſius* veut dire de Puyſieux, & *Cuziëus* de Cuyſieux ; pourquoy *Merens* & *Villeus* plûtoſt que Merius & Villius pour dire de Merieu & Villieu ; pourquoy *Griæus* de Grieux, *Sarriæus* Sarrieu, luy qui dit *Diſemius* Diſimieu, au lieu de *Diſimiæus*, comme a fait M. Chorier depuis ce temps-là, dans le deſſein de faire un peu mieux ſentir la terminaiſon Françoiſe. Il faut croire que c'eſt par un ſemblable motif que M. Jurieu eſt appellé tout communément *Juriœus* par les Latiniſtes d'aujourd'huy. Ils ont raiſon au moins de ne l'avoir point appellé *Jurius*, parce que s'ils s'en rapportent à M. de Thou, *Jurius* veut dire de Jours. Mais j'admire toûjours M. de Thou qui dit *Argenlius* pour marquer le ſieur d'Argenlieu, & qui repreſente le ſieur de Beaulieu par le nom de *Bel-*

3. Part.
Ch. 13.

lilocus, qui ne me paroît gueres plus recevable que le *Ricolocius* de quelques Modernes pour dire le Cardinal de Richelieu. A propos de quoy je ne puis m'empêcher de rire de la maniere grotesque dont Vossius ou ses garans ont voulu latiniser le surnom de Geoffroy

De Hist. Latin.

de *Beaulieu* Historien du Roy S. Louis. Ces Messieurs appellent cet Auteur *Beaglerius*, qui est une corruption venuë apparemment de la maniere vicieuse dont les Etrangers tâchent d'exprimer nostre *l* mouillée avec nostre terminaison en *ieu*. Ce qu'il y a de divertissant pour ceux qui connoissent Geoffroy de Beaulieu, est que Vossius & les autres voyant la difference qui se trouve entre G. *Beaglerius* & G. *de Belloloco*, en ont fait deux Auteurs fort differens, sans s'aviser de mettre en question de sçavoir si l'un ou l'autre s'appelloit *de Beaulieu*, ou si Geoffroy de Beaulieu estoit un troisiéme Auteur different de ces deux masques d'Auteurs. M. de Thou n'est pas plus uniforme dans les noms en *dieu*, que dans ceux qui sont en *lieu*. Il appelle Donadieu *Deodatus* en un endroit, & *Donadeus* en un autre. Il dit *Ludæus* pour de Ludieu, & *Locidens* pour de Licudieu.

Mais il dit *Chandeus* pour Chandieu, soit que le nom Hebreu de Sadéel ne l'ait pas fait souvenir de l'étymologie de Chandieu, soit qu'il n'ait pas voulu s'écarter du vulgaire. Il a eu cette consideration pour le nom de Rieux qu'il a tourné simplement en *Riusius* & en *Riussius*; au lieu que les autres Latinistes ont dit *Rivius* qui signifie aussi du Rieu.

3. Part: Ch. 13.

Nous avons une terminaison en ieu qui semble venir originairement d'une autre en *if*, comme celle qui est en *eau* vient d'une autre en *el*. Cela paroist justifier le mot de *Tardivus* pour marquer Tardieu, & déclarer irreguliers en même temps ceux de *Tardaus* & de *Tardiæus* employez dans la même signification.

La terminaison en is n'a point tant donné d'exercice aux Latinistes. C'est ce qui les rend moins excusables de n'y avoir pas apporté plus d'uniformité que dans celles qui leur estoient plus difficiles à tourner. Mais ils ne s'accordent pas mieux entr'eux sur ce point que dans les autres. La terminaison en *ius*, qu'ils ont donnée le plus communément aux noms en *is*, est une des plus équivoques de toute la Latinité.

is.

3. Part.
Ch. 13.

Le hazard qui nous fera deviner que *Sanprius* dans M. de Thou doit signifier S. Pris, ou plûtost S. Prix, nous fera-t-il conjecturer que *Sangenius* & *Fargius* voudroient dire de S. Geniez & de la Farge, plûtost que de S. Genis & du Fargis, quoy qu'ils signifient l'un & l'autre dans M. de Thou? Beauxamis que Possevin & le Mire appellent *Pulcheramicus*, & M. de Thou *Bellamicus*, se trouve nommé par d'autres *Beuxamius*, & même *Beuxamis* en terminaison Latine. G. de Lorris ou de Lauris est appellé communément en Latin *Laurisius*, & un nommé de Lauris au xiv. siecle est appellé *Laureus* par M. de Thou,

M. Patris ou Patrix de nostre siecle est appellé *Patrisius* par quelques Latinistes.

qui d'ailleurs nomme *Patricius* deux personnes qui ont porté le nom de Patris. Floris & du Lis, comme encore le Lis, s'appellent chez le même Auteur *Florus* & *Lilius*. Mais nous nous tromperons si nous pensons tourner tous les *Florus* de M. de Thou par *Floris*, & tous ses *Lilius* par *le Lis* ou *du Lis*. *Florus* outre Floris signifie encore dans son Histoire Fleury, de Fleury, Flory, Florio ou Floriot, & de la Fleur : de même que *Lilius* veut dire aussi Lilio, & Gigli en Italie, de Giglies ; & même Leslé ou Lesley en Angleterre.

Les noms propres en OIR sont si rares, qu'on ne doit pas s'étonner que l'industrie de nos Latinistes y ait trouvé si peu d'exercice. Je me contente de vous faire remarquer les varietez de M. de Thou dans Beaumanoir, Beaurevoir, Beauvoir, &c. qu'il exprime par les termes de *Bellomanerius*, *Bellorivius*, *Bellovarius*, &c.

Les noms en OIS sont beaucoup plus frequens dans l'usage de la societé humaine. Vous diriez que nos Latinistes se seroient attachez particulierement à les tourner en *osius* sur les exemples de *Blosius*, de *Chamosius*, de *Ragosius* &c. pour dire de Blois, de Chamois, le Ragois. Mais l'exception des noms terminez en *esius* est d'une si grande étenduë, qu'elle pourroit passer pour la regle. *Curtesius*, *Valesius*, *Citesius*, *Gallesius*, *Burghesius*, &c. s'offrent en foule pour en fournir les exemples sur les noms de Courtois, Valois, Citois, Gallois, Bourgeois, &c. Nos Latinistes n'ont pas mis du Bois, ni le Pois dans la même analogie : du premier nom nous trouvons des *Bosius*, des *Boisius* & des *Boscus*, sans parler des *Silvius* ; mais il faut qu'Antoine *le Pois* Medecin du Duc de Lorraine ait jugé le nom de *Poisius* trop

R

Part. 3
Ch. 13.

barbare pour la politesse de sa litterature, puis qu'il a mieux aimé se nommer *Piso* à la Romaine. Je veux finir nos terminaisons en *ois* par le prétendu Comte d'*Alsinois*, dont j'auray occasion de parler dans le recueil de nos Pseudonymes. Murer, M. de Thou, & la plûpart des Latinistes du siecle passé n'ont pas hesité à luy faire porter le nom d'*Alsinoüs*, parce qu'ils ont jugé qu'un nom qui a quelque air d'antiquité ne convenoit pas mal à un Poëte & à un Humaniste.

ON.

Nostre terminaison en ON tient le milieu entre celle des Grecs en *ων*, & celle des Latins en *o*. De sorte qu'il n'y a pas de noms en nostre Langue qui paroissent plus propres à estre latinisez. On peut considerer ces sortes de noms de deux manieres, & en faire deux classes differentes, dont la premiere est celle des noms en *on* sans l'article du genitif, l'autre de ceux qui sont precedez de cet article. A l'égard de ceux de la premiere classe j'ose me persuader que nos Latinistes n'auroient rien à craindre de la part des Critiques, s'ils s'estoient contentez de les tourner simplement en *o*. On sçait que le Parquet de nos Rois n'a esté ouvert jusqu'à present qu'à des Magistrats, qui ont dû joindre la belle litterature, & ce qui s'appelle l'érudition, aux autres qualitez que demande la Magistrature. On sçait par consequent que Messieurs du Parquet, qui portent la qualité de Gens du Roy, ont eu des noms sujets à estre latinisez par les gens de Lettres, & sur tout ceux qui tiennent parmi les Sçavans un rang aussi élevé que les *Marions*, les *Bignons*, les *Talons*. Mais quoique M. Marion ait esté appellé *Marionus* par M. de Thou, & *Marionius* par le sieur de Mornac; quoique M. Bignon porte le nom de *Bignonius* d'un consentement qui est devenu presque universel, quoi qu'enfin Messieurs Talon ayent vû leur nom tourné en *Talonius* par le petit nombre, & en *Talæus* par le plus grand nombre des Latinistes: je suis assuré que nostre veneration pour ces grands Magistrats n'auroit souffert aucune atteinte par les noms simples & naturels de *Mario*, *Binio*, *Talo*, qui ne sont pas moins augustes, ni peut-estre beaucoup moins Romains que les noms Consulaires de *Scipio*, *Piso*, *Libo*, *Cato*, *Carbo*, *Curio*, *Tubero*, &c.

Sur cette regle on ne fera point difficulté de juger les autres noms en *on*, qui n'ont point d'article. Puisque le nom du

Président Brisson est de ce nombre, j'estime qu'on n'a pas eu entierement mauvaise raison de vouloir proscrire celuy de *Brissonius*, qu'il s'estoit donné luy-même, & de luy substituer celuy de *Brisso*, comme a fait Loysel dans son épitaphe, & quelques autres qui estoient en ce point du sentiment de Joseph Scaliger, & qui avoient estimé Savaron de s'estre nommé simplement *Savaro*. Mais la bienseance n'a obligé personne à cette regle plus que les deux Nicolas *Bourbon*, qui sont sans doute deux ornemens remarquables de la Republique des Lettres. Leur surnom n'avoit pas d'article, & cette consideration devoit les porter (sur tout l'ancien des deux qui n'estoit que le fils d'un Forgeron) à se distinguer, même en Latin, de la Maison Royale des Princes de Bourbon : & à prendre dans cette vuë le nom de *Burbo*, plutost que celuy de *Borbonius*. On peut dire qu'un Jurisconsulte Breton, mais Professeur à Bourges, nommé Eguinaire Baron, en usa avec plus de connoissance que Nicolas Bourbon l'ancien, dont il estoit contemporain, puis qu'il ne s'est jamais fait appeller autrement que *Baro* en Latin. En quoy il auroit esté bon qu'il eût esté suivi par le Jacobin Vincent Baron, qui a vêcu dans nostre siecle, & qui a pris le nom de *Baronius* sans necessité. Ce n'est pas au reste sans autorité que je dis que les deux Nicolas Bourbon pouvoient prendre au moins par modestie le nom de *Burbo*, & laisser par respect celuy de *Borbonius*: puisque M. de Thou a usé d'une précaution assez semblable au sujet d'un nommé Boüillon, qu'il appelle *Bullo*, pour le distinguer sans doute de ceux de la maison de Boüillon, pour lesquels il a reservé le nom de *Bullionius* à cause de l'article du Genitif. On ne dira point que M. de Thou n'a pas songé à nous faire sentir la difference que cet article doit mettre dans les noms propres latinisez, si l'on veut prendre garde que pour exprimer Gouyon de Matignon, il a dit en deux terminaisons diferentes *Gobio Matignonus*. Mais il faut avoüer d'ailleurs que cet Historien ne s'est pas trouvé plus conforme à luy-même dans la terminaison en *on*, que dans les autres. Il n'a point oublié sa regle dans les noms de Calignon, Masson, Piron & les autres qui n'ont pas d'articles, & qu'il a tournez par *Cali-*

Ou quelque nom venant de βόρβορος, *bourbe.*

3. Part.
Ch. 13.

R iij

3. Part.
Ch. 13.

gno, *Masso*, *Piro*, &c. mais il ne s'en est pas souvenu dans d'autres rencontres, où les mêmes personnes se trouvent nommées chez luy *Calignonus*, *Massonius*, *Pironus*, &c. On auroit pû

On entend toujours l'article du Genitif.

luy passer la terminaison *onus* pour les noms sans article, & *onius* pour les autres, s'il s'estoit fixement arresté à cete distinction : mais on jugera qu'il ne s'est pas voulu contraindre sur ce point, lors qu'on lira dans son histoire non seulement *Arpajonus* & *Argentonius* pour d'Arpajon & d'Argenton, mais encore

Le sieur de Beaucaire s'est appellé lui-même *Peguillio* à la teste de son Histoire.

Peguilio & *Puiguillionius* pour de Péguillon ou de Puiguillon, comme *Castellio* & *Castellionæus* indifferemment pour *De Chatillon* (outre son *Castellio* pour Du Chastel) de même qu'*Albo* & *Albonus* pour d'Albon, quoi qu'*Albonus* signifie encore chez luy d'*Aubonne*, de même qu'*Anconus* veut dire d'*Ancone*; au lieu qu'il employe le nom de *Carbo* pour signifier *De Carbonne*, comme je crois que par une suite de la même irregularité il n'auroit pas fait difficulté de dire *Carbonius* pour marquer quelqu'un de Messieurs *Carbon*. M. de Thou a eu encore recours à d'autres terminaisons pour les noms en *on*. Le nom de *Martinius*, qui est d'ailleurs udes plus équivoques, luy sert aussi pour exprimer un nommé Martignon, qu'il ne laisse pas d'appeller encore *Martino*, pour multiplier nos embarras. *Du Lion* chez luy est tantost *Leontius*, & tantost *Leonius*, selon qu'il se trouve prévenu par la pensée du Grec, ou par celle du Latin. De Bourron est *Burrus*; Truchon, *Truchius*. Les autres Latinistes n'ont pas esté beaucoup plus reguliers que M. de Thou. De Benjon, qui estoit un Breton enseignant à la Rochelle puis à Genéve, s'est fait appeller *Bignonæus*; Du Jon, qui estoit un Berruyer enseignant à Heydelberg puis à Leyde, s'est donné le nom de *Junius*, qu'on sçait estre équivoque pour plusieurs autres noms, comme sont De Jonghe, Giugni, le Jeune, &c. Mais je ne veux pas finir mes reflexions sur les noms en *on*, sans vous faire remarquer, Monsieur, que vostre nom même n'a pas esté à l'épreuve du caprice des Latinistes. L'article dont il est precedé, sembloit les inviter à le tourner en *Lamonionius*, comme ont fait deux ou trois Sçavans: mais ce nom a paru trop long & trop embarrassant à d'autres qui ont mieux aimé employer le nom de *Lamonio*, & il faut avoüer que

D'autre estiment qu'il devoit s'écrire Du Jonc. Ainsi cela ne regarderoit plus cette terminaison.

3. Part.
Ch. 13.

ce nom n'exprime point mal la terminaison, quoi qu'il ne fasse point sentir la force de l'article. Je ne parle pas de ceux qui ont dit *Mognonius*, *Mogno* & *Mognius*, parce qu'ils ont fait voir qu'ils ne connoissoient pas vostre nom, non plus que les *Arrestographes* & autres Copistes de Palais, qui écrivent en François, de la *Moignon*. Je ne m'arrête pas non plus à ceux qui ont dit *Lamonæus* & *Lamoignius* dans divers ouvrages de vers & de prose Latine. Mais le mot de *Lamonius*, quoique tres-imparfait, n'exprimant ni l'article ni la terminaison de vostre nom, n'a pas laissé de l'emporter sur tous les autres depuis prés de cent cinquante ans. Les Sçavans l'ayant trouvé plus commode que les autres, l'ont tellement autorisé, que nous pouvons maintenant mettre la chose au nombre de ces erreurs inveterées qu'on est obligé de suivre, parce qu'elles ont pris un cours qu'on ne peut ni arrester ni détourner.

Comme le Patronymique *Lamenides* & l'Adjectif *Lamonianus*

OU.

Nostre terminaison en OU se trouve aussi fort diversifiée par les Latinistes. Il semble qu'elle soit tournée d'une maniere assez simple par ceux qui l'expriment en *ovius*, comme M. de Thou a dit *Challovius* pour marquer Chaillou,

Anassovius pour Anassou, & comme on a coutume de tourner les noms Allemans & Polonois de la même terminaison. Mais parce que plusieurs de ces noms en *ou* dans nostre langue estoient originairement terminez par une *l* simple, comme *choû, coû, moû, foû, soû*, ou par une *l* moüillée, comme *genoû, fenoû, verroû*, &c. nos Latinistes ont crû sans doute qu'il seroit plus naturel de tourner les noms d'Hommes de cette espece par *olius*. C'est ainsi que M. de Thou dit *Briolius* pour de Briou, *Giolius* pour de Giou, *Majolius* pour Mayou, *Priolus* ou *Priolius* pour Priou, *Tufolius* pour Tuffou ; & s'il a dit *Vernulius* pour marquer Vernou, c'est peut-estre pour ne le pas confondre avec *Vernolius* qui devoit signifier De Verneüil. Le même Auteur a dit *Pedifolius* pour exprimer Puy-du-Fou par une licence qu'il n'auroit pas osé prendre sans doute, s'il avoit pû former quelque Adjectif commode sur les deux mots de *Podium Fagi*. Il est vray qu'un nommé du Fou est appellé chez luy *Folius*, mais je ne vois pas ce qui l'auroit empêché de l'appeller *Fagius*, nom qui avoit déja esté mis en usage avant luy, & qui pouvoit signifier également Du Fou, Du

choul, col mol. &c. *genoüil, fenoüil.* &c.

Podifagius ne seroit pas plus dur que *Pedifolius.*

Feu, & *Du Fau*, selon les differentes dialectes, dont on appelle en diverses Provinces du Royaume l'arbre nommé d'ailleurs *Foûteau*, & quelquefois *Fayan*, mais qui s'appelle le plus communement *Hestre*. M. de Thou a peut-estre mieux rencontré, lors qu'il a appellé *Folius* le sieur de Foüillou, parce qu'il paroist y avoir mieux suivi l'étymologie. Cette inclination que M. de Thou a fait paroître pour tourner en *olius* les noms terminez en *ou*, donne quelque sujet de s'étonner qu'il ne se soit pas appellé luy-même *Tholius*, ou du moins *Tollius*, plutost que *Thuanus*. Je ne doute pas que Joseph Scaliger, son ami, qui trouvoit à redire à *Thuanus*, n'eût toleré *Tollius*, s'il est vray qu'il luy avoit remontré qu'il devoit s'appeller *De Tolla*, comme on l'a remarqué dans le Manifeste des noms propres latinisez que M. de Beauv[al] a inseré dans son Histoire des ouvrages des Sçavans. Mais pour excuser M. de Thou, il est à presumer qu'il n'estoit plus libre de reformer *Thuanus*, lors qu'il commença à écrire, parce que ce nom estoit déja reçu parmi les Sçavans par la tolerance de son pere & de ses oncles. La même raison nous fait juger qu'il n'auroit pas mieux réüssi à vouloir rendre plus regulier le nom Latin de ses amis Messieurs Pithou, parce que Cujas Maître de l'aîné avoit déja mis en vogue le mot de *Pithœus*. Mais on peut dire qu'il n'y a point de liberté que M. de Thou ne se soit donnée sur la terminaison des autres noms en *ou*, qu'il a diversifiée en autant de manieres qu'il luy a plû. Chez luy Romegou est *Romegus*, Rommerou est *Rommereus*, Serriou *Sarrius*, Cadiou *Cadius*. Il tourne Fourrou par *Foraldus*, Clou & le Clou par *Clavius*, De Diou par *Dioüs*, Babou par *Baboüs* : mais *Ciboüs* qu'il employe pour marquer le nom Italien de Cibo, me paroît encore plus irregulier que les autres. Pour le nom de Monjou ou Montjou, il se trouve diversement exprimé, tantost par *Monjoius*, tantost par *Monjolius*, & quelquefois même par *Mongonius* : mais je m'étonne qu'il ait oublié *Monjovius*, comme venant de *Monte Jovis*.

Nos terminaisons en OUE, en OUR, en OURT & en OUX ne sont pas toujours faciles à déveloper, quand il s'agit de les débarrasser des artifices de nos Latinistes. Le sieur de la Noüe est appellé par les uns *Noaus*, par les au-

3. part. Ch. 13.

Oüe.
Our.
Ourt.
Oux.

tres *Lanovius*, & par d'autres *Lanua*. M. de Thou, qui est du nombre de ceux qui le nomment *Lanovius*, appelle un nommé de la Loüé *Loëus*, & le sieur de Longuejoüé *Longojolius*.

Les noms en *our* se terminent ordinairement en *orius*, & plus communement encore en *urius*, comme *Curius*, *Solturius*, &c. De la Cour, De Sautour, M. de Thou exprime Gigour par *Gigoreus*, & plus artificieusement encore Echauffour par *Caldofurnius*.

<small>Court de Ferme, basse-court.</small>

Ceux en COURT (qui est une terminaison Geographique) devroient estre tournez en *Curtius*, pour ne pas perdre leur *caracteristique*, qui leur est venuë du mot latin *cors* ou *cortis*, ou plutost *cohors*. Ainsi Maximilien de Vignacourt, Jean de Morecourt &c. ont eu raison de se faire appeller dans leurs ouvrages latins *Vineacurtius* ou *Vignacurtius*, *Morocurtius*, &c. Mais M. de Thou, sans s'assujettir à ces minuties, dit *Betencurius*, *Aldencurius*, *Allincurius* pour de Betencourt, de Hodencourt, d'Allincourt; & pour égayer son histoire par la varieté, il forme des Adjectifs de ces noms sans *caracteristique*, & il dit *Altacurianus*, *Bessancurianus* pour signifier de Hautcourt, de Bessancourt.

La terminaison en *oux*, quoiqu'assez peu d'usage, ne laisse pas de souffrir aussi quelques variations de la part des Latinistes. L'un exprime Pardoux par le mot de *Pardulphus*; l'autre Le Goux par celuy de *Legulphus*. M. de Thou dit *Ventosius* pour exprimer De Ventoux; & il se sert tantost de *Pideus*, & tantost de *Pidoxius* pour marquer Pidoux.

Enfin toute simple que paroît la terminaison des noms propres en Y, & toute facile qu'elle est à se laisser latiniser, nous ne trouvons pas plus d'uniformité dans les manieres dont les Latinistes l'ont traitée, que dans celles dont ils ont usé envers les autres. On auroit pû s'accoûtumer aux deux terminaisons en *ius* & en *iacus*, comme *Calvinius*, *Marinius*, pour marquer de Cauvigny & de Marigny; *Alliacus*, *Juniacus* pour d'Ailly & de Joigny. Mais on a rendu ces terminaisons trop équivoques pour s'y fier, lors qu'on les a appliquées à divers noms de differente analogie. Le nom de *Gruchius* semble ne devoir appartenir qu'à Nicolas de Grouchy qui a écrit sur les Antiquitez Romaines: mais M. de Thou, qui luy donne ce nom de *Gruchius* comme le reste des Latinistes, s'en sert aussi pour designer un autre homme nommé de Grouches. De même *Guerrerius*, qui veut dire Guerry chez luy, signifie aussi Guerrero, Guerreiro & Guerrieri. *Malinius* veut dire également de Maligny & de Malain; *Marrius*, de Marry & Marrier; *Bussius*, de Bussy & de Bus. De même *Campaniacus* dans M. de Thou veut dire tantost de Champigny, & tantost de Champagnac; *Attiniacus* icy d'Attigny & ailleurs d'Attignac. La diversité d'expressions pour un seul nom en .Y a donné aussi matiere à beaucoup de confusion dans la connoissance des vrais noms. M. Hardy, par exemple, est appellé *Hardiaus* par Messieurs Gassendi & Colomiez; *Hardius* par Vossius, & *Ardisius* par M. Sarrau. Il n'est pas extraordinaire que chacun suive sa fantaisie en appellant comme il luy plaist un homme dont il luy est libre de tourner le nom, pourvû qu'il ne détruise pas en un endroit un nom qu'il aura employé en un autre, en pretendant les établir tous à la fois: mais si M. Gassendi ou M. Sarrau avoient entrepris de donner trois noms differens à M. Hardy en le nommant tantost Hardiaus, tantost Hardius, & tantost Ardisius, ils ne seroient pas moins extraordinaires ni plus excusables que M. de Thou, qui a 3. Part. donné au sieur de Buhy de la maison de Ch. 13. Mornay les noms de *Buhius*, *Bujus* & *Buxetus* en differens endroits de son Histoire. Le Cardinal du Perron, dont le nom estoit Davy, s'estoit appellé assez regulierement Jac. *Davius* dans ses premiers Ecrits Latins. Cette terminaison, toute simple qu'elle estoit, n'a pas laissé de tromper Vossius, Lipenius & quelques autres étrangers qui n'ont pas crû devoir confondre *Jac. Davius* avec Jac. Cardin. Perronius. Mais il semble que d'autres, comme Mornac, &c. ayent travaillé à augmenter encore le desordre en le nommant *Davidius*. De sorte que ce surnom ayant esté pris par d'autres pour un nom de baptême, & la corruption s'estant mise en même temps dans celuy de Du Perron, il s'en est formé un Auteur chimerique sous le nom de *David Perona*, ou *David de Peronne*, dont j'auray lieu de vous parler parmy les noms corrompus d'Auteurs.

Vous voyez, Monsieur, dans quels dereglemens la diversité de nos terminaisons Françoises a engagé nos Latinistes, pour avoir entrepris de réduire sous le joug des Latins des noms qui sont inflexibles & indépendans des manieres des Latins & des Grecs. S'ils avoient affecté une terminaison Latine à une terminaison Françoise, de telle sorte que l'une pust nous regler pour la fixation de l'autre, le mal qu'ils ont causé ne seroit peut-estre pas sans remede, & nous devinerions au moins par la terminaison Latine la terminaison Françoise que l'on devroit donner au nom qu'il seroit question de remettre en François. Mais vous trouverez encore beaucoup plus de desordres & de confusion de ce costé-là que de l'autre.

La seule terminaison en ÆUS envelope indifferemment les noms de nostre Langue en *a*, en *au*, en *ay*; en *é*, en *eau*, en *eu*, en *ey*; en *in* en *on*, en *ou* sans parler de l'*e* muët final, ou de nostre terminaison feminine, qui se trouvant diversifiée en plusieurs manieres fort agreables parmi nous, a souffert seule presque autant d'inflexions Latines en *æus* que toutes les terminaisons masculines que nous avons rapportées.

Outre beaucoup de consonnes finales, Merovæus, Chlodovæus, Ducæus, c, ic, ic, & autres.

La terminaison en ANUS n'est gueres moins équivoque, quoy qu'elle ne soit pas d'une si grande étenduë. Il faut avoüer qu'*anus* est fort naturel pour les noms de nostre Langue terminez en *an* & en *ain*. Voyez cependant l'embarras où M. de Thou nous jette quelquefois par l'usage qu'il fait de cette terminaison Latine, lors qu'il employe par exemple le nom de *Castellanus* (qui est un de ses noms latinisez qui meritent le plus d'approbation) pour marquer non seulement *Chastelain*, mais encore *du Chastel*, *Castelan*, ou *Câtelan*, *de Castelane*, *da Castello*, *di Castiglia*, *Castellano* &c. Pour nous fixer à quelque chose de certain, & pour nous faire juger, en consequence, d'une terminaison par une autre, il devoit ce semble appeller aussi *Capellanus* un nommé Chapelain dont il parle dans son histoire. Mais il a jugé à propos de ne l'appeller que *Capella*, qui est un nom qu'il a rendu fort équivoque en le donnant aussi aux nommez *de Capelle*, *de la Chapelle*, *Cappel* & *Capello*, quoy qu'il exprime encore les deux derniers par les noms de *Capellus* & *Capellius*.

Il n'y a point plus de seureté à se fier aux autres terminaisons Latines. Nous avons remarqué que la plûpart des Auteurs en *ois* aimoient à se tourner en *esius*. Sur cette regle irons-nous dire que *Cartesius*, *Cordesius*, *Maresius*, *Merbesius* veulent dire *Cartois*, *Cordois*, *Marois*, *Merbois* ? Nous ferons-nous une regle generale de la terminaison en *erius*. Si nous suivions la raison qui nous l'ordonne, nous abandonnerions ceux qui ont dit *Bœtallerius* pour dire du Boistaillé; *Cugnerius* pour de la Coignée. En un mot, nous ne le pardonnerions pas même à M. de Roberval pour s'être fait appeller *Personerius*, luy qui s'appelloit *Personne* du nom de son pere, à moins qu'il ne nous parût que pour imiter ceux qui veulent relever leur condition, il auroit voulu changer son nom de Personne en celuy *de la Personniere*.

Ce n'est pas encore tout ce que nous avons à reprocher aux Latinistes qui nous ont ainsi défiguré les noms propres des langues vulgaires. Qu'aurôt-ils à répondre à ceux qui trouvent mauvais qu'ils ayent, je ne dis pas déguisé, mais détruit tous nos pluriers? En effet quelle marque de distinction peuvent-ils nous donner pour nous faire entendre quand leur *Rupius* veut dire *des Rocs & des Roches*, & quand il signifie simplement *de la Roque & de la Roche* ? Leur *Vallius* ne marque-t-il pas aussi souvent *de Vaux, & des Vallées*, que *du Val, & de la Vallée* ? *Prunaus* signifie *des Pruneaux, & des Prunes* aussi bien que de *Prunay*; *Æmarius* veut dire des Emars

& Aymar; *Amorius* d'Amours & l'Amour; il n'est pas jusqu'au nom de *Grotius* qui signifie dans M. de Thou le sieur des Crottes aussi bien que le sieur de Groot. Comment sçavons-nous qu'*Altarius* marque plûtost des Autels que de l'Autel; & que *Prateolus* veut dire plûtost du Preau que des Preaux? puisque *Pratus* signifie des Prez & du Pré aussi bien que *Pratensis*.

De toutes les objections que les Latinistes peuvent faire pour leur justification, je n'en trouve de plausible que celle qui nous peut venir de la part de ceux qui sont obligez de composer en Latin. On ne peut nier que la construction de la Langue Latine ne demande que l'on réduise les noms propres sous la regle des autres noms; & il n'est pas possible de faire sentir la difference des cas obliques dans un nom propre de Langue vulgaire qu'on laisse sans inflexion.

L'objection est tres-raisonnable, & s'il ne s'agissoit que de noms propres qui peuvent se conserver en leur entier avec une simple terminaison, comme Sirmond*us*, Rapin*us*, il y auroit de l'injustice à condamner des noms qui s'accommodent si facilement à la regle

3. part.
Ch. 13.

de la latinité par le moyen d'une terminaison. Mais je crains qu'à l'égard de tant d'autres noms inflexibles nos Latinistes ne puissent recevoir aucune composition de leurs Adversaires, qu'en s'assujettissant à mettre le nom de Baptême ou quelque Appellatif déclinable avant le surnom qui par ce moyen pourra demeurer en son entier, & rendre les uns & les autres contens.

V. 8. *Princeps, Dux, Comes, Cardinalis, Præses, &c.*

C'est dommage que les Latins n'ont pas l'usage de quelque article *præpositif* comme est celuy des Grecs ὁ, ἡ, τό. Un article de cette espece pourroit servir de resnes pour gouverner toutes sortes de noms vulgaires indeclinables selon tous les cas de la Langue Latine : & dés que l'usage l'auroit établi, l'on n'en seroit pas surpris plus que si l'on voyoit dans le livre de quelque Grec moderne ὁ de la Nouë, ὁ du Preau ; τοῦ de la Nouë, τοῦ du Preau ; τῷ de la Nouë, τῷ du Preau ; τὸν de la Nouë, τὸν du Preau. Et pour les Auteurs de l'autre sexe, ἡ le Fevre, ἡ des Jardins ; τῆς le Fevre, τῆς des Jardins, &c.

CHAPITRE XIV.

De l'expression & de la suppression des Articles des Langues vulgaires dans les noms latinisez. Embarras causez par cette pratique. Plaintes de quelques Auteurs sur ce sujet.

LEs Articles des noms propres dans les Langues vulgaires ont donné lieu à quelques desordres aussi bien que les terminaisons, lors qu'on a voulu latiniser les noms qui en estoient précedez. On sçait de quelle importance est l'usage de ces articles, surtout lorsqu'ils marquent le cas de la dépendance & de la possession, je veux dire le genitif des Grammairiens, comme est dans nostre Langue celuy que nous exprimons par *de*, *du*, *de la*, *des*. On y a attaché une idée de qualité & de distinction dans le monde, de sorte que nous connoissons encore aujourd'huy diverses personnes qui dans la pensée de rehausser celuy qu'elles y tiennent, ont entrepris d'ajoûter un article du genitif à leur nom. Il s'est trouvé même des gens assez scrupuleux, qui touchez de cette passion

Val.
Corn.

n'ont osé prendre cette liberté sans l'autorité ou la permission du Prince. Nous voyons que *Jean Loir* Commissaire General de l'Artillerie & de la Marine du Ponant, obtint en l'an 1596. des Lettres patentes du Roy Henry IV. dattées du mois d'Avril, portant permission d'ajoûter l'article *du* à son surnom, & de se faire appeler *Jean du Loir*. Loüis xiij accorda la même faveur au sieur Ambroise Vic par des Lettres du 2. de May de l'an 1613. pour *de Vic*.

* 3. part.
Ch. 14.
G. Andr.
de la Roq
orig. des
noms p.
185.

Nous pourrons accorder aux Latinistes que l'expression de l'article du nominatif *le* est assez inutile dans un nom latinisé, tel que seroit *le* Comte, *le* Duc, *le* Roy, *le* Juge, *le* Brun, *le* Roux, *le* Grand, *le* Borgne, *le* Veneur, *le* Laboureur, *le* Normand, *le* Boulanger, *le* Tellier, & autres venus de termes appellatifs ; encore faudroit-il en excepter les noms des femmes qui ne changent jamais cet article quoy que masculin, parce que c'est proprement le nom de leur pere ou de leur mari qu'elles portent. Mais à l'égard de l'article du genitif de quelque genre & de quelque nombre qu'il soit, les Latinistes ne peuvent pas se vanter d'avoir encore trouvé le moyen de contenter le Public. Lors qu'ils ont entrepris de le supprimer, on peut dire qu'ils ont soulevé contre eux la plûpart des interessez; & lors qu'ils ont tâché de l'exprimer, ils se sont presque toûjours rendus ridicules.

Il est certain que la suppression de l'article du genitif n'est pas favorable à la conservation ou à la distinction des familles. Si les personnes qui portent encore aujourd'huy les noms *de la Mouche, de la Monnoye, de la Ruë, &c.* estoient curieuses de faire remonter leur genealogie jusques au temps de la ligue, elles devroient sçavoir mauvais gré à M. de Thou d'avoir appellé leurs ancêtres *Musca, Moneta, Ruta, &c.* Mais les plaintes des particuliers qui n'ont que peu de nom, seroient de petite consequence auprés de celles que toute l'Europe pourroit former contre cet illustre Historien, qui par ses manieres de latiniser les noms propres a confondu une infinité de familles considerables avec d'autres moins considerables dans la France, dans l'Italie, dans l'Espagne, & dans les Pays-bas par le retranchement des articles. M. Descartes trouvoit dans cette pratique, quoy qu'inveterée & déja fort établie de son temps je ne sçay quoy de bizarre qu'il ne pouvoit goûter,

3. Part. Ch. 14.

3. part.
Ch. 14.

Encore qu'il paruſt prendre peu de part à tout ce que les Latiniſtes auroient voulu entreprendre ſur ſon nom, il ne laiſſa point de témoigner à quelqu'un de ſes amis qu'il n'eſtoit pas trop content

Let. tom 1. p. 387
du nom de *Carteſius* que les Flamans, les Hollandois, les Allemans, & quelques Latiniſtes François luy donnoient. La perte de l'article *des* jointe à une terminaiſon qu'il ne pouvoit aprouver pour les raiſons que vous avez pû remarquer dans le Chapitre précedent, luy faiſoit prendre *Carteſius* pour un vray maſque ſous lequel on le faiſoit paroître déguiſé. Neanmoins tout ſon raiſonnement ne l'a pû rendre aſſez fort pour reſiſter à la violence de ces petits Tyrans des Langues, & ſe laiſſant dans la ſuite entraîner à la multitude pour ne pas affecter de ſingu-

Tom. 2. p. 284.
larité, il conſentit qu'on l'appellât *Carteſius* dans les écrits Latins, ſous pretexte que *Deſ-Cartes* comme indeclinable, ou *Deſcartés* decliné par *Deſcartis* auroit eſté trop rude en Latin. C'eſt dommage que M. Deſ-Cartes n'avoit pas lû l'Hiſtoire Latine de M. de Thou, il auroit peut-eſtre adopté le nom latiniſé de *Deſcarteus*, dont cet Hiſtorien s'eſt ſervi pour marquer une perſonne du nom de Deſ-Cartes, voyant que l'article y eſt exprimé

Naudé l'appelle *Deſcardius*, qui eſt encor pis Judic de Niph. &c.

exprimé avec une terminaison qui n'auroit eu rien de trop rude à l'oreille. M. Descartes auroit encore eu plus sujet de se plaindre de la perte de l'article de son nom, si le Latin de *Cartesius* avoit renfermé quelque équivoque en signifiant quelqu'autre nom qui n'auroit pas eu d'article en nostre Langue. C'est en quoi consiste principalement la confusion que l'on reproche aux Latinistes qui employent souvent un même mot pour marquer plusieurs noms, dont les uns ont l'article, & les autres ne l'ont pas, comme *Bosius, Capella, Pratus, Ferrerius*, & une infinité d'autres qui nous embarrassent en ce qu'ils signifient tantost simplement *Bois* & *Bos*, *Capel*, *Pré*, *Ferrier*, & tantost *du Bois* & *de Boissy*, *de la Chapelle*, & *des Chapelles*, *du Pré*, & *des Prez*, *du Ferrier* & *de la Ferriere*, sans porter aucune marque de distinction. Mais on pourra détourner ce reproche de dessus les gens de lettres qui ont eux-mêmes supprimé l'article de leur nom, si l'on songe qu'ils ont usé de leur droit en cette rencontre, & que le tort qu'ils ont pû se faire par cette pratique a esté tres-volontaire.

Ceux qui se declarent contre la suppression des articles dans les noms latinifez ne conviennent pas entre eux de la maniere dont ils voudroient qu'on l'exprimaſt. Les uns ſemblent favoriſer l'expreſſion de l'article au genitif, les autres ſe contentent qu'on l'exprime au nominatif quand il eſt au feminin, ſans y faire ſentir la marque du genitif. M. du Cange qui aime mieux ſuſpendre ſon jugement que de condamner ce qu'il ne peut approuver, eſtime qu'il vaut toûjours mieux exprimer l'article dans les noms latiniſez que de le laiſſer perir. Il croit que cette maniere d'agir toute barbare qu'elle paroiſt aux Grammairiens Latins, eſt neanmoins conforme à la maxime de Quintilien qui veut que l'on garde toûjours la bienſeance, & que l'on ſe ſauve des inconveniens qui ſont inévitables ſelon lui par la ſuppreſſion des articles. Il demande même quelque choſe de plus pour la ſureté des noms latiniſez. Car il eſt d'avis qu'on oblige les Latiniſtes à marquer les deux lettres capitales, celle de l'article, & celle du nom par deux caracteres de *majuſcules*, & que l'on écrive par exemple *Du-Cloſius*, *La-Bardaus*, au lieu de *Ducloſius*, *Labardaus*, &c. pour ſignifier du Clos, de la Barde, &c. Il faut avoüer que cette pratique ne seroit pas conforme aux maximes de l'orthographe latine ; mais enfin la chose n'est pas si nouvelle qu'on n'en puisse trouver des exemples. Le Docteur André du Val est appellé dans plusieurs écrits latins *Du-Vallius* aussi bien que *Vallius*, & du nom *Du-Vallius* est venu celuy de *Du-Valistes* que les Richeristes ont donné à ses Sectateurs, & qui n'est gueres moins dur à l'oreille que celuy de *Des Cartistes* que M. Clerselier vouloit introduire pour celuy de Cartesiens. M. du Cange luy-même a déja eu le plaisir de voir son sentiment mis en pratique dans l'expression de son nom faite en latin par quelques étrangers qui écrivent *Du-Cangius*. Mais quoy qu'il eu coûte si peu, je n'ay pas assez bonne opinion de la docilité des Latinistes pour croire qu'ils veuillent s'assujettir à suivre l'avis de M. du Cange. Ils jugeront sans doute que s'ils ont à se rendre ridicules, il vaut mieux pour eux le devenir avec ceux qui les ont précedez, que de causer un schisme sans éviter le ridicule. M. de Thou, diront-ils, n'auroit pas esté mieux receu du Public en écrivant *De-Speus*, *De-Potius*, *Du-Peracus*, *De-Loinius*, *De-Ganaius*, *De-Molineus*, &c. que quand il a dit *Despeüs* pour signifier *De Scepeaux* en nostre Langue; *Depotius* pour *Des Pots*, *Duperacus* pour *Du Peyrac*, *Deloïnius* pour *De Luines*, (Honoré d'Albert,) *Deganaius* pour *De Ganay*, *Demolineus* pour *Des Moulins*, &c. Sans applaudir à leur raisonnement, nous pouvons dire que s'il y a quelque chose dans cette pratique de M. de Thou qui ne merite pas entierement l'approbation du Public, c'est principalement l'inégalité qui le fait varier en ce point. En effet, pourquoy dire *Dubrolius* en un endroit pour marquer du Breüil, & dire en un autre *Bruëllius* & *Brolius* pour designer le même nom ? pourquoy dire avec plusieurs autres Latinistes *Demontiosius* pour dire de Mont-josieu, & dire ailleurs tout seul *Montjosius* ? Pourquoy enfin dire *Depreus* pour des Prez (luy qui a dit en d'autres rencontres *Pratus* & *Pratensis*) & dire encore ailleurs *Depreüs* au lieu de *Dupreüs* pour signifier du Pré ?

Les Auteurs même en qui tout semble devoir estre toleré, tant qu'ils ne font d'entreprises que sur eux-mêmes ou sur leur nom en particulier, ont eu de la peine à nous faire passer l'expression de l'article. Il a fallu que le temps intervinst avec l'autorité dans la personne de Jean de *Merliere*, de Jean des *Pautres*, de Jacq. du *Port*, de Guil. & Jean Bapt. du *Val*, de Jacq. du *Pont*, de Pierre des *Bans*, de Luc d'*Achery*, &c. pour faire accepter les noms de *Demerlierius*, *Despauterius*, *Duportius*, *Duvallius*, *Dupontus*, *Desbanus*, *Dacherius*. Et l'on sçait qu'André du Chesne Historiographe de France après s'estre fait un scrupule de porter le nom de *Quercetanus* qu'il s'estoit imposé d'abord, n'a point trouvé beaucoup de facilité à faire recevoir celuy de *Duchesnius* qu'il luy vouloit substituer. Il a jetté la division parmi les Latinistes, dont plusieurs vouloient qu'il s'appellast *Chesnius* ou *Chesneus*: ce qui a porté le Pere Labbe à luy donner enfin le nom d'*à Quercu* pour couper la racine à toute équivoque.

3. Part. Ch. 14.

Lab. bibl. p. 5.

Gloss. lat. Præf. n. 15.

Mais lors que les Auteurs ont trouvé le moyen de cacher l'irregularité que forme la jonction de l'article par la rencontre de leur nom latinisé avec quelque beau nom de l'Antiquité, il semble que leur industrie leur tienne lieu de passeport parmi les gens de Lettres, comme nous voyons qu'il est arrivé au sujet du *Demochares* de Picardie, & du *Demetrius* de Flandre. Le Docteur Antoine de Mouchy se seroit peut-estre rendu ridicule en s'appellant *Demuchius* ; mais à droit ou à tort, on luy a passé le nom de Demochares, à cause de sa beauté & de sa ressemblance avec l'un des noms les plus populaires de la Grece ancienne. On peut dire qu'il en est presque de même de celuy de Demetrius qui a esté pris assez ingenieusement par l'Historien Emmanuel van Meteren que l'on a voulu faire passer pour le Tite-Live des Paysbas. Cet Auteur connu d'ailleurs par le nom latinisé de *Meteranus*, changeant l'article Flamand (*van*) en François (*de*) s'est contenté de le joindre à son nom, non pas selon l'orthographe vulgaire, mais selon nostre maniere de prononcer pour en former *de Metre*, d'où est venu *Demetrius*. Il est aisé de juger que ce n'est pas la rudesse ou la barbarie de l'article *Van* ou *Vander* qui a fait prendre l'article François à cet Auteur, puis qu'il ne pouvoit ignorer l'usage introduit par plusieurs de ses compatriotes de joindre l'article vulgaire de leur langue avec leurs noms latinisez, comme on le peut voir par les noms *Wanderwillius*, *Vandermylius*, *Vanhelmontius*, *Vandalius* (pour Van-Dale) *Vander-Burchius*, &c. ce qui est arrivé aussi quelquefois aux articles de la Langue

Espagnole, comme dans les noms de *Del-* *rius*, *Delpasius*, pour del Rio, del Pas.

L'autre maniere de joindre l'article avec les noms latinisez, regarde particulierement l'article feminin, & la difference de cette expression d'avec celle de l'article masculin, consiste au retranchement de la marque du genitif, comme *Lalandæus*, *Labessæus*, pour dire de la Lande, de la Bessée. Le sieur de la Nouë est appellé *Lanua* par Possovin, & par quelques autres étrangers dont quelques-uns ont quelquefois dit *Nua*, & quelques autres *Noæus* par le retranchement de l'article entier : mais il est nommé *Lanovius* par M. de Thou, chez qui un nommé le sieur de la Nohe se trouve pareillement appellé *Lanoüs*. Mais il faut se mêler un peu de l'art des Devins pour découvrir que dans l'Histoire du même Auteur *Lapardæus* veut dire le sieur de la Part-Dieu, & *Labonus* le sieur de la Baune ou de la Bonne. *Lalanius* chez luy est un terme équivoque, parce qu'il luy fait signifier, tantost de la Lane & tantost Lallain : mais aprés avoir employé le nom de *Lavernius* pour marquer M de la Vergne, il semble qu'il ait voulu se retracter dans son dernier volume, où il exprime le même nom par celuy

Lanovius signifie encore DeLanoi dans d'autres Auteurs.

de *Vernia*. En effet, si tout le monde estoit du goust du Pere de la Cerda Jesuite Espagnol, l'on ne délibereroit pas si long-temps sur la proscription des articles des Langues vulgaires dans les noms latinisez. Ce Pere n'a pû s'empêcher de faire connoître quel estoit son sentiment sur cet usage, prenant occasion de se plaindre du Pere d'Abram Jesuite de Lorraine qui l'avoit appellé *Lacerda*. On ne peut pas dire que la plainte du Pere de la Cerda soit injuste, mais on peut raisonnablement douter qu'il ait eu raison de soûtenir que le Pere Abram devoit l'appeller en latin *Cerda Cerdæ*, &c. puis que la suppression de l'article n'en vaut pas mieux que l'expression. Je suis persuadé que le Pere Abram a mieux rencontré pour ce point que le Pere de la Cerda, lors qu'il l'appelle *Cerdanus* (nom qu'il luy donne beaucoup plus souvent que celuy de *Lacerda*) parce que la terminaison marquant une espece de nom adjectif en *Cerdanus*, elle fait sentir l'article du genitif qu'on ne peut appercevoir dans le substantif *Cerda*. C'est ainsi que Fronton *du* Duc Jesuite celebre de France, & Henry *de* Roy fameux Cartesien d'Utrecht se sont nommez par des adjectifs *Ducæus*, *Regius*

3 Part.
Ch. 14.

Joh. Lud
de la Cer.
P. 427.
Adverf.
facr.

Nicol.
Abram
not. ad
Virgil.
passim.

pour ne pas laisser perir dans nostre esprit la force de l'article qui estoit au genitif dans leur nom. C'est ce que j'ay crû pouvoir remarquer icy dautant plus à propos, que plusieurs se sont donné la liberté de changer ces articles en nostre langue, & de les remettre au nominatif en disant Fronton *le Duc*, Henry *le Roy*. M. Des-Cartes luy-même qui connoissoit si particulierement ce M. Regius le second de tous ses Disciples qui ait enseigné publiquement, ne l'appelle pas autrement que *le Roy* à la teste des lettres qu'il luy a écrites en nostre Langue : mais pour oster tout lieu de douter de la chose, il suffit de consulter la souscription des lettres de M. Regius qui signe toûjours *H. de Roy*. On peut remarquer même au sujet des autres Sçavans qui ont porté le nom de *le Roy*, de *le Duc*, de *l'Evêque*, avec l'article nominatif, que l'usage de Latinistes ne leur a pas permis de prendre l'Appellatif latin *Rex*, *Dux*, *Episcopus*, &c. mais seulement l'Adjectif *Regius*, *Ducius*, *Episcopius*, au lieu que le même usage a établi le contraire pour d'autres Appellatifs de même genre, comme *Comes*, *Baro*, *Advocatus* pour des Auteurs nommez le *Comte*, le *Baron*, l'*Avocat*, &c.

Loüis le Roy, Laurent le Duc, Nic. l'Evêque.

Mais lors que les Latinistes au lieu de se tourner en latin pur, se sont contentez d'une terminaison latine au bout du nom vulgaire, ils ont presque toûjours affecté d'y exprimer l'article du nominatif même : Ainsi le sieur l'*Aumônier* se trouve appellé *Laumonerius*, au lieu d'*Eleemosinarius* ; L'*Allemant Lalemantius*, au lieu d'*Alamannus* ; l'*Abbé*, *Labbæus*, au lieu d'*Abbas* ; l'*Agneau*, *Lagnæus*, au lieu d'*Agnus*, ou *Agnellus* ; L'*Echassier*, *Lechasserius* au lieu de *Grallator* ; l'*Oysel*, *Loyselius* au lieu d'*Avis* ou *Avicula*, ce qui n'empêche pas que parmi tant de gens de lettres de la famille des Loysels, on n'en ait vû quelques-uns qui se sont donné le nom Latin d'*Avis*.

CHAPITRE XV.

14. Maniere. *Changer le* Prénom *que que nous appellons le nom de Baptême, sans toucher au surnom. De la transposition du* Prénom *& du surnom.*

Nous rentrons enfin dans les termes du déguisement des Ecrivains dont nous avions esté obligez de nous écarter au sujet des noms latinisez ; & je vous fais revenir au changement des noms que nous avons interrompu par celuy du *Prénom* des Auteurs. Mais pour me sauver de la vexation de nos Grammairiens sur le terme de *Prénom*, je demande au Lecteur & sa protection, & la permission d'employer ce mot que j'emprunte des anciens Romains pour l'opposer à ce que nous appellons *surnom*, & pour ne pas blesser le respect dû au Baptême & la Confirmation, dont il est bon de ménager les noms dans des sujets où il ne s'agit pas de Religion.

Ce n'est pas au reste sans fondement que je vous fais compter le changement du *Prénom* parmi les manieres de se déguiser, puis que nous connoissons grand nombre d'Auteurs qui ne sont Pseudonymes que par cet endroit. Mais il est à remarquer que la plûpart de ces Auteurs n'ont esté déguisez que fort imparfaitement, parce qu'ayant conservé leur surnom de famille, ils ont donné lieu à une découverte plus facile & plus prompte que les Pseudonymes, en ce qu'on n'a point esté obligé de sortir hors de leur famille pour les rechercher. On en a souvent esté quitte pour chercher entre le Pere & le Fils, entre le Frere & le

Frere, entre l'oncle & le neveu, entre le cousin & le cousin où pouvoit être l'Auteur déguisé.

Cette maniere de déguisement a paru jusqu'icy d'un usage beaucoup plus frequent en Espagne & en Italie que dans les autres quartiers de l'Europe; & il semble que l'invention en soit deuë, principalement aux Reguliers qui se sont avisez d'emprunter le *Prénom* de leurs freres, ou des autres parens qu'ils avoient laissé dans le monde en le quittant pour publier des ouvrages dont ils ne souhaitoient point de paroître Auteurs. Mais il y a parmi les Reguliers une autre maniere de changer le *Prénom* que l'on ne peut pas toûjours attribuer au déguisement. Je n'entends point parler des Religieux qui changent tout & nom & surnom avec leur habit & leur premier genre de vie à l'entrée du cloître, comme on le pratique chez les Feüillans, les Carmes, les Capucins, &c. mais de ceux dans l'Ordre desquels il est libre de conserver le nom de sa famille. Ceux de cette derniere espece qui n'ont embrassé la profession Religieuse qu'après avoir déja paru dans le siecle en qualité d'Auteurs ou de gens de Lettres, ont quelquefois embarassé les connoisseurs, lors qu'aprés avoir changé le *Prénom* qu'ils avoient porté dans le siecle, & sous lequel ils avoient déja composé quelques ouvrages, ils en ont publié de nouveaux sous le *Prénom* qu'ils avoient receu dans le cloître. Les exemples n'en sont pas si frequens que des autres Religieux qui ont changé de surnom, & écrit diversement sous l'un & sous l'autre. Le nombre en est pourtant trop grand pour pouvoir estre icy alleguez en témoignage. Vous trouverez bon que je vous les reserve dans un Recueil à part de *Prénoms* changez qui suivra le Recueil general des Auteurs déguisez, avec un autre Recueil de Religieux qui ont changé leur surnom avec leur *Prénom*.

Le changement de demeure & le changement de condition ont encore produit assez souvent celuy du *Prénom* dans les Auteurs hors de l'estat Religieux. Le Lutherien Prætorius ayant vécu assez long temps dans la Saxe tant à Wittemberg, qu'à Magdebourg sous le *Prénom* de Gotteschalc se crut obligé de le changer pour se mettre à couvert de la mauvaise volonté de ses Adversaires, & prit celuy d'*Abdias* pour pouvoir vivre en seureté dans les terres de l'Electorat de Brandebourg. Le Calviniste de Beaulieu s'appelloit Eustorge estant dans la Communion de l'Eglise Catholique & faisant les fonctions de Prestre à l'Autel, & de Musicien au Chœur: mais depuis qu'il se fut fait Huguenot, & qu'il se fut retiré à Geneve, il se fit appeller *Hector*, de peur qu'on ne le reconnust pour ce qu'il avoit esté auparavant. Le Deiste Acosta Portugais qui se tua de son Pistolet il y a environ 40. ans, portoit le *Prénom* de Gabriel estant Chrétien & Beneficier dans son pays : mais il le quitta pour prendre celuy d'*Uriel* aprés s'estre fait Juif, Sadducéen, puis Naturaliste, ou Sectateur de ce qui s'appelle Naturalisme en matiere de Religion.

{3 Part. Ch. 15.}

{Vers l'an 1646.}

On peut rejetter aussi sur le changement d'état & de demeure celuy que divers Sçavans ont fait de leur *Prénom* dans la vûë de se rendre plus recommandables, ou par un simple amour pour l'Antiquité profane. Flaminius ne s'étoit appellé qu'Antonius Maria pendant tout le temps qu'il avoit esté à Boulogne : mais dés qu'il fut passé à Rome il le quitta pour prendre celuy de *Marcus Antonius*. Un autre Flaminius qui portoit le surnom d'Antonius pendant son sejour en Italie & en Sicile, se fit appeller en Espagne où il alla ensuite s'habituer, *Lucius Flaminius Siculus*. Ce qui me fait souvenir de Jean Cauvin, qui est devenu le Pere des Calvinistes dans la suite des temps, & qui ayant quitté le *prénom* de Jean, s'est fait appeller par un caprice de jeune Humaniste *Lucius Calvinus Civis Romanus*, quoy qu'il ait repris depuis son prénom de *Joannes* avec le surnom de *Calvinus*.

3. Part. Ch. 15.

On ne peut gueres attribuer qu'à cette passion pour l'Antiquité profane la fantaisie que plusieurs Sçavans ont euë de quitter leur *prénom*, lors principalement que c'estoit quelque nom de Saint ou de Chretien reçu au baptême ou à la confirmation, pour prendre quelque nom d'usage dans la Gentilité. *Petrus Valerii* s'est nommé *Pierius Valerianus*, & à son imitation Petrus Daniels, ou Pierre de Daniel, de qui nous avons le Servius, s'est fait appeller *Pierius Aurelianus*, parce qu'il estoit d'Orleans. Je ne repeteray pas ce que je vous ai déja fait remarquer ailleurs sur les noms de *Janus*, *Iacchus*, *Aulus*, *Petrejus*, &c. qui semblent n'estre que des alterations faites à la Payenne des noms de Jean, Jacques, Paul, Pierre, de même que le nom de *Pierius* par les Sçavans de ces derniers siecles. Mais j'ajoûteray en faveur de Papyre Maſſon que ſi le Public l'a excuſé d'avoir changé ſon *prénom* de Jean en celuy de *Papyrius*, ç'a eſté ſur la proteſtation qu'il luy a faite de n'avoir ſongé en cela qu'à ſe diſtinguer de ſon frere Jean Maſſon, & de n'avoir pas eu intention de ſupprimer le *prénom* de Jean, mais ſeulement de luy aſſocier celuy de Papyre.

Il y a parmi les Sçavans d'autres manieres de changer ſon *prénom*, qui ſemblent eſtre plus ingenieuſes & qui paroîtront encore plus innocentes. Telle eſt celle de le renverſer par une anagramme, comme a fait un Jeſuite de Naples nommé *Lionardo* Cinnami qui s'eſt appellé *Orlando* (pour Rolando) Cinnami, lors qu'il a eſté queſtion de publier des Poëſies Italiennes. Telle eſt encore celle de changer le *prénom* d'une langue en une autre, lors qu'on agit ſans préjudice de l'intereſt ou de l'honneur de qui que ce ſoit, & lors qu'on conſerve ſon ſurnom pour ſe faire reconnoître. C'eſt ce qu'a fait Gaucher de ſainte Marthe, qui s'eſt appellé *Scevole*.

La tranſpoſition du *prénom* & du ſurnom ſemble avoir eſté auſſi de quelque uſage parmi les Auteurs Pſeudonymes pour ſervir à leur déguiſement. Nous en trouvons un exemple aſſez recent en la perſonne d'un Theologien de nos jours connu ſous le nom de M. Feydeau. Cet Auteur a pris le nom de *F. Mathieu* à la teſte de ſes ouvrages de pieté, c'eſt à dire qu'il a mis la lettre capitale de ſon ſurnom en forme de *prénom* qu'il laiſſe à deviner, & qu'il s'eſt fait un ſurnom de ſon *prénom* de Mathieu. Ce n'eſt pas que nous n'ayons des exemples aſſez anciens de la Tranſpoſition des *Prénoms* parmi les Auteurs, & nous diſons encore tous les jours dans nos converſations *Sidoine Apollinaire*, au lieu d'*Apollinaire Sidoine*; *Proſper Tiro* au lieu de *Tiro Proſper*. Mais il ne ſeroit pas juſte d'attribuer ces tranſpoſitions à ces anciens Auteurs, puiſque ſelon la remarque du P. Sirmond c'eſt un abus dont la ſource ne remonte pas au-delà de Politien. Au reſte, ce qui paroît ſi rare parmi nous, & qui ſemble n'avoir eſté pratiqué parmi les Auteurs que par déguiſement ou par abus, eſt d'un uſage fort autoriſé & tout commun parmi divers peuples, comme les Eſclavons, les Hongrois, les Tranſſilvains. Leurs hiſtoires nous fourniſſent des exéples de ces tranſpoſitions de *prénom* en *Chimin Janes*, pour dire Jean

3. Part.
Ch. 15.

pag. 106
Not. ad
Sidon.

Chimin, en *Bethlen Gabor* pour Gabriel Bethlen, &c. Il est arrivé aussi fort souvent dans les Pays-bas, que des personnes qui avoient pris le *prénom* de leur pere en forme de surnom, ont eu des enfans qui ont remis ce *prénom* en son premier état, & qui se sont fait un surnom de leur *prénom*. *Nicolaüs Everardi* estoit fils d'Everard, *Everardus Nicolaï* estoit petit fils du même Everard & fils de Nicolas. Il en est de même de *Cornelius Adriani*, ou Adrianssen, par rapport à *Adrianus Cornelii* ou Cornelissen.

CHAPITRE XVI.

15. Maniere. De la Pluralité des surnoms qui donne lieu aux Auteurs de varier dans l'expression de leur nom. De l'embarras que causent les Auteurs que nous appellons Polyonymes, quand il est question de les citer.

LA pluralité des noms n'est pas moins propre à déguiser un Auteur que le changement, lorsque l'Auteur s'appelle tantost d'un nom, tantost d'un autre, n'estant pas également con-

nu sous l'un & l'autre. Cette diversité 3. Part.
a souvent fait prendre une même per- Ch. 16.
sonne pour deux Auteurs differens : &
plusieurs des connoisseurs qui ne s'y
sont pas trompez, n'ont pas laissé de
prendre le nom moins connu dont ils
se sont servi, pour le masque de celuy
sous lequel ils estoient plus communément connu du vulgaire. Le nom de la
famille n'estoit pas toujours le plus connu dans un Auteur ; c'estoit quelquefois celuy du lieu de sa naissance, de la
demeure du Benefice, de la Seigneurie,
quelquefois aussi celuy de la dignité ou
de l'office qu'on exerçoit, & quelquefois celuy de quelque qualité ou défaut
du corps.

Plusieurs citent Robertus *Arboricensis*
sans sçavoir que c'est R. Cenault dit
Cenalis, & qu'Arboricensis ne marque
autre chose que la ville d'Avranches,
dont cet Auteur estoit Evêque. Guill.
Alvernus ou *Arvernus* a esté pris quelquefois pour un autre que celuy que
nous appellons Guillaume de Paris, &
que quelques-uns pretendent avoir esté
nom né *Divus* du nom de sa famille. Le
nom d'*Armachanus* est devenu embarrassant dans ces derniers temps. Jusqu'au tems d'Usserius & d'Isaac Vossius

3. Part.
Ch. 16.

Suppl.
filius.

ce nom n'avoit trompé que ceux qui ne sçavoient pas que c'estoit le même que le celebre Richard Fitz-Raph, dit en Latin *Radulphi*, Archevêque d'Armagh en Irlande, défenseur de la Hierarchie contre les Mandians. Mais depuis cinquante ans le nom d'Armachanus cité tout court a signifié tantost Usserius Arch. Protest. d'Armagh, & tantost le prétendu Patricius i. e. Jansenius au sujet de son Mars Gallicus dans les Ecrits de plusieurs de leurs Adversaires.

Henry Brabantin, *Guillaume de Morbeck*, & *Thomas de Cantimpré* sont plusieurs noms & plusieurs surnoms d'un même Auteur, qui a donné lieu par cette diversité à se faire couper en trois Auteurs differens par ceux qu'il a trompez. Qui ne croiroit qu'Hieronymus *Castellioneus* ou *Castillioneus* est un Auteur different de Jerôme Cardan? Qui est-ce qui voyant à la teste de quelques ouvrages Italiens *Girolamo da Ferrara*, & de quelques Traductions Angloises *Jerom of Ferrari*, s'imaginera d'abord que ces ouvrages sont du fameux Savonarole, si l'on ne sçait qu'il porte aussi le nom d'*Hieron. Ferrariensis*? N'en dirons-nous pas autant d'Alphonse de *Madrigal*, appellé aussi Alphonse d'A-

vila ou *Abulenfis*, qui n'eft autre qu'Alphonfe Toftat ? Du *Panormitain*, ou de l'Abbé de Palerme, qui s'appelle diverfement l'Abbé de Sicile *Siculus* & *Nicolas Tudefchi* ? de Jacques de *Janua*, ou *Januenfis* i. e. de Genes, qui eft le même que Jacques de *Voragine* ou de *Viragine* ? de Jean de Rochefter, qui eft plus fouvent cité fous le nom latin de la ville Epifcopale *Roffenfis*, que fous celuy de fa famille, qui eftoit Fisher ? Pour augmenter noftre embarras il s'eft trouvé depuis luy un autre *Joannes Roffenfis*, dont le vray nom eftoit Mountaguë.

Les noms de Terres ou de Seigneuries, que l'on appelle Toparchiques, femblent avoir aufſi contribué quelquefois à rendre les Auteurs méconnoiſſables en multipliant leur furnom. *Francifcus Verulamius*, que pluſieurs de nos Ecrivains appellent mal Verulam fimplement, n'a pas été reconnu par tout le monde pour le Chancelier Bacon. Nous voyons beaucoup de faifeurs de Catalogues qui diftinguent mal à propos Nicolas Durand d'avec le Chevalier de Villegagnon, & pluſieurs Auteurs, fur tout d'Angleterre, qu'ils énoncent tantoft fous le furnom de leur famille, &

3. Part.
Ch. 16.

Ce qui eft arrivé aufſi au Catalogue des Auteurs du Gloſſaire Latinit.

tantost sous celuy de leur pays ou de leur fief. M. de Callas, M. de Peiresc, Nic. Claud. Fabricius, & Nicolaüs Faber ne signifient quelquefois qu'un seul homme.

Les noms de profession, d'employ, de condition ont fait aussi tomber les plus clairvoyans dans l'erreur. Je me contente d'alleguer pour exemple *Petrus Bibliothecarius*, *Petrus Diaconus*, *Petrus Cassinensis* & *Petrus Ostiensis*, qui ne font qu'un Auteur qui a esté d'abord Moine & Bibliothecaire du Mort Cassin, puis Diacre de l'Eglise d'Ostie. Cette multitude de surnoms détachez l'a fait prendre tantost pour quatre, tantost pour trois, & tantost pour deux Auteurs differens. Le même surnom de *Diaconus* separé de celuy de Warnefridus, a fait croire à quelques Auteurs que Paul Diacre de l'Eglise d'Aquilée & Paul Warnefride ou Winfrid, Auteur de l'Histoire des Lombards, estoient differens. Il en a esté souvent de même à l'égard des noms de Profession, comme *Grammaticus*, *Scholasticus*, &c. lors qu'ils ont servi de surnoms à des Auteurs qui en portoient encore d'autres.

L'ordre établi dans les noms Romains du temps de la Republique pour distinguer les Maisons, les Familles de chaque Maison, les Branches de chaque Famille, & les Particuliers les uns d'avec les autres, s'eſtant troublé & confondu peu à peu ſous les Empereurs, le deſordre s'eſt mis parmi les noms des Auteurs, comme des autres hommes qui ſe ſont donnez pluſieurs noms ſuivant la coûtume des perſonnes qualifiées de ces temps-là, & que nous appellons *Polyonymes*. Les noms ſous leſquels nous connoiſſons aujourd'huy la plûpart de ces Auteurs principalement ceux des 4. & 5. ſiecles ne ſont pas toûjours les vrays noms ſous leſquels ils eſtoient connus de leur temps. Celuy que nous appellons *Macrobe* s'appelloit ordinairement *Theodoſe*, & il ſe trouve cité par la plûpart des Anciens ſous le nom de *Theodoſius Grammaticus*, qui a trompé quelques-uns des Modernes, en leur repreſentant l'idée d'un Auteur tout different de Macrobe. On conteſte encore ſur l'arrangement de ſes quatre noms. Les uns diſent *Ambroſius Macrobius Aurelius Theodoſius* ; les autres *Aurelius Macrobius Ambroſius Theodoſius* ; d'autres commencent par *Macrobius* avec plus de vray-ſemblance, & écrivent *Macrob. Ambr. Aur. Theodoſius*. Mais tous ge-

3. Part. Ch. 16.

Avienus præf. Fab.. Boetius, &c.

neralement s'accordent à mettre *Theodosius* le dernier selon la coûtume de ces temps-là, qui vouloit qu'on mist toûjours le nom propre à la fin, pratique qui estoit opposée à celle du temps de la Republique.

On a lieu de douter que *Prudence* soit le nom propre du Poëte Chrétien que nous connoissons sous ce nom, s'il est vray qu'il s'appelloit *Aurelius Prudentius Clemens Amœnus*. C'est une conjecture établie sur la persuasion où sont aujourd'huy les habiles Critiques que le Poëte *Amœnus* de qui nous avons l'*Enchiridion veteris & novi Testamenti* en vers, n'est autre que Prudence même; & cette supposition nous fait croire qu' *Amœnus* estant placé le dernier, devoit estre le nom propre de Prudence, à qui la pluralité des noms a causé le tort de se voir long-temps divisé en deux Auteurs differens. On peut avoir la même pensée de Palladius qui a écrit *de Re Rustica*, & qui estoit cité autrefois sous le nom propre d'*Æmilianus*. La suite de ses noms est *Palladius Rutilus Taurus Æmilianus*; de sorte que quand S. Isidore de Seville compte parmi les Auteurs de l'Agriculture celuy qu'il appelle *Æmilianus sive Columella*, & qu'il qualifie d'Orateur

rateur insigne, nous ne pouvons juger autre chose sinon qu'il y a erreur dans la disjonctive glissée à la place d'une copulative, & que cet *Æmilianus* n'est autre chose que *Palladius* fort different de Columella, qui parmi ses quatre noms n'a jamais porté celuy d'*Æmilianus*.

La même chose est arrivée à Cassiodore qui n'estoit pas le nom propre de l'Auteur qui le porte maintenant, mais qui s'appelleroit sans doute *Senator* sans l'erreur de ceux qui ont crû mal-à-propos que ce dernier nom n'étoit que son épithete, ou un terme appellatif pour marquer son rang. Mais enfin, puisque nous sommes tout accoûtumez à ces erreurs, je ne puis approuver l'affectation de certains Sçavans de ces derniers siecles, qui pour se distinguer du commun par une singularité que j'ose appeller puerile, n'ont voulu citer *Cassiodore* que sous le nom de *Senator*. Ces Sçavans que nous n'osons presque regarder qu'à genoux les yeux en haut, toûjours soigneux de ne pas se laisser confondre avec le vulgaire, & de ne pas tomber dans nos manieres triviales de citer les Auteurs, se gardent bien de citer *Quintilianus*, mais ils alleguent sçavamment *Fabius* ; jamais *Suetonius* chez

3 Part.
Ch. 16.
eux, mais toûjours *Tranquillus*; *Manlius Severinus* leur paroît plus exquis que *Boëtius* ou *Boëthius*, parce qu'il est plus rare; & qui oseroit leur representer que Boece est le nom propre & le seul qui doive estre allegué, seroit traité sur l'heure d'ignorant ou d'insolent.

Nous avons eu peu d'Auteurs *Polyonymes* de cette maniere parmi les Modernes; au moins s'en est-il vû tres-peu qui nous ayent embarrassez par la pluralité de leurs surnoms, & qui ayent esté facetieux en ce point, comme le fameux Paracelse qui se trouve appellé quelquefois *Philippus Aureolus* simplement, quelquefois *Phil. Bombastius*, quelquefois *Phil. Theophrastus*, & peut-estre encore autrement. Ce qui a donné lieu au Comte de Gabalis de se divertir de luy & de ses six noms, qui estoient *Philippus Aureolus Theophrastus Bombastius Paracelsus ab Hohenheim*. Les Espagnols modernes, sur tout ceux de de qualité, ou ceux qui aiment leur parenté, ne meritent pas moins le nom d'Auteurs *Polyonymes*, que ces Anciens dont nous avons parlé. S'ils estoient uniformes à exprimer de suite tous les surnoms qu'ils se donnent à la teste de leurs ouvrages, ils nous embarasseroient moins que lors qu'ils se contentent tantost de l'un, tantost de l'autre.

CHAPITRE XVII.

16. Maniere. *Retourner ou renverser son nom dans une Anagramme. Des Anagrammes parfaites & imparfaites, des Anagrammes retrogrades.*
17. Maniere. *Renfermer son nom dans une Acrostiche.*
18. Maniere. *L'envelopper dans une devise en forme d'Anagramme. Des devises que les Auteurs mettent à des écrits Anonymes à la place de leur nom.*

IL semble que l'artifice auquel les Auteurs ont eu recours pour se déguiser n'a paru nulle part plus ingenieux que dans le tour de l'Anagramme, dont l'art fait partie de la cabale au sentiment de quelques Sçavans. Ceux qui ont préferé cette maniere de déguisement à celles que nous avons rapportées, peuvent se vanter d'avoir quelque avantage sur les autres Pseudonymes qui se sont forgez de faux noms, ou qui ont supposé ceux d'autruy. Car on ne peut pas absolument les convaincre d'avoir supprimé

3. Part.
Ch. 17.

leur nom pour luy en substituer un autre qui ne leur appartienne pas, puis que leur nom se trouve renfermé dans l'anagramme. Ainsi ils ont le plaisir de se voir cachez dans leur propre nom à la faveur d'une simple transposition de lettres ; & lors qu'ils sont las de demeurer cachez, ou qu'ils ont interest de se découvrir, ils n'ont pas besoin de témoins ny de preuves étrangeres comme les autres Pseudonymes pour en venir à bout.

Il faut avoüer que l'*Anagrammatisme* ou l'art des Anagrammes n'est pas de l'invention de nos Pseudonymes. Il étoit d'usage parmi les Grecs ; & c'est ce qui avoit rendu le Poëte Lycophron agreable à Ptolemée Philadelphe, & à sa sœur Arsinoé qu'il divertissoit par cet amusement. On prétend même qu'il n'estoit pas inconnu à Homere, autant qu'on l'a pû remarquer par quelques allusions. Il est devenu d'un goût un peu plus universel depuis la décadence de l'Empire & des deux Langues sçavantes, sur tout parmi les Versificateurs qui succederent aux vrais Poëtes depuis les inondations des Barbares, & l'on peut dire qu'il s'est perpetué jusqu'à ces derniers siecles. Mais il n'est pas juste

Eryc.
Putean.
p. 18.
&c.

'envelopper nos Pseudonymes dans la ensure que les Personnes de bon goût ont portée du mauvais usage que divers Poëtes & Humanistes ont fait de ces subtilitez. On peut assurer pour leur justification qu'ils n'ont point de part à ce que ces sortes de subtilitez peuvent avoir de faux, de puerile, de ridicule & de superstitieux, puis qu'ils ne les ont employées que pour se dérober à la connoissance de ceux à qui ils n'ont pas voulu se faire connoître, sans prétendre y renfermer d'autres mysteres.

Les plus simples des Anagrammes que les Auteurs Pseudonymes ayent faites pour se déguiser, sont celles où il ne se trouve que la transposition & le dérangement d'une seule lettre. Ainsi les noms de *Cirellus*, de *Farbius*, d'*Acilly*, d'*Arminis*, &c. sont des anagrammes tres-simples, qui sans causer grand trouble n'ont pas laissé de cacher à nos yeux le Socinien *Crellius*, le Pere *Fabri* Jesuite, le Chevallier *de Cailly*, le sieur *de Marinis* Genois, &c.

Autant qu'il est facile de découvrir ces Auteurs dont le voile n'est, pour ainsi dire, attaché qu'à une petite lettre, autant est-il difficile de developper ceux qui ont embarassé leur nom dans des

3. Part.
Ch. 17

anagrammes imparfaites. Il faut estre plus qu'Oedipe pour pouvoir déchifrer sur tout celles des Auteurs Espagnols. Mes yeux ne m'ont pas encore fait appercevoir le nom d'*André Rey de Artieda* dans celle d'*Artemidoro*; le nom de *Ferdinandus de Santander* dans celle de *Petrus Pentareus Sideratus*; le nom de *Joannes Ramos del Mancano* dans celle de *Romanus Sfortia Cusanus*, &c. Les Italiens en ont aussi qui ne sont quelquefois pas moins imperceptibles, & il faut süer beaucoup avant que de trouver *Francesco Maria de Luco Sereni* dans *Cesare Leone Fruscadino*; & *Gio Francesco Loredano* dans *Gneo Falcidio Donalero*. Il y a d'autres Anagrammes imparfaites qui sont plus agreables, du moins parce qu'elles sont plus courtes, & forment des noms qui ne paroissent pas nouveaux; comme celle du Pere *Bidermannus*, qui s'est appellé *Bernardinus*, celle du Pere *Fisher* qui s'est nommé *Perseus*; celle de M. de Saumaise qui a tourné *Salmasius* en *Messalinus*. J'y adjoûterois celle du Pere Gerberon comme aussi imparfaite qu'aucune autre, si le nom de *Rigberius* ne m'avoit paru tout-à-fait nouveau.

Mais à *Massa'ia* est une Anagr. parfaite pour à *Salmasia*.

Les Anagrammes parfaites sont certainement plus estimables, sur tout lors qu'elles forment d'autres noms plausibles qu'on peut substituer à la place de ceux que l'on cache, sans estre surpris ou arresté par quelque air de nouveauté ou quelque arrangement extraordinaire des lettres. Et si l'on veut rendre justice à l'industrie de nos Pseudonymes, on connoîtra par nostre Recueil qu'elles sont en beaucoup plus grand nombre que les imparfaites.

Il y en a qui forment des équivoques par la rencontre avec d'autres noms de personnes connuës, comme *Gustavus* pour Augustus, *Livius* pour Julius, *Lucianus* & *Alcuinus* pour Calvinus, *Pavillon* pour Poullain, *Macer Jurisconsultus* pour Volcmarus Kirstenius, &c.

Il y en a d'autres qui ne paroissent pas si aisées à découvrir, parce qu'on les a fait changer de langue pour en faire des noms vrayment latins, & qui ne sont anagrammes veritables que quand on les met en leur langue vulgaire. Les plus belles de cette espece qui me reviennent maintenant dans la memoire sont celles d'un Docteur de Sorbonne, qui s'est nommé *Hieronymus ab Angelo-Forti* dans quelques écrits latins de controverse, mais qu'il faut retourner en François par *Hierôme d'Ange-fort*, si l'on veut trouver l'anagramme de son nom : & celle du Theologien de la Seigneurie de Venise, qui se trouve appellé *Petrus Suavis Polanus* sur son anagramme vulgaire de *Pietro Soave Polano*.

Il y a d'autres Anagrammes parmi nos Pseudonymes que l'on peut appeller *Retrogrades*, & qui n'ont rien de recommandable que la maniere de se faire lire comme les Ecritures des Peuples Orientaux, pour découvrir le nom des Auteurs qu'elles cachent. Ainsi *Letsac* par retrogradation n'est autre que *Castel*; *Nobel* est *le Bon*; *Torvobat* est *Tabourot*. On peut y ajoûter *Itenev Ichanom Itnegluf*, qui n'est qu'une retrogradation du nom de Fra Fulgentio Servite au genitif, pour dire *Fulgentî Monachi Veneti*. On sent dans des noms retournez de la sorte un air de barbarie capable de les faire prendre pour des termes de Magie. Mais les Anagrammes retrogrades ne sont pas les seules que l'on puisse mettre au nombre des noms barbares. Il s'en trouve d'autres qui n'ont ni l'apparence des noms d'hommes, ni des terminaisons convenables, comme

Donaes Indinau, pour dire *Joannes David*; *Refene Gibronte Runeclus Hanedi*, pour marquer *Daniel Schwenter Noribergensis*. Des noms si extraordinaires pourroient fort aisément passer pour des termes de Cabalistes, de Magiciens ou d'autres Sectateurs des Sciences occultes, où la barbarie tient lieu d'élegance, ou le bouleversement des lettres quoique fait au hazard, ne laisse pas d'estre mysterieux, & où le sens paroît d'autant plus énergique, que les mots ne signifient rien.

Au reste les Anagrammes barbares qui n'ont aucun sens, qui sont sans affectation, & où les Auteurs déguisez n'ont entendu aucune finesse, paroîtront toujours plus innocentes que ces Anagrammes malicieuses, où certains Auteurs au lieu d'anagrammatiser leur propre nom, se sont couverts de la peau retournée de leur Adversaire, pour leur faire insulte. C'est ainsi que le fameux Pere Aprosio voulant écrire contre le Cavalier Stigliani, qui estoit de la ville de Matera, prit le nom de *Masoto Galistoni da Terama*, qui est l'anagramme de son Adversaire, dont le nom estoit *Tomaso Stigliano da Matera*. C'est une malice dont quelques personnes, quoique sans fondement, avoient long-temps auparavant soupçonné les Ministres de Genéve, dans la pensée qu'ils pourroient avoir pris le nom de *Clarus Bonarscius*, pour joüer un mauvais tour à *Carolus Scribanius*.

§. II. Il en est presque de l'Acrostiche comme de l'Anagramme par rapport à l'usage que les Auteurs en ont fait pour se déguiser. Il semble qu'elle ne cache leur nom que pour le mieux conserver, & il faut avoüer que le nombre des Auteurs qui l'ont employée pour demeurer inconnus, n'est rien auprès de celuy des autres qui s'en sont servi pour ne point laisser perir leur nom, & pour ne point tomber eux-mêmes dans l'oubli de la Posterité. C'est ainsi qu'Epicharmus, au rapport de Diogene Laërce, avoit coutume de mettre à la teste de chaque section ou chapitre dans la plûpart de ses Ecrits les lettres de son nom, afin de laisser par ce moyen des preuves convaincantes que ces Ecrits estoient de luy. Les argumens des Comedies de Plaute renferment par des Acrostiches les noms ou les titres de ces Comedies. On sçait que *Philostorge* a affecté de commencer les douze livres de son histoire par les douze lettres de son nom, qu'il pretendoit garantir de l'oubli par cet artifice. Nicephore Calliste autre Historien Ecclesiastique a poussé encore plus loin cette passion de se faire reconnoître à la Posterité, lorsque non content d'avoir commencé la premiere phrase de son Histoire par l'expression de son nom à la maniere de quelques Anciens, il a voulu encore accrocher toutes les lettres du même nom à la teste de chaque livre de son ouvrage. L'Empereur Basile n'estoit pas sans doute plus curieux de se cacher que Nicephore, lorsque dans les Instructions qu'il a dressées pour son fils, il a jugé à propos de commencer chaque chapitre par une lettre du titre de son livre, dont son nom fait le premier mot.

Publilius Optatianus Porphyrius s'est aussi servi de l'Acrostiche dans son Panegyrique à Constantin. S'il avoit eu dessein de se déguiser & de ne se point faire connoître au Prince, sa piéce ne luy auroit pas valu le retour de son exil. Enfin je doute qu'on puisse raisonnablement attribuer au desir sincere de demeurer caché dans les livres, la curiosité qu'ont eüe plusieurs Religieux &

5. Part.
ch. 17
Comme
Cæsarius
de Heisterbach
& Roger
Bacon,
&c.

quelques Ecrivains seculiers des siecles posterieurs, de renfermer leurs noms dans des Acrostiches, plutost que de les mettre à la teste de leurs livres.

Il faut avoüer pourtant qu'on ne pourra se défendre de prendre cette pratique pour une des manieres de se déguiser dans ceux qui n'ont pas exprimé leur nom d'ailleurs, sur tout lors qu'ils n'ont pas laissé la clef de leur Acrostiche. A dire le vray, l'Acrostiche ne permet pas absolument qu'on les considere comme des Auteurs Pseudonymes, ni même qu'on les mette au rang des Anonymes; mais elle n'empêche pas que nous ne les considerions comme des Auteurs veritablement déguisez par cet artifice. La Stance de dix vers que Lazare de Baïf a mise à la teste de sa Traduction Françoise de l'Electre de Sophocle, est une espece de masque qui le cache à ceux qui ne s'avisent pas de rassembler les premieres lettres de chaque vers pour en former son nom. Il en est de même de Pierre Gringore, dit Vaudemont, de Thomas Sibillet, & de quelques autre Ecrivains François, qui n'ayant pas declaré leur nom à la teste de leurs livres, se sont contentez d'y mettre quelque Epigramme ou quelque Sonnet, dont les vers commençoient par une lettre de leur nom, selon la pratique de l'Acrostiche. C'est ainsi que ceux qui seroient Anonymes d'ailleurs, ont trouvé le secret de restituer leur nom à leurs livres. Ceux même qui s'estoient donnez de faux noms au commencement de leurs ouvrages, ont eu quelquefois recours à l'artifice de l'Acrostiche, lors qu'ils n'avoient pas resolu de demeurer toujours cachez & d'imposer long-temps au Public. Un Religieux Hieronymite d'Espagne, nommé Juan de Orche, ayant pris le nom de Laurent Calvete pour publier la vie de saint Fructueux, fit imprimer avec cet ouvrage des vers Acrostiches de son nom, composez par un de ses amis. Un autre Religieux Italien nommé Francesco Colonna s'estant déguisé sous le nom de *Poliphile* au commencement de son livre intitulé *Hypnerotomachie*, ou combat de l'amour & du songe, n'a pas eu honte de comprendre son nom & son dessein dans les premieres lettres des chapitres de son livre, qui estant assemblées composent les mots, *Poliam Frater Franciscus Columna peramavit*, Acrostiche qui ruine toutes les belles mora-

3. Part. Ch. 17.

Bibl. Hisp. t. 2. p. 2.

Naud. Add. à l'hist. de L. XI. p. 74.

3. Part.
Ch. 17.

litez que divers Humanistes ont tâché de tirer sur la spiritualité preteduë de cet ouvrage, dans la pensée que l'Auteur s'estoit appellé non *Poliphile*, mais *Polyphile*.

Tous les Auteurs qui ont employé l'Acrostiche pour exprimer leur nom dans leurs ouvrages, n'ont pas toujours affecté d'en acrocher les lettres au commencement des livres, des chapitres, des phrases, ou des vers. Il s'en est vû qui pour les rapprocher davantage, les ont attachées au commencement de chaque mot de la phrase, comme a fait Jean de Fordun dans sa Chronique d'Ecosse, appellée ordinairement *Scotichronicon*. Il y a trois vers Latins à la teste de cet ouvrage, dont tous les mots commencent par une lettre de son nom de cette sorte :

qui finit en 1360.

Incipies Opus Hoc Adonaï ; *Nomine Nostri*
Exceptum Scriptis Dirigat Emmanuel.
Fauces Ornatè Ructent, Dum Verbera Nectant.

c'est à dire JOHANNES DE FORDUN.

§. III. La Devise a esté jugée plus propre au déguisement par les Auteurs qui ont voulu serieusement demeurer cachez, que ni l'Acrostiche, ni l'Anagramme même. Il est vray que plusieurs se sont donnez des Devises qui ne sont proprement que des Anagrammes de leur nom : mais il suffisoit pour leur dessein que ces Devises formassent un sens assez éloigné pour détourner le Lecteur de l'idée de leur nom. C'est ce qui paroît avoir esté particulierement au goust des Sociniens. *Veri promus custos* est une Devise & une Anagramme tout à la fois : Elle exprime & elle cache tout ensemble le nom de *Petrus Morscovius*. *A Jesu jugi clementia cinctus* ; *Sapis purius cum zelo* ; *Pacis es ostium* ; *Magnus Amicus honesti*, &c. sont autant de Devises Anagrammatiques qui ont servi à déguiser les Sociniens Gittichius, Przypcovius, Piseccius, Stegmannus, &c.

Les Sociniens n'ont pas esté seuls dans cette curiosité. Le President d'Espagnet, que d'autres se contentent de faire Conseiller de Bourdeaux, a tourné son nom en Anagrammes, tantost sous la Devise de *Penes nos Unda Tagi*, tantost sous celle de *Spes mea est in Agno*. Pierre du Val Évêque de Seez en a fait autant de son nom, dont les Anagrammes de *Vray Prelude* & de *Le Vray Perdu* peuvent passer pour des

Devises, comme *Cher Repos* qui cache le surnom de M. Porcheres; *Spes me durat*, qui comprend le nom de Petrus Daems Auteur des Pays-bas; *Divi Leschi genus amo*, qui renferme assez ingenieusement le nom d'un Polonois amateur de sa patrie, nommé *Mich. Sendivogius*; *Omnium è alis hærens*, qui toute Anagramme qu'elle est du nom du *Joannes Hemelarius*, celebre Medailliste, a esté presque inutile jusqu'icy pour découvrir cet Auteur qui l'avoit placée dans un coin de son livre anonyme, où tres-peu de gens l'ont apperçuë.

Il y a quelques Devises qui se forment de la dissolution d'un nom d'Auteur, & qui ont quelque rapport à l'Anagramme. Je vous en allegueray deux Grecque qui m'ont paru des plus ingenieuses; sçavoir οὐδὲν ὅ τις, qui n'exprime pas mal le surnom d'*Utenhovius*, Auteur des Pays-bas; & Ἀνδρὸς ὄρθιος ἥλιος, qui marque le nom entier d'André Orthelius, qu'on ne doit pas confondre avec Abr. Ortelius.

Il y en a d'autres formées sur de simples allusions aux noms des Auteurs, & qui ne laissent pas de les déguiser autant que les noms les plus éloignez, lors qu'ils n'ont point mis dans leurs livres d'autres marques pour se faire reconnoître. Aussi ne devons-nous pas nous étonner que Du Verdier & les autres n'ayent pas reconnu l'Auteur d'une Histoire Evangelique à la devise de *Crainte de Dieu vaut zele*, que Jean de *Vauzelles* avoit mise à cet ouvrage, au lieu de son nom. Mais les Auteurs ne se sont pas toujours assujettis à faire ces allusions en la langue vulgaire de leurs noms. Pierre de Mesmes, qui vivoit sous François I. & Henry II. en a mis une en Italien à la fin de sa Grammaire Italienne & Françoise, où on lit *Per me stesso son sasso*, qui veut dire en François, *De moy mesme je suis Pierre*, ou par transposition, *Moy je suis Pierre de Mesmes*. Un Chanoine de l'Isle nommé Florent Vander-Haer au commencement de ce siecle en fit une Latine sur son nom vulgaire, sçavoir *Floridus castis Aris addictus, ab incestis Haris alienus*. Elle est un peu longue pour meriter le nom de Devise, mais elle a servi à faire reconnoître ce Vander-Haer pour Auteur des Antiquitez Liturgiques imprimées en trois Tomes in VIII. à Doüay en 1605.

Au reste il y a peu de Sçavans qui ne se soient donné quelque Devise particuliere, vraye ou fausse, parfaite ou imparfaite, tirée de l'Ecriture sainte, de quelque Auteur profane, de quelque ancien Auteur, ou forgée de nouveau. C'est ce qui rendroit tres-penibles & presque infinies les recherches qu'on voudroit faire de celles qui ont servi de symboles aux Auteurs pour se reconnoître entre eux dans leurs Ecrits particuliers, & sur tout dans les lettres qu'ils se sont écrites mutuellement sans y exprimer leur nom. Les Sçavans eux-mêmes ont contribué à rendre cette curiosité inutile, lors qu'ils ont rassemblé ces Lettres en Recueils, ausquels ils ont fait porter leurs noms en les rendant publics.

CHAPITRE XVIII.

19. Maniere. Designer son nom par les lettres capitales qui le commencent. Des noms formez de lettres capitales. Usage des Auteurs Juifs en ce point. Des lettres finales, & autres Monogrammes qui ont servi à marquer les noms des Auteurs cachez.

LEs Auteurs déguisez n'ont point mal-profité de l'exemple qui nous a esté laissé par les Anciens touchant l'usage de n'exprimer les mots que par des notes litterales ou par les lettres capitales des mêmes mots. Cette maniere de déguisement est certainement l'une des plus embarrassantes d'entre toutes celles dont ils ayent pû s'aviser pour se découvrir en se cachant; & quoi qu'elle soit d'ailleurs l'une des plus ordinaires, je n'ose dire que le nombre de ceux à qui j'ay tâché de lever le masque soit fort grand, par rapport à la multitude des autres.

Quelque petit que puisse paroître le nombre de ceux que j'ay ramassez, il ne m'a point empêché d'en faire un Recüeil assez considerable, que je pourray joindre à ceux qui suivront celuy de nos Pseudonymes. Je suis persuadé que c'est toujours servir le Public, de la maniere qu'il a esté servi par Valerius Probus, par Magnon, par Pierre Diacre, par Sertorio Orsati, qui ont fait de semblables Recueils pour expliquer les mots de la Langue Latine, chiffrez & abregez par des lettres, par des notes & par d'autres monogrammes.

Les Auteurs à qui il a plû de ne se faire connoître que par ces marques, n'ont pas suivi tous la même methode.

3. Part.
Ch 18.

Ceux qui ont cherché la maniere la plus simple, se sont contentez d'une seule lettre qui marque ordinairement leur surnom, quelquefois leur nom de Baptême simplement, & quelquefois autre chose qu'ils n'ont pas voulu nous faire sçavoir. C'est ce que nous pourrons voir dans nostre Recuëil sous les lettres uniques de D.... de F... de M... de S... &c. qui designent des Auteurs qui sont encore vivans parmi nous.

Les autres, qui sont assurément le plus grand nombre, ont voulu marquer leur *prénom* & leur surnom : ce qui a produit au moins deux lettres capitales, comme A. B. Adrien Beverland, C. D. Carlo Dati, E. G. Edoüart Grant, &c. quelquefois trois, lorsque les Auteurs ont eu deux *prénoms* avec un surnom, comme J. E. N. Joannes Eusebius Nierembergius; ou deux surnoms avec un *prénom*, comme P. H. G. Phi'ibert Hegemon Guide, quoique ce ne soit qu'un même surnom en deux langues : ou enfin lorsque le surnom est precedé de l'article, comme A. L. F. Antoine le Févre, B. D. S. Benoist de Spinosa, L. V. B. Lancelot Van Brederode, &c. mais l'article feminin de nostre langue est souvent cause de quatre lettres, comme

F. D. L. T. François de la Treille, 3. Part.
M. D. L. B. Margarin de la Bigne. Ch. 18.

D'autres ajoûtent leurs qualitez, leur profession ou leurs emplois en lettres capitales comme leurs noms, & ils contribuent un peu plus que les autres à se faire reconnoître par ce moyen, comme A. G. E. D. G. Antoine Godeau Evêque de Grace, D. H. P. E. M. Denis Henrion Professeur en Mathematiques, J. C. A. A. P. E. J. Jean Cusson Avocat au Parlement & Imprimeur. P. A. E. A. P. & P. A. V. D. M. *Pet. Allix Eccl. Anglicanæ Pastor*, & *Petrus Allix Verbi Dei Minister*. D'autres pour éviter cette longue file de lettres, se sont contentez de celle de leur surnom avec celle de leur profession, comme le feu Pere René Rapin, qui a signé quelques-uns de ses ouvrages par les lettres R. J. c'est à dire, Rapin Jesuite; ce qui a esté pratiqué aussi par d'autres Auteurs de la même Compagnie sous les lettres de V. J. de B. J. &c. qui sont encore au monde. C. C. veut dire Carneau Chanoine, suivant la même methode.

Mais rien ne paroît plus embarrassant que les titres appellatifs de *Pere*, de *Frere*; de *Sieur*, de *Monsieur*, de

Maistre, &c. lors que les Auteurs en ont voulu mettre les lettres capitales avant celles de leur nom. On ne sçait souvent si P. veut dire Pere, ou Pierre, Paul, Philippes, &c. si R. P. veut dire *Reverend Pere*, ou Robert Personius. Les mêmes lettres P. T. signifient *Pater* Tiburtius, *Pontus* Thiardæus, *Paulus* Tavernier ou Tafferner, *Pater* Tomsonus, *Pater* Thunderus, &c. F. J. F. C. R. S. T. P. A. P. C. veut dire *Frater* Joannes Fronto Canonicus Regul. Sacræ Theologiæ Professor Academiæ Parisiensis Cancellarius. Quelquefois les Appellatifs de *Pere* & de *Frere* se trouvent joints ensemble avant le nom P. F. F. F. F. signifie *Padre Fra* Francesco Fulvio Frugoni : souvent celuy de *Reverend* ne quitte pas celuy de *Pere*, comme R. P. B. B. C. P. *Reverendus Pater* Bonaventura Basseanus Capucin. Prædicat. Quelquefois tous les titres honorifiques d'un Religieux se trouvent rassemblez en trois lettres R. P. F. qui veulent dire *Reverend Pere Frere* avant le nom & le surnom ; & en quatre L. R. P. F. lors que l'article y est mis en capitales, ce qui n'empêche pas que le nom & le surnom ainsi précedez ne soient encore suivis de plusieurs autres capitales, qui marla profession, le rang, les emplois du cloître.

Ce n'est pas seulement parmi les Religieux que l'on trouve de ces capitales d'Appellatifs qui sont embarassantes. Un Catholique aura peine à deviner que R. D. T. veut dire *Reverend Docteur Tillotson*. Il en est souvent de même des Appellatifs honorifiques de *sieur*, comme L. S. R. *le sieur* Robert fameux Cuisinier ou Traitteur, L. S. P. J. P. E. P. E. T. A. R. *le sieur* Pierre Jurieu, Predicateur & Professeur en Theologie à Roterdam; *de Monsieur*, comme M. L. M. D. B. Monsieur le Marquis de Beauvau, M. L. R. A. D. H. Monsieur le Roy Abbé de Hautefontaine; de *Maître*, comme M. C. S. Maistre Charles Sorel; de *Messire*, comme M. A. G. E. D. V. Messire Ant. Godeau Evêq. de Vence, M. P. C. Messer Paolo Catanio. Les mêmes embarras peuvent arriver au sujet des Auteurs de l'autre sexe touchant les appellatifs de *Madame*, de *Mademoiselle*, de *Mere*, de *Sœur*. M. L. P. D. C. veut dire Madame la Princesse de Conty (*Louïse Marguerite de Lorraine*) L. M. D. L. V. R. D. S. T. veut dire, La Mere de la Visitation Religieuse de Saint Thomas. La

Part. 3. Ch. 18.

Dans la premiere edition à Metz.

2. Part.
Ch. 18.

B. D. M. veut dire la Baronne de Marcé (*Agnés de Guilberdiere.*) Les mêmes lettres marquent aussi des noms d'Hommes sans presque toucher à leur arrangement.

Quelquefois les Auteurs ont exprimé les deux premieres lettres de leur *Prénom* pour le déterminer un peu davantage, en écartant l'idée de divers autres Prénoms qu'on auroit pû comprendre sous une seule lettre. Ainsi *Pa. P.* veut dire Paul Petau Conseiller au Parlement ; *Cl. S.* Claudius Salmasius ; *Sa. Oxon.* Samuel Oxoniensis, i. e. feu M. Parker Evêq. d'Oxfort. D'autres au contraire ont jugé plus à propos d'exprimer les deux premieres lettres de leur surnom, en ne marquant que la capitale de leur prénom, comme M. *Fl.* Mathias Flaccius ; L. *Cr.* Ludovicus Cressolius ; N. *Ab.* Nicolaus Abramus ; P. *Be. Ju. Th.* Pierre Belloy Jurisconsulte Tholosain (pour Toulousain.) Il s'en est trouvé qui ont passé jusques aux trois premieres lettres de leur surnom, comme un Dominicain qui vivoit il y a deux cens ans, & qui s'est appellé *B. Mor.* Ce qui l'a fait reconnoître enfin dans ces derniers temps pour Bartholomæus Mortarius ; quoy qu'un qu'un Sçavant estime qu'on pourroit fort bien entendre par ces lettres un autre Dominicain de même temps nommé Benedictus Morandus. C'est dans la categorie des surnoms aux trois premieres lettres que M. le Chevalier d'*Her*... a voulu ranger le sien dans ces dernieres années. S'il demeure caché aussi long-temps que B. Mor.., il faut esperer que nos arriere-neveux pourront le découvrir au dix neuviéme siecle; mais s'il continuë de rencontrer des Lecteurs du caractere de ceux dont il est parlé au mois de Juin 1683. du Merc. G. il luy reste encore beaucoup de nazardes & de censures à essuyer, uniquement pour ne vouloir pas se faire connoître, & pour ne pas ajoûter ce qui manque à son surnom de trois lettres.

D'autres Auteurs pour demeurer plus surement cachez sous les capitales de leurs noms, & pour mieux joüer l'industrie des connoisseurs, ont voulu faire transposition de lettres, en mettant celle du surnom la premiere, & celle du *Prénom* ensuite. Ainsi C. E. veut dire Edouard Coffin; F. T. Thomas Fitz-Herbert; D. P. Philippes Dirixson, &c. D'autres enfin se sont avisez de vouloir imiter les Juifs & les autres Peuples qui

3. part. Ch. 18.

Sand. not ad Voss. de Hist L. p. 328.

Item t. 2 des lettr. nouv. contre Maimbourg. p 763, 764.

V.

ne se servent pas des voyelles dans leurs écritures, & rassemblant les consonnes de leur nom en ont formé des capitales qui ne sont pas à la verité les lettres initiales d'un seul mot, mais de chaque syllabe de leur nom. Il paroist que c'est par cet artifice que Mademoiselle de Scudery se trouve marquée des lettres de M. de S. D. R. dans le nouveau Livre qu'elle vient de publier. Et j'ay crû qu'on pourroit attribuer à une personne dont le merite ne nous est pas inconnu le Traité des Excommunications imprimé à Dijon aux dépens de son Auteur l'an 1683. parce que les lettres PHBT m'ont paru être les trois consonnes maîtresses du *Prénom Philebert*, les deux autres n'estant que des liquides. C'est une conjecture qui ne se trouvera solide qu'en cas que M. C. s'appelle Philebert. Il s'en est vû d'autres qui par une conduite toute opposée à celle dont nous venons de parler, ont formé des noms nouveaux avec les lettres capitales de leurs vrais noms, en donnant des voyelles aux consonnes. Ainsi Carlostad dont les noms estoient *Andreas Bodensteinius Carolostadius Doctor* ayant pris les initiales de ces quatre mots A. B. C. D. en formé le nom d'*Abecedarius* qu'il a voulu porter principalement depuis qu'il avoit renoncé à la lecture & aux sciences. Mais personne parmi nous ne doit se vanter d'avoir esté plus ingenieux que les Auteurs Juifs, & sur tout les Rabins dans l'art de se former un nom de plusieurs capitales. Les uns se sont contentez de joindre les lettres initiales sans autre raffinement, comme אאע *Aa* ou *Aagh*, pour dire Abraham Aben Ezra, ou אע seulement pour dire Aben Ezra; אבה *Abiah* ou *Aviah* pour marquer Eliezer Ben Jose Hagalili, c'est-à-dire Eliezer fils de Jose Galiléen.

Les autres y ont ajoûté la qualité de Rabin, & en ont pris la capitale pour former le nom d'abbreviation, comme רח *Rach*, c'est-à-dire Rabin Chasdai; רדק *Radak*, c'est à dire, Rabin David Kimhi; רג *Rag* est tantost le Rabin Gamaliel, & tantost le Rabin Gersom; רל *Ral* tantost le Rabin Levi, tantôt Resch Lachis Docteur du Talmud des Juifs. רלבג *Ralbag* i. e. Rabbi Levi Ben Gersom, ou le Rabbin Levi fils de Gersom. רמך *Ramach*, le Rabin Moyse Cohen ou le *Prestre*. רמבם *Rambam* Rabbi Moyse Ben Maimon qui s'appelle aussi d'un nom Patronymique

V ij

Maimonide ; רמבן *Ramban*, Rabbi Moyse Ben (ou *Bar*) Nahman, & quelquefois Rabbi Meir Ben Nathan, רם tout seul marque aussi plusieurs autres Rabins du nom de Meir. Par le même artifice רשבא *Rasba* signifie le Rabin Salomon fils d'Adrath ; רשבג *Rasbag* le Rabin Simeon fils de Gamaliel, רשבם & son frere רת *Rasbam* & *Rat* le Rab. Samuel fils de Meir & le Rab. Tam enfans de la fille de Rasci. רשבי *Rasbi* veut dire le Rabin Simeon fils de Jochai ; רשט *Raschat* Rab. Sem Tob ou Schem Tof ; רשי *Rasci*, Rab. Salomon Isaaki que plusieurs ont confondu avec Jarhi, & רש tout seul designe divers autres Rabins du nom de Salomon, de Samuel, de Sem, de Simeon, &c.

D'autres y ont encore voulu ajoûter la lettre capitale de la qualité honorifique de *Monsieur* ou de *Sage* dont le moten leur langue commence par ה. Ainsi le nom abregé de הראש *Haraash* ou *Harasch* veut dire Monsieur le Rabin Asher ou Ascher ; הראבד *Haraavad* ou *Harabad*, Monsieur le Rabin Abraham Bar Dior ou fils de Dior ; הראם *Haram* signifie le sage Rabin Elie Misrahi (ou de l'Orient). Il en est de même de חרן *Haran*, de הרף ou הראף *Hariph* ou *Hariaph*, pour dire le Rab. Niſſim, le R. Iſaac Phés ou Iſaac Alphes, i. e. de la ville de Fez, & de pluſieurs autres noms de même eſpece.

Ce que nous avons rapporté touchant les Auteurs Latins ou Occidentaux, qui ont quelquefois exprimé les deux ou trois premieres lettres de leur nom, n'eſt pas auſſi ſans exemple parmi les mêmes Juifs. Je me contente de vous rapporter celuy d'Onkelos fameux Paraphraſte Chald. du Pentateuque, qui s'appelle fort communément en abregé, אונק *Onk*, ou plûtôt *Onak*, qui n'eſt que la premiere moitié du nom d'Onkelos.

Buxtorf qui a fait un petit Traitté des Abbreviations des mots dans la langue Hebraique, a remarqué que non ſeulement les lettres initiales, mais même les finales des noms eſtoient employées par les Juifs pour marquer ces mêmes noms en abregé : & il ajoûte que cette maniere de déſigner les noms par la queuë eſt d'aſſez grand uſage parmi les Cabaliſtes. Nous ne voyons pas que nos Ecrivains des Langues Occidentales ayent eſté fort curieux de cette pratique, & je n'ay encore pû découvrir que Guillaume Cambden l'un des plus celebres Auteurs des Isles Britanniques qui se soit avisé de marquer son nom & son surnom par M. N. qui sont les lettres finales de *William Cambden* en Anglois.

Il y a d'autres notes d'Auteurs lesquelles bien que litterales, ne sont pourtant ni initiales ni finales de leur nom. Telle est principalement la lettre N. à qui l'on fait signifier tout ce qu'on veut, & qui peut cacher un Auteur avec autant de seureté que s'il estoit entierement Anonyme. Nous avons un grand nombre de petits Traittez ou dissertations, de lettres détachées, & d'autres écrits volans & fugitifs, tantost sous le nom de N. adressez à N. tantost sous celuy de N.N. & souvent sous celuy de Monsieur N. dont nous ne pouvons pas connoître certainement les Auteurs, parce que cette notte ne peut nous aider à les découvrir. Quelques-uns ont crû pouvoir se joüer de la curiosité de leurs Lecteurs, en prenant des lettres qui marquent toute autre chose que ce qu'on pourroit s'imaginer en devinant. C'est ainsi que M. Mauger Avocat du Roy, & Medecin à Beauvais, a fait imprimer une dissertation sur une diéte ou *inedie* de plusieurs mois sous les lettres D. Q. ne voulant dire autre chose sinon, *Devinez Qui ?* Enfin il s'en est vû qui non contens de prendre des lettres qui ne signifioient rien dans leur esprit, se sont attachez à en choisir qui fussent capables de nous empêcher de songer à eux par leur éloignement d'avec les lettres de leur nom. C'est ce qu'a fait Monsieur Amelot de la Houssaye lors qu'il a pris les lettres de Z. M. P. R. V. en publiant sa Traduction Françoise du *Squitinio della Liberta Veneta*, comme je l'ay appris de sa bouche.

CHAPITRE XIX.

20. Maniere. *Allonger son nom pour le déguiser : & de l'usage d'allonger son nom sans déguisement.*
21. Maniere. *Abbreger son nom pour le déguiser, & de l'usage de cette abbreviation parmi ceux-mêmes qui ne font pas profession des Lettres.*

IL faut avoüer que la maniere d'allonger & de raccourcir son nom n'est pas de l'invention de nos Auteurs Pseudonymes. Nous la pouvons neanmoins considerer comme une de leurs manieres de se déguiser sur l'exemple de quelques Modernes qui ont cherché à se cacher par cet artifice.

§. I. On dira tant qu'on voudra qu'un Auteur ne perd rien de son nom en luy donnant de l'augmentation, il faut si peu de chose pour broüiller nos idées, & une seule lettre de trop ou de trop peu est si capable de nous déranger, qu'il est aisé à un Auteur de se déguiser en ajoûtant quelque chose à son nom, comme à un homme qui trouve le moyen d'ajoûter par artifice deux pieds à sa taille pour marcher en masque.

Les Espagnols & les Portugais qui connoissoient Antoine *Vasquez*, furent surpris lors qu'il s'appella *Velasquez* d'autant plus facilement que ce nom allongé estoit d'ailleurs de grand usage parmi eux pour marquer d'autres personnes. En France la pratique d'allonger les noms par le moyen des terminaisons geographiques selon la diversité des Provinces semble estre devenuë si commune qu'on auroit lieu de croire qu'un Auteur qui auroit eu dessein de se déguiser, seroit neanmoins assez mal déguisé par ce moyen. Nous ne pouons pas douter que M. Simon n'ait eu ntention de se déguiser lors qu'il s'est lonné le nom de *Simonville* à la teste e l'un de ses ouvrages. Cependant ceux qui songent que ce fameux Ecrivain est de Normandie, ne le trouveront peut-estre pas plus déguisé sous ce nom allongé que le seroit un Picard de même nom sous celuy de *Simoncourt*, un Breton sous celuy de *Kersimon*, un Auvergnac ou un Limousin sous celuy de *Simoniac*, un Dauphinois sous celuy de *Simonieu*, un Allemand sous celuy de *Simonstadt* ou de *Simonbourg*. Si l'Auteur avoit voulu se faire connoître le visage entierement découvert, il auroit sans doute pris le parti de se nommer M. *Simon de Simonville* sur plusieurs exemples de diverses familles remarquables de Normandie, tels que sont les Estouts d'Estouteville, les Godards de Godarville, les Durands de Duranville, les Normands de Normanville, &c.

Il y a parmi nous une autre maniere d'allonger les noms, lorsqu'on veut leur donner quelque air de seigneurie, comme si ceux qui en usent de la sorte vouloient prendre le nom de quelque *Gentilhommerie* qui auroit esté formé sur le surnom même de leur famille, la Mes-

1. Part.
Ch. 19.

V. Ath.
anc &
nouv. p.
334.

nardiere p. e, la Renaudiere, la Freseliere, la Murdraguiere, &c. noms de Terres ou de Maisons de Campagne formez sur les surnoms de leurs Maîtres ou Possesseurs, Mesnard, Renaud, Freseau, Murdrac, &c. Parmi les gens de Lettres on avoit crû que l'Auteur des voyages d'Athenes, de Candie, & de Lacedemone anciennes & nouvelles avoit voulu user de quelque déguisement en se donnant le nom du sieur *de la Guilletiere*, qu'on s'imaginoit sans raison ne devoir estre connu que sous le nom de M. *Guillet*. L'Auteur semble insinuer dans l'un de ses ouvrages que ces deux noms ne sont qu'une même chose, & que l'un est allongé sur l'autre par une maniere differente de terminaison qui n'est pas sans déguisement. Mais puisqu'il s'est donné tantost l'un, tantost l'autre dans les mêmes Ouvrages, nous ne le trouvons pas plus déguisé sous le nom de *Guillet de la Guilletiere*, que divers autres Auteurs que nous connoissons sous les noms de Martin de la Martiniere, de Girard de la Girardiere de Thaumas de la Thaumassiere, &c. Ce n'est pas d'aujourd'huy que les noms allongez sont considerez comme des noms de noblesse, marquant quelque grandeur ou quelque qualité plus élevée que celle qui seroit designée par les primitifs de ces noms allongez. On sçait là-dessus l'histoire de ce Simon dont Lucien a parlé dans son Dialogue du Songe. Tant qu'il avoit esté gueux & miserable, il ne s'estoit appellé que Simon, mais s'estant vû gros Seigneur aprés une riche succession qu'il avoit recüeillie, il se fit appeller *Simonide*. Il se plaignoit de l'injure qu'il pretendoit que luy faisoient ceux qui ne l'appelloient que *Simon*, comme si ce n'estoit qu'une mutilation du nom de Simonide, faite pour le deshonorer.

§. II. En effet il semble que l'abbreviation ou la diminution des noms n'estoit autrefois que pour les valets, & pour les petits enfans, dont l'état n'est gueres different de celuy des valets jusqu'à un certain âge, selon la remarque même de S. Paul. Ce n'est qu'au mépris pour les uns, & à la familiarité ou privauté carressante envers les autres, qu'il faut attribuer la pluspart des noms propres que les Grecs se donnoient la liberté de raccourcir à leur sujet. *Demas* n'est qu'un raccourci de Demetrius, comme *Menas* de Menelaüs, *Amphis* d'Amphiaraüs, *Artemon* d'Artemido-

3. Part. Ch. 19.

Casaub. in Athenæum. Voss. l. 4. Inst. Orat. pag. 9. &c.

rus, *Alexas* d'Alexander, *Theudas* de Theodorus, *Antipas* d'Antipater, *Cleophas* de Cleophilus, &c. Mais il faut avoir l'inclination Grecque à l'excés, pour pretendre que *Cephas* n'eſt qu'un abregé de *Cephalus*. C'eſt ce qui a eſté avancé à l'occaſion de ſaint Pierre, comme du Chef de l'Egliſe viſible de J. C. par quelques Peres qui ont crû pouvoir oſter ce nom aux Syriens, comme celuy de Paſque aux Hebreux, en le faiſant venir ἀπὸ τοῦ πάχειν.

Ce Simon, dont nous venons de parler ſur le rapport de Lucien, n'avoit pas grand tort de pretendre que le nom de Simon n'eſtoit qu'un abregé de celuy de Simonide, pourvû que l'on conſidere ce nom comme un mot purement Grec, ſans faire reflexion au Simon des Hebreux. Il ſçavoit que l'on avoit affecté preſque de tout temps de ne donner que des noms d'une ou de deux ſyllabes aux eſclaves & aux autres perſonnes viles, & que les noms de quatre ou cinq ſyllabes n'étoient que pour les perſonnes de qualité. C'eſt pourquoy, dit Lucien, de *diſſyllabe* qu'il avoit eſté pendant la baſſeſſe & la miſere de ſa premiere condition, il devint *tetraſyllabe* après le changement de ſa fortune.

Eustathius l'Interprete d'Homere, qui convient aussi que *Simon* n'est qu'un Simonide raccourci ou retranché par la moitié, comme *Bacchon* un diminutif de Bacchylide, attribuë ces raccourcissemens aux manieres de caresser les enfans & les autres personnes que nous aimons & que nous traitons avec privauté. C'est un usage qui a toujours esté assez répandu dans le monde; & pour ne répondre que de celuy de nostre pays, on peut se contenter de citer les noms de *Phlés* pour Philippes, de *Colin* pour Nicolas; *Alix* pour Adelaïde, *Phanette* pour Estephanette ou Estiennette, *Javote* pour Geneviéve, *Toinon*, *Babet* & autres noms corrompus par tendresse.

Nous ne voyons pas que les Auteurs Pseudonymes ayent eu recours à ces sortes d'abbreviations pour se déguiser. Si l'on trouve un *Scalcus* qui s'appelloit d'ailleurs *Godtscalcanus*, un *Mullerus*, dont le nom ordinaire estoit *Schragmullerus*, on ne s'apperçoit pas qu'ils ayent eu intention de tromper le Public, ou de se dérober à sa connoissance. Ce n'est pas la crainte de se voir avilis ou considerez comme les esclaves & les roturiers de la lie du peuple, qui a dû les détourner de ce moyen de déguisement;

3 Part.
Ch. 19.
In Odyss.
20. Eustath.
Allat. de Symeonib. pag. 105.

3. Part. Ch. 9. puis qu'ils ne peuvent pas ignorer qu'on raccourcissoit aussi son nom quelquefois pour paroître plus noble & plus qualifié. C'est ce qui a donné lieu à Martial de se divertir d'un nommé Cinnamus, qui vouloit se faire appeller *Cinna*, pour se rehausser aprés s'estre vû riche & faisant le Chevalier Romain, de barbier qu'il avoit esté auparavant. Voici les vers de ce Poëte :

Cinnam, Cinname, te jubes vocari.
Non est hic, rogo, Cinna barbarismus?
Tu si Furius antè dictus esses,
Fur ista ratione dicereris.

Mais de la maniere d'abreger le nom & le surnom & de les joindre ensemble, il resulte un nom nouveau qui peut contribuer au déguisement des Auteurs Pseudonymes. La chose est arrivée à un *J. du Tillet Evêque de Meaux.* sçavant Prelat du siecle passé, qui n'étoit déja point mal déguisé sous le nom d'*Elias Philyra*. Cet Auteur n'avoit marqué les deux mots de ce nom supposé qu'en écrivant *Eli. Phili.* par abreviation ; mais l'union de ces deux morceaux a formé le nom d'*Eliphilus*, qui peut passer pour un masque renforcé d'un autre masque de J. du Tillet. Cette maniere de composer un nom abregé de plusieurs est assez commune d'ailleurs, pour nous empêcher de croire qu'elle n'ait esté introduite que pour le déguisement. Sans quitter les gens de Lettres, vous trouvez parmi les Auteurs Espagnols des *Pedralvez*, parmi les Italiens des *Culanton*, des *Basgapé*, parmi les Allemans des *Wo ffpiatz*, &c. qui ne font que des composez abregez de *Pedro Alvarez*, de *Nicolas Antonio*, de *Basilica-di-Pietro*, de *Wolffgangus Platzius*; quoi qu'il s'en voye aussi qui font composez de plusieurs mots sans abbreviation, comme *Cadamustus* Auteur Italien, *Confucius* Philosophe Chinois, &c.

CHAPITRE XX.

De la corruption des noms des Auteurs, venuë de ces manieres de les abreger, ou même de la maniere de les transformer d'une langue en une autre. Cette corruption a produit beaucoup d'Auteurs chimeriques qui n'ont jamais esté. Diverses especes de cette corruption d'où sont nez tant de faux Auteurs.

LEs noms des Auteurs ayant souffert tant d'alterations de differentes especes, on ne doit pas estre surpris que la corruption s'y soit mise. Les permutations qu'on leur a fait faire d'une langue en une autre, les changemens de terminaisons, la ressemblance & la proximité des noms & des surnoms des Personnes, les adoucissemens de prononciation, les abbreviations d'écriture, la mauvaise orthographe, les fautes d'impression, les additions & les retranchemens des Copistes, en un mot les bévuës des Critiques qui ont pris quelquefois des noms de Choses pour des noms de Personnes sont les sources les plus ordinaires de cette corruption.

Les Catalogues des livres, les Bibliotheques, les Recüeils d'hommes illustres pour les Lettres, & sur tout les livres de l'*Index* sont chargez de ces sortes de corruptions, tant par l'inadvertance ou l'ignorance de leurs compilateurs, que par la necessité inévitable où sont les derniers venus de copier ceux qui les ont devancez. De là est venuë l'intrusion de beaucoup de faux Auteurs parmi les veritables, dont la multitude n'est déja que trop onereuse au Public.

Je ne pretens point mettre au nombre de ces faux Auteurs les Ecrivains Arabes, dont nous avons corrompu presque tous les noms, pour les rendre plus flexibles au tour de la langue Latine, & les accommoder à nostre prononciation, quoique cette corruption ne soit venuë à l'égard de plusieurs que de l'ignorance de leur langue. Jamais ces Auteurs, je l'avouë, n'auroient pû se reconnoître à des noms tels qu'*Avicenna* ou *Abincenus*, *Apomasares*, *Averroës*, *Alchabitius* ou *Allacen*, *Alcmeon* (Arabe) &c. mais au moins ne les avons-nous pas multipliez en prenant ceux que nous avons nommez de la sorte pour des Auteurs differens de ceux que les personnes les plus intelligentes appellent de leur veritable nom.

Je ne crois pas y devoir aussi comprendre les autres noms corrompus qui n'ont pas leur origine dans les langues Grecque ou Latine. Tels sont les noms venus d'Allemagne, *Albert*, *Lambert*, *Adalbert*, *Edilbert*, *Hildebert*, *Elbert*, *Autpert*, *Lampert*, *Ansbert*, qui sont presque tous corrompus l'un de l'autre, & qui ne se ressemblent que par leur racine de *Werd* corrompuë en *bert* ou *pert*, qui veut dire en langue vulgaire cher ou precieux. De même *Amalaricus Almaricus Amalricus*, *Aymericus*, *Eymericus*, *Emericus*, *Mericus*, *A-*

malarius, *Amaury*, *Aymar*, &c. qui pourroient se rapporter à une même racine *Imerrich*, i. e. toujours riche, à son aise. De même *Arnoldus*, *Arnaldus*, *Reinoldus*, *Rainaldus*, *Ernoldus*; *Renaudus*, *Reginaldus*, *Regnoldus*, & même *Bernoldus* & *Bernaldus*, qui peuvent venir du mot *Ernhold*, qui veut dire honnête. De même *Rupertus* ou *Ruitpertus*; *Rotbertus*, *Robertus*, *Orbertus*, *Osbertus*, *Osbernus*, *Nortbertus*, *Rutbertus*, &c. que quelques-uns font venir de *Rutprecht*, & d'autres de *Ratwerd*, i. e. d'une sagesse aimable. Nous ne voyons presque pas de noms propres Allemans latinisez, qui ne soient plus ou moins corrompus de la même maniere. Un seul Auteur peut avoir esté nommé par corruption *Herbertus*, *Heribertus*, *Herbrectus*, *Hebertus*, *Erembertus*, *Echrempertus*, *Werempertus*, *Aripertus* (qui se trouve aussi transposé en *Pertaritus*, comme *Hulfrichus* en *Richulfus*) *Herebertus*, *Cherebertus* ou *Charibertus*, *Erchempertus*, *Rembertus*, *Rampertus*, & peut-estre *Ratbertus*, qui est le plus près de la racine *Ratwerd*. Il est à croire qu'on a divisé quelquefois un Auteur en plusieurs sur l'expression differente d'un même nom, comme de

Gilbertus, Gistebertus, Gisbertus, Guibertus, Wibertus, Vigbertus, Engelbertus, Guillebertus, &c. comme de *Gaufredus, Gaufridus, Galfridus, Goffridus, Godefridus, Gothofredus, Odofredus, Gotfridus, Geofridus, Alfredus, Walafridus, Winfridus, Wilfridus,* &c. qui paroissent n'estre qu'un seul nom corrompu en diverses façons.

Les corruptions des noms & surnoms venus des Grecs & des Latins sont infinies. Par mutilation on a doublé un Auteur sous les noms de *Saus* & de *Perseus*, on en a triplé un autre sous ceux de *Simachus, Symmachus,* & *Lysimachus. Amblius* & *Jamblichus, Melesagoras* & *Amelesagoras* sont multipliez par la même voye d'erreur. *Clidamus, Xenon* &c. ayant esté mutilez par la fin sont devenus differens de *Clitodemus Xenocrates,* &c. Les Modernes ont esté doublez aussi quelquefois sur de pareilles mutilations, *Niverius, Spekiaus, Butius,* &c. ne sont que des noms tronquez & corrompus encore d'ailleurs, d'*Oliverius, Espencaus, Dudithius,* &c. *Agellius* est une autre maniere de corruption par abregé d'*Aulus. Gellius:* mais la contestation qui s'est élevée entre les Critiques sur ce nom, n'a jamais eu pour but de faire deux Auteurs differens d'Agellius & d'Aulu-Gelle.

Les additions vicieuses faites aux noms des vrais Auteurs ont aussi contribué à multiplier les faux Auteurs. Et quoi qu'en ayent écrit divers Critiques, le Poëte *Arrianus* n'est point different de *Rhianus*; *Adelphius* de Dellius; *Clavonius* de Cervinus, *Romacianus* de Chromatius; *Sudines* de Suidas, *Othocus Fruxinensis* d'Othon de Frisinge, & plusieurs autres Auteurs chimeriques de cette espece, dont il vaut mieux reserver le dénombrement pour un Recüeil à part.

La corruption s'est glissée aussi dans plusieurs noms d'Auteurs qu'on a entrepris d'exprimer en des langues étrangeres : de sorte que ces Auteurs dépaïsez ont esté pris souvent pour d'autres qu'ils n'estoient dans leur païs. Les Grecs modernes nous ont envoyé deux especes d'auteurs de cette sorte, dont l'un est appellé *Anchinoüs*, & l'autre *Theacinus*. Mais on n'en a pas esté long-temps la duppe, & l'on a reconnu sans peine que l'un & l'autre n'étoient point differens de S. Thomas Docteur des Ecoles Latines; qu'*Anchinoüs* étoit une pure corruption d'*Aquinas*, & que *Theacinus* en étoit une autre venuë de l'abréviation du

nom de *Thomas* joint au surnom d'A-
quinas. Les mêmes Grecs ont corrompu quelques-uns de nos Jules en *Jolaüs*,
de nos Charles en *Charilaüs*, &c. sous
pretexte de les accommoder à leurs terminaisons. Des noms d'Auteurs Grecs
corrompus ont aussi formé quelquefois
des noms Latins d'Auteurs chimeriques,
comme *Sempronius*, qui est venu de Sophronius. Les Juifs ont aussi corrompu
divers noms des Grecs & des Latins,
pour les réduire à leur maniere. C'est
ce qui a fait croire que leur *Jesopito*
יסופיטו estoit different de l'Esope
des Grecs. Parmi les Espagnols, Allemans, Anglois & François il n'est pas
rare de trouver aussi des noms d'Auteurs corrompus d'une langue vulgaire
en une autre. *Hamen-Welton*, qui a l'exterieur d'un Auteur Anglois, n'est pas
different de Goldast Allemand, dont le
surnom de *Haiminsfeld* semble avoir
esté corrompu en Hamen-Welton, &
trompé ceux qui en ont fait deux Auteurs. J. *du Breüil*, le sieur *Osrés*, *Beaglerius* sont de faux Auteurs corrompus
sur les vrais noms de J. *Bruck*, d'*Hier.
Osorius*, de G. *de Beaulieu*.

On ne peut dire de quelle fecondité
ont esté les fautes des Copistes en ma-

tiere d'Orthographe, & celles même des ouvriers de l'Imprimerie pour la production des faux Auteurs. De là nous est venu probablement un *Phornutus* pour Cornutus, un *Marius Sergius* pour Maurus Servius, un *Georgius Nicetas* pour Gregorius Nyssenus, un *Octavius* pour Actuarius, un *Vaccæus* pour Bacchius, un *Sopitarius* pour Sosipater qui qui n'est autre que Charisius, un *Antonius Curchinus* pour Aytonus Georgianus, que nous appellons ordinairement Hayton Armenien ; un *Paul de Prayeres* pour Raoul de Presles, & plusieurs autres, dont j'espere avoir lieu de découvrir la corruption ailleurs. Mais les Protestans me permettront de dire que c'est une chicane qu'un de leurs Ecrivains a faite à M. Soulier Auteur Catholique, lors qu'il a pretendu l'accuser de fourbe en supposant un Auteur chimerique sous le nom de *Daret* à la place de celuy qu'il devoit appeller *Durel*. Il est visible que la corruption de ce nom ne s'est formée que sous la presse, & ceux qui sçavent les manieres negligées de l'écriture, ne demanderont pas comment un Imprimeur a pû lire *Daret* pour *Durel* sur le manuscrit d'un Auteur.

Des termes appellatifs soit de quali- 3. part.
tez, soit de pays, qui n'estoient pas des Ch. 20.
noms d'Auteurs estant en leur entier ont
passé de puis pour tels par voye de corruption. Les Italiens nous ont produit
en leur langue un Auteur sous le nom
de *Lelo Demno Saraceno* qui suffiroit
seul pour en faire foy. Il n'y a jamais
eu d'Auteur de ce nom, & le livre qui
le porte est une traduction du fameux
livre de la sagesse des Indiens, pour lequel toutes les Nations Orientales ont
témoigné une passion demesurée. Il a
esté tourné d'Indien en Persan, en Arabe, en Turc, en Ethiopien, &c. en
Grec, en Italien, puis en Latin: mais
il est faux que l'Auteur du livre ni même le Traducteur Arabe ait esté appellé
Lelus Demnus. L'erreur est venuë de
ce que le livre estant anonyme a pris les
noms de deux entreparleurs du Dialogue *Kulile* wa *Dimne* qui ne sont que
des Appellatifs pour le nom propre & le
surnom d'un homme; & l'on en a formé *Lelo Demno* par corruption, au lieu
de tourner *Kulilé* par le mot de Roy ou
de Prince couronné, & *Dimné* par celuy de Philosophe ou de curieux. Des
Appellatifs qui ne marquent que le pays
d'un Auteur ont esté pareillement cor-

3. Part.
Ch. 20.
rompus en noms propres d'Auteurs. A-gatharchide Philosophe & Historien du temps de Ptolemée Philometor estoit de Gnide & s'appelloit par maniere de surnom ὁ Κνίδιος. De la corruption de cet Appellatif est venu un Auteur Latin, mais chimerique nommé *Ovidius*, & par transposition du *Prénom* & du surnom, l'on a appellé cet Auteur *Ovidius Abatareides*, & *Ovidius Sabatarcides* de peur qu'il y restât encore quelque chose à corrompre. De même le prétendu *Thoromachus* qui a trompé jusques icy tant de Sçavans, & des Critiques même du premier rang qui l'ont pris pour un Historien Grec, n'est qu'une corruption du terme appellatif qui marque le nom de la ville de Gregoire de Tours. Thoromachus s'est écrit au lieu de *Thoronachus* qui se trouve encore à la teste de quelques Mss. de Chroniques tirées de Gregoire de Tours, & *Thoronachus* est un terme corrompu sur *Turonicus* ou *Turonensis*.

Enfin la corruption s'est communiquée même sur des choses inanimées qu'elle a fait passer imprudemment pour des noms d'Auteurs qui servent à grossir les catalogues. *Enantiophanes* a esté pris par quelques personnes pour un

Auteur

Auteur Grec qui avoit interpreté les loix: mais ce nom ne veut dire autre chose qu'un Recueil de Loix qui se combattent en apparence & que l'on est en peine de concilier. *Basilius* est aussi un faux nom d'Auteur que quelques-uns ont crû avoir expliqué les ordonnances des Empereurs, & ce nom a esté forgé sur celuy des Basiliques. C'est une chose tout-à-fait divertissante de voir citer *Acuerdus Oliva* comme l'Auteur du Roman de l'Amadis par les uns, ou comme le Traducteur de cet ouvrage de l'original Flamand en Espagnol par les autres. *Acuerdus Oliva* n'est qu'un nom corrompu de deux mots Espagnols *Acuerdo Olvido*, i. e. souvenir, oubli, qui composent la devise du sieur des Essars que cet Auteur a mise à la teste de sa Traduction Françoise de l'Amadis. Le sieur *du Vergier* dont parle Vauprivas & les autres, & en Latin *Viridarius* qui a esté cité comme Auteur du livre intitulé, le Songe, n'est pas un nom d'homme, mais de jardin; de sorte que le livre qui a pour titre *le Songe du Verger* dans l'original François, & *Somnium Viridarii* dans la version Latine, ne doit nous representer autre chose qu'une production ou un amas de pensées conceuës dans un Jardin où l'on a coûtume de mediter & de discourir en se promenant. *Franciscus Layette Campanus* est encore une chimere d'Auteur assez burlesque. Ce nouvel Auteur est de l'invention du Pere Macedo, qui se l'est imaginé sur ce qu'il a vû dans Messieurs de Sainte Marthe comme tiré de la *Layette* marquée du nom de *Champagne* & cottée F, & qui a fait par ce moyen un homme d'un tiroir. Il s'est fait encore en nostre siecle un autre miracle de même espece dans la metamorphose d'une *Pierre de touche* en un Auteur Italien sous le nom de *Pierre de Paragone*, ou plûtost *Pietro del Paragone*, corruption legere de *Pietra del Paragone* qui est le titre d'un des ouvrages de Politique que nous avons sous le nom du Boccalin. *Dom Gratia Theotistes* ou *Theotista* au gen. est encore un Auteur plus ridiculement forgé sur le titre d'un livre composé au neuviéme siecle par un Moine de Wizenburg en Alsace nommé Otfrid. Le titre de l'ouvrage qui est en cinq livres commence ainsi: *Liber Evangelior. primus* Domini Gratiâ Theotiscè *conscriptus*, c'est-à-dire écrit par la grace de Dieu en Langue Tudesque ou vulgaire de ce temps-là. Ce qui suf-

…t pour vous montrer la source de la corruption du prétendu *D. Gratia Theoste*. L'Auteur que l'on a produit sous le nom d'*Urbanus Pestonensis* n'a jamais esté au monde. C'est une corruption pure de *Pæstanus* & de *Vibonensis*, qui sont les noms de bayes ou de golphes, dont Ciceron a fait mention dans ses Lettres à Attique. Le prétendu *Paradius* Historien, dont parle S. Jerôme dans ses ouvertures de la Chronique d'Eusebe, a esté forgé sur deux mots Grecs παρὰ Διὸς *à Jove*. La foy des manuscrits nous promet encore un bon nombre d'Auteurs chimeriques, c'est-à-dire des noms de choses transformez par leurs copistes en noms d'Auteurs de l'espece d'un *Promuarius*, d'un *Piper de tempore*, d'un *Scakerius de Ludo*, d'un *Pertorius de vitiis & virtutibus*, d'un *Florus de Laudibus B. Mariæ*, &c. Mais nous esperons que les Sçavans Critiques auront le credit d'exterminer tant de faux Auteurs, & de restituer leurs noms aux titres des livres anonymes, à la teste desquels nous nous contenterons de lire *Promptuarium Sermonum* ; *Granum piperis* ; *de Ludo Saccharorum* ; *Repertorium de vitiis* ; *Flori de Laudibus B. Mariæ*, &c. La corruption des adverbes a fait donner quel-

3. Part.
Ch. 10.

Scalig.
Animad.
ad Euseb.

Feller.
Sanders
Bib. M[s].
Mis, &c.

quefois des surnoms aux Auteurs ou de sobriquets propres à nous divertir. Témoin deux anciens Poëtes Latins. *Propertius Nauta* est venu de Propertius *non ita*: *Martialis Coquus* est venu de Martialis *quoque*.

C'est ainsi, Monsieur, que la corruption a contribué à multiplier le nombre des Auteurs Pseudonymes. Je n'ai pas crû la devoir compter parmi les vrayes manieres de se déguiser, par ce qu'elle n'est jamais volontaire, & qu'elle est plûtost le fruit de l'ignorance que de la malice. Mais cette consideration seroit fort inutile à ceux qui pretendroient en avoir des pensées plus favorables que des autres manieres de déguisement. Elle ne peut avoir de motifs qui soient capables de la sauver ou de la justifier, comme les autres manieres qui ne sont pas sans dessein : & elle peut avoir des consequences aussi fâcheuses que toutes les autres qui servent à nous tromper. C'a esté sans doute sans motif, sans dessein, & par une pure ignorance que les Latins modernes ont corrompu le nom du Rabin *Aben-Esra* pour en faire un Auteur de leur Langue sous le nom d'*Avenarius*. Ce faux nom, quoy que peu éloigné de son original, a tellement trompé les Auteurs de l'*Index* des livres défendus, que ce Juif tout superstitieux & tout impie qu'il a esté se trouve rangé dans cet *Index*, non parmi les Heretiques dont on condamne la personne avec les écrits, mais parmi les Catholiques, dont on ne condamne que ce que l'on en exprime en épargnant toûjours leur personne. C'est un inconvenient qu'a fait naître le nom corrompu d'*Avenarius* : mais voyons en deux mots ceux que le changement de nom a produit parmi les Auteurs.

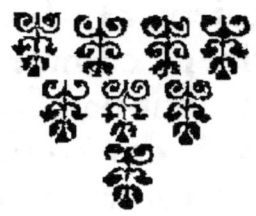

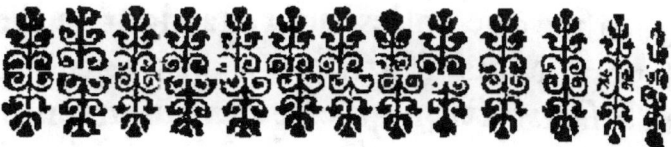

QVATRIEME PARTIE

DES INCONVENIENS que le changemènt de nom dans les Auteurs a cauſez dans le monde ou dans l'Egliſe, mais principalement dans ce qui s'appelle Republique des Lettres.

CHAPITRE I.

Le tort qui peut faire l'inſinuation d'une doctrine dangereuſe à la faveur d'un nom qui n'eſt pas ſuſpect. 1. Dans les matieres de Religion.

Rien ne juſtifie mieux la précaution des Puiſſances Eccleſiaſtiques & Seculieres contre les faux noms, que les inconveniens qui ont ſuivi les déguiſemens de ceux qui ont uſé de ces moyens pour impoſer au Public.

Il n'y a point de matieres qui demandent d'estre traittées avec moins d'artifice que celles qui regardent la Religion. Mais l'Eglise n'a pas toûjours eu la satisfaction qu'elle devoit attendre de ses soins à cet égard. Malgré sa vigilance & ses empressemens pour connoître le nom & les habitudes de ceux qui ont tâché d'insinuer des dogmes & des opinions étrangeres dans l'esprit de ses enfans ; malgré le zele qu'elle a toûjours témoigné pour les écarter en rendant leur nom suspect parmi les Fidelles, elle n'a pas toujours pû éviter les inconveniens qu'elle en apprehendoit. Un nom rendu suspect n'embarasse pas ceux qui ne font pas plus de difficulté de changer de nom que d'habit, & qui font leur étude de l'art de dissimuler. Et l'on peut dire que le changement de nom a esté le détour ordinaire par où les Adversaires de l'Eglise sont revenus contre elle, soit qu'ils se couvrissent du nom de quelque personne qui luy estoit agreable, ou qui ne luy pouvoit estre suspecte, soit qu'ils prissent quelque nom qui luy estoit entierement inconnu, & contre lequel elle ne pouvoit établir de sentinelle. Ceux qui sçavent un peu la conduite que ses ennemis ont gardée en ces occasions, à les prendre

4. Part.
Ch. 1.

depuis Ebion & Cerinthe jusqu'à ceux qui se sont élevez contre elle en ces derniers siecles sous pretexte de reformation, ne demanderont pas de quelle espece sont les inconveniens causez par leurs impostures. La supposition & la fiction des noms parmi les Auteurs s'étant trouvée plus à la mode que jamais au temps des nouveaux Reformateurs, elles n'ont pû qu'augmenter encore ces inconveniens. Il ne suffisoit pas pour leurs fins, & pour l'execution de leurs desseins qu'ils trompassent le Public sous le nom & l'apparence de quelques anciens Peres ou Docteurs de l'Eglise, il falloit encore seduire les gens de bien sous le manteau de quelques Religieux ou de quelques autres Catholiques du temps. Mais quoy que l'on en ait vû qui ont sçû supposer leurs ouvrages à des Evêques & à des Cardinaux même, il ne s'en est pas trouvé, à mon avis, de plus artificieux que Socin qui a réüssi pendant quelque temps dans la fourbe avec laquelle il a fait recevoir son Traité de l'Autorité de l'Ecriture Sainte pour l'ouvrage d'un Jesuite nommé *Dominique Lopez*. L'inconvenient de cette imposture auroit esté d'autant plus grand que quelques Sçavans de la Compagnie de Jesus l'avoient déja receu au nombre des Ecrivains de leur Societé, si la penetration de quelques autres n'eust enfin découvert ce loup travesti qui s'étoit glissé dans le bercail.

Messieurs de l'Inquisition qui ont toûjours apprehendé la surprise du costé des faux noms, n'ont pû éviter l'inconvenient de nous faire passer pour des Auteurs Catholiques dans les compilations de leur *Index* les plus fameux Heretiques, lors même qu'ils travailloient à nous préparer des préservatifs contre leur doctrine. Il est vray qu'on ne doit pas prendre droit sur leur silence à l'égard de plusieurs Protestans déguisez sous de faux noms dans des ouvrages de Theologie ; & c'est une mauvaise maxime qui s'est répanduë parmi nous de croire que ces Censeurs approuvent ce qui ne se trouve pas exprimé ou expressément condamné dans leur *Index*. Mais l'inconvenient consiste en ce que nous permettant de prendre pour Catholiques ou Freres de communion Ecclesiastique ceux qu'ils ont rangé dans la seconde classe, ils remettent sans le sçavoir dans le sein de l'Eglise par ce moyen ceux qui en ont esté exclus comme les chefs même de ses ennemis. C'est ce qui leur est arrivé au sujet de Melanchthon qu'ils appellent *Heresiarque*, & qu'ils ont mis en cette qualité dans leur premiere classe sous le nom qui sert à le faire connoître à tout le monde. Mais on ne pourra nier qu'ils n'ayent esté la duppe de ce rusé Protestant, lors qu'il s'est avisé de se travestir en *Hippophilus Melangæus*, pour publier un Abregé de la Theologie, & une Exposition sur l'Evangile de saint Mathieu. Ils ont eu assez de discernement pour condamner ces ouvrages, mais ils ont fait grace à l'Auteur à la faveur de son masque. De sorte qu'il ne tient plus à eux que Melanchthon ne joüisse parmi nous de la reputation d'un Auteur Catholique, pourvû que nous ne l'appellions que *Melangæus*, tandis qu'ils retiennent dans la classe des Heretiques les Erasmes & d'autres Catholiques qui ont eu le malheur de leur déplaire, ou de leur estre inconnus.

Ce n'est point là l'unique inconvenient qui soit arrivé du changement des noms dans les matieres de Religion au sujet du même Melanchthon. Quelques-uns de ses amis ou de ses sectateurs ayant conçu le dessein de faire donner du cours & de la vogue à ses Lieux communs de Theologie parmi les Catholiques, principalement en Italie, crurent que le succés de leur entreprise dépendoit du déguisement de l'Auteur de cet ouvrage & du changement de son nom. Ils tournerent son nom du Grec en Italien, pour rendre l'Auteur plus agreable, & l'accés de son livre plus facile. L'ayant fait imprimer à Venise sous le nom de *Messer Filippo di Terra-nera*, ils ne manquerent pas d'en envoyer des exemplaires à Rome, où Scaliger sur la foy du Cardinal Seraphin, dit qu'on les debita & qu'on les lut avec tant de satisfaction & d'empressement, qu'il fallut en faire revenir de Venise. Mais un Cordelier qui avoit lû autrefois ces Lieux Communs sous le nom veritable de Melanchthon, reconnut l'artifice, & en donna avis aux Inquisiteurs, qui supprimerent l'ouvrage comme Lutherien, & firent brûler le reste des exemplaires. C'est une ruse qui a réüssi encore en d'autres occasions contre les Italiens, dont le raffinement quoique tant vanté parmi les autres peuples de l'Europe, s'est souvent trouvé borné aux noms des Auteurs en matiere de livres. Je ne veux pour exemple que celuy de l'un des plus celebres de nos Avocats, qu'ils affectent d'appeller par tout *l'impie* du Moulin. Ses ouvrages sont detestables sous le nom de *Molinæus*, mais ils sont excellens sous le nom de *Gaspar Caballinus de Cingulo*. Il n'est plus impie dés qu'il ne s'appelle plus Du Moulin.

Si l'on nous objecte que l'Inconvenient n'est que pour un parti, & que le parti opposé à celuy qui le souffre, trouve son avantage dans ce déguisement des noms des Auteurs, nous pourrons répondre que c'est déja trop pour le bien public, que quelqu'un ait à souffrir de ces sortes de déguisemens, lorsqu'ils ne sont d'aucune necessité. Mais pour vous faire voir que l'Inconvenient peut quelquefois retomber sur les deux partis opposez, malgré l'intention de l'Auteur déguisé, il suffit de se souvenir de l'aventure arrivée au Commentaire de Martin Bucer sur les Pseaumes. Cet ouvrage ayant paru sous le nom d'*Aretius Felinus*, qui n'estoit suspect à personne, parce qu'il estoit inconnu à tout le monde, fut couru d'abord par les Catholiques, estimé même par des Prelats & des Cardinaux, & pour cette consideration rejetté par les Protestans qui n'en connoissoient pas l'Auteur.

Mais les Catholiques estant venus à sçavoir que ce Felinus n'estoit autre que Bucerus, ils le rejetterent aussi-tost comme un méchant livre, & le supprimerent de toute leur industrie. Ce qui auroit fait perir l'ouvrage, si les Protestans par la crainte de se trouver d'accord avec les Catholiques, n'eussent repris leur contrepied, & n'eussent ramassé les restes qu'ils avoient eux-mêmes supprimez auparavant, pour en multiplier les exemplaires par de nouvelles éditions.

CHAPITRE II.

De l'Inconvenient que le changement des noms jette dans les Familles. Etrangers intrus dans les Familles en prenant le nom de ces Familles. Naturels & legitimes censez déchus ou sortis de la famille pour en avoir quitté le nom.

LA Republique des Lettres dans la pensée de ceux qui ne la considerent pas comme une pure chimere, passe pour une Republique d'Esprits, dont la police, s'il y en a, ne paroît pas avoir grand rapport à la forme du gouvernement des autres Etats que nous voyons dans le monde. Mais toute spirituelle que puisse estre cette Republique, elle se trouve quelquefois sujette à des Inconveniens semblables à ceux que l'imposture des faux noms a produit de temps en temps dans les Royaumes de la terre, & dans les familles particulieres.

Le petit nombre de ceux d'entre ces Imposteurs qu'on a pû découvrir, & dont la memoire est demeurée dans l'histoire, nous fait assez juger de la multitude de ceux qu'une fourbe bien concertée a tenu cachez jusqu'à la fin de leurs desseins. Pour un faux Antiochus, un faux Agrippa, un faux Chlotaire, un faux Baudoin de Flandres, un faux Sebastien de Portugal, dont on est venu à bout de lever le masque & de mettre l'imposture à jour, combien devons-nous croire qu'il est demeuré d'Imposteurs qui n'ont jamais esté découverts & qui ont joüi paisiblement à la faveur de leurs faux noms des fruits de leurs suppositions? Et si les familles destinées à porter la Couronne, que l'on sçait estre uniques dans chaque Etat, n'ont pas esté exemptes de ces Inconveniens, que doit-on penser du desordre & de la confusion que de semblables

Artemon

entreprises peuvent avoir apportée dans les Familles particulieres, où la supposition semble estre moins importante, & par consequent moins examinée.

Les consequences du trouble que les gens de Lettres ont causé dans les familles dont ils ont pris les noms, n'ont pas esté si dangereuses jusques icy. Leur supposition n'est point allée jusques à vouloir attacher la succession des heritiers du vray nom & des biens d'une famille. Les Sçavans qui se sont fait appeller *Manutius*, *Flaminius*, *Puccius*, *Scaliger*, &c. n'ont point pretendu renverser ou déranger les familles des Manucci, des Flaminii, des Pucci, della Scala. Et tout l'Inconvenient venu de leur usurpation consiste dans l'erreur où leur ambition a fait tomber ceux à qui ils ont pû persuader qu'ils estoient des rejettons de ces familles.

La supposition des Etrangers, qui ont tâché de s'inserer dans les Familles dont ils avoient affecté de prendre le nom, n'est pas plus préjudiciable au bien public, que l'imagination de ceux qui par une passion toute opposée de naturels & legitimes qu'ils estoient dans leurs familles, se sont exposez à déchoir de cet avantage & à se voir con-

4. Part.
Ch. 2.

Publice interest partus non subjici, ut ordinum dignitas familiarũque salva sit.

siderez de leurs proches comme étrangers par le changement de leurs noms. Je parle principalement de ces Familles dont il est dit dans le corps de Droit, que le Public a interest de conserver l'ordre & la dignité. C'est ce qui regarde moins precisément les Sçavans de France, d'Italie & d'Espagne, où les langues vulgaires sont venuës de l'ancien Latin, que ceux d'Allemagne & du Nord, où la mode s'est introduite parmi la plufpart des Auteurs de tourner les noms vulgaires des Familles en Latin ou en Grec. L'Inconvenient où cette pratique les a fait tomber est d'autant plus remarquable, qu'ils paroissent plus empressez & plus inquiets que les autres Peuples du monde sur la conservation de leur noblesse & sur les suites genealogiques de leurs familles.

On n'a jamais prétendu empêcher les particuliers de se faire ce tort à eux-mêmes, & l'on s'est contenté souvent de les desaprouver & de rire de leurs caprice. Mais le Public croit devoir aller plus loin contre les Historiens qui corrompent ou alterent tellement les noms des personnes dont ils ont à parler, qu'ils les rendent méconnoissables à leurs proches, & les exposent à les faire rejetter & les exclure de leur famille par leurs Descendans. Je suis seur que les Irlandois ne reconnoissent pas aujourd'huy de *Finville* parmi leur Noblesse. *Finville* est un étranger, ou pour mieux dire une chimere formée sur le *Finvillanus* de M. de Thou, &c. *Finvillanus* n'est qu'une corruption latine de *Fitz-William*, comme nous dirions *fils de Guillaume*. Au nom de Fitz-William il n'y a personne qui refuse de reconnoître une famille illustre de Barons Mylords d'Irlande, & une autre encore plus illustre de Comtes Mylords connuë sous le nom de Tirconel. Si celuy que le même Auteur appelle *Firfaverenus Botomensis*, s'estoit presenté au Parlement d'Angleterre dans le dessein de s'y faire reconnoître pour Mylord *Fitz-Walther Comte de Bathe*, je suis trompé, ou il auroit esté pris pour un imposteur avec un nom si défiguré.

4. Part. Ch. 2.

Cette corruptió vient peut-être de l'Imprimeur, plutost que de l'Auteur.

Encore que plusieurs de ces changemens de noms puissent s'excuser dans les Historiens, sous pretexte qu'ils ne seroient que des corruptions involontaires, l'Inconvenient ne laisse pas d'en demeurer à leurs Lecteurs qui ne s'apperçoivent pas toujours de la corruption. *Percy* ne paroît pas un nom corrompu de celuy de *Perez* à ceux qui ont quelque teinture de l'histoire d'Angleterre. Aprés la maison Royale il y a peu de familles qui puissent disputer de la grandeur avec celle de *Percy*, qui a produit les Comtes & Ducs de Northumberland. Cependant l'on pretend que cet éclat n'a pas empêché un de nos plus celebres Historiens d'aujourd'huy de la confondre avec une famille Espagnole du nom de *Perez* en nommant *Percy* un homme qui s'appelloit *Perez*. Mais de combien de cas semblables auroit-on pû charger l'illustre M. de Thou ? N'est-on pas la duppe de son *Latinisme*, lors qu'on prend celuy qu'il nomme *Paccius* pour quelqu'un de la maison Italienne de *Pazzi*, au lieu que c'est un homme de famille Septentrionale du nom de *Becken* ? Les exemples d'une semblable ambiguité ne sont pas en petit nombre dans cet incomparable Historien, & ils sont presque autant de sujets de confusion & de desordre pour les Familles, à la pureté desquelles on veut bien s'interesser.

Mais l'Inconvenient n'est pas si considerable à l'égard des gens de Lettres, lors qu'il ne s'agit que de Familles obscures, dont on se soucie peu de laisser perdre la suite & le nom. Un Poëte Allemand, qui a changé son nom de Famille en celuy d'*Helius Eobanus*, a si bien fait par son industrie, qu'on ne sçait plus quel estoit ce nom de Famille. Mais qu'importe-t-il au Public que ce nom soit perdu, s'il est vray que ce Poëte estoit du nombre de ceux qu'on trouve sur les derniers rangs du genre humain, & qui ne sçavent souvent compter au-delà de leur grand-pere dans la genealogie de leur famille ? On ne s'est pas mis en peine de conserver parmi les Chretiens le nom de famille qu'avoit eu Jean Leon d'Afrique avant son baptême. Et quoique son retour au Mahometisme nous donne lieu de croire qu'il aura repris son nom de famille & quitté celuy de son baptême, nous continuons de l'appeller *Jean Leon* sans nous imaginer qu'il soit fort important de nous informer de sa famille. Ce n'est pas agir sans doute selon l'esprit des Arabes, qui sont curieux de genealogies autant que les anciens Romains & que les Peuples modernes de l'Europe. Les Grecs n'avoient certainement pas cette passion au même degré; & l'on ne s'est jamais plaint que celuy de leurs Poëtes, que nous appellons *Stesichorus*

4. Part.
Ch. 2.

d'un terme appellatif, ait fait grand tort à la Postérité d'avoir laissé perdre la connoissance du nom qu'il avoit reçu de ses parens.

Aprés tout, quand il iroit du trouble ou du changement de quelques Familles qu'on auroit pris à tâche de conserver dans quelque éclat, nous ne voyons pas que le sujet merite que l'on se récrie si fort contre cette licence des gens de Lettres. Où seroit le desordre de la famille de Messieurs Le Cocq, s'ils avoient continué de se faire appeller *Galli* depuis le celebre *Jean Galli* qui vivoit au quatorziéme siecle? N'en seroit-on pas quitte pour dire que ceux qui s'appelloient autrefois Le Cocq, se nommeroient Galli depuis trois cens ans? N'est-ce pas sans Inconvenient & sans confusion d'idées que nous disons que la famille de Messieurs *Versoris* portoit le nom de *Le Tourneur* avant Charles VII. du temps duquel Jean le Tourneur se fit appeller Versoris? Certainement on peut assurer que sans cette ressource du changement des noms les plus illustres familles des derniers siecles auroient eu de la peine à persuader le Public de leur antiquité. Accordez aux Genealogistes que les noms ont changé autant de fois qu'ils en ont besoin, ils conduiront une famille d'aujourd'huy jusqu'aux Romains, jusqu'aux Grecs & jusqu'aux Troyens.

CHAPITRE III.

Des erreurs qui naissent tous les jours du changement des noms touchant la connoissance des Auteurs. Inconveniens de l'ambiguité ou de l'équivoque d'un nom changé, lors qu'il sert à plusieurs Auteurs. Inconveniens de la diversité des noms qui ne marquent qu'un même Auteur.

TOut ce que nous avons rapporté des manieres differentes de changer ou d'alterer les noms, suffit pour nous faire connoître le peu de fidelité avec laquelle les Pseudonymes ont répondu aux intentions du premier Homme, j'ose dire de Dieu même, dans l'établissement des noms qui n'a esté fait que pour nous donner la connoissance des Personnes & des Choses. Rien n'est plus éloigné de la fin de sa premiere & legitime institution, qu'un faux nom, & toutes les manieres de le falsifier que l'on peut s'imaginer sont autant de sources d'Erreur.

Un Auteur n'est pas distingué du reste des hommes dans la liberté qu'il prétendroit avoir de disposer de son nom, & il semble qu'il ne doive rien entreprendre sur ce point au-delà de ce qui peut servir à le faire connoître. Autant de fois qu'il change le nom qui luy est propre, autant faut il conter d'Erreurs qu'il fait naître dans nos esprits Selon ce calcul Beze nous aura fait peut-estre tomber cinq fois dans l'erreur, parce que par le moyen des cinq masques differens qu'on suppose qu'il s'est donnez il a eu intention en se montrant au Public de se faire passer pour six Auteurs differens. De même il n'aura point tenu au Pere Macedo qu'il ne nous ait abusé au moins onze fois, lors qu'il a fait douze personnages sur le theatre des Lettres dans la vuë de se multiplier en autant d'Auteurs differens. Que sera-ce de Scioppius, qui s'est joüé du Public sous prés de vingt visages divers ? A-t-on mauvaise raison de prendre cette fausse multitude d'Auteurs, qui n'est qu'une multiplication ou une variation de masques pour l'un des principaux Inconveniens qui puissent arriver dans la connoissance ou le discernement des Auteurs?

Doutera-t on des Inconveniens que produit l'ambiguité ou l'équivoque d'un nom qui est devenu commun à plus d'un Auteur, soit par imposture, soit par telle autre usurpation que ce soit? Le nom d'*Aristote* devenu commun au Philosophe precepteur d'Alexandre & au Rabin Abraham fils de Chasdai; celuy de *Ciceron* commun à un Orateur & Consul de l'ancienne Rome, & à un Humaniste moderne de l'Italie; celuy d'*Aristarque Samien* commun à un ancien Astronome Grec de l'Isle de Samos, & à un Mathematicien François de nos jours; celuy de *Cleanthe* commun à un ancien Stoïcien & à un homme de l'Academie Françoise, &c. sont assurément des pieges pour nostre ignorance. Que pourrons-nous penser d'un *Angelus Politianus* d'Allemagne, d'un *Desiderius Erasmus* d'Angleterre, d'un *Jean Reuchlin* de France sur les idées que nous avons d'un autre Politien, d'un autre Erasme & d'un autre Reuchlin?

L'ambiguité d'un nom étranger servant à plusieurs Auteurs de differens noms, est encore plus embarrassante, quoique souvent ils n'ayent pas songé à se cacher. Je demande à un connoisseur, qui est *Fabricius* ? Il me répond que c'est un Auteur Anglois nommé *Carpenter*, ou Charpentier. Non, reprend un autre connoisseur, *Fabricius* est un Auteur François nommé *Maréchal*. Pardonnez-moy, repartit un troisiéme, *Fabricius* est un Auteur Allemand nommé *Schmidt*. Un quatriéme connoisseur prend la parole, pour me dire qu'on me trompe, & que *Fabricius* est le nom de deux Auteurs Normands nommez *Le Févre* en nostre langue, & surnommez *De la Boderie* ; & un cinquiéme vient me soutenir que *Nic. Fabricius* veut dire *Nic. Fabri* ; mais pas un ne s'avise de me persuader que ce nom peut signifier *Fabrice*. Ce n'est pas encore tout. Les connoisseurs, pour multiplier mes embarras, m'apprennent qu'il y a des Auteurs & d'autres Sçavans non Auteurs du nom de *Charpentier*, de *Schmidt*, de *Maréchal*, de *Fabri*, & de *Le Févre*, qui s'appellent non *Fabricius*, comme ceux de dessus, mais *Faber* ; & que le même nom de *Faber* marque encore d'autres Auteurs du nom vulgaire de *Du Faur*, *Favre*, *Faure*, *Zimmerman*, *Werckman*, &c. Ainsi je trouve dans la Republique des Lettres

près

prés de quatrevingts Auteurs du nom latin & étranger de *Faber* & de *Fabricius* dont l'équivoque me trouble dans la distinction qu'il faut faire des noms propres & des personnes particulieres de ces Auteurs. C'est l'équivoque du nom de *Nicolaüs Faber* qui a trompé Selden Anglois, lors qu'il a pris pour Monsieur de Peiresc M. le Févre Precepteur de Loüis XIII. sur la mention que Baronius en avoit faite sous ce nom Latin.

Cette République des Lettres n'est presque composée que de gens travestis de la sorte, elle n'est remplie que de noms tournez, ou du moins terminez d'une maniere étrangere à la langue du pays où ils vivent. C'est ce qui nous retient dans des apprehensions continuelles de nous tromper en prenant l'un pour l'autre, sur tout dans cette prétenduë République qui fourmille de Chicaneurs & de Pedans, qui ne sçavent point pardonner l'erreur d'une seule lettre, & qui prennent pour des injures atroces les bévuës les plus legeres dont ils sont eux-mêmes la cause. Si les sieurs des Marais, du Fay, des Prez, des Hayes &c. se trouvent mal nommez par ceux qui sans les connoître les ont appellez

Y

4 Part. de la Pallu, de la Faye, du Prat, de
Ch. 3. Selve, &c. ils ne doivent s'en prendre
qu'à eux-mêmes comme aux seuls coupables, & n'accuser que le caprice qui
B bl. leur a fait prendre les noms équivoques
Ant. de *Paludanus*, *Fayus*, *Pratens*, *Silvius*,
Verd. &c. pour se faire connoître au Public.
Je me croyois heureux d'avoir deviné
que *Salicetus* pouvoit signifier *de la
Saussaye*, & j'estois déja tout joyeux
d'en avoir trouvé la preuve : mais mon
industrie se trouve à bout lors que je
pense appeller aussi de la Saussaye un
autre *Salicetus* qui s'appelloit *de Saulx*.
Je ne gagne donc rien d'avoir évité le
piege qu'on me tendoit d'un costé, si
j'y suis tombé lors qu'on me l'a tendu
d'un autre. Cet inconvenient augmente,
si vous le voulez, la précaution qui m'empêche de me laisser surprendre une autre
fois, & lors que je trouve un Auteur
nommé *Fraxineus*, je n'hesite point à
l'appeller *du Fresne*. Mais peu de temps
aprés je m'apperçois que le raisonnement ne vaut rien sur des conduites capricieuses qui n'ont pas d'autre regle que
la fantaisie, lors que pensant tourner un
autre *Fraxineus* par du Fresne, j'apprens
qu'il faut l'appeller *de la Fresnaye*.

Voila ce que peut produire l'équivoque d'un nom qui devient commun à plusieurs Auteurs par le changement qu'on en fait d'une langue en une autre. Ajoûtez-y les reflexions que l'on peut faire sur ce que j'ay rapporté non seulement de la bizarrerie de ceux qui par le moyen d'une autre terminaison Latine confondent & défigurent plusieurs noms differens d'Auteurs, mais encore des embarras que cause la suppression & quelquefois l'expressiõ des articles d'une langue vulgaire dans les noms latinisez : & vous pourrez alors juger des suites que peut avoir cet inconvenient lors qu'il s'agit de connoître les Auteurs.

L'autre extremité venant de la diversité des noms qui ne marquent qu'un même Auteur, n'est pas moins sujette à l'inconvenient, parce que si l'équivoque d'un même nom nous fait confondre plusieurs Auteurs en un, la diversité de plusieurs noms nous en fait couper un en plusieurs. Les erreurs dans lesquelles cette diversité a fait tomber les Ecrivains sont infinies ; & il suffit de vous souvenir de ce que j'en ay dit dans les manieres differentes de se déguiser qui composent la troisiéme partie de ce Traité pour en demeurer persuadé. Mais aprés tout il se trouvera peu de Juges équitables à qui ces erreurs ne paroissent pardonnables, & qui ne se sentent disposez à rejetter la faute sur les Auteurs mêmes de ces variations de noms. On peut dire que le Jacobin *Séche-espée* ou *Saichespée* l'un des Docteurs de Paris qui furent au Concile de Trente, s'est mis dans ce cas lors qu'il a donné lieu à ceux qui l'ont cité en nostre langue de l'appeller *Aridiense* après s'estre imposé le nom Latin d'*Aridiensis*. Cela fait deux Auteurs, je l'avoüe, dans l'esprit de la pluspart du monde, mais la faute en est au Docteur Seche-espée, qui pouvoit s'appeller *Sechespeus*, ou tout au plus *Siccaspatha* s'il avoit la maladie des Latinistes. *Aridiensis* n'estant pas separé en deux mots, ressemble si fort à un nom de pays de la qualité d'*Aricensis*, *Arigiensis*, &c. qu'on pourroit le pardonner à ceux qui l'auroient pris pour un habitant de quelque lieu du nom d'*Aridie*. C'est ce qui est arrivé à un Traducteur François d'un Auteur nommé de la Forest qui avoit pris le nom Latin de *Nemore* ou *Nemorensis*. Le Traducteur n'est-il pas excusable d'avoir appellé cet Auteur *de Nemours* en nostre langue plûtost que *de la Forest*? Voila de faux noms geographiques, qui, comme vous le voyez, ont apporté du desordre dans l'art de connoistre les Auteurs. Mais il en est de veritables qui n'ont pas laissé de tromper le monde lors qu'ils ont esté employez dans un sens figuré par les Auteurs déguisez. C'est par une erreur de cette nature que Monsieur Mandosi a mis parmi les Ecrivains natifs de la ville de Rome *Eugenius Philadelphus Romanus*, sans avoir apperceu sous ces noms mysterieux le Pere Annat né & mort en France. Il n'est rien de plus commun aux Pseudonymes que de feindre les noms du lieu de leur naissance ou de leur demeure, ou simplement celuy de l'impression de leurs ouvrages. C'est pourquoy tous ceux qui se sont nommez *Veronensis, Constantiensis, Urbevetanus*, de Villefranche, *Eleutheropolitanus, Francopolita, Hierapolitanus, Faventinus, Placentinus, Coloniensis* ne sont pas de Verone, de Constance ni de Coutances, d'Orviete ni d'Aldenbourg, ni de Villefranche, ni des autres lieux marquez par ces noms équivoques.

CHAPITRE IV.

Inconveniens survenus à la reputation, à la fortune, & à la vie de quelques Particuliers par le changement des noms. Des innocens que ce Déguisement a fait prendre par erreur pour les coupables, & des maux qu'ils ont soufferts injustement par ces méprises.

Il faut avoüer que les Auteurs déguisez sont moins à plaindre lors que leur déguisement leur attire de méchantes affaires, que quand ils se trouvent maltraitez à découvert & en leur propre nom. Il en est presque de ce déguisement comme de celuy des Princes, des Ambassadeurs & des autres Personnes qualifiées qui portent des caracteres exterieurs de distinction dans le monde. Lors que ces personnes se dépoüillent de ces caracteres & des autres marques qui servent à les faire reconnoître, afin de ne paroître qu'*incognitò*, non seulement elles ne supposent pas qu'on doive avoir tous les égards & toute la déference qui seroit renduë à leur rang en toute autre occasion, mais elles s'exposent encore à recevoir tous les traitemens que l'inadvertance, l'incivilité, & la malice sont capables de faire souffrir à des étrangers & à des innocens. Les Auteurs qui se déguisent doivent estre dans de semblables dispositions, & je suis persuadé que le vertueux Cardinal Bellarmin s'étoit bien préparé à la patience contre les duretez & les expressions desobligeantes qu'il pouvoit attendre de ceux qui ont refuté Tortus & Schulckenius. D'un autre costé les Adversaires n'auroient peut-estre pas manqué au respect dû à la pourpre Ecclesiastique, si ce Cardinal avoit honoré de son nom & du titre de sa dignité les ouvrages qu'il n'a publiez que sous les masques de Tortus & de Schulckenius.

Voila des fruits du Déguisement des Auteurs. Mais il est quelquefois arrivé que le simple changement de noms dans les gens de Lettres leur a esté funeste, lors même qu'il n'estoit pas question de déguisement. Il faut pour vous en faire voir quelques exemples, vous rappeller dans l'esprit un trait de l'Histoire des Sçavans de Rome & d'Italie qui vivoient sous le Pape Paul II. Ce Pontife qui n'avoit nul goust pour les Lettres,

& qui n'avoit ni protection, ni faveurs à donner pour ceux qui en faisoient profession, avoit pris occasion de les tourmenter sur la fantaisie qu'ils avoient euë de changer leurs noms. Un amour un peu trop affecté pour la belle & sçavante Antiquité joint au desir de se distinguer du reste des hommes dans leurs assemblées, leur avoit fait prendre des noms d'anciens Grecs ou Romains, & ils avoient formé une espece d'Academie dont tous les membres portoient de ces noms étrangers. Le Pape au lieu de rire de ce caprice, alla s'imaginer que c'estoit un artifice dont ces gens de Lettres vouloient couvrir quelque conjuration tramée contre sa personne : & il les regardoit comme des gens de cabale, à peu prés comme la populace de Paris avoit conçû l'Academie Françoise comme une bande de Monopoleurs. Il en fit mettre plusieurs en prison, & en fit mourir quelques-uns. Les plus connus de ceux qui purent survivre à la rigueur des tourmens furent Pomponius Lætus, Platine, & Philippus Callimachus Experiens dont on a perdu le vray nom. Mais on peut dire que si les Lettres avoient encore quelque Paul II. à craindre, le seul recit de la cruelle &

Jov. el. p. 94. & 96 M.

longue question que Platine & Callimachus ont soufferte, seroit capable d'oster aux Sçavans pour jamais le desir de changer leur nom. Il semble que le déguisement ait apporté aussi quelquefois du préjudice à la réputation des Auteurs, je ne dis pas en les rendant suspects, mais en leur faisant perdre l'honneur qui leur seroit infailliblement revenu de leur ouvrage, s'ils l'avoient fait paroistre sous leur nom veritable. Un Comedien de nos jours connu pour un homme d'esprit par ceux qui ont le goût du theatre, à esté privé à sa mort des honneurs de la sepulture solemnelle des Fideles, suivant la severité de la discipline de l'Eglise. Mais il est probable que s'il avoit esté reconnu pour l'Auteur d'une vie des Saints nouvellement publiée sous le nom emprunté du sieur *du Mesnil*, l'Eglise considerant ce travail édifiant comme le fruit de sa penitence, auroit pû luy rendre cet honneur ou quelque autre récompense que son changement de nom luy a peut-estre derobée.

Ce n'est pas seulement à la reputation, c'est encore aux biens d'une famille que ce changement peut préjudicier. Pierre

4. Part.
Ch 4.
Joyeux Medecin du Prince de Dombes n'avoit acquis la reputation d'homme de Lettres que sous le nom Latin de P. *Lætus*. Sa femme qui ne l'avoit connu de son vivant que sous le nom de Joyeux ayant un procés aprés sa mort contre les heritiers du Comte de Laval qui mourut en Hongrie, fut assez embarrassée pour faire connoistre aux Juges que son mari avoit esté un homme celebre parmi les Sçavans, & consideré des Grands & des honnestes gens pour son merite. Elle ne réüssissoit point d'abord à persuader ses Juges, dont plusieurs, quoyque gens de Lettres & assez instruits des vers & de la prose de *Petrus Lætus*, ne connoissent pas le Medecin Joyeux. Il fallut qu'elle prouvast que ce *Lætus* n'étoit autre que son mari, & ayant produit pour cet effet les éloges de Scévole de Sainte Marthe, ce moyen parut suffisant pour l'empêcher de perdre son procés.

Que des Auteurs ayent à souffrir de leur propre déguisement, c'est ce qui ne doit surprendre personne. Mais qu'ils soient cause que d'autres soient maltraitez pour eux, c'est à mon avis le plus fâcheux des inconveniens que puisse pro-

duite le déguisement. Un Auteur resolu 4. Part.
de demeurer caché sous son masque peut Ch. 4.
en galant homme laisser recüeillir à un
autre la gloire ou la récompense de son
ouvrage. Le mal n'est pas important, &
le remede est de se découvrir, comme fit
Virgile pour empêcher que Bathille ne
jouïst long-temps du fruit de ses vers.
Mais c'est une chose doublement morti-
fiante pour un honneste homme, pour
un homme innocent, de voir que sous un
faux nom l'on s'avise de le soupçonner
d'avoir fait l'ouvrage d'un autre, & que
par une suite de cette méprise on luy
fasse souffrir les mauvais traittemens
qu'on auroit intention de faire souffrir
à l'Auteur veritable. C'est ainsi que le
Jurisconsulte François Baudoin a esté
maltraité par Calvin qui le croyoit Auteur du livre touchant les devoirs d'un
homme de pieté dans les differens qui
s'elevent sur la Religion. L'erreur de
Calvin venoit d'une fausse conjecture,
qui luy avoit fait croire que *Veranius
Modestus* Auteur du livre, estoit Baudoin,
quoy que ce fust Cassander. Mais il fallut que Baudoin essuyast pour Cassander de la part de Calvin des injures qui
font encore aujourd'huy honte à ses Se-
Y vj

&ateurs. C'est ainsi que le Pere Baron Jacobin avoit chargé Theophile Rainaud de tous les reproches qu'il avoit à faire au Theologien qui avoit pris le nom d'*Amadeus Guimenius*, parce qu'il ne sçavoit pas que ce Theologien estoit un Ecrivain Espagnol.

Mais il faut vous faire voir que le déguisement sous de faux noms a fait souffrir à des innocens quelque chose de plus dur à digerer que des paroles. Un Theologien Protestant de Breslau en Silesie nommé Ursinus ou Beer ayant publié une *Exegese* sur le Sacrement de l'Eucharistie sous le masque de *Joachim Curaus*, avoit excité du trouble parmi les Lutheriens d'Allemagne. Dans le temps que les Theologiens de Saxe faisoient éclater leurs plaintes contre cet ouvrage, il arriva par une fâcheuse conjoncture pour Gaspar Peucer gendre de Melanchthon qu'il se rendit suspect de Zuinglianisme. Cela le fit juger capable d'avoir fait le livre de *Curaus*. L'Electeur de Saxe le fit arrester. Il eut beau protester contre la fausseté des conjectures & contre la malice de ses delateurs. Le témoignage du Libraire qui déposoit en sa faveur luy fut inutile, & il fut jetté dans les prisons de Dresde. Peucer ne fut pas le seul qui eut à souffrir pour l'*Exegese de Curæus*; on prétend qu'un Libraire nommé Voegelinus fut aussi puni pour ce sujet : cependant quoy qu'il fust innocent du fait, il semble qu'il avoit merité sa punition pour s'estre vanté faussement dans la premiere edition de cet oûvrage d'en estre l'Auteur. Mais on ne conviendra pas qu'Alexandre Morus ait merité les injures qu'il a receuës du fameux Milton & du Gazetier de Londres pour l'Auteur d'un livre publié contre les Parricides de Charles I. Roy d'Angleterre sous le titre de *Clamor Regii sanguinis*. Cet Auteur n'estoit autre que le jeune Pierre du Moulin Chapelain du Roy & Chanoine de Cantorbery. Morus fit imprimer ce livre à la Haye sans y exprimer le nom de du Moulin : mais pour n'avoir pas eu soin de supprimer aussi le sien au bas de l'Epitre dedicatoire qu'il en fit au Roy Charles II. il s'attira les insultes & les mauvais traitemens que Milton & le Gazetier n'avoient destinez que pour l'Auteur du livre. Ce defaut de prudence dans Morus le fait considerer encore aujourd'huy par plusieurs Anglois comme l'Auteur du livre du jeune du Moulin ; de sorte qu'il n'est pas absolument injuste qu'il en porte les charges tant qu'il en recevra les honneurs.

C'est une des regles de la justice qui a esté funeste à Trajano Boccalini, s'il est vray qu'il ne soit pas l'Auteur du livre de politique qui porte son nom sous le titre de *Pietra del Paragone*. C'est un livre que plusieurs connoisseurs veulent attribuer au Cardinal Gaëtan, & que d'autres prétendent avoir esté du moins composé par plusieurs personnes de la premiere qualité, de la maniere que Scipion, Lelius, Furius Pius, Sulpitius Gallus, Popillius, Fabius Labeo avoient fait les Comedies de Terence. Mais sans entrer dans la discussion d'un fait qui me paroît assez incertain, il suffit de remarquer que le Boccalini s'estoit rendu responsable du livre en y mettant son nom, & qu'il s'estoit exposé par ce moyen à recevoir seul tout le bien & tout le mal qu'il pourroit produire. Ainsi ce livre luy coûta la vie de la part des Espagnols, dont il avoit choqué le Gouvernement & la Monarchie, & qui aposterent six soldats pour l'assommer à Venise.

VOILA, Monsieur, les reflexions que m'a fait faire le Recueil des Auteurs Pseudonymes. Je suis persuadé que la lecture de ce Recueil en pourra faire naître encore davantage dans l'esprit des Lecteurs, s'ils jugent après avoir leu ce Discours qu'il soit de quelque utilité de le rendre public. Quand il en faudroit demeurer là, je pense avoir fait assez pour découvrir une grande partie de ce que c'est que l'homme, mais l'homme par son plus bel endroit. Car on peut dire de Messieurs les Auteurs, au danger de s'attirer leur indignation, qu'ils ont assez de vanité pour se croire la portion la plus pure du Genre Humain. Mais quoy que après les Ignorans volontaires (sur tout ceux qui ayant le credit & les richesses de ce monde sont en possession de mépriser les autres) j'ose m'imaginer qu'il n'y a point de race plus difficile à servir, & plus incomprehensible que celle des Auteurs; j'espere neanmoins qu'en récompense de la bonne foy & de la sincerité avec laquelle j'en ai usé à leur égard, ils avoüeront que je ne me suis pas rendu indigne de leur bienveillance, & qu'ils reconnoîtront les considerations que j'ai euës pour leur merite.

F I N.

AVIS AU LECTEUR.

COmme la premiere Partie du Recueil des Auteurs déguisez qui pourra suivre ce Traité préliminaire est la plus importante de toutes, & qu'elle est presque la seule où l'on découvre des Auteurs qui puissent interesser quelques Particuliers dans leur découverte : j'ay crû devoir donner icy la Liste des Auteurs renfermez dans cette Partie pour ne point surprendre ces Particuliers, & ne rien faire qui puisse déplaire à personne.

En prévenant ainsi l'édition du Recueil, je me mets en estat de recevoir les avis de ceux qui seroient contens qu'on ne découvrist pas ce qu'ils souhaitent de voir caché pour de bonnes raisons, & de ceux qui seroient fâchez qu'on parlât d'eux-mêmes ou de leurs amis autrement qu'ils ne le desireroient. Comme il ne s'agit pas de jugemens des Sçavans dans ce Recueil qui n'est qu'hiſtorique, c'eſt une ſatisfaction que je ne veux refuſer à perſonne.

Il y a pluſieurs noms d'Auteurs, leſquels, quoy que faux, tant par uſurpation que par ſuppoſition d'ouvrages, ne ſe trouveront pas dans cette Liſte. Mais il faut ſe ſouvenir que les uns appartiennent au Recueil des Plagiaires, & les autres à celuy des Impoſteurs, de la publication deſquels il n'eſt pas icy queſtion.

LISTE D'AUTEURS DE'GUISEZ.

Contenus dans la premiere Partie du Recuëil, où les Modernes se trouvent selon l'ordre des surnoms.

A

A ou Aagh *compos. de lettr. Ebr.* Abraham Aben Ezra.

Abammom *Egyptien* : Jamblique Syrien.

Abdamir : Muhammed fils de Musa.

Abecedarius : André Caroloſtad.

Aben-Burghil : Abraham Aben-Azuz.

Aben-Chabid : Moyse fils de Shem-Tobh.

Abiah : Eliezer fils de Jose Galiléen.

Abiobseibea : Achmed ben Casem, ou *Abu Elaighbas Ahmed ben Casem.*

Accords, *le Seigneur des* : Estienne Tabourot.

Achillinus, *Philotheus* : Jean Desmarets ou des Mares, *faux.* Nicolas Oresme, *faux.* Raoul de Presles, *faux.* Guill. de Dormans, *faux.* Phi-

Liste des Auteurs déguisez
lippes de Maizieres, *faux*. Alain
Chartier, *faux*. Charles de Louvie-
res, *douteux*. Gio: Filoteo Achil-
lini n'eſt pas un maſque d'Auteur.

Acilly: le Chev. de Cailly.

Acronius, *Joannes*: Chriſtians Hartſoë-
ker ou Hartſoucre, *faux* ou *douteux*.

Adamantius, *Origenes*: Richard Simon.

Adormentato, *Voyez* Intirizzato, cy-
aprés.

Adulfi, *Leon*: Noël du Fail.

Ælianus *Nathanaël*: *Voyez* Matthania
cy-aprés.

Africano, *Scipione*: *Voyez* Berti, cy-
aprés.

Afscalco, *Bernardino*: François Ali-
brandi.

Aggirato *Ac. Incogn.* Jerôme Bruſſoni.

Agmonius, *Nadabus*: François du Jon.

Agnés, *Charles de ſainte*: Jacques de
Chevanes.

Agnon, *Le ſieur de ſaint*: Jacques de
Chevanes.

Agreſto & Siceo: Pierre Aretin, *douteux*. Annibal Caro, & Mario Molza,
douteux.

Agricola, *Chriſtophorus*: David Schram
de Nortling.

Agrippino Piſſeni, *Vegetio*: Pierre Jo-
ſeph Juſtinien.

Aiora Valmiſoto, *Fernandez*: Ferdi-

de la premiere Partie. 521

d'Avila & Soto-mayor.

Alagona, *Meſſire Artelouche de*: Adam Fumée, *douteux*. Martin Fumée, *douteux*.

Albertus Paſiphilus : Hermannus Buſchius.

Albertus M. : Jean Roi d'Arragon, *faux*. mais cela regarde plutoſt le Recuëil des Impoſteurs.

Albinus, *Joannes Scotus* : Alcuin.

Alcandro, *ou plutoſt* Aleandro Piſano, *Giovanni* : Jean André Spinola.

Alcaſvin : Zachar. f. de Mah. *palea*.

Alcuinus : Jean Calvin.

Aldeano, *Academ.* Nicolas Villani.

Aldes, *Theodorus* : Mathieu Slade.

Aldimachio, *Cinthio* : François Maidalchini.

Aldinus, *Tobias* : Pierre de Caſtelli.

Alectorius, *Ludovicus* : Theodore de Beze, *douteux*.

Alemannus *Chriſtianus* : Baſile Monner.

Aleſſio Abbatutis, *Gian* : Jean Baptiſte Baſile.

Alethæus *Theophilus* : Jean Lyſer.

Alethophanes : Fr. Blondel *le Medecin de Paris*.

Alethophilus Charitopolitanus : Jean Courtot.

Alethophile *Sebaſtien* : Samuel de Sorbiere.

Pagination incorrecte — date incorrecte

NF Z 43-120-12

Alitophilus : Claude Barthelemy Morisot.

Allancé, *le seigneur de* : Alain Chartier.

Allisus, *Phœbus* : Joseph Balli.

Alodnarim, *Fabricio* : Antoine Mirandola.

Alopecius, *Joannes* : Jean Vos ou Vossius.

Alopecius, *Desiderius* : Gerard Vossiu.

Alpesei, *Landino* : Daniel Spinola.

Alpharabius : Mohammed Abu Nasr. *palea.*

Alphraganus & Ferganius : Ahmed Ebn Cothair. *palea.*

Alsinois, *Le Comte de* : Nicolas Denisot.

Altglaub Philochristianus, *Romanus* : Guillaume Aschendorff.

Amadis Orianæ : Gerard de Espés.

Amatus Lusitanus : Jean Rodrigue de Castel-branco.

Amator ou Amadeus : Jean Mendez.

Ambrosiaster : Remy Archev. de Lyon, *faux.* Optat de Milevi, *faux.* Pelage l'heresiarque, *faux.* Hilaire Diacre, *douteux. C'est selon d'autres un Pelagien, dont le nom s'est perdu.*

Ambrun, *Pierre* : Richard Simon.

Amœnus : Prudence Poëte Chretien. *Ce n'est pas un masque.*

Amoie, *Liberius de sancto* : Jean le Clerc.

de la premiere Partie.   527

Amstelius, *Peregrinus* : Augustin van Teilingen.

Amy ou Lamy : Antoine le Maistre.

Amyntas : Jean Loüis Guez de Balzac, *palea*.

Analyticophilus. *Voyez* Pacemutus.

Anastasio : Jerôme Gracian de la Mere de Dieu.

Ancona. *Voyez* Juniperus.

Andreæ, *Cunradus* : Conrad Wetter.

Andreas Taxander, *Valerius* : André Schott.

André, *Antoine de saint* : Antoine Verjus.

Angeloforti, *Hieronymus ab* : Godefroy Hermant.

Anglois banni, *Catholique* : Loüis d'Orleans.

Anglus & Albius, *Thomas* : Thomas White.

Anilo : *Orosius* : Vitus Bering.

Antarvetus, *Joannes* : Jean Riolan le fils.

Antenor : Jean Balthasar Schuppius.

Antiate, *Il Timauro* : Charles Dati.

Anti-Choppin, Anti-Colazon : Jean Hotman de Villiers.

Anti-Coton : Pierre du Coignet.

Anti-Garasse : Estienne Pasquier, *douteux*. Theophile Viaut, *douteux*.

Anti-Gastorello : Jean Baptiste Noceto.

Anti - Macchiavellus : Innocent Gentillet.

Anti-Sixtus, Anti-Espagnol : N. du Fay.

Antistius Constans, *Lucius* : Loüis du Moulin, *faux* ou *douteux*.

Anti - Sturmius a Sturmeneck, *Laonicus* : Luc Osiander.

Anti-Theophile : Henry Alby.

Anti-Tribonien : François Hotman.

Antivigilmi. *Voyez* Aspasio *cy-aprés*.

Antoniarus, *Janus* : J. Guinther d'Andernach.

Antonius, *Alphonsus* : Alfonse Gianotto.

Apelles *post tabulam* : Christophle Scheiner.

Apiarius : Thomas de Cantimpré.

Apulus, *Franciscus* : Simon Ruccellani.

Aquifolio, *Franciscus de* : Francisque de Enzinas.

Aquilinius, *Cæsar* : Sallé *ou plutost* Sallo *faux*. Fabien Scotti, *douteux*. Scipion Errico *ou* Henry, *vray-semblable*.

Aquilonius. *Voyez* Libertus *cy-aprés*.

Aquis, *Claudius de* : Claude ne Seyssel.

Arbois, *Sillac de* : Jean François Sarrazin.

Arca, *Andrea dell'* : Ferdinand Carli.

Arcas, *Baccalaurus* : Diegue Hurtado de Mendoza.

Architlirenius

Archithrenius, *Joannes* : Jean de Hautvile.

Arcuarius, *Daphnæus* : Laurent Begeur ou Bæger.

Ardelfranchi, *Luigiano* : Julien Francatdelli.

Ardelio, *Zoilus* : Ferdinand ou Ferrante Carli.

Ardinghellus, *Augustinus* : Gaspar Scioppius, *douteux*.

Ardo : Smaragdus.

Aretinus, *Scipio* : Jacques Lampadius.

Arianus ou Arrianus, *Discipulus* : Fauste Socin, *douteux*. Pierre Statorius ou Stoinski, *vray-semblable*.

Aridiensis, *Petrus* : Pierre Sechespée.

Arimini, *Anonimo de* : Jerôme de Marini.

Aristarque : N. de Javersac.

Aristarchus Samius : Gilles Personne de Roberval.

Ariste & Eugene; Eudoxe, &c; Dominique Bouhours.

Aristoteles : Abraham fils de Chasdai.

Armachanus, *Voyez* Patricius *cy après*.

Arminis, *Hieronymus de* : Jerôme de Marini.

Arsenius : Wala.

Arteaga, *Fortunius de* : Fort. Garzia de Erzilla.

Artiaga, *Felix de* : Hortense Felix Paravicino.

Artemidoro : Andre Rey de Artieda.

Artemidorus Oneirocriticus : Libert. Fromond, *douteux*.

Ascanius : Josse Badius Ascensius. *pal.*

Ascelinus : Adalberon.

Aspasio Antivigilini, *Cornelio* : Angelico Aprosio de Vintimiglia.

Aspastes Salassus, *Iohannes Franciscus* : François Hotman.

Asterius, *Justus* : Hugues Grotius, *faux*. Jean Stiern ou de l'Etoile, *plus vraysemblable*.

Asterius, *Turcus Rufus* : Claudien Mamert, *douteux*. Sedulius le Poëte, *plus vray-semblable*.

Athanasius : Pierre Paul Vergerio.

Athanasius, *Alexand. Episc.* : Vigile de Tapse.

Athanasius, *Alex. Ep.* : Henry Bullinger, *douteux*.

Attizato, *Acad.* : Baptiste Guarini, Daniel Spinola, &c.

Aubin, *Loüis de saint* : Isaac le Maistre de Sacy.

Augustinus, *Thomas* : Jean Bagot.

Augustino, *Franciscus à sancto* : François Macedo.

Augustino Macedo, *P. à sancto* : Henry Noris.

Auratus, *Joannes* : Jean Difnemandi. *Ce n'eſt pas un maſque.*
Aurelio, *Carlo* : Lelio Guidiccioni.
Aurelius *Corn.* : Cornelis vanden Goude.
Aurelius *Petrus* : Jean de Cordes, *faux*. N. de ſaint Germain, *faux*. Jean d'Artis, *faux*. Nicolas le Maiſtre, *faux*. François du Moutier, *faux*. Jean Tarin, *douteux*. Jean Aubert, *douteux*. Jean du Verger de Hauranne, *douteux*. Martin de Barcos, *douteux*.
Auvray Docteur, *Le ſieur* : Martin de Barcos.
Avenarius : Aben Ezra, *v. parmi les corrupt.*
Avis *Jean* : Avis *Jacques* : Jean Loyſel, Jacques Loyſel.
Avitus, *Aurelius* : Jean Baptiſte Sinnigh.
Axiane : Charlotte des Urſins.

B

Bachelier, *Le ſieur le* : N.. Guyot.
Bahamonde, *Jean Martinez de* : Jean Antoine de Vera & Zuniga.
Balbuceo, *Balbino* : Agoſtino Lampognani.
Baldeſanus, *Guillelmus* : Bernardin Roſſignol.

Banny de Liesse : François Habert d'Issoudun.
Bardi, *Francesco* : Jean Palazzi, ou de Palatiis.
Barlietus, *Gabriel* : Barthelemy Gerick.
Barna ou Varna, *Basilius de* : André Libavius.
Barnabé, *Le sieur* : Antoine Arnaud, *douteux*.
Baronnie, *François de la* : Florent Chretien.
Baronius, *Justus* : Juste Kahl ou Calvin.
Barræus Antuerpianus, *Justus* : Jean Saubert.
Barrius Francicanus, *Gabriel* : Guillaume Sinler.
Barthelemy, *le sieur* : Pierre Nicole.
Bas-Breton, *Gentilhomme de Province* : Dominique Bouhours.
Basilides, *Thalassius* : Marin le Roy de Gomberville.
Basile de Roüen : François Cloüier.
Basilius Groninganus : Jean Wessel ou Vesselius.
Bassarius, *Vulturius Gratianus* : Gerard Jean Vossius.
Basseanus ou de la Bassée, *Bonaventura* : Loüis le Pippre.
Bastone, *Scipione* : Jean Capponi.
Batterman, *Rudolphus* : Jean Schucking.

de la premiere Partie.

Baumann, *Bernard:* Chretien Hohburg.
Baume, *Denis de la sainte:* Jean Baptiste Guesnay.
Bavarus Hallensis, *Germanus:* Jean Lagus.
Bays & Drawcansir: N. Dryden & Samuël Parker.
Beaubourg, *Claude de:* Antoine Arnaud.
Beaulieu, *Le sieur de:* Pierre Thomas du Fossé.
Beaumanoir, *Loüis de:* Loüis Richeome.
Beckerus Elbingensis, *Georgius:* Michel Radau.
Bechtius, *Joannes G.* Balthasar Venator *avec d'autres.*
Belga. *Voyez* Spiritus. *Voyez aussi* Tiberius *cy-aprés.*
Bellermontanus *Nicolaus:* Forstner, Besold, Ammirato, Machiavel, *& autres.*
Bellius *Martinus:* Jerôme Bolsec, *faux.* Lelio Socin, *douteux.* Sebastien Castallion ou Chatillon, *vray-semblable.*
Bellocirius, *Petrus:* Pierre Danés.
Bellus *Nicolaus:* G. Schonborner, *douteux.*
Belon ou Bellonius *Petrus:* Pierre Gilles. *C'est plutost un Plagiaire.*
Belsensi *Gregorio:* Berlingiero Gessi.

Belus de Rocca contrada, *Lucianus*: Antoine Marie Betti.

Bembellona de Godentiis, *Antonius*: Barthelemy Goericius ou Gerick.

Benancio, *Liſet* : Antoine Beliſe. Symphorien Champier, *douteux*.

Benedictis, *Ariſtoteles de* : Pierre Antoine Spinelli.

S. Benedicti *Mariangelus*. *Voyez* à Fano, *cy-aprés*.

San-Benedictus, *Franciſcus* : Jean Guillaume Calaveroni.

Benoni, *Le Rabin* : Mathieu de Mourgues.

Beragrem Marq. d'Almacheu, *Pierre François Prodez* : Aremberg, *douteux*.

Berenicus *Theodoſius* : Mathias Bernegger.

Bernardinus *ou plutoſt*, Bernardinus *Didacus* : Jacques Biderman.

Berneſtapolius, *Obertus* : Robert Turnell.

Bernicius. *Voyez* Lupus *cy-aprés*.

Beroſe, Manethon, *& autres* : Jean Annius de Viterbe : *mais cela regarde plutoſt les Impoſteurs*.

Berrocal, *Petrus de* : Gabriel de Adarzo & Santander.

Betſabita, *Francesco* : Jacques Caſtellano.

Berti, *Scippione Africano di:* Cesar Cremonino.

Bertolino, *R. M. Leone:* Antoine Valentino.

Bertramus: Jean Scot Erigene, *faux.* C'est Ratramne.

Bessin, *Pierre;* Jacques du Puy.

Beüil de saint Val, *Le sieur de:* Isaac le Maistre de Sacy.

Biel ou Byel, *Gabriel:* Eggeling de Brunswich.

Biga Salutis Pannonius: François Hugarius ou Hungarus.

Bituris, *Olivus de:* Pierre Joannis.

Blondel, *Marin:* Pierre Langlois de Belestat.

Blote-Sandæus, *Benedictus:* Olaüs Borrichius.

Bobola, *Jean:* Albert Rozciszewski.

Boccalini, *Trajano:* Le Cardinal Gaëtan, *douteux.*

Bodenstein, *Liberius* ou *Liborius a:* Laurent Grimalius.

Bohemus, *Balthasar:* Balth. Osthovinus.

Bois, *Le sieur des:* Gabriel Gerberon, *douteux.*

Boisic, *L'Abbé de:* François Pinthereau.

Bojus *Conradus:* Pierre de Rosenheim.

Bolleville, *Le Prieur de:* Richard Simon.

Bon, *Le sieur le :* Antoine Arnaud & Pierre Nicole *conjointement.*

Bona casa, *Mirabilis de :* Eberhard de Weihe.

Bonagratia, *Nuncio :* Jean Ange Duc Altaemps.

Bonano : Jean Pierre Bellori.

Bonarscius, *Clarus* : Charles Scribanius.

Bonel, *Charles :* Claude Fleury. *Cela regarde peut-estre les Plagiaires.*

Bonglarus, *Vaudius Datirius*, ou plutost *Clathirius* : Claude Aubry de Lorraine.

Bonino Bonini : Pierre Paul Vergerio.

Bonlieu, *Le sieur de :* Noël de la Lane.

Bonneval, *Le sieur de :* Antoine Arnaud.

Bonneval, *Le sieur de :* Isaac le Maistre de Sacy.

Borborita : André Rivet, *passivé.*

Borealis. *Voyez* Heliocantarus, *cy-après.*

Borussus, *Polyphemus :* Jean Oecolampade, *passivé.*

Bosc, *Le Pere du :* Nicolas Perrot d'Ablancourt.

Botero, *Barragan* : Jean de Ribas ou Rivas Carrasquilla.

Bourdouin, *Le sieur :* Antoine Singlin.

Bourg-l'Abbé, *Olenix du :* Jean Pierre Camus.

Boutigny, *Mathieu de* : François Sagon.

Brandeburg : *Christianus Willelmus Marchio*. Laurent Forer.

Brandinus *Sibaldus* : Barthelemy Pitiscus.

Bredembachius *Bernardus* : Guillaume Canoersin ou Caoursin.

Britannus, *Paulus* : Gabriel Bovvel.

Brito, *ou plutost* Britto, *Jean de* : Jean de Payva.

Brotheus, *ou plutost* Broteus : Angelus Sabinus, *passivé*.

Bruck, *Jean* : David George.

Brugge, *François vander* : François Mileman.

Brun, *Le sieur le* : Dom Morillon.

Brunet, *Hugues* : Bertrand Carbonel, *palea*.

Brunsvvick, *Henricus Julius Dux* : Werner Konig.

Brussus ou Bruscus, *Fredericus* : Fred. Bartscius.

Brutus : Stanislas Lubieniecki de Lubienietz.

Brutus Polonus, *Junius* : Jean Crellius.

Brutus Celta, *Stephanus Junius* ; Hubert Languet.

Buccabella ou Boccabella : *Stephanus* Coselini.

Buddas: Terbinthe ou Terebinte, *palea*.
Buer, *Claus*: Bado Minensis.
Bulifon, *Antonio*: Pompée Sarnelli.
Bumaldus, *Joannes Antonius*: Ovide Montalbani.
Buonchier: Cherubin Bozzomo.
Burghesius, *Scipio*: Jean Briccio.
Burgillos, *Thomas de*: Fel. Lopé de Vega.
Burgkardus, *Franciscus*: André Eisenberger ou Erstenberger, *douteux*. André Gailius, *douteux*.
Burgoldensis, *Philippus Andreas*: Philippe André Oldenburger.
Burinus, *Petrus*: Florent Chretien, *douteux*.
Buronzi, *Gio : Alberto*: Nicolas Berzetti.
Busoni ou Buzoni, *Joseph*: Jean Rho.
Buy sieur de la Perrie, *Jonas le*: Pierre de Launay.

C

Caballinus, *Gaspar*: Charles du Moulin.
Cabiac, *Paul de*: Henry Alby.
Cæcilius ou Cecilio de Granada: Loüis de la Cueva.
Cæsius, *Willelmus*: Guill. Jansson de Blaew.

Calathino, *Despotico* : Dominique Panaroli.
Calcolone, *Ettore* : Charles Celano.
Calderius, *Henricus* : Alexandre Cariero.
Calliopius : Alcuin.
Calvaire, *Eliezer du* : Jacques Goutiere ou Gutherius.
Calvete, *Laurent* : Jean de Orche.
Camillus, *Marcus* : Thomas Pisecius.
Campaneo, *Philastes* : Felician de Silva.
Campanus, *Flavius* : Jean Goja.
Campanus, *Joannes* : Rousselet.
Campis, *Victor à* : François Mileman.
Campolini Veronois, *Fabricio* : François de la Motte le Vayer.
Camus, *Hieronymus le* : Richard Simon.
Canaldo, *Vito* : Donato Calvi.
Candidus, *Ægidius* : N.......de Witte.
Candole, *Pyrame de* : Claude Faucher.
Cannius, *Nicolaus* : Didier Erasme.
Cantellus, *Cæsar* : Raphaël Castelli.
Capella Veronensis, *Janus* : Gilles Ménage.
Caracotta, *Hippolytus Fronto* : Pierre du Moulin.
Carafa Card. *Decius* : Antoine Carracciolo.

Carion, *Joannes*: Philippes Melanchthon.

Cariopo Carcaria. *Voyez* Clorio cy-aprés.

Carolis, *Luca de*: Jean Briccio.

Carolus Magnus: Alcuin, *douteux*.

Carolus V. Pflug, Helding, Agricola, *palea*.

Carpeneto ou Carpinettus, *Tarquinius*: Adrien Spigelius.

Carpitanus, *Papyrius*. *Voyez* Censor cy-aprés.

Carpus Bononiensis, *Jacobus*: Jac. Berengarius.

Carrera, *Francisco de la*: Balthasar Campuzano.

Carrerius, *Alexander*: Belissaire Bolgarini.

Carvellus, *Thomas*: Thom. Thorold.

Carus ou Caro, *Josephus Maria*: Jos. Mar. Thomasius.

Casolo, *Claudio*: Loüis de la Casa.

Castilioneus, *Hieron*: Jerôme Cardan.

Castelliunculus: Lapus Biragus.

Castim, *Josephus*: Thomas Pisecius.

Castro de Torres, *Centurion* N... Jerôme de Pancorvo.

Catharina, *Joannes à sancta*: Jean Bona Cardin.

Catharinus Senensis, *Ambrosius*: Lancelot Politi.

Catherine, *le sieur de sainte*, : N Thouret.
Catholicus, *Christianus* : François Pinthereau.
Caton Chrétien : Mathieu de Mourgues.
Catosi, *Manardo* : Thomas Cardani.
Cavalcante : Paul Beni.
Celsus : Grotius.
Celsus, *Julius* : Samuel Przypcovius
Celsus Senensis, *Minus* : Lelio Socin.
Censor Carpitanus, *Papyrius* : Charles Feramus.
Centralbo, *Giulio*; Charles Bentivoglio.
Cervinus, *Franciscus Maria* : Franc. Mar. de Amatis.
Cervinus, *Marcellus* : le même.
Challudre, *Simon* : Charles du Moulin.
Chantelouve, *le P. de* : Mathieu de Mourgues, *douteux*.
Chanteresne, *le sieur de* : Pierre Nicole.
Chanveau *ou peut-estre* Chauveau : Castellionis Brannovius
Chappelain *Jean* : Jean Armand de Richelieu.
Charlierius *Joannes* : Honorat Fabri, *douteux*.
Chartier, *Jean* : Guillaume Davisson.
Chlorus, *Firmianus* : Pierre Viret.

Chreggrene, *Æmilius* : Michel Geringer.
Christianus, *Adamus* : Jean Anastase.
Christianus, *Simplicius* : Timannnus Gesselius.
Christianus, *Sincerus* : Ernest Lantgrave de Hesse.
Christianus, *Timotheus* : Stanislas Lubienecki.
Christiano-Catholicus, *Simplicius* : Timannus Gesselius.
Christodulus *Josaaphus* : Jean Catacuzene.
Chrysippus : Libert Fromond.
Chu-soze, *Christianus* : Rodrigue de Figueyredo.
Ciacconius, *Alphonsus* : Alexandre Donato, Famien Strada, &c.
Cicero conversus, *M. Tullius* : Josse Beisselius.
Cicero, *M. Tullius* : Charles Sigonius.
Cichocki, *Gaspar* : Gasp. Savvicki.
Cicogna, *Strozzi* : Thomas Garzoni.
Cifranchi, *Sepuccio* : François Rinuccini.
Cingallus, *Hermannus* : Christophle Sandius le jeune.
Cinonius Academ. Filergites : Marc Antoine Mambelli.
Ciprés de Povar, *Silvius* : Loüis Crespi & Borja.

de la premiere Partie. 543

Cirellus *Joannes* : Jean Crellius.
Cirfea : Felician de Silva.
Civilis, *Gratianus* : François Gomarus *douteux*. Pierre du Moulin *douteux*. Sibrand Lubbert *douteux*.
Clara *Franciscus à Sancta* : Davenport.
Clavedan, *voyez* Estanco *cy-après*.
Clavigero, *Girolamo* : Jean Capponi.
Cleante : Jean Barbier d'Aucourt, *douteux*.
Clemens, *Fabius* : Jacinthe de Villapado.
Clemens Placentinus, *Iulius* : Gaspar Scioppius, *dout*. Fabio Scotti, *douteux*.
Cleonville, *le sieur de* : Jean Sirmond.
Cleophilus, *Octavius* : Franç. de Fano.
Clevier, *Thomas du* : Bonav. des Periers.
Clorio Cariopo Carcaria, *Anassiride di* : Jean-Baptiste Noceto.
Clouset ou du Clouset, *le sieur* : Jean Coustel & Isaac le Maistre conjointement.
Coccaius Merlinus : Theophile Folengi.
Cochart, *Jean* : Gui Patin, *douteux*.
Cocles *Bartholomaus* : André Corvo de la Mirandole.
Colato *Seraphino* : Jean Bapt. Guarini.
Colertius *Petrus* : Jean Bolthe.
Colet Champenois, *Claude* : Gilles Boileau.
Coltellenus *Paulus* : Jerome Gessius ou Gypsius

Colvinus *Ludiomans* ; Loüis du Moulin.

Columba : Jean Coster.

Comes *ou* de Comitibus, *Antonius Maria* : Marc Ant. Majoragius.

Comicus Veter, *Lepidus* : Leon Baptiste Alberti.

Commodianus *Hercules* : Jean de Launoy *palea*.

Comperat de Carcaffone, B. : Eſtienne Gourmelen.

Conceptione *Alphonſus à* : Alph. Hidalgo.

Conceptione *Antonius a* · Ant. de Vimaraen, ou Ant. de Sienne.

Conceptione, *Petrus à* : Pierre d'Alva & Aſtorga.

Conchetta, *Toddaro* : Julien Roſſi.

Conchis, *Guillelmus de* : Helinand de Froidmont.

Conchlax : Pamphile d'Alexandrie.

Condren, *Charles de* : Touſſains des Mares, & Charles de Condren *conjointement* avec Paſquier Queſnel.

Congregans, *filius* Vomentis : Agur *fils* de Jaké.

Coningius, *ou plûtoſt* Conygius, *Antimus* : Honorat Fabri.

Conneſtable, *Henry* : Jacques Davy du Perron.

de la premiere Partie. 545

Constantius, *Marcus Antonius*: Estienne Gardiner.
Contalgeni, *Ostilio*: Augustin Coltellini.
Coobuck, *Robarts*: Rob. Personius ou Pearsons.
Copriarus: Cyprien Regneri.
Coppa, *Idoplare*: Placide Reina.
Copus, *Alanus*: Nicolas Harpsfeld.
Corallus, *Abydenus*: Ulric ou Huldrich Hutten.
Cordatus, *Eubulus*: Ulric Hutten.
Cordo, *Geniate*: Simon de Genes.
Cordus, *Euricius*: Henry Urbanus.
Cornelius Europæus, *Lucius*: Melchior Inchoffer.
Cornicen Danicus: Pierre Vintrup.
Corona ou Coronæus, *Joannes*: Jacques Estienne Menochius.
Coronein, *Cesfranco*: François Rincone ou del Rincon.
Corradino ou Conradinus, *Annibal*: Henry Noris.
Cortelerius ou Cortelliero, *Thebaldus*: Alexandre Cartero.
Cosmas. *Voyez* Fabricius *cy-aprés*.
Cosmopolita, Michel Sendivogius.
Costa, *Jérôme à*: Richard Simon.
Costerius, *Joannes*: Cornelius Blockius.
Craumerus, *Thomas* Joseph Creswell.
Crapin, *le sieur de*: Jean Tristan de S. Amant.

Crassinius, *Joannes* ou *Petrus* : Charles Sigonius.
Critobulus : Saint Jerôme.
Critobulus Hierapolitanus : Jean le Clerc.
Crotta, *Iroldo* : Charles de' Dottori
Crox, *Florent de* : Jean le Peletier.
Cruce *Geraldus de* : Jerome di Perea.
Cruce, ou de la Cruz, *Joannes de* : Martin de Bonilla.
Cruce, *Alypius à sancta* : Jean Hamont.
Crucius *Christianus* : Chrestien Adrichomius.
Crudellio *Egidio* : Loüis de la Casa.
Cuebas ou Cuevas, *Francisque* de las : Franc. de Quintana.
Curæus Freistad. *Joachimus* : Zacharie Ursin ou Beer.
Cynæus *Theodorus* : Leuchtius de Francford.
Cyprianus Carthag. : Didier Erasme.
Cyrillus, *Decius* : Joseph Augustin.
Cyrinus, Frising : Aribon.
Cysenius Paraschius, *Joannes* : Quirinus Reuterus.
Ezecanovius ou Cieckanoviecki, *Silvester* : Georges Cassander ou de Cassandt *douteux*.

D.

Dacrianus, Abbas : Loüis Blosius ou de Blois.
Dalarini *Francesco* : François Rainaldi.
Damasus, *Wilhelmus* : Guil. Lindanus.
Damvilliers, *le sieur de* : Pierre Nicole.
Dantkwerths : Philippes Reinhard.
Dani : Nicolas Davy.
David : Salomon, Asaph, Eman, les enfans de Coré, & les autres Auteurs des Pseaumes avec David.
Decorus Musagetes, *Volupius* : Wolfgangus Schonsleder.
Demetrius : Emmanuel van Meteren.
Demno Saraceno, *Lelo* : Voyez les noms corrompus.
Democrito Filosofo : Dominique Bartoli.
Denaisius, *Pierre* : George Michel de Lingelsheim, *palea*.
Dendrinus, *Henricus* : Jean Blaeuw.
Denius Burgensis, *Cornelius* : Raoul Matman.
Dentalus *Joachimus* : Joach Mynsinger de Frundeck *palea*.
Dermasius Hermundurus, *Franciscus* : L. Joachim Feller.

Desmarets, *le sieur*: Jean Armand de Richelieu.

Deviræus, *Renatus*: André River.

Diareres *Philodoxius*: Leon Baptiste Alberti.

Dictiunus ou Dictuinus, *mais plûtost* Didymus. *Voyez* Veridicus *cy-après*.

Didascalicus *Erotinus*: Jean Rhodius.

Didoclavius, *Edoüard*: David Calderwod.

Dilectus Lusitanus: Jean Rodriguez de Castelbranco.

Dioconme, *Geri*: Dominique Geri.

Dionysio, *Leo Hubertinus à Sancto*: Leonardus Lessius.

Diplici *Gelasius*: Eustache Giselius.

Disunito *Accadem*. Incapace: Florindo de Silvestris.

Dithmarsus *Ursus*: Nicolas Raymarus.

Doccomensis *Jacobus*: Michel d'Isselt d'Amoersfort.

Dolabella. *Voyez* Pomponius *cy-après*.

Dolerie, *le sieur*: Guillaume Postel.

Dolet: Jerôme Aleander l'ancien.

Dolman: Rob. Pearsons, Guil. Allen, Franc. Inglefeld.

Dolscius *Paulus*: Philippes Melanchthon.

Domitius Calderinus: Dominique de Caldariis.

de la premiere Partie.

Donalero, *Gneo Falcidio* : Jean François Loredano.

Doulæus ou Dowley, *Georges* : Guillaume Vvarford.

Douıman, *Casimirus* : Adrien Crommius.

Douté ou Douteus, *Philippus* : François Blondel.

Draxus ou Drack, *Thomas* : André Vvoller.

Duellius Noviomagensis, *Godofredus* : Jean Busée.

Dufac ou Diuffac : Gabriel du Pont.

Ductor, *Optatus* : Jacques Munfoid.

Duncarena, *Soifridus* : Ferrante Carli.

Duranti ou Durantes, *Johannes Stephanus* : Pierre Danés *douteux*.

Dynaterus *Eubulus* : Rodolphus Gualtherus.

Dysidæus, *Prosper* : Fauste Socin.

E

EBlanus, *Candidus* : Jean Labenus.

Edmonds, *Father*, ou *Pater* Edmundus : Guillaume Vveston.

Egiste : François de la Motte le Vayer.

Egnatius, *Baptista* : Joannes de Cipellis.

Ehrenberg ou Ernberg, *Wahremundus* :

Liste des Auteurs déguisez.

Eberhard de Vveihe.

Ehrenhold : Balthasar Schuppius.

Elching ou Elchingensis *Joannes* : Henry Vvangnereck.

Eliphilus, ou Elias Philyra : Jean du Tillet.

Elisabat Griego ou Grec : Garsia Ordognez de Montalvo.

Elpidius, *Ludovicus* : Gaspar Sevenstern.

Elverfeld, *Jonas ab* : Henry Rantzow.

Elychnius *ou plutost* Ellychnius, *Theophilus* : Gottlieb Dachtler.

Emigliani ou Emiliani, *Pomponio* : N. Miniani.

Emonerius, *Stephanus* : Theophile Raynaud.

Engsterus, *Huldricus* : Jean Brentius.

Enotus, *Everhardus* : Martin Becan.

Epictetus Philosophus : Arrianus Nicomediensis *palea*.

Epitimus *Andreas* : Hartmannus Beyerus.

Erandre : Honorat Laugier de Porcheres.

Erasmus, *Desiderius* : Guillaume Lilius ou Lesle.

Eremicola, *Gratiosus* : Hippolyte de S. George.

Eremite Exocionite, *Eusebe* : Pierre Allix douteux.

Erhardus Francus, *Georgius* : Michel Gaspar Lundorpius.

Ernest Lantgrave de Hesse : Adrien & Pierre de Vvalemburg.

Erynachus, *Paulus* : Jean Baptiste Sinnigh.

Erythræus, *Janus Nicius* : Jean Vittorio de' Rossi.

Esclave Fortuné : Michel d'Amboise de Chevillon.

Esperant, *l'Humble* : Jean le Blond.

L'Espinoeil, *Charles de* : François Garasse.

Estanco, *Clavedan del* : Vasco Diaz de Frexenal.

Etiro *Partenio* : Pierre Aretin.

Etrobius, *Joannes* : Jean Berotius.

Ettonville, *le sieur de* : Blaise Pascal.

Ettore Rocobella, *Marco* : Charles Torre.

Evandrophylax : Vincent Calzavelia.

Evangelus, *Licentius* : Beatus Bildius Rhenanus.

Eubulius : Methodius de Tyr. *palea*.

Eubulus, *Irenæus* : Herman Conringius.

Eucharius, *Eligius* : Eloy Houchart *palea*.

Euclides Catholicus. *Voyez* Ferrerius cy-aprés.

Eudæmon-Joannes, *André* : Gaspar

Scioppius *douteux*.

Eudocia Augusta : Pelagius Patricius, *palea*.

Eugenius *Theophilus* : Gaspar Scioppius *douteux*. Theophile Raynaud, *vray-semblable*.

Eviratus ou Moschus, *Joannes* : *Voyez* Sophronius, *cy-après*.

Europæus, *Lucius Cornelius* : Voyez cy-devant *Corn*.

Eusebe : Nicolas Lombard.

Eusebe : Jean des Marais.

Eusebiis, *Joannes Ernestus de* : Fabio Chigi.

Eusebiis, *Philomarus de* : Jean-Baptiste Rossi.

Eustachius *ou plûtost* Eutychius : Saint Bonaventure, *dont le nom estoit* Jean Fidanza.

Eustathius, Su. P. : Janus Gruterus.

Eutichius Alexandr. : Said fils de Batrick.

Eutyphron : Pierre Petit.

L'Excluse *Alexandre de* : Jean du Verger de Hauranne.

Expolitus, *Academ.* : Joseph Fotius.

Faber,

F

Faber, *Christophorus* : Theodoric ou Dietricht de Witte.
Fabricius : Robert de Moshaim.
Fabricius, *Jacobus Cosmas* : Jacques Sirmond, *douteux*.
Fabricius Dantiscanus, *Johan.* : Jacques Golius.
Fagel : Gilbert Burnet, *douteux*.
Fagiani, *ou* Phasianus : Nicolas Villani.
Falcidio *Gneo*. *Voyez* Donalero *cy-devant*.
Fallopio, *Gabriele* : Jean Bonacci.
Faluel, *Jean* : François l'Alouette.
Famianus : Quardus.
Fano sancti Benedicti, *Mariangelus à* : Gaspar Scioppius.
Fannius Butanus : Hubert de Giffen.
Farbius, *Antimus* : Honorat Fabri.
Farina, *Martinus de la* : Hortense Scammacca.
Farnesius, *Alexander* : Marcel Cervin.
Farnesius, *Octavius* : Dario Tambourelli.
Faventinus, *Didymus* : Philippes Melanchton.
Fausto, *Bartholomæus à sancto* : Pyrrhus Siculus, *ou* Pierius Platiensis.

Fedeli, *Ausonio* : Jean Baptiste Livizani.

Felicianus *ou* Felicitarius : S. Cesaire d'Arles, *palea*.

Felinus, *Aretius* : Martin Bucer.

Ferrarius, *Janus Alexander*, ou Alexius : N. Fabricius.

Ferrier, *le sieur du* : Jean Sirmond.

Fide, *Hieronymus à sancta* : Richard Simon, *faux*.

Fidele, *François*; Matthieu de Mourgues.

Fidelis Verimontanus, *Annosus* : Jean Floyde.

Filaleto. *Voyez* Philalethes, *cy-après*.

Filauro, *Flaminio* : François Fulvio Frugoni.

Filergites *Academ. Voyez* Cinonius *cy-après*.

Filoteo. *Voyez* Philotheus *cy-après*.

Fioretti da Vernio, *Carlo* : Pierre del Conte, *douteux*. Jean de' Bardi, *douteux*.

Firmianus, *Petrus* : Zacharie de Lisieux.

Fisherus, *Joannes* : Martin Bucer, *douteux*.

Flaminius, *Lucins* ou *Lucivus* : Lucas Marinæus.

Flaminius, *Le sieur* : François de la Noüé.

Flavianus, *Amandus* : David Blondel.

Flavianus, *sanctus* : Anastase le Sinaïte.

Flavio, *Angelo* : Jean Turiel de Roxas.

Florentia, *Hieronymus* : Fernando Chirinos de Salazar.

Floridus : Vander-Haer, &c.

Fontana, *Joannes* : Antoine Possevin.

Fontanus, *ou plutost* De la Font, *René* : Loüis Richeome.

Fontanus, *ou plutost* Fontaine, *François* : Estienne Binet.

Fontaine, *Loüis* : *Voyez le titre de* S. Marcel *cy-aprés*.

Fonte, *Moderata* : Modeste du Puis, *ou plutost* del Pozzo.

Forbetta, *Frians* : Ange Mathieu Buonfante.

Foresi ou Forensis, *Vincentius* : Nicolas Villani.

Fossa, *Jacobus à* : Sebastien Berettari.

Fosseus, *Fulgentius* : Henry Noris.

Foy, *Christophle de la* : Martin Fumée de Genilly.

Foy, *Paul de la* : Adam Fumée des Roches.

Foy, *Flore de sainte* : Gabriel Gerberon.

Fragoso, *Pedro Fernandez* : Jean Antoine de Vera & Zuniga.

Franceschi, *Ottavio de'* : Benoît Giustiniani.

Francesius, *Ludovicus Petrus*: Martin de Roa.
Francez, *Nobile*: François Perrot.
Franchi, *Francesco*: Emmanuël Tesoro.
François, *Claude*: Alphonse le Moine & Claude Morel.
François, *René*: Estienne Binet.
Francus, *Franciscus*: Claude de Saumaise.
Francus, *Georgius*. *Voyez* Erhardus cy-devant.
Francus, *Joannes*: J. de Monte-Regio, ou J. Muller, dit Regiomontanus. *palea*.
Francus, *Theophilus*: Simon Vigor.
Franolpinus, *ou plutost*, Transalpinus *Neotericus*: Jacques le Moine.
Frevill, *Robert*: R. Jenisson.
Pridberg, *Christianus Gottlieb von*: Guil. Ferdinand d'Efferen.
Friedberg ou Frideberg, *Wahremundus*: Philippes André Oldenburger.
Frigido-monte, *Guillelmus de*: Helinand de Pron-le-Roy.
Frizius, *Joachimus*: Robert Fludd, ou de Fluctibus.
Froimont, *Le sieur de*: François Delau.
Frondator, *Mercurius*: Emery de la Croix.

de la premiere Partie. 557

Fronto Caracotta, *Hippolytus*: Pierre du Moulin.

Fructuosus Episcopus : Jean Ferrer.

Fruscadino, *Cesare Leone*: François Marie de Luco Sereni.

Fugitivo *Accadem.* Indomito : Augustin Lampognani.

Fulgentius : Libert Fromond

Fulgoso, *Raffaele*: Raph. Fregose.

Fulvio Savojano, *Valerio*: Jacques Castellani.

Furnesterus, *Zacharias*: Hugues Doneau ou Donellus.

Furstenerius, *Casarinus*: Esaie Puffendorff, *douteux*. N........ Alexandri, *douteux*. Ludolphe Hugon, *douteux*. Godefroy Guillaume Leibnütz, *vraysemblable*.

G

Gabalis, *Le Comte de*: l'Abbé de Villars,

Gabrias : Ignatius Diaconus. *palea*.

Gaëtano, *Silvio* : Augustin Viale.

Galersis : Felician de Silva.

Galiardi, *Facibonio*: Boniface Agliardi.

Galindo: Prudentius Trecass. *palea*. imò Prudentius est Galindo.

Galindus Cantaber, *Fortunius* : Gaspar Scioppius, *douteux*.

A a iij

Galiotus Galiaceus Karelsbergius: Conrad Samuël Schurtzfleisch.

Galistoni, *Masoto* : Angelique Aprosio.

Galistoni, *Carlo* : Angelique Aprosio.

Gallerius, *Nicolaus* : Antoine Possevin.

Gallus, *Joannes Baptista* : Jean de Machaud.

Gallus, *Optatus* : Charles Hersent.

Ganajus, *ou* de Ganay, *Ludovicus*: Antoine Vaira.

Gangapano, *Ventidio* : Paganimus Gaudentius.

Garcia, *Juan* : Pierre de Alva & Astorga.

Gavardo Vacalerio, *Ginnesio* : Jean Sagredo.

Gazonval, *Le sieur* : Jean Sirmond.

Gebhardus, *Johannes Wernerus* : Hippolyte Colli *ou* à Collibus.

Gemberlachius, *Guillelmus Rodolphus*: Antoine le Brun.

Genari *ou* Januarius, *Paolo* : Angelique Aprosio.

Gendre, *Le sieur le* : Guillaume de Lamoignon, *avec* Olivier le Févre d'Ormesson.

Gennadius Patriarcha CP.: Georgius Scholarius.

Genova : *Ignetto da* : Inghetto Contardo *ou* Corrado.

Genua, Genovese *ou* Genuensis: Passe-

de la premiere Partie. 559

ra *ou* de Passeribus, Balbo, Mongiardini, &c.

Georges, *Le Prieur de saint* : N......... le Tourneux.

Gerardo *Espagn.* Gonçalo de Cespedes & Meneses.

Gerardus, *Petrus* : Fauste da Longiano.

Germain Docteur, *Le sieur* : Pasquier Quesnel, *douteux*.

Germain, *Le sieur de saint* : N.... de la Vergne.

Germanicus, *Constantinus* : Philippe André Oldenburger.

Geroyle, *Alce du* : Claude le Goyer.

Geru, *Erre* : Geofroy de la Vallée.

Gherus, *Ranutius* : Janus Gruterus.

Gibronte Runeclus Hanedi, *Resene* : Daniel Schwenter.

Gielli *ou* Gellius : Nicolas Machiavel.

Giraldinus, *Joannes* : Christophle de Sacrobosco.

Gimontius Sclavonensis, *Paulus* : Jean Boucher.

Giraldus Patavinus, *Bernardinus* : Gaspar Scioppius, *douteux*.

Girard, *Le sieur* : Talon de l'Orat. *conjointement avec* Gir.

Giron de Palaceda, *Martinus* : Jean Martinez de Ripalda.

Giscatedro *ou* Guiscaredo : Jacques Puche *ou* Puig.

A a iiij

Gistel *ou* Ghistel, *Josse* : Ambroise Zeebout.

Glareano, *Scipio* : Angelique Aprosio.

Glas, *Le sieur de saint* : N......... de saint Ussans.

Glottocrisio, *Fidentio* : Camille Scrofi.

Gluckradius, *Christophorus* : Jean Hartman.

Gobelinus, *Joannes* : Pic II.

Godefroy, *Antoine* : Ant. Arnaud & God. Hermant, *conjointement*.

Godelmannus, *Johannes Georgius* : David Chytræus.

Godentiis, *Antonius de* : *voyez* Bembellona, *cy-devant*.

Goffar *ou* Goffaert, *Antonius* : Edoüard Knott, *douteux*. Jean Floyde, *douteux*.

Goffridus Vindocinensis : Jean Roscelin, *douteux* ou *Impost*.

Gongora, *Luis de* : Carlo Sperone.

Gotlieb, *Christianus* : *voyez* Fridberg cy-devant.

Gotwisus, *Donatus* : D. Wisart.

Grafedi, *Celio* : Felix Girardo.

Grandval, *Le sieur de* : Jean du Verger de Hauranne.

Grace, *Felix de la* : Loüis Richeome.

Gratianus, *Vulturius* : *voyez* Bassarius, *cy-devant*.

Greenwayus, Grenæus, Greenweld: Oswald Tesmond.

Griere, *Le sieur de :* Henry Estienne.
Grifagni, *Astoro :* Guidubaldo Benamati.
Grimming, *Rodolphus :* Guillaume Gumppenberg.
Grisimani, *Dario :* Jean Ambroise de Marini.
Grosippus, *Pascasius :* Gaspar Scioppius.
Grubinius, *Oporinus :* Gaspar Scioppius.
Grundmanns, *M. Christ.:* Jacques Eisenberg.
Guadagno, *Giuseppe Lorenzo :* Paul Principe, *ou* Prince.
Gualterus, *Joannes :* Janus Gruterus.
Guerrero, *Francesco Antonio :* Archange Belboni.
Guersens, *Cajus Julius,* ou *Julien de:* Catherine Fradonnet des Roches.
Guevara, *Petrus :* Pierre Alagona.
Gufo de Gufonibus : Augustin Coltellini.
Guidicciolo, *Joannes à :* François Macedo.
Guillelmi ou of Williams : J. Keynesius, *autrement* Neoportus.
Guillelmi ou Vvilhelmi : J. Harlemius.
Guimenius, *Amadeus :* Matthieu de Moya.
Guymara, *Marc Antoine :* Jean le Bon,

A a v

douteux, Jacques Charpentier ou Carpentier, *douteux*.

Guymier, *Cosmas* : Jacques Maréchal, *douteux*.

Gylander *ou* Gylmannus, *Adrianus*: Nicolaus Vvineus, *douteux*.

H

Haechtanus, *Laurentius* : L. Godtsen-Hoven.

Haeres, *voyez* Cirinus *cy-devant*.

Hailbronnerus, *Jacobus* : Gaspar Barthius.

Hallus, *Edwardus* : Ed. Oldcorne.

Halyabas *ou* Haly fils d'Abat : Isaac Israëlite.

Hanedi, *Runeclus* ; *Voyez* Gibronte *cy-devant*.

Harasch *ou* Haraash : R. Ascher ou Asher.

Haravaad ou Harabad : Abraham bar Dior.

Haram : Elie Misrahi ou Oriental.

Haran : Nissim.

Hariaph ou Hariph : Isaac Phés ou Alphés.

Harteveltius, *Gaspar* : Nicolas Susius, *douteux*.

Hasolle, *James* : Elias Ashmole.

de la premiere Partie. 663

Haulerus, *autrement* Howlet; Robert Perſonius ou Pearſons.

Hanſen, *Henricus*: François Macedo.

Hay Benedictinus, *Romanus*: Gaſpar Scioppius, *douteux*.

Hebius, *Tarræus*; Gaſpar Barthius.

Hedouville, *Le ſieur de*: N... de Sallo.

Heerden, *Eitel Friederich von*: Jean Schwartzkopff, *douteux*. N... Heidenreich, *douteux*.

Heiſter, D.: Jean Grothaus.

Helenoceus, *Balduinus*; Jean Loüis Sionleben ou Schonleben.

Heliocantharus Borealis: Michel Sendivogius.

Henry, *Petrus*: Jean Baptiſte Gueſnay.

Hephæſtion, *Eutychius*: Bonaventure Schmidt ou Vulcanius.

Hercinianus, *Fabius*: Jacques Keller.

Hermannovillanus, *Didymus*: Thomas Clagius.

Hermanni, *Baſilius*: Jean Vveſſels de Gansford.

Hermannus Colonienſis: Jean Gropper.

Hermodore: Jacques de Chevanes.

Heron Philoſophe: Maxime le Cynique.

Herouval, *Antoine Vion de*: Hyacinthe ou Jacinte Carme.

Herpin, *René*: Jean Bodin.

A a vj

Hessiander, *Christianus*: Theodore de Beze, *douteux*. Christophle Herdesianus, *vray-semblable*.

Hesychius, *Candidus*: Pierre Mambrun, *douteux*. François Vavasseur, *vray-semblable*.

Heyland, *Gottlieb*: Henry Vvesner ou Henry Gebhard, ou Henry Gerhard Vvesner.

Hibernus, *Leonardus*: Paul Sherlogh.

Higatus, *Ranutius*: Ignace Huarte.

Hilpericus ou Helpericus, *Ferius*: Alcuin, *douteux*.

Hispaniolus, *Joannes*: Baptiste Mantoüan.

Holopherne, *Tubal*: Bonaventure des Periers, *douteux*. Geoffroy de la Vallée, *douteux*.

Homerus Auricularius: Angilbert de saint Riquier.

Honorius, *Philippus*: Julius Bellus, Jules Belli.

Honuphrius Cisterciensis: Christofle Borri ou Burrhus.

Hortibonus: Isaac Casaubon.

Hospitalius, *Daniel*: Gaspar Scioppius, *douteux*.

Howlet John. *Voyez* Hauletus cy-devant.

Hubertinus, *Leo*. *Voyez* à sancto Dionysio, *cy-devant*.

Humbertus Asceta, *Cartus.* : François Macedo.

Hyperetes, *Basilius*: Samuel Puffendorff

I

Janssonius Campensis, *Robertus* : André Voidovius.

Januarius Fronto, *Quintus* : Jean Sirmond.

Jasitheus : Raphaël Fabretti.

Ichanom, *Itenew* : *voyez* Itnegluf cy-aprés.

Idiota : Raimond Jardani.

Jehubi : Jekutiel fils de Juda.

Jemicius, *Joannes* : Pierre Pazmany.

Jesu-Maria, *Christophorus à* : Christ. de Cabrera.

Jesu-Maria, *Gerardus à* : Ambroise Roca de la Serna.

Imbroll. *Voyez* Salvator *cy-aprés*.

Imocreba ou Ibmorcreba: David Aberby, ou Abercrombe.

Imperato, *Ferrante*, : Nicolas Antoine Stelliola.

Incaminato *Academ*. Instabile : Louis Valesio.

Incerto : Jean François Loredano.

Incerto : Dominique Bartoli.

Incertus : Sebastien Fox de Morzillo.

Incognitus : Michel Ayguanus ou d'Aygue.

Incognito : Michel Aguayo ou d'Aguaio, *different du précedent*.

Incognito, *Academico* : *Voyez* le tit. d'Aggirato.

Inconnu : le Comte de Cramail, *douteux*. Charles Sorel, *douteux*.

Indinau, *Donaes* : Jean David.

Indomito *Accademico* : *Voyez* Fugitivo cydevant.

Indris Boemo, *Gio : Maria* : Jean Ambroife de Marini.

Ingenuis, *Franciscus de* : Paul Sarpi.

Innocent Egaré : Gilles d'Aurigny.

Inftabile *Accadem.* : *Voyez* Incaminato cy-devant.

Intirizzato *Accadem.* Adormentato : Pierre Joseph Juftinien.

Intronato *Accadem.* : Alexandre Piccolomini.

Jonas, *Juftus* : Joffe Kock ou Coch.

Jofema, *Hermannus* : Jean Hammer.

Jofephus Schonaugienfis : Hildegonde Religieufe.

Jofseval, *le sieur de* : *Voyez* la Mothe cy-après.

Irenæus : Cælius Secundus Curio.

Irenæus, *Paulus* : Pierre Nicole.

de la premiere Partie. 567

Irenicus, *Erasmus* : Isaac Wolmar.

Irenicus, *Franciscus* : Philippes André Oldenburger.

Irresoluto *Accadem.* : Charles Papin ou Papini.

Isauro, *Fileno di* : Ganges di Gozze du Pezzaro.

L'Isle, *le sieur de* : Charles Sorel, *douteux*. N...... de l'Isle Marivault, *douteux*.

L'Isle, *Rich. de* : Richard Simon.

Itneglus, *Itenev Ichanom* : Fulgence Servite.

Julien, *le sieur de Saint* : Godefroy Hermant.

Jungermannus, *Hyginus Thalassius* : Pierre Meissenne.

Juniperus de Ancona, *Franciscus* : Gaspar Scioppius.

Junius Brutus, *Stephanus* : *Voyez* Brutus *cy-devant*.

Justinopolitanus, *Thomas* : Bernardin Ochin.

Justo, *Eusebius à Sancto* : Jean Durel.

K

Kaiserstein, *Salomon à* : Quirinus Kulhmann.

Karelsbergius. *Voyez* Galiotus Galiaceus cy-devant.

Kercoëtius Aremoricus, *Antonius* : Denis Petau.

Knott, *Edouard* : Mathias Wilson.

Kriegsoederus, *Holofernes* : Gaspar Scioppius.

L

Laca, *Larcando* : Charles Cala.

Lælius Fulginas, *Lucius* : Jules Recalchi.

Lætus, *Ambrosius* : François Duarein.

Lætus, *Calvidius* : Claude Quillet.

Lætus, *Petrus* : Pierre Joyeux.

Lætus, *Julius Pomponius* : Petrus Calaber.

Lamira, *Trepus Ruitanus* : Petr. Turianus Ramila.

Lamostoso, *Andrea* : Thomas Fardella.

Lampugnanus, *Pompeius* : Marquard Freher, *douteux*.

Lamuël ou Lemuël : Salomon.

Lando, *Pamfilo* ou *Pamphilus* : Jules Negrone ou Nigronius.

Lanel : Guillaume Colletet.

Langeveltius, *Hermannus* : Nicolas Susius.

Lapide, *Hippolytus à* : Jean Joachim de Rusdorff, *douteux*. Joachim Drante

de la premiere Partie. 569

ou Transé, *douteux.* Bogiflaus Philippus Chemnitius, *peu vrai-semblable.*

Lapide, *Pacificus à* : Philippes André Oldenburger.

Lasca, *il* : Antoine François Grazzini.

Lassarno, *Benedetto* : Alexandre Benet.

Latinus, *Pacatus* : Dominique Baudius.

Laval, *le sieur de* : Guillaume le Roy, dit, l'Abbé de Hautefontaine.

Laval, *Monsieur de* : M. le Duc de Luines *Louïs Charles d'Albert.*

Laval, *le sieur de* : Catherine Agnés de Saint Paul.

Lauretanus, *Bernardinus* : Charles Sigonius.

Lazaro Sacco, *Ottone* : Charles Costanzo Costa.

Leewe, *Jean de* : J. van Heelu.

Leidhresserus, *David* : Didier Heraud.

Lellus, *Johannes Ludovicus* : Louïs de Torres.

Lesonato, *Odomenigico* : Jean Dominique Ottonelli.

Lenis, *Vincentius* : Libert Fromond.

Leoclavicus, *Didymus* : Thomas Mazza.

Leon de Modene : Salomon Uschi avec Lazare di Graziano Levi.

Leopoldus, *Ludovicus* : Leon de Jode ou Leo Judæ.

Liste des Auteurs déguisez

Lepidus. *Voyez* Comicus *cy-devant*.

Lepta, *Thrasybulus* : André Dinnerus.

Letsac : Castel.

Liberius à Sancto Amore : *Voyez* Amore *cy-devant*.

Libertinus, *Clemens* : François Manoël ou Emmanuel.

Libertus Aquilonus : Bertilus Canuti.

Lichurdus Neocomensis : Jean Jacques Huldricus.

Licinio Taba, *Paolo*. *Voyez* Taba *cy-aprés*.

Licinio, *Publio* : Nicolas Crasso.

Licinius, *Marcus* : Gilles Menage.

Ligurino, *Mirtio* : Pierre Joseph Giustiniani

Lindius, *Stephanus* : Jean Castel.

Linicuski, *Joannes Stephanus* : Jean Antoine Caprini.

Lipsius, *Justus* : Melchior Goldastus Haiminsfeldius, *apparence d'impost*.

Listrius, *Gerardus* : Didier Erasme.

Locman : Esope, *palea*.

Loemelius, *Hermanus* : Jean Floyde ou Lloyd.

Loo, *Adrianus van* : Thomas Saillius.

Lopez, *Dominicus* : Fauste Socin.

Loranicus, *Julius* : Louïs Carnolius.

Lorge de Montgommery, *M. le Comte de* : René Ouvrard.

Lorme, *le sieur de* : Jean du Verger de Hauranne.
Loiseau, *Charles* : Antoine Hotman, *douteux*
Lucanius & Lucianus : Calvin.
Lucifer : Nicolas Oresme ou d'Oresmieux.
Luck, *Good*, ou Godlucius : Roger Tuiford.
Ludovisius, *Princeps* : Virginio Cesarini.
Lunowski, *Lucas* : Gaspar Savicki.
Lupa, *Alcinio* : Ferrante Pallavicino.
Lurtzius, *Petrus* : Mathieu de Gracow.
Lusininus, *Euphormio* : Jean Barclay.
Lusino, *Gio. Gabriele Antonio* : Antoine Jules Brignole.
Lusancy : Beauchateau. *Cela regarde peut-estre les Imposteurs.*
Lys, *Samuel du* : Simon Goulart.
Ly-yo-fan : Jean Baptiste de Moralez.

M.

Maccati, *Grazia-Deo* : Jean Baptiste Agocchia de Boulogne.
Macer Jurisconsultus : Vvolcmarus Kirstenius.
Macer, *Jean* : J. le Bon d'Autreville.
Macer Senior, *Nicodemus* : Ascanius Persius, *douteux*. Gaspar Scioppius, *vray-semblable*.
Macrinus, *Salmonius* : Jean Salmon, *palea*.

Madathanus, *Henricus* : Adrien Mynsicht.

Madianus, *Tonantius* : Antoine Damiani.

Madrid, *Francisco Antonio de* : Gabriel de Moncada,

Magenhorstius, *Julianus* : Gaspar Koch.

Magirus, *Marcus Antonius* : Pierre Scholier ou Schuller.

Magnalpina : *Gio: Tanto : voyez* Tanto *cy-aprés.*

Magnesius, *Hugo* : Hugues Cavell.

Mainoldus Galeratus, *Jacobus* : Charles Sigonius.

Malberg, *Albertus* : Philippes Bebius.

Malcomesius, *Joannes Richardus* : Guillaume Ludwell.

Mandrini, *Sulpice de* : Jean Sirmond.

Manés ou Manichée : Cubricus, *palea*.

Manrique, *Pedro* : Guillaume Bare ou Batteus.

Mantuanus, *Baptista* : Jean B. Fiera.

Marc, *l'Abbé de Saint* : N.... Amelot de la Houssaye.

Marcel, *Louis Fontaine sieur de saint* : Zacharie de Lisieux.

Marescot, *Guillaume* : Papyre le Masson.

Maria, *Ignatius à sancta* : Jean Baptiste Catala, *douteux*. Michel de Molinos, *vray-semblable*.

Marinius, *Franciscus* : Jean Sax ou Sachs de Frauſtadt.

Marius, *Hieronymus* : Cælius Secundus Curio.

Marſilly, *Paul Antoine* : Iſaac le Maître de Sacy, conjointement avec Nicolas Fontaine.

Marrignac, *Joannes Baptiſta* : Nicolas Riquel.

Martinez, *Jean* : *voyez* Bahamonde & Fragoſo, *cy-deſſus*.

Martinus : Raphaël de Viloſa.

Mas, *Theophile du* : Symphorien Champier.

Maſarellus, *Angelus* : Les Theologiens de Neuſtadt en corps.

Maſcurat : Gabriel Naudé.

Maſius, *Gilbertus* : Henry Baerſius Vekenſtyl.

Maſſalia, *Alexius à* : Claude de Saumaiſe.

Maſſon, *Papyre* : Gui Patin, Jacques Gillot, &c.

Maſſonius : Chriſtianus Becmannus.

Matago de Matagonibus : François Hotman.

F. Mathieu : M. Feydeau.

Mathæus, *Franciſus* : Edmons Mac-mahone.

Matthania, *Nathanael Ælianus* : Dietrichtus Dorfchius.

Maxeo, *Valerius* : Ifmael Orxeau.

Mayerne Turquet, *Theodore* : Seguin & Akakia

Medius, *Jocofus Severus* : Sebaftien Mitternacht.

Medzibofius ou Miedzibos : Albert Rofcizewfki.

Megnedinus, *Victor*, Pagius : Uytenbogaert, Grevinchovius, Borrius.

Mey ou Mei, *Francifcus* : Franc. Rainaldi.

Melampodio, *Falcidio* : Jofeph. de gli Aromatarii.

Melanchthon, *le fieur de* : Jacques Pineton de Chambrun.

Melanchthon, *Philippus:* Jean Brentius

Melander, *Philoxenus* : Gafpar Scioppius.

Melangæus, *Hippophilus* : Philippes Melanchthon, ou Schwardzerdt.

Meleager. Balthafar Venator.

Meleagro, *Giznadino* : Jean André Moniglia ou Moneglia.

Melilambius, *Ambrofius* : Balthafar Schuppius.

Melifone, *Androvinci* : Alexandre Taffoni.

Meliffus, Philander, &c. : Jean Mallara, Fernandez de Herrera, &c.

Melrose : Jean Caramüel.
Menart, *le sieur* : Godefroy Hermant.
Menu, *le sieur le* : N..... le Maistre.
Mercator, *Antonius* : Jacques Cujas.
Mercator, *Antonius* : Marc Lycklama.
Mercurius Britannicus : Joseph Hall.
Mere-Sorte : Pierre Gringore de Vaudemont.
Merus, *Pasquillus* : Conrad de Zutphen d'Achtevelt.
Mesnil, *Jean-Baptiste du* : N........ Rosimond.
Messallinus, *Wallo* : Claude de Saumaise.
Michael, *Eliachim* : Jean Desmarets de S. Sorlin.
Michalowicz Zagielus, *Martinus* : Jerôme Stephanowski.
Micheli, *Olmerio de* : Jerôme de Savone.
Migeo, *Joannes* : Gaspard Thaumas de la Thaumassiere.
Minore, *Teofilo il* : Archange Rocca.
Minuccio Minucci : Paul Sarpi, *faix ou douteux*.
Miriteus Onatinus, *Rolandus* : Martin Antoine Delrio.
Mirtio. *Voyez le titre* Ligurino *cy-devant*.
Misenus : Christianus Simon Lithus.
Misoponerus : Isaac Casaubon.
Misoponero, *Filofilo* : Angelique Aprosio.

Misoscolo, *Eureta* : François Pona.
Modero, *Toascio* : Thomas Oderico.
Modestin : Jean Pierre Camus.
Modestus Pacimontanus, *Veranius*: Georges Cassander.
Moerbecanus, *Guillelmus* : Thomas de Cantimpré.
Molina, *Tyrso de* : Gabriel Tellez.
Mombrigny, *le sieur de* : Pierre Nicole.
Mondier, *Melchior* : Goldast d'Haiminsfeld, *douteux*. Simon Goulart, *douteux*.
Moneta, *Raphaël*: Dominique Minutoli.
Moni, *le sieur* : Richard Simon.
Mont, *le sieur du* : Isaac le Maistre de Sacy.
Montagnes, *le sieur des* : Jean Sirmond.
Montagnes, *François des* : *voyez* : Montanus *cy-après*.
Montaldo, *Christianus de* : Chrestien Hohburg.
Montalte, *Loüis de* : Blaise Pascal.
Montanus, *Franciscus* : Loüis Richeome.
Montdieu, *B. de* : Florent Chrétien.
Monte, *Iulius de*: Melchior Voets.
Monte-laboris, *Constantius de* : Jean Thuilius.
Monte-sperato, *Ludovicus de* : Herman Conringius.

Monte-Tonali,

de la premiere Partie. 577

Monte Tonali, *Zaninus Petolottus à*: Annibal Raimond.

Montholon ou Monthelon, *Jacques*: Pierre Coton.

Mont-sacré, *Olenix du* : Nicolas de Montreux.

Monzambano, *Severinus de* : Samuel Puffendorff.

Moraines, *Antonin* : Jean Martinon.

Moralez, *Andrez de* : Martin de Roa.

Morsius, *Rodericus* : Henry Brinckelow.

Morus, *Alexandre* : Pierre du Moulin le jeune.

Mosa, *Harminius de* : Herman Fabronius.

Moschus Sidonius : Moyse. *palea*.

Motte, *R. P. Seigneur de la* : Jean Loüis d'Amiens.

Motte, *Le sieur de la* : Antoine Arnaud.

Motte, *Le sieur de la* : Pierre Thomas du Fossé.

Motte ou Mothe-Josseval d'Aronsel, *Le sieur de la* : N... Amelot de la Houssaye d'Orleans.

Mousnier ou Mousnerius, *Petrus*: Honorat Fabri.

Muela, *Terzon &* : Laurent Matheu & Sanz.

B b

Mulot, *Le Docteur*: Mathieu de Mourgues.

Munscrod, *Raphaël Sulpicius à* : Guillaume Jocker, *douteux*. Justus Eckardus, *douteux*.

Munsterus Hypobolimæus : Gaspar Scioppius, *passivè*.

Musæus : Moyse. *palea*.

Musæus, Linus, Orpheus : Monantheüil, Pithou, Loysel.

Musagetes, *Voyez le titre* Decorus, *cy-dessus*.

Musambertus, *Claudius* : Theodore de Marcilly.

Mutus, *Pompeius* : Paul Bombino.

Mylius, *Erasmus* : Jacques Gretser.

Mylonius, *Nicolaus* : Antoine Possevin.

Myon, *Eutychius* : Wolffgangus Musculus.

N

Nacattel, *Loøtri* : Troilo Lancetta.

Narcisse : Jean Loüis Guez de Balzac, *passivè. palea*.

Nascosto *Accadem.* : Tancredo Cottoni.

Nasturzius, *Petrus* : Jean Loüis Prasch.

Natalis, *Marcus* : Abraham Remy, *douteux*. Jean Sirmond, *douteux*, &c.

Nathanael : Daniel Tossanus.

de la premiere Partie. 579

Nebelthavius, *Joannes* : Christophle Pezelius.

Nebrissensis, *Antonius* : Jean Loüis de la Cerda.

Neglectus, *Academic.* Romanus : Barthelemy Tortolotti.

Nerone ou Nero : Jean Baptiste Agocchi ou Agocchia.

Nelli, *Pietro* : André de Bergame.

Nezeckius, *Nathanaël* : Theodore de Beze.

Neuffer, *Bruno* : François Macedo.

Nicander, *Ambrosius* : Amb. de Victoria.

Nicanor, *Lysimachus* : Jean Lesle, *douteux.* Henry Lesle, *douteux.* Jean Corbet, *vray semblable.*

Nicasius, *Chelidonius* : Jean Baptiste Sinnigh.

Nicius Erythræus, *Janus* : *Voyez* Erythreus.

Nicolaïdes, *Theophilus* : Valentinus Smalcius.

Nicocleon : Mathieu de Mourgues.

Nicocleonte, *Collenuccio* : Vittorio Siri.

Nicolucci, *Amadio* : Nicolas Machiavel.

Nigris ou Neri, *Josephus de* : Jos. Fotius.

Nisielli da Vernio, *Udeno* : Benoist Fioretti.

B b ij

Nobel, *Jean* : J. le Bon Heteropolitain, ou d'Autreville.
Noctinot, *Ausonius* : Antoine Cotoni.
Nomisenti, *Girolamo* : Alexandre Tassoni.
Norbin, *Jean* : Jean Brinon.
Noringius, *Livius* : Jules Negrone ou Nigronius.

O

Ocella, *Tubertus* : François de la Motte le Vayer.
Octave : N........ Costar de Lyon.
Oedickovius, *Joannes* : J. Erhard ou Reinhard Ziegler.
Oligenius, *Chianeus* : Fabio Paolini, ou Paulinus.
Onak ou Onk : Onkelos.
Onatinus, *Roland* : *Voyez* Miriteus, *cy-devant*.
Onuphrius. *Voyez* Honuphrius, *cy devant*.
Opalenus, *Lucas* : Paulus Næocellus.
Origenes Adamantius. *Voyez* Adamantius *cy-devant*.
Ormegrigny, *Le sieur de* : Pierre du Moulin le jeune.
Ositeo, *Lucido* : Loüis Sesti.
Osorius, *Petrus* : Jean Baptiste Verace, ou Verax.

Otonali, *Arcnif*: Antonio Alferi.
Otreb, *Rodulfus*: Robert Fludd.
Oxyorus: Montaigu.

P

PAcemutus Analyticophilus, *Nomicus*: Vincent Placcius.
Pacidius, *Jacobus*: Jacques Godefroy.
Pacificus, *Hermannus*: Christophle Herdesianus.
Pacifique d'Avranches: N... des Deserts.
Pacimontanus, *Veranius*. *Voyez* Modestus, *cy-devant*.
Pacius, *Desiderius*: Guillaume Saldenus.
Padilla D. F.: Antoine de Lebrixa ou Nebrissensis.
Paeon & Pythagoras: Jean Jacques Harder & Jean Conrad Peyer.
Pagnalmino, *Gio: Sonta*: Augustin Lampognani.
Palaceda, *Martin de*: *Voyez* Giron *cy-dessus*.
Palæologus, *Phileremus*: Martin Lardenoy.
Palæophilus: Jacques Mentel.
Palmerius, *Joannes*: François Hotman.
Palmerio, *Verante*: Sebastien Scarabici.

Paltronio, *Carlo Lancio* : Jean Baptiste Capponi.

Palumbus, *Lælius* : Paul Belli.

Pamlerus, ou Bamlers *Gaspar* : Gilles Hunnius.

Pandochæus, *Helias* : Guillaume Postel.

Pannonius, *Cælius* : Gregorius Hungarus.

Pantherus, *Salomon* : Risinski, on Risinius.

Panurgus, *Vincentius*, Jean Baptiste Morin.

Papenausem, *Wolffgangus Ernestus* : Antoine le Brun.

Papon, *Loüis* : Laurent Joubert.

Paprocki, *Alexander* : Adalbert, ou Albert Tylcowski.

Paradinus, *Daniel* : Baltasar Hagelius.

Paragerio & Paragesius, *Nicolaus* : Angelique Aprosio.

Paraschius, *Joannes*. *Voyez* Cysenius cy-devant.

Paris, *Claude de* : Claude de la Place.

Parisius : Jacques Leschassier.

Parker : Josselin.

Parma, *Archangelus à* : François Macede.

Parochus, *Fidelis* : Adalbert Tylcowski.

Parrhasius, *Aulus Janus* : J. Paul de Parisiis.

Partenio, *Filofilo* : François Marie Fiorentini.

Pascase & Aliton : N....... de Villars.

Pasculo, *Durus de* : Everhard de Vveihe.

Passagerius, *Roland* : Rol. Rodulph. de Passeragiis.

Passavantius, *Benedictus* : Theodore de Beze.

Passavant ou Passevent Parisien : Antoine Cathelan ou Catalan.

Passavant, *Le* : Jean Pierre Camus.

Pastor, *Petrus Henricus* : Loüise de Padilla.

Pastoris, *Adamus* : Rodulphus Martinus.

Patricius Armachanus, *Alexander* : Cornelius Jansenius.

Pavillon, *Nicol. Georg.* Poullain d'Agen.

Pecheur Pènitent : N... Patrix, ou Patris.

Pegeus, *Quirinus* : Georges Philippes Harsdorffer.

Pensans-manus, *Frater* : Vvigandus Cauponis.

Pentareus Sideratus, *Petrus* : Fernandez Santander.

Pentito *Accadem.* : Torquato Tasso.

Pepe da Susa, *Crescentio* : Alexandre

Tassoni ou Tassoné.
Perdu, *Le vray* : Pierre du Val.
Peregrinus : Vincent de Lerins.
Peregrinus : Jean Gerson.
Peregrinus A. S. : André Schott.
Peregrinus, *Constantius* : Balduin Junius, ou de Jonghe.
Peregrinus, *Desiderius* : Michel Servet.
Peregrinus, *Joannes* : Pelgromius Pullenius.
Peregrino, *Lelio* : Pedre Hernandez ou Fernandez Navarrete.
Peregrinus : Conradus Dominic.
Peregrinus : Conradus Benedict.
Perellius, *Johannes* : François Coster.
Periander Rhœtus, *Antonius* : Jean Albert Portner.
Periers, *Bonaventure des* : Jacques Peletier.
Pernius, *Joannes* : Joseph Creswell.
Perrie, *Le sieur de la* : *Voyez* Le Buy, cy-dessus.
Perseus, *Joannes* : John Fisher.
Pescher, *Le sieur du* : N.. Barry.
Petolottus à Monte-Tonali, *Zaninus* : *Voyez* Monte-Tonali *cy-dessus*.
Petræus Andreades, *Luctatius* : Jacques Stein.
Petri, *Christ* : Statius Buscherus.
Petronius, *Jason* : Jean David.

Pfefferkorn, *Joannes* : Arnaud de Tongre.

Pflug, *Christophorus* : Janus Gruterus.

Phædrus : Jacques Goutiere ou Gutherius.

Phœdrus Volaterranus : Thomas Inghiramio.

Phasianus. *Voyez* Fagiani, *cy-devant*.

Philadelphus Romanus, *Eugenius* : François Annat.

Philadelphe, *Eusebe* : Theodore de Beze.

Philadelphus, *Irenæus* : Loüis du Moulin.

Philalethes Polytopiensis : Hortense Lando.

Philalethes Utopiensis : Huldrich Hutten.

Philalethes, *Candidus* : André Bianchi.

Philalethes, *Eudoxus* : Jerôme Donzellini.

Philalethes, *Eugenius* : Thomas Vaughan.

Philalethes, *Germanus* : Jacques Platel.

Philalethes, *Irenæus* : Samuel Przypcovius.

Philalethes, *Irenæus*, ou *Eirenæus* : George Hornius.

Philalethes, *Irenæus* : Jean Lawson, *douteux*. François Vvithe, *douteux*.

Jean Prideaux, *douteux*. Gilbert Ironside, *douteux*.

Philalethes, *Irenæus* : Jean Crocius, *douteux*.

Philalethes, *Irenæus* : Loüis du Moulin, *faux*. *Voyez* Philadelphus.

Philalethes Hyperboreus : Jean Cochlée, *faux*. Henry Corneille Agrippa, *douteux*. Jean Loüis Vivés, *probable*.

Philalethes Eupistinus, *Germanus* : Charles de l'Assomption.

Philalethe : Pierre Alix, *douteux*.

Philalethe & Empiriaste : Simon Foucher.

Philanax Anglicus : Pierre du Moulin le jeune, *faux & contr*.

Philanderfons : Bernard Schmid.

Philaretus, *Gilbertus* : Gisleb. Limburg.

Philetymus *Baccal.* : Jean Bapt. Sinnigh, ou Libert Fromond.

Philiatros ou Philiater, *Evonymus* : Conrad Gesner.

Philo Christianus, *ou plutost* Philochristianus. *Voyez* Altglaub.

Philoecus, *Gratianus* : Jean Freinshemius.

Philomathus : Fabio Chigi.

Philomusus : Jacques Locher.

Philopater, *Andreas* : Robert Pearson,

ou Joseph Creswel.

Philopatris, *Antonius* : Thomas Stapleton.

Philophrone : Jean Labadie.

Philoponus, *Honorius* : Gaspar Plautius.

Philo-Romæus, *Alexius* : Dorothée Louffius.

Philothée Bachelier, &c. : Jean Gontery ou Gontier.

Philotheus ou Filoteo d'Asti, *Giovan*: le même.

Phyllarque : Jean Goulu de S. François.

Piccinini, *Paolo* : Scipion Paolucci.

Pickarts, *Jeswald* : Philippes de Marnix de sainte Aldegonde.

Picke Christophilus, *Guillelmus* : William Lucy.

Pienorzecki, *Joseph* : Frederic Szembeck.

Piercham, *Morin* : Symphorien Champier.

Pierius Valerianus, *Joannes* : Pierre Valiero ou Valerii.

Pietad, *Francisco de la* : Jean de Ribas Carrasquilla.

Piguerre, *Miles* ou *Milon* : Lancelot Voisin de la Popeliniere, *douteux*.

Pinto, *Celio* : Dominique Ponticelli.

Piperno, *Theodoro Valle da* : Voyez

Liste des Auteurs déguisez
Valle, *cy-après*.

Pisena, *Diego Ramirez de la* : Jean d'Avalos.

Pisseni, *Vegetio Agrippino* : *Voyez* Agrippino *cy-devant*.

Pictorius, *Hermes* : Hermannus Rosendorff.

Pitocco da Mantoa, *Limerno* : Theophile Folengi.

Pius, *Thomas* : Th. de Ituren.

Pius Manut. Rom. *Aldus* : Ald. de Bassiano. *palea*.

Placentinus, *Didymus* : Thomas Emser.

Placidus : Vvarinus ou Guarinus Abb.

Plazzonus, *Franciscus* : Jerôme Fabricius d'Aquapendente.

Plomb, *Le sieur du* : Jacques Esprinchard. *palea*.

Pocili, *Andrea* : Placide Reina.

Pogommega, *Robusto* : André Barbazzi.

Polino, *Pietro Soave* : *Voyez* Soave *cy-après*.

Polelli, *Gio: Francesco* : Charles Papin.

Polemarchus : Amatus ou Peramatus, *Espagn.*

Polemarque : Jean Pierre Camus.

Politianus, *Angelus* : Jean Ingolstetter.

Polito, *Ermanu* : Emanuël Porto.

Polonus, *Eq.* Jean Lans *Rel. Les autres déguisez sous le nom de* Polonus, *V. ailleurs.*

de la premiere Partie. 589

Polyander, *Ioannes*: J. Kerckhovius. *pal.*
Polyandre: Charles Sorel.
Polyphilus, *ou plûtoſt* Poliphilus: François Colonna.
Pomponius Dolabella, *Julius*: Jean Sirmond.
Pontis, *le ſieur de*: Pierre Thomas du Foſſé.
Ponzano, *Stopinus de*: Ceſar Orſini.
Porcius, *Publius*: Petrus Placentinus.
Poreti, *Michel*: Pierre Michele.
Poſſevinus, *Ioannes Baptiſta*: Bernardus Mirandulanus.
Poſtio, *Giorgio*: Ceſar Alucci.
Povar, *Silvius Ciprés de*: *voyez* Ciprés *ci-devant.*
Prædeſtinatus: Hyginus, *douteux*. Arnobe le jeune, *douteux*. Vincent Victor, *douteux*. Primaſius, *faux*.
Prætorius, *Elias*: Chreſtien Hohburg, ou Hombourg.
Prelude, *vray*. Pierre du Val.
Preſles, *le Baron de*: N....... Poncet.
Primus: Jean Germain. *palea.*
Probus, *Æmilius*: Cornelius Nepos.
Prœckshorſt, *Hilarius von*: Chriſtophle Roſſelius.
Promus Cuſtos, *Veri*: Pierre de Morſcow.
Proſper Feſulanus: Guillaume Poſtel.

Liste des Auteurs déguisez

faux. Thomas Fedro, *douteux*. Curtius Inghiramius, *douteux*.

Prosper, *Gratianus* : Fauste Socin.

Pueroni de Cremone, *Dominic.* : Dom. Minutoli de Lucques.

Puccius, *Franciscus* : F. Filidinus.

Puiwæus, *Ioannes* : J. Vvicleff.

Puy, *Guy ou Guillaume* : Arnaud de Pontac.

Pyrard de Laval, *François* : Jerôme Bignon.

Pytonillus, *Theophilus* : Hippolyte Tonelli.

Q

Querberus : Cosme Rugeri ou Roger, dit l'Abbé de S. Mahé.

Quercetanus, *Iosephus* : N. de la Violette.

Quercu, *Leodegarius à* : Adrien Turnebe.

Quevedo : Moscherosch.

Quevedo Villegas, *Francisque* : Laurent vander Hammen & Leon.

Quintil Horatien : Charles Fontaines.

Quintinus Heduus, *Leodegarius* : Theophile Rainaud.

R.

Ra : Akiba, ou Akiva.
Ra : Abraham, &c. Eliezer, &c.
Raba : Abraham Aben-Ezra.
Raba : Eliezer fils d'Akiba.
Rabiah : Eliezer fils de José Galiléen.
Rabus, *Ludovicus* : L. Gyncer ou Gynzer.
Rach ou Rah : Chafdai ou Chafda de Babylone.
Racemius : François de la Motte le Vayer.
Radak : David Kimhi.
Ræmond, *Florimond de* : Loüis Richeome.
Rag : Gamaliel & Gerfom, &c.
Ragazonius, *Hieronymus* : Charles Sigonius.
Raguſa, *Hilarius à* : François Macedo.
Raimond, *Denis* : Claude Girard, & Noël de la Lane.
Ral : Refch Lakis.
Ralbag : Levi fils de Gerfom.
Ram : Méir.
Ramach : Moyfe Cohen.
Rambam : Moyfe fils de Maimon.
Ramban : Moyfe fils de Nahman.

Ramban : Meir fils de Nathan.
Ramirez ou Ramiresius à Prato, *Laurentius* : François Sanchez ou Sanctius, & Balthasar de Cespedes.
Rantzovius, *Christophorus* : Lucas Holstenius.
Rapitus Renovatus : Antoine ou André Picciolo, *douteux*.
Rasba : Salomon fils d'Adrath.
Rasbag : Simeon fils de Gamaliel.
Rasbam : Samuel fils de Meir.
Rasbi : Simeon fils de Jochai.
Rasch : Salomon, Simeon, &c.
Raschat : Sem Tob, ou Schem Tof.
Rasci : Salomon Isaaki, *plutost que* Salomon Jarhi.
Rat : Tam fils de Meir.
Rebulgo, *Mingo* : Jean de Mena, ou Rodrigue Cota.
Refrigeratorius, *Quirinus* : Quir. Kuhlman.
Regenvolscius, *Adrianus* : André Vvengerscius.
Reggius, *Honorius* : George Hornius.
Reginaldus, *Guillelmus* : Guill. Gifford.
Regius, *Nicolaus* : Chrestien Francken.
Regnartius, *Valerianus* : Eudes Malcot.
Regulus, *Albonesius* : Thesée Ambrogio.

Reiserus, *Petrus* : Jean Stalpart vander Vielen.

Relfendso, *Johan. Volffg.*: Jean W. Rosenfeld.

Religioso, *Pio* : Jerôme Ghetti.

Renatus, *Ivo* : Philippes Pflaumer.

René Clerc : Jean le Noir.

Repos, *Cher* : Porcheres Laugier.

Reppone, *Marsillo* : Pompée Sarnelli.

Reuclinus, *Andreas* : Valentin Smalcius.

Reuclin, *Jean* : Richard Simon.

Reves, *Michel de* : Mich. Servet.

Reymaeckerius, *Franciscus Carolus* : Franc. Cauvc.

Rhamnusius Satyromastix Severinus : Jean Rhodius.

Rhodiensis, *Menedemus* : Alexandre de Vincentinis.

Riah ou Riach : Janna Hacohen. *Item* Juda Hajat.

Riba ou Ribe : Jacob fils d'Eliezer.

Ribag : Joseph fils de Gorion.

Ribal : Josue fils de Levi.

Ribaldus, *Petrus* : Michel Pieczek.

Ribam : Joseph fils de Meir.

Riban : Isaac fils de Nathan.

Riban : Juda fils de Nahman.

Ribasch : Isaac fils de Scheschat.

Ribaz : Johanan fils de Zachée.

Riboboli da Matelica, *Benduccio* : Benoist Buonmattei.

Ricardus, *Antonius* : Estienne Deschamps.

Riccio Veneto, *Annibale* : François Macedo.

Riccius, *Ioannes Paulus* : Pedre de la Torre Ramila.

Richard, *Ioannes Christophorus* : Jean Passerat.

Richea, *Dodo* : Otton Aicher.

Richelieu, *Iean Armand* : Amable de Bourzeys, N ...... de l'Isle-Marivault & autres Docteurs.

Richer, *Pierre* : Jacques Spifame.

Richwort, *Guillelmus* : Thomas Vhite.

Rigberius : Gabriel Gerberon.

Rigogoli di Nibbiaia, *Lattanzio* : Matthieu Pinelli.

Rimantel, *le sieur de* : Pierre Lombert.

Ripa, *Cæsar* : Jean Zaratino Castellini & d'autres.

Riff, Conradus : N.......... Cinglius (an Huldrich. Zuingl.)

Ritba : Jom Tob fils d'Abraham.

Riviere Augustinien, *A...* : Theophile Raynaud.

Riviere, *le sieur de la* : Roch le Bailly.

Ro, *Clerarto* : Charles Torre.

Robarts ou Robert, *John* : Thomas Swinerton.

Robertus, *Carolus* : Alexandre Gottifredi.

Rocabella ou Rocobella, *Marco* : *voyez* Ettore.

Rocca Contrada, *Lucianus de* : *voyez* Belus.

Rodrigo Rodriguez : Pierre d'Alva & Astorga.

Roel Belga, *Conradus van* : Fortunio Liceti.

Roffensis, *Joannes* : Richard Mountagu, *douteux*. Jean Buckeridge, *plus vraisemblable*.

Roffensis, *Joannes* : Martin Bucer, *douteux*.

Roghi, *Francesco* : Jacques Fuligatti.

Rolegravius, *Joannes* : J. Graverol.

Rolletus, *Joannes* : Samuel Puffendorff, *douteux*.

Romain, *François* : Loüis Maimbourg.

Romanus Veronensis : Charles Scribanius.

Romanus, *Eusebius* : Philippes le Prieur.

Romanus, *Joannes Baptista* : Elie Egyptien.

Romanus, *Paulus* : François Vavasseur. N..... de Vignacourt, *douteux*. Pierre Mambrun, *douteux*.

Romulus, *Franciscus* : Robert Bellarmin.

Romulus, *à trois points* : Paradisus.

Rondinus, *Julius* : Samuel Puffendorff, douteux.

Roquius, ou Rochius, ou de la Roque, *Petrus* ; François Baudoin.

Rosacius ou Rosarius, *Amandus* : Elie Putschius.

Rosbecius, *Julianus* : Dominique Baudius.

Rosetus, *Christophorus*, Gregorius Roseffius.

Rossæus, *Guillelmus* : Thomas Morus.

Rossæus, *Guillelmus* : Guill. Gifford, & Guill. Raynolds ou Reginaldus.

Rosso, *Giulio* : Benoist Giustiniani.

Royaumont Prieur de Sombreval, *le sieur de* : Nicolas Fontaine.

Rudius, *Eustachius* : Jérôme Capivacci, c'est plûtost un Plagiaire.

Ruelle, *R. de la* : Theodore Maimbourg.

Ruisius, *Godefridus* : Gualtherus Gravius.

Ruitanus *ou plûtost* Ruritanus. *Voyez* Lamira *cy devant*.

Runeclus. *Voyez* Gibtonte, *cy devant*.

Rusbrochius ou Ruysbrochius, *Fulcherius* : François Macedo.

de la premiere Partie. 597

Risbrochius, *Fulgentius* : le mesme.

Rusticus, *Victorius* : Nicolas Villani.

Rutgersius, *Janus* : Joseph Scaliger.

Ruys ou Ruiz, *Franciscus* : Michel Turbavi.

Ruzante : Ange Beolque.

Ryssen, *Leonardus à* : Gisbert Voetius.

S

Sabin : Paul Hay du Chastelet, *douteux*.

Sabinus, *Julius Pomponius* : Petrus Calaber.

Sacco ou Scacco. *Voyez* Lazaro, *cy devant*.

Sadeel, *Antonius* : Ant. de la Roche-Chandieu.

Sadiletus, *Claudius* : Jean Henry Alstedius.

Saenen, *Leonardus van* : Jean Vander Laen.

Sala, *Antonius à* : Gualterus Burlæus, *c'est plutost Impost*.

Salassus, *Johannes Franciscus* : *voyez* Aspastes *cy-devant*.

Saliebregno, *Gottilvanio* : Antoine Jules Brignole Sale.

Sallaüs ou Sallai, *Stephanus* : Pierre Pazmani.

Salmone ou Salamone, *Pier-Antonio* :

Balthasar Boniface.

Salvatierra, *Loüis de* : Auguſtin Vaſquez.

Salvator Imbroll : Athanaſe Kircher.

Sammoſto Rima, *Alpino* : Thomas Spinola Marini.

Samonius : Robert Bellarmin, *incertain*.

Sanchez del Aquila, *Didacus* ou *Diego* : Thomas Hurtado.

Sanchez, *Joannes* : J. Martinez de Cordoüe.

Sanga, *Liberius* : Martin Antoine Delrio.

Sanlorini, *Aleſſandro* : Matthieu Pinelli.

Sapricio Saprici : Angelique Aproſio.

Saracenus, *Hieronymus* : Martinus Conſtantini.

Sarava, *il Dottor* : Alphonſe d'Ulloa.

Sarckmaſius, *Euſbulus Theoſdatus* : Conrad Samuël Scurzfleiſch.

Sarſius, *Lotharius* : Horace Graſſi.

Sartorius, *Joannes* : J. Stoinſki ou Stoinius *dit* Statorius.

Saſbout, *Adam* : Jean Heſſels ou Heſſelius.

Saura, *Antonius de* : Jean Baptiſte Poza.

Sauveur, *le ſieur de Saint* : Jean Baptiſte Thiers.

Savi, *Buonardo* : Urbain Davisi.
Savignona, *Raffaële* : Jean Estienne Marenco.
Scacchi, *Girolamo* : Loüis della Casa.
Scaliger, *Camillus* : Adrien Banchieri.
Scandelens : Alexandre Caricto, *incertain* ou *defectueux*.
Scappuzzo, *Ceccone* : Joseph Gualdo.
Scaurus, *Hadrianus* : Pierre Petit.
Schaumius, *Eggebertus* : Georges Rittershusius.
Schoockius, *Martinus* : Gisbert Voetius.
Schulckenius, *Adolphus* : Robert Bellarmin.
Scimeon, *Recared* : Richard Simon.
Scioppius, *Andreas* : François Garasse.
Scioppius ou Schoppius, *Gaspar* : Jean Buxtorf le jeune.
Scioppio, *Oldauro* : Angelique Aprosio.
Scipio ou Scippione : Jerôme Mercurio, *palea*.
Seba, *Adeodatus* : Theodore de Beze.
Secundus, *Atticus* : Jean François Sarazin.
Sedaletophilus, *Irenæus* : Jean Preussius avec un Ministre Lutherien.
Segala, *Giuseppe* : Marc Antoine Oliva.

Selenus, *Gustavus* : Auguste de Lunebourg.
Selenicus, *Amator* : Antoine Ulric de Brunſwvick.
Selenus, *Regius* : Baſile Monner.
Sella-Dei, *Antonius* : Eliſalde ou de Elizalde.
Semanius, *Joannes* : Jacques Maſenius.
Semenzi, *Girolamo* : Cyprien Boſelli.
Seminí, *Girolamo* : Bernardin Zanoni.
Servilius, *Lælius* : Silveſtre de Petraſancta.
Servius, *Chriſtianus* : Chr. Becmannus.
Servus, *Fidelis* : Barthelemy Cleick.
Seuberlich, *Andreas* : Chreſtien Hohburg.
Severinus. *Voyez* Rhamnuſius, *cy-devant*.
Severinus, *Vincentius* : François Annat.
Severus, *Alexander* : Jerôme Tortoletti.
Severus Medius, *Jocoſus* : Jean Sebaſtien Mitternacht.
Sfortia Cuſanus, *Romanus* : Jean Ramos del Mancano.
Sideratus. *Voyez* Pentarcus *cy-devannt*.
Sidereus *Aloyſius* : Vincent Caraffa.
Si-es No-es, *Ioannes* : Pierre d'Alva & Aſtorga.
Sifilinus, *Hugo* : Honorat Fabri.
Signatorius, *Rupex* : Pierre Scriverius.

Silvanus,

Silvanus, *Jacobus* : Jacques Keller.
Silvester, *Christianus* : Cyriacus Spangenberg.
Simon *ou* Simonis, *Franciscus* : Gilles Estrix.
Simonius : J. Gondier, ou plutoſt Gontier ou Gonteri.
Simonville, *le ſieur de* : Richard Simon.
Simplicius, *Joannes* : Jonas Schlichtingius.
Sincerus, *Actius* : Jacques Sannazar.
Sincerus, *Conradus* : N.... Culpis ou Kulpis.
Sincerus, *Jodocus* : Juſte Zinzerling.
Singletonus, *Guillelmus* : Leonard Leſſius.
Sitwald, *Philander von* : Jean Michel Moſcheroſch.
Smarrito, *Accadem.* : Charles Dati.
Smidelinus *ou* Schmidelinus : Jacques Andreæ.
Smithæus, *Nicolaüs* : Edouard Knott.
Soave Polano, *Pietro* : Paul Sarpi.
Solangues, *François* : Gaſpar Scioppius, *douteux*.
Solerius, *Anſelmus* : Theophile Raynaud *douteux*.
Solitaire : le Comte de Cramail.
Solitarius : Jacques Gohorry.

Solitarius : Jean François André. Uftar-
roz.

Sommerfeld, *Jacobus* : Georges Rollen-
hagen.

Sonta Pagnalmino, *Gio. Voyez* Pagnalmino.

Sophodius Vinerius, *Chriftianus* : Chri-
ftophle Sandius le jeune.

Sophronius : Jean Moschus ou Eviratus
ou *le contraire*.

Sorfi, *Nofafte* : Eftienne Roffi.

Sorfi, *Tripeo* : Pierre Roffi.

Sotwellus ou South wels : Th. Bacon.

Sovero, *Bartolomeo* : Fortunio Liceti,
faux.

Spenserus, *Joannes* : Vincent Haecliffe.

Spica Apocopata : Ambroife Granello,
ou Ambr. Spighetto.

Spinola, *Joannes Ambrofius* : Odon
de i Conti, ou de Comitibus.

Spiritus Belga : Rodolphus Martini.

Spironcini, *Ginifaccio* : Ferrante Pallavicin.

Spontone, *Ciro* : Jean Antoine Magini.

Sprengher Ubiorum Conful : Antoine le
Brun.

Springerus, *Juftus* : Pierre Siringius,
c'eft peut-eftre le contraire.

Squentius, *Petrus* : Daniel Schwenter.

Squillas, *Septimontanus* : Tobie Adami.

Statileus, *Marinus* : Pierre Petit.
Stenonio Gorago, *Apolo* : Augustin Orengo.
Stordito *Academ.* Intronato : Alexandre Piccolomini.
Strumpsius, *Oswaldus* : Jean Scharfsius.
Stubrockius, *Bernardus* : Honorat Fabri.
Stumelius, *Fredericus* : François Macedo.
Sturmeneck. *Voyez* Anti-Sturmius cy-devant.
Sturmianus, *Hermannus* : Jean Sturmius.
Stutgardia, *Wilhelmus de* : Guill. Holder.
Suavius, *Leo* : Jacques Gohorry.
Subasiano : Joseph Aromatario.
Subditus, *Fidelis* : Jerôme Moscorovius.
Sulpicius : Culpisius ou Kulpis.
Sulpitius Raphaël : *voyez* Munscrod cy-devant.
Superantius, *Conon* : Philippes de Mornay, *douteux*.
Surdus, *Simon* : Jean Baptiste Leo.
Syringius, *Petrus* : Juste Springer.

T

Taba, *Paolo Licinio* : Tobie Pallavicin.
Tabia, *Ioannes de* : J. Cagnatus ou Cagnasso.
Tacera, *Rinaldo* : Raphael Badii.
Tacitus, *Erminius* : Terence Alciat.
Talpi, *Glemoglio* : Guillaume Plati.
Talpiteo da Contilmanno : *Gostantio* : Augustin Paoletti.
Tanaglia, *Sulpizio* : Sebastien Forteguerra.
Tanquerel : Berttix.
Tanto Magnalpina, *Giovan* : Augustin Lampognani.
Tavernier, *Jean-Baptiste* : N....... Chapuzeau, &c.
Tenebrio : Schottus
Terentius : Scipion, Lælius, &c.
Terranera : Melanchthon.
Tertre, *le sieur du* : N......... Torrentier.
Terzon y Muëla, *Sancho* : Laurent Matheu & Sanz.
Teutonicus Philosophus : Jacques Bohmen.
Teutopulus, Teupolus, Tiepoli : François Piccolomini.

Texeira, *Josephus* : Estienne de Lusignan, *douteux*.

Thalassus Jungermannus, *Hyginus* : Pierre Mersenne.

Thanatophrastus, *Christianus* : Jacques Canisius.

Theocrenus ou Theocreno : Benoist Tagliacarne.

Theodericus Virdunensis : Vennericus Vercellensis.

Theodontius : Paul de Perouse.

Theodorus, *Elæus* : Elie Diodati.

Theodorus, *Salomon* : Gilles Affhackeer.

Theophanes Cerameus : Gregorius Tauromenita.

Theophilus : Guillaume Lindanus Damasus.

Theophilus, *Christianus* : Thomas Bartolin.

Theophilus Cosmopolita : Gisbert Voetius, *douteux*.

Theophilus *Joannes* : Jerôme Bolsec, *douteux*. Jean Tauler, *faux*. Gaspar Schwenckfeld, *douteux*.

Theophilus Francopolita, *Joannes* : Jean de la Renaudie.

Theophilus & Tranquillus : Godefroy Wandelman.

Theophile & Timoleon : Loüis de Coutcillon de Dangeau & Timoleon de Choisy.

Theophorus : Jean Gerson.

Theopompus : Anaximenes, *Impost. V. ailleurs.*

Theoreste, *Epimelio* : Mich. Ang. Torcigliani.

Theosdatus, *voyez* Sarckmasius, cy-devant.

Thessalus : Omer Talon.

Theupulus ou Tiepoli, *voyez* Teutoplus, *cy-devant.*

Thewrdanck : Maximilien I. ou Michel Pfinzing.

Thiacus Scotus, *Agricola* : Georges Tomson.

Thomas Aquinas : François Haræus.

Thomasinus, *Jacob. Philippus* : Joann. Rhodius ; *cela regarde les Plag.*

Thomson ou Tomson, *Georgius* : Jacques Tyrius.

Thormarius Spado, *Charisius* : Jean Baptiste Capponi.

Thrasybulus, *Christophorus* : Basile Monner.

Thrasymachus, *Cyriacus* : Herman Conringius.

Thuretensis Physicus : Thomas Erastus.

Tiberius Belga, *Philippus* : Ph. Briet.

Tientibene, *Modello* : Benoist Mellini

Tilebomenus, *Cajus* : Jacques Mentel.
Timandre : Jean Sirmond.
Timauro, *voyez* Antiate, *cy-devant*.
Timocrate : N... Larroque le jeune ; *douteux*.
Timophile, *Thierry de* : François d'Amboise.
Timotheus : Salvien de Marseille.
Timotheus : Jean Thierry ou Joan. Theodericus, *faux*.
Tirel, *Darinel de* : Gilles Boileau.
Tirelli, *Alberto* : Pierre Paul Caravaggio.
Titus de Moldavie : Mamout. *palea*.
Tomasini, *voyez* Thomasinus, *cy-devant*.
Tonso da Burden : Jules Cesar Scaliger. *palea*.
Torbizi, *Cleonte* : Nicolas Berzetti.
Torelli, *Pietro Paolo* : Santi Mariale, ou Sanctes Marialis.
Torner, *Joseph* : Raimond Dalmau de Roccaberti.
Torrasius ou Torasius, *voyez* Tosarius, *cy aprés*.
Torres Centurion, *voyez* Castro *cy-devant*.
Torrus, *Ascanius* : Benoist Justinien ou Giustiniani.
Torrus, *Matthæus* : Robert Bellarmin.
Torvobatius, *Steph* : Estienne Tabourot.

Tosa, *Philippus* : Antoine Possevin.
Tosarrius ou Tosarius : Jean Sartoriu ou Taylour.
Tour, *Le sieur de la* : Guillaume le Roy.
Tourelle, *Le sieur de la* : Toussains des Mares, *douteux*.
Tranquillus, *Hortensius* : Jeremie Laudo.
Transalpinus, *voyez* Franolpinus cy-devant.
Treisbach, *Hippolytus à* : Gaspar Lerck de Durmstein, *douteux* : Jean Conrad Keitman ou Kreidenmann, *douteux*.
Trembecius, *Joannes* : Jacques Riniewiecki.
Trevus, *Persius* : Pierre Servius.
Triacaro, *Anello* : Troile Lancetta.
Tribander, *Laurentius* : Laur. Stegmannus.
Trigny, *Le sieur de* : Antoine Arnaud & Claude Lancelot.
Tubero, *Orasius* : François de la Motte le Vayer.
Turlupinus, *Nicodemus* : Jean Hotman.
Turpinus ou Tilpinus, *Joannes* : Robert de saint Remy, *douteux*.
Turpio Urbevetanus, *Felix* : Fauste Socin.
Turpio Gerapolensis, *Gratianus* : Fauste Socin.
Tyburce, *Maistre* : Jean d'Abondance.

V

Vadin, Notoniano : Antoine Naudino.

Vadiscus : Hulric Hutten.

Valentiis, *Ventura de* : Jurgen ou Georges Vvinther.

Valentinus, *Basilius* : André de Solea, *douteux*. N... Tholden de Hesse, *douteux*.

Valla, *Laurentius* : Barthelemy Petracci.

Valle da Piperno, *Theodore* : Denis de Occillis.

Valle, *Renatus à* : Theophile Raynaud.

Valle-clausa, *Petrus à* : Theophile Raynaud.

Valle-Quietis, *Anastasius à* ; *voyez* à Monte-Laboris *cy-devant*.

Valle-Quietis, *Eques Germanus de* : Jean Joachim de Rusdorff.

Vallo, *Christophorus à* : Leonard Hutterus.

Valmisoto, *voyez* Aiora *cy-devant*.

Vandoni, *Lucca* : Charles Basgapé.

Vannerus : Cosme Ruger, *dit* l'Abbé de S. Mahé.

Vargas, *Alphonsus de* : Gaspar Scioppius.

Vargas, *Emmanuel de* : Gabriel de Adarzo & Santander.

Varna, *voyez* Barna *cy-devant*.

Vassellus, *Fontanerius* : Sertorius de Galles.

Vatablus, *Franciscus* : Rodolphus Gualterus. *Item* N.. Bertin & autres.

Vatelmo, *Costantino* : Antoine Muscettola.

Vaticanus : Lelio Socin.

Vaux, *Le sieur de* : Le Comte de Cramail.

Ubaldus, *Sinibaldus* : Hippolyte Colli ou à Collibas.

Ubeda, *Francisco* : André Perez de Leon.

Udenius, *Utes* : George Wolffgang Vedelius.

Vecchi, *Eraclio* ou *Heraclius* : François Rainaldi.

Vexiti, *Turanus* : Theodore Kievit.

Velasquez, *Antonio* : Ant. Vasquez.

Velasquez, *Didacus* : Diegue de Simancas.

Velasquez, *Geronimo* : Loüis Guerrero.

Vellay, *François de* : Jean Sirmond.

Vellejus, *Gregorius* : Georges Reveau.

Velli, *Francesco* : François Marie Maggi.

Vera, *Luis de* : Gaspar Gerzeran de Pinos.

Verato : Jean-Baptiste Guarini.

Verdæus ou Verdajus, *Renatus* : André Rivet.

Veresmartus, *Michaël* : Pierre Pazmani.

Veridicus, *Didymus* : Thomas Stapleton.

Veridicus Belgicus : Charles Scribanius.

Veridicus Germanicus : Guillaume Federle.

Veridicus Christianus : Jean David.

Veridicus Catholicus : Thomas Saillius.

Verimontanus, *voyez* Fidelis *cy-devant*.

Verinus, *Simplicius* : Claude de Saumaise.

Verita, *Latino* : Vittorio Siri.

Verité, *L'Abbé* : Jean le Noir.

Verone, *François de* : Jean Boucher, *douteux*. Robert Bellarmin, *faux*.

Veronensis, *Romanus* : Charles Scribanius.

Vertumnius Academicus : Melchior Inchoffer.

Verus, *Amandus* : Chrysostome Eggenfeld.

Verus, *Joannes-Baptista* : J. Rhodius.

Verus, *Lucius* : Guillaume Goes.

Vezelet, *Glaumalis du* : Guillaume des Autels.

Vezzalmi, *Grivilio* : Virgile Malvezzi.

Ughelli, *Ferdinandus* : Charles Borelli.

Liste des Auteurs déguisez.

Victor, *Ambrosius* : André Martin.
Vidal ou Vitalis, *Frutos* ou *Fructuosus* : Jean Ferrer.
Vigil, *Christianus* : Frederic Gesenius.
Vigil, *Fabius* : Fabianus Vetulæ.
Vilbonius : Philebert Monet.
Villano Napoliano, *Giovanni* : Barthelemy Carracciolo.
Villanovanus, *Michael* : Michel Servet.
Ville, *Loüis de la* : N... de Valois.
Villela ou Vilela, *Balthasar* : Jean Baptiste Poza.
Villerius ou Vilierius, *Franciscus* : Fr. Hotman.
Villiomarus, *Tuo* : Joseph Juste Scaliger.
Vincentia ou Vicentia, *Petrus à* : Antonin Reginaldi ou Regnaud.
Vincentius, *Athanasius* : Jean Lyserus.
Vincentius Hollandus, *Liberius* : A. Melvinus, *faux*. Pierre Cunæus, *faux*. Nicolas Crasso, *vray-semblable*.
Vincentius, *Nicolaüs* : Joseph Scaliger.
Vinerius, *voyez* Sophodrus *cy-devant*.
Vitus Vvigandus, *Joachimus* : Jean Valentin Vvillius.
Vitus, *Thomas* : Laurent Forer.
Ulefeld, *Cornificius ab* : Jacobus Henricus Pauli.
Ungersdorff, *Christophorus ab* : Guillau-

de la premiere Partie.

-me Ferdinand von Efferen.

Voge ou Vauge, *Solon de*: Jean le Bon.

Volvic, *Amable de*: Am. de Bourzeis.

Vortficher ou Vvort-Fisher: Nicolas Laſſon.

Urbanus, *Horatius*: Nicolas Zucchi.

Urbino: Jean Baptiſte Livizani.

Urſinus, *Joachimus*: Innocent Gentillet, Chriſtianus Becmannus, *douteux*.

Urſulanus, *Edmundus*: Edm. Mac-Mahone, *autrement* Franciſcus Matthæus.

Vulturius Geldenhaurius: Gerard de Nimegue.

Vulturius, *voyez* Baſſarius *cy devant*.

Vv

Vvahrenberg, *Sincerus*; Eſaie ou Gaſpar Puffendorff, *douteux*.

Vvalley: Henry Garnet.

Vvarendorp, *Le ſieur de*: François Liſola ou d'Iſola.

Vvarfenius, *Johannes*: Jean Loüis Vivés.

Vveckerus, *Joan. Jacob*: Pierre André Mathiolus. *Voyez les Plagiaires*.

Vveiſſius, *Robertus*: Philippes Pflaumer.

Vvendrockius, *Wilhelmus*: Pierre Nicole.

Vvernerus, *voyez* Gebhardus, *cy-devant*.
Vvernerus, *Joannes Sigismondus*: Gaspar Svvenckfeldt.
Vviddrington, *Roger*: Thomas Preston, *douteux*. Simon Vigor, *douteux*.
Vyineus, *Joannes*: Guillaume Ranchin, *plutost* Plagiaire.
Vvitlingus, *Joannes*: J. Brentius.
Vvitus ou Vvhitus, *Joannes*: Estienne Gardiner.
Vvolffgangus, *Christophorus*: Jean Albert Portner, *douteux*. François Lisola, *vray-semblable*.
Vvolffius, *Ambrosius*: Christophle Herdesianus.

X

Xaverius: Conrad Samuël Schurtzfleisch.

Z

Zabiel ou Zagiel, *voyez* Michalowicz, *cy-devant*.
Zaboi & Jacometto: Charles François Foppa.
Zamariel: Ant. de Chandieu, ou de la Roche-Chandieu.
Zambeccari: Jean Antoine de Vera, Comte de la Rocca.
Zambrano, *Melchior*: Diegue Alvarez,

Zamoscius ou Samoscius, *Joannes*: Charles Sigonius.

Zancume, *Antonino* : Vincent Montana.

Zangmaistre, *Jean Paul* : Laurent Joubert.

Zegers, *Jacobus* : Libert Fromond, *douteux*.

Zercovicius on Zercowscki, *Joannes* : André Rosenwald.

FIN.

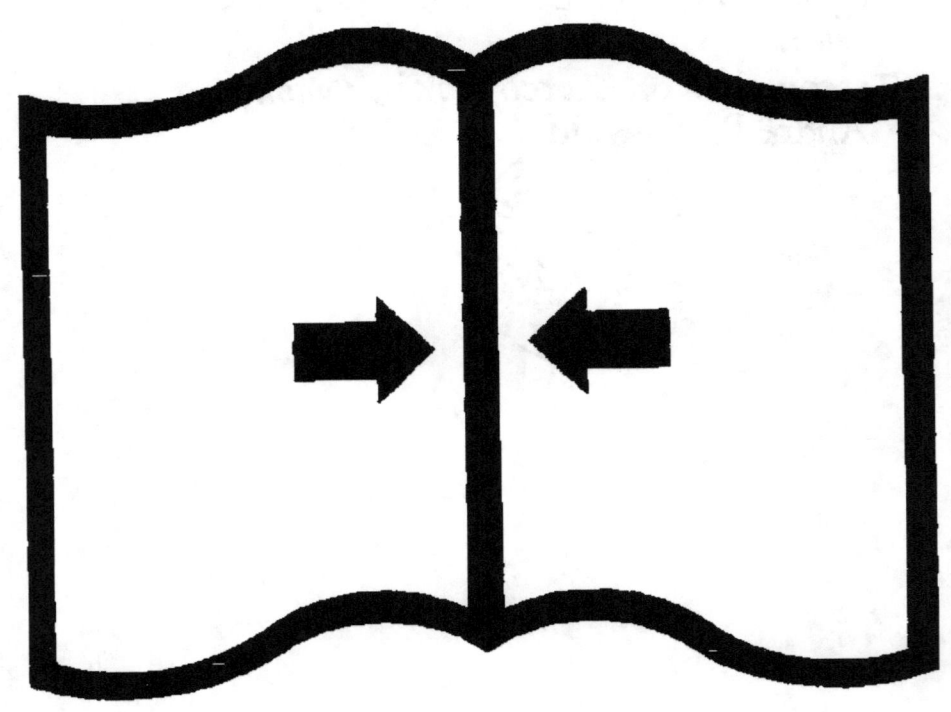

Reliure trop serrée

www.ingramcontent.com/pod-product-compliance
Lightning Source LLC
Chambersburg PA
CBHW071148230426
43668CB00009B/880